第一代網頁截圖

第二代網頁截圖

第三代網頁截圖

第一代站頭標識

第二代站頭標識

儒家網標識及不同時期網頁截圖

儒家網創辦於西元二〇〇八年，網站標識「儒家中國」四個字由隴右民間書家怡神齋主人題簽。西元二〇一四年，因政府網路管理政策規定變化，遂改名為「儒家網」，標識由定居美國的福建籍臺灣網友「嘟嘟娘」設計。

儒家邮报（总第 1 期）
西历 2006 年 12 月 12 日邮发

主　编：陈明
执行主编：吹剑

儒家立场　儒学理念　儒教事业

目录

西元二〇〇六年創刊

儒家邮报第 100 期
孔子 2560 年暨耶稣 2009 年 7 月 04 日邮发
主　编：陈明
执行主编：任重
投稿订阅：rujiayoubao@126.com
在线阅读：http://www.vpapers.cn/rujia/100
全文下载网址：
儒家中国：http://www.rujiacn.com
儒家邮报：http://groups.google.com/group/rjyb

以天下为己任　为万世开太平

西元二〇〇九年第一百期

儒家邮报第 300 期
中华人民共和国 68 年暨孔子 2569 年〔耶稣 2018 年〕12 月 24 日
主编：陈明
执行主编：任重
投稿订阅：rujiayoubao@126.com
全文下载：http://www.rujiazg.com

西元二〇一七年第三百期

怡神齋主人題簽

曾釗新教授題簽

儒家郵報標識及不同時期首頁截圖

《儒家郵報》（網刊）創辦於西元二〇〇六年，報頭標識《儒家郵報》四個字由隴右民間書家怡神齋主人題簽。西元二〇一七年標識更換，由倫理學家曾釗新教授題簽。

儒家網組織出版的圖書系列

儒家網先後出版了近三十本圖書，包括《儒生》集刊四卷、《儒生文叢》三輯
（共二十本）《當代大陸新儒家文叢》及《中國儒學年度熱點》兩個年度，以
及《中國必須再儒化——「大陸新儒家」新主張》，並編輯內部刊物紙質版半
月刊（內部）《儒常》。

《儒生文叢》第一輯
《儒教重建──主張與回應》
《儒學復興──繼絕與再生》
《儒家回歸──建言與聲辯》
北京市：中國政法大學出版社，二〇一二年九月。

《儒生文叢》第二輯
姚中秋《儒家憲政主義傳統》
余東海《儒家文化實踐史（先秦部分）》
米　灣《追望儒風》
張晚林《赫日自當中：一個儒生的時代悲情》
林桂榛《「親親相隱」問題研究及其他》
陳喬見《閑先賢之道》
任　重主編《政治儒學評論集》
北京市：中國政法大學出版社，二〇一三年十月。

《儒生文叢》第三輯
胡暉瑩《一體微行：知止堂義學五周年回眸》
王　正《先秦儒家工夫論研究》
萬光軍《孔孟仁學論綱》
范必萱《月窟居筆記》
劉　偉《天下歸仁：方以智易學思想研究》
陳彥軍《從祠廟到孔教》
齊義虎《經世三論》
吳　飛《漢學讀本》
周北辰《守望精神家園》
余東海《仁本主義論集》
北京市：知識產權出版社，二〇一五年至二〇一
八年。

張祥龍《復見天地心：儒家再臨的蘊意與道路》

陳　明《儒教與公民社會》

蔣　慶《廣論政治儒學》

《當代大陸新儒家文叢》

北京市：東方出版社，二〇一四年。

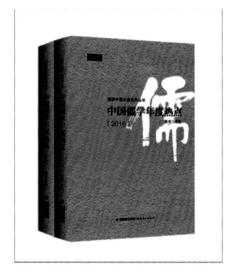

任重主編：《中國儒學年度熱點（2015）》

福州市：福建教育出版社，二〇一六年十二月。

任重主編：《中國儒學年度熱點（2016）》

福州市：福建教育出版社，二〇一七年。

任重主編：《中國必須再儒化》

新加坡：八方文化企業，二〇一六年五月。

儒家網所開設之欄目、平臺

依託儒家網門戶網站，著力建設新媒體暨微博、微信公眾號，組織儒門會講，編纂年度大事記並評選年度十大熱點、十大好書，開設「儒家看法」、「獨家專訪」等欄目，編輯年度全球祭孔圖集。

儒家網發起並參與眾多熱點話題討論

　　儒家網針對中國當下重大現實問題及思想理論熱點，介入公共事件和公共話題，主動在政治、思想、文化、公共政策等輿論場合發表儒家聲音，推動儒家重新公共化。

儒家網製作的部分圖卡

儒家網發起了教師節改期孔子誕辰、以八月八日為中國父親節等倡議，製作了
相應圖卡。同時，還製作了傳統節日、二十四節氣圖卡，以多種形式弘揚傳統
文化。圖卡主要由陝西韓緩之製作。

文化生活叢書

儒生歸來
儒家網十年錄

任　重　主編

代序：儒家網十年記

任重

十年前初春的一個深夜，乍暖還寒，我坐在北京的公車上，窗外行人稀少，街面清冷，路燈與樹影交映斑駁，沉思良久，從背包裡掏出筆記本，寫下了下面這段話：

我們是生活在當代的中國儒生。

天下為公，王道仁政，依然是我們的政治理想；
萬物一體，天人合一，依然是我們的文化信念；
均富安和，各得其所，依然是我們的社會追求；
仁愛孝親，敬天法祖，依然是我們的精神家園；
自強不息，樂天知命，依然是我們的人生態度；
禮義廉恥，致行良知，依然是我們的行為方式；
和而不同，中庸之道，依然是我們的處世原則。

人能弘道，非道弘人。我們將以先賢為榜樣，以蒼生為念，承續儒家文明，光大儒教事業，以天下為己任，為萬世開太平。今天，我們追求的目標是：祖國更加繁榮強大，人民更加自由幸福。在這一目標實現的那一天，世界萬國將會更加協和，普天民眾將會更加和睦。我們堅信這一點。

儒家中國[1]秉持公益性質、獨立身分、民間立場，是由當代中國民間儒

---

[1] 作者註：因政府網絡管理政策規定，二〇一四年改名為「儒家網」

生主辦的非營利思想文化網站。我們開辦此網站，希冀給同仁們提供一
個交流資訊、相互砥礪的平臺，也給各界朋友們提供一個認識當代儒家
的視窗。

這就是儒家網的《開通說明》，寫於二〇〇八年。

今天回看這段文字，激情仍在，感慨亦多，但感觸最深的是，當時對是否
要公開亮明「儒生」身分，頗為躊躇，唯恐觸犯政治禁忌，也擔心某些躲在暗
處好行告密之徒藉機生事，危及網站生存。為此，還特意徵求了一些師友的意
見，莫衷一是。最後一咬牙，決定還是發出吧。

時至今日，官媒已用「儒生」來名時下最高領導人。這在十年前，是萬萬
想不到的。

一　先有《儒家郵報》，後有儒家網

為什麼要辦儒家網？

就時代背景而言，十年前，隨著中國經濟的發展和社會環境的日益寬鬆，
思想言論的空間也逐漸自由，各界對中國傳統文化和儒學的態度也開始發生變
化，儒家思想伴隨著「文化熱」、「國學熱」得以重新傳播。

在學界，關於儒家思想研究的論著和刊物雖然甚多，但絕大部分都是外部
視角切入，將儒學視為一個與當下社會無關、與自己生命無涉的純學術研究對
象，從而將其「古董化」、「博物館化」。來自各方對歷史上和現時代儒學的批
評，大多仍然囿於五四以來的舊有觀點，要麼是以指桑罵槐的策略「荊軻刺
孔」，要麼是出於無知和偏見上綱上線。有鑑於此，從儒家內部視角以及「瞭
解之同情」（陳寅恪）、「溫情的敬意」（錢穆）的態度對當代儒家的思想和活動
予以表述和評論，既是自省砥礪、納取諍言，也是主動向世人的自我說明。

亮明儒家立場，強化擔當意識，彰顯文化情懷，凝心聚氣，砥礪同行，這
就是我辦儒家網的初衷。

就具體環境來看，十年前儒學發展的社會氛圍遠不如今，尚有種種禁忌，

很多人還是對儒學知之甚少、誤解很深，在學術思想界亦受到左右兩派的夾擊，得不到公共資源和民間社會資源的支持，在夾縫中尋找突圍，是當時乃至今日儒家境況的真實寫照。

儒家自身沒有任何資源，外在條件又有種種限制，在這種情況下，欲弘揚儒學，只能藉助剛剛興起的網絡。

網絡時代的來臨，給了儒家一個與競爭對手平等的傳播機會。隨著儒家網站的零星建立，一度被迫壓的中國大陸儒家，在眾聲嘈雜的網絡上再發清音。可是，網絡時代也是資訊爆炸的時代，讓個人把有限的精力和時間投入到資訊氾濫的汪洋大海中去搜尋、捕撈、篩選，既是浪費，效率亦低。

在多年主持儒學聯合論壇網站（BBS）期間，我經常聽到很多師長、學者和同道表示無暇經常上網站來看，以致沒有看到一些好文章，錯過了很多精彩的討論。而且，因為BBS門檻太低，很多人上網發帖只是為了「找感覺」，結果導致真知灼見被大量的狂言亂語和口水所淹沒。

聞聽這樣的抱怨多了，便促使我思索：如何用更好的方式高效率地來傳遞我們的資訊？

於是，就有了以電子郵件發送的網刊《儒家郵報》。

《儒家郵報》於二〇〇六年十二月十二日創辦發出第一期後，效果出奇的好，也得到了儒門師友和讀者的贊同和支持，影響力越來越大。

兩年後的一天，有民間儒友徐治道問我，為何不辦個網站？我回答說沒精力沒資本。

那時，就我一個人單打獨鬥，不僅協助陳明老師管理儒學聯合論壇，還和王達三兄一起操持儒教聯合論壇，幾乎沒日沒夜的趴在電腦前蒐集資料、編輯文字，身體支出已達極限，根本無暇顧及其他，以致於陳明老師於心不忍「說實話」：「吹劍，你已經做了很多。說實話，我希望你為自己為家人多留點時間精力。」

我確實做了很多，但還想做更多，挖空心思想為儒家復興極盡推波助瀾之能事，可惜實在是心有餘力不足。

不過，徐君的一句話鼓舞了我：「其實不用額外付出，只要把《儒家郵

報》上的內容，再次發到網上即可。」不過，對於文科生和窮書生的我，那時對網絡技術和開辦網站一竅不通一頭霧水，仍有畏難感，幸虧他承諾由他來解決網站開通等技術性問題，才促使我下了決心。

於是，就有了今天的儒家網。

二　儒家網要幹什麼？文化的核心是思想

十年前的儒家發展，除了政治禁忌和制度藩籬，學術與社會之間仍然隔閡。那麼，儒家網應該如何定位？

推動中國傳統文化在中國的復歸，自改革開放以來，學界、官方和民間都做出了積極努力，破壞容易建設難，積重難返，殊為不易，在下作為置身其中的參與者，感觸很深，感慨無限。對中國傳統在社會層面泛文化（國學或優秀傳統文化）意義上的宣傳推廣，早已不存在障礙，而且在政府和民間的推動下已有復興之勢。

在這種形勢下，需要反思和總結的是：當下儒家復興最為重要的工作是什麼？今後應該努力的方向是什麼？

竊以為，文化的核心是思想，思想的目的是明道。任何文化的復興、社會的改造以及政治的重建，都必須思想傳播在先，若無思想之廣泛傳播，以形成社會思潮，改變國人思想，任何文化復興、社會改造與政治重建均不可能。

而且，隨著對儒家學理的研究不斷走向深入，相關學術刊物和專著亦紛紛面世，但仍未能走出書齋、走向生活，於社會建設而言，影響甚微，建樹不豐，實際成就乏善可陳。基於此種現狀，若要復興儒學，則必須打通學術與社會之間的隔閡，使二者彼此交流、活潑互動，唯此方能促使儒家重新煥發活力。

故此，儒家網的定位是思想文化，既不是純學術，也不是泛文化，而是以「高清新」（「高」即高端思想，「清」即清楚的儒家立場，「新」即傳遞最新資訊）為指導原則，著意於當代儒生思想創造和社會實踐活動，秉持儒家立場，以承續儒家文明、推動中華復興為己任，堅持思想性、公益性、獨立性，重點發布當代儒家的最新思想學術成果、社會熱點評論及民間社會實踐資訊，編輯

出版圖書刊物，組織、支持開展各種社會活動。

儒家網開辦以來，成為儒門諸因數的匯聚地，發起、引導、參與了一系列爭論。

比如：曲阜建大教堂，天安門廣場立孔子像，儒家經典進課堂暨國民教育體制改革，獨生子女計畫生育政策廢止，平墳運動與殯葬改革，中國改革與儒家思想，教師節改期，孔廟（文廟）維權，愛護母語與恢復正體（繁體）字，儒家倫理暨同性婚姻合法化，儒家與女性，國服暨當代中國公禮服，國學與國學學位，民間讀經，回到康有為與新康有為主義，反思新文化運動，經學復興，家與孝，「大陸新儒家」爭議等等話題，儒家網都發出了獨特的聲音，很多成為當年的思想文化事件。

還有，為了更加主動明確表達當代儒家的觀點，以關切現實、砥礪思想、凝聚共識、擴大影響，儒家網主持開辦了「儒家看法」（以儒家網名義發表社論、社評和特約評論員文章）、「獨家專訪」、「儒門會講」等欄目，針對當前中國學術、政治、文化、教育、法律、政策等重大問題和社會熱點，主動介入公共事件和公共話題，力求在重大輿論場合發表儒家聲音，一經推出，備受矚目，在當下思想界各家各派之中別具一格，亦使儒家網的功能更加完備。

十年期間，有朋友不斷建議，儒家網的好多學術文章看不懂，應該更大眾化些。在下對這些朋友的建議非常理解，儒學的普及確實非常重要，但這不是儒家網的任務重點，我們要做高端思想的創造者，而非泛泛文化的傳播者，就是說，我們要做儒學生產者，而非儒學消費者。

就儒學大眾性傳播而言，能做、做得好的人和機構，十年前已有，眼下很多很多，但就高端思想的創造及推動，眼下想做、能做的人依然很少很少。

就文化發展而言，既需要孔子，也需要于丹，這是很合理的分工和文化生態。我們要做孔子事，不做于丹事，也即：儒家網要做別人做不到的事，要影響有影響力的人。

三 儒家網都幹了什麼？儒家重新公共化

因為是互聯網媒體平臺，我們的核心項目就是建設網站。略感欣慰的是，經過十年的深耕細作，儒家網現已能夠第一時間反映當代儒家思想發展、儒學研究成果、儒門社會實踐的前沿動態，在同類網站中獨樹一幟。

依託儒家網門戶網站，我們還出版紙質圖書「儒生書系」和電子出版物《儒家郵報》，著力建設新媒體暨官方微博、微信公眾號，不斷延伸傳播領域，同時，編纂年度大事記並評選年度十大熱點、十大好書，開設「儒家看法」、「獨家專訪」欄目，將傳統媒體與新媒體相輔，學術思想研究與大眾普及並重，初步形成了以網站建設為中心、以品牌欄目打造為重點、以圖書出版為特色、以年度十大評選為亮點、以新媒體平臺運營為著力點的工作格局。

（一）出版《儒生》集刊、《儒生文叢》「當代大陸新儒家文叢」「中國儒學年度熱點」等圖書

儒家網主持出版的圖書，既以儒教重建、儒學復興、儒家回歸為整體動向，又以儒生個體經年探索之結晶為形式，頗具代表性地呈現出大陸新儒家群體的多樣風貌，受到各界的高度關注和好評。

根據唐文明兄的建議，儒家網主持出品的圖書如《儒生文叢》主要針對儒門青年才俊，尤其是布衣書生和民間儒者，為他們搭建一個平臺，所以，圖書作者既包括自覺認同儒家的學術研究者，又包括主動弘揚儒學的社會實踐者，在內容上注重學術性與社會性相結合，並有擔當意識、價值關切和文化情懷，故而，不僅收編學術研究專著，也收編各界同道的弘道文集。

十年來，儒家網先後出版了近三十本圖書包括《儒生》集刊四卷、《儒生文叢》三輯（20本）「當代大陸新儒家文叢」及「中國儒學年度熱點」兩個年度，以及一石激起千層浪的《中國必須再儒化——「大陸新儒家」新主張》。

例如，《儒生文叢》第一輯於二〇一二年出版後，法學家梁治平先生認為「『儒生文叢』展示了『儒生』這一儒家群體在中國消失一百年後的第一次重現」，許章潤先生認為「是一件非常值得關注的有意義的事情」，是「一個重要的思想史事件」。

（二）發起參與多起社會活動

人道政為大。公道廢而後公論興，公論息則天理滅。關注公共領域，參與公共事業，乃是儒生的本分、儒家的天職。

其一，發起儒家學者連署關於曲阜建造耶教大教堂的意見書並徵集簽名。

聞知在儒家聖地曲阜要修建高達四十餘米、容眾三千人的哥特式耶教大教堂的消息後，儒門各界深為震驚和憂慮，二〇一〇年十二月，我們發起十位儒家學者連署《尊重中華文化聖地，停建曲阜耶教教堂——關於曲阜建造耶教大教堂的意見書》，鄭重呼籲有關各方尊重中華文化聖地，立即停建該耶教教堂。

該意見書由郭齊勇、張祥龍、張新民、蔣慶、林安梧、顏炳罡、韓星、陳明、康曉光、趙宗來十位儒家學者連署發布，同時，該意見書得到國際儒學大會、國際孔教大會、馬來西亞儒教會、印尼經典教育促進會、曲阜儒者聯合會、深圳孔聖堂、珠海平和書院、北京葦航書院、浙江省儒學學會、江蘇省孔子後裔聯誼會十個儒家社團首批支持，在中國儒教網、儒教復興論壇、華夏復興、儒學聯合論壇、儒家中國、孔子二〇〇〇網、中國當代儒學網、儒家氣學網、禮樂中國、孔氏宗親網十個儒家網站首批聯合發布。

意見書並公開向社會各界徵集簽名，得到熱烈響應，立即引起海內外高度關注，激起了熱烈辯論，秋風兄認為，「這是一起具有重大思想和政治史意義的事件。它觸及了中國精神秩序重建與現代國家構建之最核心問題。也許再過十年、百年，這一事件的重大意義才會完整地顯現出來」。的確如此，此次事件刺激了中國大陸的儒教大發展。

其二，發起海內外一百二十多名學者教師連署教師節改期建議書並徵集簽名。

二〇一四年四月，發起海內外一百二十多名學者教師連署《敬請全國人大常委會盡快啟動教師法修訂程式的建議》。在這次的連署名單中，除了當代儒家代表性人物郭齊勇、蔣慶、盛洪、陳明、康曉光、余東海、秋風等，還有知名學者湯一介、何光滬、陳鼓應、許章潤、范忠信等人以及「社會主義憲政派」學者華炳嘯，既有左派代表性人物韓德強、摩羅、劉海波，也有《南方週

末》評論員戴志勇，以及香港大學法學院教授、全國人大常委會香港基本法委員會委員陳弘毅也赫然在列。

凝聚人心、重建文化、再興教育，莫若尊師重道。一國的教師節設立宜與其國的歷史文化傳統相關聯，而孔子作為世界級教育家，萬世師表，以其誕辰日為教師節，實至名歸。建議書再次重申了社會各界要求，當局若能審時度勢，順天應人，毅然改制，則不失為文化壯舉，昭示千古。

其三，發起海內外七十位學者連署關於孔廟使用和保護問題建議書。

二〇一四年二月，發起海內外七十位學者連署《優化孔廟文化功能，推動中華文化復興——關於孔廟使用和保護問題的建議書》。此建議書由當代儒家學者郭齊勇、張新民、蔣慶、陳昭瑛、陳明、康曉光、姚中秋、曾亦、丁耘、唐文明、柯小剛領銜發起，來自中國大陸、臺灣、香港和美國、韓國、新加坡、馬來西亞、墨西哥的海內外七十位學者連署，引發海內外廣泛關注和強烈的社會共鳴。

孔廟（文廟）作為中國文化和儒家文化的象徵性符號和載體，其興衰沉浮往往折射出儒學的時代命運和文化歸向。建議針對孔廟現狀而分別在保護力度、文化功能、管理機制三方面來實現孔廟的文化歸位，是為中華文化復興不可缺少的環節和保證，意義重大，政府若能落實相關政策，則意味著「中國」回歸為期不遠。

其四，徵集儒門呼籲停止計畫生育政策的意見。

二〇一二年六月，以網絡曝光陝西省安康市鎮坪縣曾家鎮孕婦被強制引產事件為開端，引發社會各界對暴力計生的大範圍抗議，以及對當前計生政策的全面反思。儒家網組織儒門各界人士在積極響應社會各界關於停止計畫生育政策的倡議意見的同時，也從不同的攝入角度全面梳理並闡述儒家義理對當下中國生養政策的審視，以推動政府相關政策的調整。

五年後，中國政府對一孩化計生政策開始調整，儒家與社會各界的努力終見成效，功不唐捐。

其五，發起連署關於停止「平墳運動」呼籲書並徵集簽名。

二〇一二年十一月，針對河南省大規模開展的平墳運動，在網絡上引起巨大爭議，儒門同道先後發布了兩次緊急呼籲書並公開向社會各界徵集連署，獲得了四批簽名支持。呼籲書要求河南省地方當局立即停止這一破壞國人傳統信仰的野蠻行為，希望中央政府介入調查，維護社會的舊有習俗，尊重國人的本俗信仰，嚴懲土地財政下的政府尋租行為。

其六，發起連署《就〈南方週末〉新年獻詞事件告天下書》。

二〇一三年一月，三十七位儒者發起連署的《就〈南方週末〉新年獻詞事件告天下書》，敏感度很高，爭議性很大，有儒門同仁認為儒家不該為「自由派」背書，竊以為，這主要是表達我們關於言論自由的立場（呼籲書說得很清楚），亦是推動政府往前走，與南方系的思想立場無關，不是僅僅對一件具體事情的支持，更不是為反政府而反政府。

其七，推動成立「中華孔聖會」。

二〇一五年十一月，由當代儒家學者和海內外六十多家民間儒家社團共同發起的「中華孔聖會」在深圳宣布成立。有論者認為，「孔聖會」的成立和發展，不但能更有力地推動儒學的復興，對國家的社會治理也可以產生良好的推動和補充作用，而且能夠促進外來文化、宗教的本土化，優化文化、宗教生態，尤其是有效抵制邪教的滋生，起到消除邪教滋生土壤的「培本」作用。

其八，組織召開「儒家思想與中國改革」學術研討會。

儒學與改革的關係一直是我們這個時代的重大課題。儒學如何看待改革，如何參與改革，已成為理論焦點而眾說紛紜，見仁見智。儒家網與某學術期刊合作，二〇一四年十一月在成都舉辦了「儒家思想與中國改革」的專題學術研討會，參會的儒家學者分別圍繞現代中國與儒家敘事、中國改革與儒家願景、返本開新與開放包容、普世之維與致治太平等四個主題展開深入研討。

其九，發起十家民間社團連署中國父親節倡議書。

鑒於西方父親節在中國的流行，二〇一五年六月，發起十家民間儒家社團即深圳孔聖堂、北京弘道書院、河北儒教研究會、曲阜市儒者聯合會、上海道裡書院、朔州市國學會、湘潭市傳統文化研究會、南通知止堂義學、武漢大學珞源國學社、甘肅襜如衣冠漢風社，鄭重向全球華人同胞發起連署連署發布《關於恢復和過好中國父親節的倡議書》，呼籲重建八月八日父親節這一具有中國特色的民間節日，認為此舉有助於銘記抗戰先烈的偉大業績，有助於打造中國民間節日體系及其文化氛圍，促進國人的文化認同、國族認同和國家認同，推動中國實現國家統一和民族復興。

其十，發起海內外眾多儒家學者和社團連署致電影《孔子》劇組公開信。

二〇〇九年四月，傳聞擬拍攝的電影《孔子》劇情有「感情戲」並有惡搞之嫌，儒家網聯合以孔氏宗親會、國際儒學大會、中國儒教網為代表的五十餘家海內外儒家社團和儒學網站發布致《須尊重歷史，宜敬畏聖人——致電影〈孔子〉劇組人員公開函》，表示關注和異議，轟動一時，最終迫使劇組做出公開回應，並承諾劇情絕無類此內容。

如王達三兄所言，此事與其說是一個重要的娛樂新聞，毋寧說是一個重要的文化現象，那就是孔子回來了。「八十年代的孔子，只是個好壞參半的凡人；九十年代的孔子，是個影響巨大的學者；進入二十一世紀，孔子已經成為中國人的『聖人』。」

除了上述活動，儒家網還多次參與組織大陸民間儒教徒在北京孔廟舉辦祭孔釋菜禮、儒家文化青年修身營、面向社會（重點面向全國高校傳統文化社團、民間傳統文化社會組織等團體）免費贈閱儒學書籍等等活動。

（三）組織編寫《中國大陸儒門年度大事記》，評選儒家年度十大熱　　點、十大好書，編輯年度全球祭孔圖集。

為了記錄事件，提供資訊，促進認同，自二〇一二年開始，儒家網組織編寫年度大事記，反響良好。

　　二〇一四年，我們在大事記的基礎上，主持評選年度十大熱點，涉及諫議、公共政策、思想學術、文化事件等各個方面，反映了中國當代儒家最新發展狀況，向社會公布後，備受關注。

　　同時，為了使社會各界能夠全面把握當代儒家的思想動向和理論動態，自二〇一四年起，儒家網啟動年度好書榜和「十大好書評選」活動。

　　陽明精舍山長蔣慶先生對此活動評價曰：「儒家網以民間立場舉行年度好書評選活動，在國內實屬首舉，意義重大。」

　　中國孔子研究院院長楊朝明教授很為這樣的舉措感到讚佩，因為「這對於盤點儒學研究成果、引導儒學研究方向、指示儒學學習路徑都具有重要意義。」

　　近年來，國內紀念孔子誕辰活動無論從數量、質量較往年相比都有大幅度突破，儀式越來越規範完善，大到各省會城市、縣市區，小到街鎮鄉村，均有消息傳出，參與組織包括官方組織、中小學、大學以及民間團體，而且政府日益成為主導方。有鑑於此，為了助推此活動，儒家網自二〇一五年開始編輯年度全球祭孔圖集，一經發布，格外矚目。

（四）編發電子刊物《儒家郵報》

　　在智慧型手機上網時代，尤其是微博、微信等新媒體傳播形式的影響下，以電子郵件途徑發送的網刊，是否還應該繼續辦下去？經徵詢意見反覆研討，基於《儒家郵報》主要針對學者主動發送，考慮到學者習慣和老訂戶的需求，以及電子郵件發送的特殊優勢，我們決定繼續編發。

　　目前，《儒家郵報》訂閱人數持續增長，訂戶及發送對象主要是學術思想界和儒學愛好者，尤其在學術思想界已經形成一定知名度，清華大學國學院院長陳來先生認為，對於希望多方面瞭解當代中國儒學運動發展動向的學者和有心者，《儒家郵報》「是一個難得的窗口。」

　　篳路藍縷，艱苦備嘗，儒家網終得到海內外各界的廣泛關注和支持，已成為當今中國儒家的代表性網站，也成為各界瞭解當代儒家發展動態的重要視窗。

　　「『中國重新生長』是一個顯著的文明現象及世界歷史基本事實，儒家網

敏銳捕捉這一歷史契機，以思想學術為先導，以國家治理、社會重建及倫理修復為職志，通過主題網站、微信公號、儒生文叢、年度綜述、海內外學術研討會等多種形式在轉型中國的話語洪流與國民莫衷一是的價值叢林中發出清晰響亮的理性之聲。這十年，是儒家網『公共化』而成為中國當代『主題性』思想先鋒的十年，也是儒家網所推動之『儒家重新公共化』整體事業突破性發展的十年。」

田飛龍兄的上述評斷，吾無間然矣。

四　如履薄冰

因為儒家網的定位和特點，置身於中國特定的歷史時期，十年走來不尋常，歷經艱難困苦。

首先遇到的最大困難，是思想禁忌而帶來的無形壓力。

雖然文革的結束及對之徹底否定，不僅意味著對前一階段政治路線的否定，也意味著對傳統文化的否定之否定，而儒家也得到了某種意義的肯定。可是，思想界主流固守五四以來對儒家的成見，對當代中國這場文化復興運動的意義認識不足，而政府部門長期以來形成的意識形態偏見也沒有得到改變和調整，在政策的執行上往往模稜兩可，也給了某些好施暗箭者可乘之機。

例如，《儒生》集刊第一卷、第二卷出版後，關注度很高，出版社很感興趣，和我商量要辦成品牌，就在我們信心滿滿大力推進之時，突然接到來自某方面的批評性意見，不得已中止合作。

之後的第三卷則歷經曲折，我先後聯繫到的兩家出版社，都未通過出版社審核，再聯繫到某高校出版社，社裡同意立項，並且通過了省主管部門審核，但報到業務主管部門後卻被否決，該出版社編輯過意不去，主動幫我又推薦給另一家高校出版社，結果還是遭到同樣待遇。其後雖經不懈努力終獲出版，但耗費時日，飽受折磨。

說實話，這些年我出版圖書所做的書稿編輯工作，遠不及克服這些困難勞心費神付出更多。諸如此類，不勝枚舉。

還有一例，就是紙質期刊《儒常》的夭折。

記得是二〇一四年，常州的張戩偉先生，在微博上關注我很久之後，主動跟我聯繫想幫助儒家網，並一起「搞點事情」。經過反覆商議，我們決定合作辦個紙質版的儒家內部刊物，即動態通訊類的小冊子，主要是刊載大陸儒家的最新活動資訊，搭建一個儒門內部交流的平臺以互通聲息，也給關心儒家事業的人士一個認識我們的管道。因為，雖然電子版的《儒家郵報》影響漸大，優點是快捷、信息量大，但缺點是不訂閱者、不上網者看不到；而《儒生》集刊的出版週期太長，內容也有限制。

經反覆商議、充分準備、辛勤工作，紙質版半月刊（內部）《儒常》就於二〇一五年一月誕生了。儒家網負責內容編輯以及蒐集贈閱名單等工作，常州孔子思想研究會負責刊號申請、印製、寄送等具體事務。

《儒常》作為一種與網絡線上傳播互補的新形式，在第一時間向政、經、學、社各界菁英人傳遞儒家最新發展動態，平均每期免費郵寄兩千多份，以「影響有影響力的人」。一經發出，好評如潮，也備受關注，當然，不可避免的也受到某些喜好密告之人的關注，不得已在創刊八月後戛然而止。

諸如此類的無形壓力，讓我一直如履薄冰、危行言遜。即便聞知思想競爭對手網站被關閉的消息，沒有絲毫的幸災樂禍，而有深深的兔死狐悲之感。

這種壓力，自二〇一四年中國最高領導人在北京人民大會堂出席紀念孔子誕辰二五六五週年大會並發表講話後，突然之間消失了很多——如果說之前是陰晴不定，之後則是晴空萬裡偶有烏雲，不可同日而語。

五　負重前行

無形的壓力之外，還有籌款的壓力，讓我不堪重負。

儒家網創辦伊始，就是我一個人在操持，資訊蒐集、內容編輯、網站上傳等等所有工作，都是我一人承擔，工作投入幾近瘋狂，很多師友覺得不可思議：哪兒來的這麼多的精力和時間？

創辦不久後的有一天，負責網站管理的徐君突然跟我中斷了聯繫，電子郵

件不回，打電話不接，網站陷入停頓狀態（幾年後方得知，是因為其個人特殊狀況而不得已與外界斷絕聯繫）。有一次，我偶爾跟在天津大學任教的高會霞說及此事，她說在學校上公共課，其中有計算機專業的學生，問問看能不能幫忙。於是，儒家網就有了第一個義工，並一直負責網站技術維護至今。

隨著儒家網影響日增，工作量越來越大，也有義工開始不斷加入。但是，要做事，必須有錢；要做更多的事，必須要有更多的錢，不得已我開始募集資金。

例如，為了出版《儒生文叢》，在解決了出版社立項這個頭疼問題後，我四處募捐，絞盡腦汁找資助，毫不誇張地說，我幾乎給能想到的基金會和人都聯繫過，但都一無所獲。幸賴西安的劉明先生慷慨解囊，才得以成事。

陳喬見兄看我籌資艱苦，聞知某佛寺設有文化基金，便向熟識的兩位年輕法師求助。小法師欣然應允給領導匯報，但領導認為緣起不適當，婉拒了。小法師過意不去，主動要求個人盡些心意。在感動小法師有情有義之餘，亦感慨佛教日漸興盛，反觀儒門依舊淡薄，唏噓不已。

那時候，有很多朋友們既關心也不解──你們編輯部不發工資還能做這麼多的事嗎？我曾經在微博上有過一個統一答覆：

> 在下創辦並主持的儒家網、儒家郵報和儒生文叢，皆是在繁忙的公務之餘做的，沒有辦公場所，沒有固定資金，沒有專職人員。編輯人員皆是義工，我每月從募捐款中，給他們每人象徵性發點生活補助，本人則分文不領。

後來，儒家網開闢了微博和微信平臺，仍有有朋友問：「感覺儒家網的微博微信越做越好了。是你自己在做？還是有專業團隊在打理？」我答曰：「我率頭做的，但包括我在內的團隊全是義工，都是在業餘時間做，都不是專業人士，也沒有專職人員。儒家網及其衍生產品，沒人沒錢沒資源沒背景，我全憑一口氣在撐著。」

或許，這就是信仰的力量？

　　記得《儒生》第一卷編好後，籌款效果甚微，在臨近簽合同之日，硬著頭皮給儒學聯合論壇的老網友「外來蟹」發短信，希望能資助出版。老謝二話沒說，當即應允，方解燃眉之急。

　　十年期間，在實在走投無路無計可施的時候，我都會向諸如老謝這樣的師友「強捐」。同時，還會得到一些朋友的雪中送炭，讓我倍感溫暖——白敏、如是平、張其成、林榮曉、陳光榮、王生、孔祥東、劉偉文、陳緒平、何煥榮、韓勃……。

　　當然，還有很多未曾謀面、不留姓名的網友，他們與在下一樣，一心向道，胸懷家國天下，不侷限於一己之得失。正是他們的慷慨解囊、無私相助，才激勵儒家網披荊斬棘走過十年，略有小成。

　　在此，對所有幫助過儒家網的朋友特別說一聲：謝謝你們！

　　這些年，為了保持儒家網正常運轉，募集資金是我最為頭疼和焦慮的事，也牽扯了很大精力。這種狀態，直到二〇一六年遇到敦和基金會，才長出一口氣，如釋重負。

　　儒家網編輯團隊成員來自五湖四海，分散各地，為文化理想而主動奉獻。大部分義工是在校大學生，也只能給予適當補貼。作為網站總負責人，年屆中年，家庭負擔生活壓力之大和本職工作之繁重，愈益窘迫，箇中艱辛，如飲寒水，冷暖自知。

　　從事儒家弘道事業這些年，從主持儒學聯合論壇到創辦《儒家郵報》，再至創辦儒家網、主編儒生文叢，這諸多事業均進行於繁忙的公務之餘，亦是在每天上下班擠坐地鐵公交途中思考完成的。雖說如此，並不敢容心潦草，而是戰戰兢兢，如履薄冰。當然，每天置身於擁擠喧鬧、行色匆匆的人群中，也使自己的思考更活潑、更貼近現實和大眾。

　　回顧十年歷程，感慨萬千。

　　當然，在下投身弘揚儒學事業，不僅僅只十年，實則已接近二十年。

　　二十年前，剛剛研究生畢業的我，因為互聯網而知道了很多很多以前不知道的資訊，這其中，最重要也對我影響最大的，就是儒家，活著的儒家，也即被後來呼之為的「大陸新儒家」。

正因為遇到了這些儒家師友，給我的生命賦有意義，也讓我的青春生命力開始迸發。

儒家網開辦之時，我特意在站頭掛上兩句標語：

以天下為己任，為萬世開太平。

今日再讀，蕩胸生層雲。

士不可不弘毅。

孔元二五六九暨耶元二〇一八年十二月十日寫於北京

本文原刊於陳明、朱漢民主編：《原道》第三十七輯，長沙市：湖南大學出版社，二〇一九年。

目次

十年賀詞

元旦獻詞

年度儒家十大熱點

儒家網年度十大好書

出版座談會發言記錄

儒生重現之文化、歷史意義《儒生文叢》第一輯出版座談會發言記錄

儒家與當代中國思想之創生《儒生文叢》第二輯出版座談會發言記錄

序跋與讀感

工作報告

同行者言

義工手記

成立背景

那些讀書吹劍的日子

──我與儒學聯合論壇及《原道》輯刊

任重

思必出位，所以窮天地之變。行必素位，所以應人事之常。

──康有為

拔劍欲高歌，有幾根俠骨，禁得揉搓。

──梁啟超

緣起：投稿《原道》，結識陳明

我在網絡上弘揚儒學，始於「儒學聯合論壇」網站。與儒學聯合論壇的關係，始於陳明主編的中國內地第一個儒家民間刊物《原道》輯刊。而與《原道》輯刊的結緣，始於投稿。

西曆一九九四年至一九九七年，我在長沙讀碩士研究生期間，就在圖書館看到被稱之為「中國大陸文化保守主義之旗」的《原道》輯刊，閱讀後，就被深深吸引，便開始關注。後來，到中國人民大學讀博士研究生，博士論文研究的是墨子，在論文撰寫過程中有所心得，便寫了一篇長文，發給了《原道》輯刊上的投稿電子郵箱。好像是第二天，在宿舍接到了主編陳明的電話。電話那頭的陳明語調明快，大聲說是接到了我的郵件，文章寫得不錯，然後就問了下我的個人情況，接著就大談儒學優於墨學，堅信儒學必然復興及其意義，並鼓勵我目前要專心讀書寫博士論文，待畢業後好做事云云。那時我二十七歲，陳明年長我十歲。

這是我第一次和陳明接觸，感覺很爽朗──這個感覺一直保持至今。

　　當時，儒學發展的社會氛圍遠不及今日，尚有種種禁忌，很多人還是對儒學知之甚少、誤解很深。在沒有任何資源和外在條件的情況下，欲弘揚儒學，只能藉助剛剛興起的網絡。

借原道網站重建之機，「儒學聯合論壇」產生

　　西曆二○○二年，我博士研究生畢業後，開始協助陳明參與《原道》輯刊編輯，並主持原道網站的工作。剛開始，原道網站設有一個 BBS 論壇，是原道網站的「原道論壇」和溫厲開辦主持的「孔子2000」網站「儒學新教化」的聯合論壇。該論壇在二○○○年開設於西祠胡同網站，名曰「儒學新教化」。但我對這個論壇的設置模式很不滿意，不斷提出建議，要另起爐灶自建網站。陳明對網絡技術也不熟，沒有資金支持，又有些疏懶，說是只要有個陣地能讓人找到並能交流就行了。於是，自建網站的事情也就擱置了。

　　西曆二○○四年五月，湖南有家翰如旅遊文化發展有限公司，想為原道網站無償提供網絡空間資源。借此重建機會，我便想實施醞釀已久的儒家網站的資源整合計畫。整合資源做大做強的想法，還是受了當代儒學網的主持者柳河東發在儒學聯合論壇上的一個名曰《莫讓論壇清冷》帖子的鼓動。柳河東在此帖中說：「論壇實在有點清冷，應請兩位好版主，同時與其他網站或論壇聯手協辦。當代儒學網的同仁願意協助和支持。」我同意他的意見，於是立即和他溝通，給他的信中如是說：「目前國內儒學論壇遠較其他論壇冷清，這急需我們把力量整合起來。這樣，我們就可以整合資源，良性互動。」他回信說同意加盟，也希望其他儒家網站加盟。

　　於是，我主動邀請四川大學黃玉順教授開辦主持的中國儒學網加盟。與黃玉順教授溝通此事時，他提出的顧慮是三家網站聯合辦論壇，叫「原道論壇」不妥，我當即便自作主張想了一個名字曰「儒學聯合論壇」。同時，為了不失去三家網站的獨立性，我提議在各家網站上還是各叫各的論壇名字，即原道網站叫「原道論壇」，「孔子2000」網站叫「儒學新教化」，中國儒學網叫「中國儒學論壇」，共同連接到同一個論壇網址即可。陳明、溫厲、黃玉順三位站長都欣然應允。

後來，我又力邀柳河東開辦主持的「當代儒學網」，劉貽群主持編輯的「簡帛研究網」，林桂榛開辦主持的「禮儀文化網」，段炎平開辦主持的「洙泗書院網」，以及後來龐樸先生開辦的「儒學研究網」，以友情合作的形式，共同舉辦「儒學聯合論壇」。

積極宣介和精心打造

為了擴大網站的知名度，我為儒學聯合論壇編寫了一個宣介詞，如下：

儒學聯合論壇立足傳統，致力於中國思想文化建設，努力打造中國最好的思想文化網絡論壇。士尚志，志於道，是我們共同的口號。在中西文化的碰撞對話中強調民族主體性，在當代文化建設中強調傳統資源的重要性，在儒家傳統繼承和發展的糾結中強調面向現實的開放性，是我們共同的理念。儒家立場，儒學理念，儒教事業，是我們共同的目標。

儒學聯合論壇力圖發揮以下功能：一個討論心得交換信息的茶室；一個結交天下豪傑之士的管道；一個參與各種文化論爭的平臺。

二〇〇五年二月，湖南翰如旅遊文化發展有限公司因客觀原因不能繼續提供網絡空間資源，論壇一度陷入困境。其後，263網絡通訊公司等單位先後為論壇提供空間資源，論壇才得以繼續開辦。

在此，我們對上述單位的文化情懷表示敬意。

二〇〇六年五月，原道同人自籌資金，獨立主辦儒學聯合論壇。我們將以更加出色的成績，來回報大家的期望。

人能弘道，非道弘人。精神獨立，思想自由。儒學聯合論壇誠邀各界同仁友情加盟，歡迎天下英豪談書論道！

我把這個宣介詞，不但主動通過電子郵件發給國內各大學術網站（但登載出來的寥寥無幾），也轉發到了國內各大論壇，如天涯社區、凱迪社區，以及當時很火爆現在已經被關閉的「一塌糊塗」論壇、「世紀中國」論壇、北京大

學「未名 BBS」論壇等。

後來，我又為儒學聯合論壇寫了一個標語：「儒家情懷，儒學理念，儒教事業。為了中華民族的偉大復興，努力打造中國最好的學術思想論壇。」這條標語至今仍然掛在論壇的主頁，時間顯示為：2005-9-13 18:35:00。

論壇重建時，我建議多開幾個版面。剛開始，陳明力主論壇只開一個版面，說是怕分散了人氣。我堅持要再開，這也得到了其他版主的支持，於是便有了後來的學術廳、解經堂、天下居、怡情軒、禮樂舘、菁華閣、露布臺、聽訟院等版面。

「學術廳」是論壇初建時開設的唯一版面，我為之寫的標語是：「人能弘道，非道弘人。精神獨立，思想自由。歡迎天下英豪來此談書論道！」這個版面後來成為論壇的主版面，也是人氣最旺的版面。

我們的看法：發生在儒學聯合論壇上的思想文化事件

因為我們論壇具有鮮明的思想立場，所以經常會有來「踢場子」的網友和我們展開激烈辯論，火藥味十足，其中最著名者是在西曆二○○五年與南開大學教授劉澤華先生的門人弟子展開的辯論。這場辯論，在秋風所寫的《保守主義浮出水面》一文中有如下描述：

> 今年四月四日，陳明在天津南開大學作題為《文化保守主義在當代思想版圖上的位置與意義》的演講，對該校歷史系劉澤華教授的某些觀點表示了異議。劉澤華堅持的是現代以來歷史學界的主流觀念，即中國古代乃是王權專制制度，而儒家則是這一制度的支柱，他甚至認為，中國古代社會基本的政治關係是『筆頭對鋤頭的剝削』。
>
> 陳明則對此提出批評，試圖重新評估儒家與專制王權之間的關係。他認為，中國古代社會，基本上是霸王道雜之。儒家固然為專制權力的正當性提供了論證，但是，它也對社會層面上的自我治理提供了價值支撐。而劉澤華及主流歷史學界誇大了前者，而無視後者，沒有看到儒學思想

對於社會利益的表述與維護。

因為這樣的批評發生於劉澤華所任教的學校，因而，引發了與其學生的言語衝突，並蔓延到網絡世界。這場爭論中不乏激情氾濫，但確實使文化保守主義關於儒家社會功能的認識，開始衝擊主流觀點。

後來，這次主要發生在儒學聯合論壇上並隨之延及網絡的學術辯論，方克立教授將之定性為：陳明《原道》學派與劉澤華學派之爭是「唯物史觀與文化史觀之爭」。

其後，陸續在儒學聯合論壇上發生了諸如此類的文化事件，知名者有：

西曆二〇〇四年七月，蔣慶先生邀請陳明、盛洪、康曉光在貴州的陽明精舍舉行了共和國成立以來中國內地儒家的第一次儒學會講。王達三（時任儒學聯合論壇版主，曾用網名「達三勿憂」）提前聞訊，積極約寫了幾篇稿件在《讀書時報》上發表，以儒學聯合論壇為陣地作高調宣傳並引發了注意，被稱之為「文化保守主義峰會」，成為當年重要的思想文化事件。（詳見李琴：《文化保守主義峰會現身陽明精舍》，載於東方早報二〇〇四年七月二十九日）

西曆二〇〇四年五月，因蔣慶先生主編的《中華文化經典基礎教育誦本》出版，薛湧在《南方週末》（二〇〇四年七月八日）發表文章《走向矇昧的文化保守主義——評蔣慶的讀經運動》，強烈批評蔣先生的努力是「一場以『文化保守主義』為旗幟的愚民運動似乎正在開始」，逕直將這稱為一種「文化矇昧主義」，立即受到以「中道自由主義」自居的秋風、劉海波、王怡等人的反駁，引發了一場全國性的讀經大討論。儒學聯合論壇將之作為專題固頂，不斷推動討論深入發展。

西曆二〇〇五年六月，中國人民大學高調宣布成立國學院，《南方週末》發表了中國人民大學校長紀寶成教授的文章《重估國學的價值》，對此，袁偉時先生發表《評紀寶成校長的「重振國學」論》文章，進行尖銳批評，由此立即引發了一場「國學大討論」。鑒於在上次讀經爭論中儒家陣營中無人出來聲辯（我在拜訪蔣慶先生時，問起此現象，他說：「我沒想到支持讀經的人多是來自自由主義陣營的學者，我感到很詫異，因為中國一百年來的自由主義傳統

都是反儒學的。當然,傳統文化陣營或儒學陣營公開表態的人不多,我覺得也很正常,因為大家覺得中國兒童讀中國文化經典是天經地義的事,沒有什麼好爭論的,這並不存在多少學理上的問題。」),於是,我便以儒學聯合論壇為陣地,組織同道學者參與討論,將有關文章彙集起來,以《我們的看法──中國人民大學成立「國學院」及其他》(收錄了陳明、米灣、石勇、林桂榛、王達三的五篇文章)對外發表,這應該算是「大陸新儒家」的第一次聯合集體發聲。因為儒家的參與,使得這次國學討論成為當年最為重要的思想文化事件,在思想層面上是上年「讀經大討論」的繼續,但在內容深度、參與廣度、影響程度上,則更進一層。

西曆二〇〇五年十二月,陳明主持的中國社科院儒教研究中心在廣東舉辦了「第一屆全國儒教學術研討會」,蔣慶先生在會上公開宣讀《關於重建中國儒教的構想》一文,陳明亦提出自己的「公民宗教」說,使之與當年中國社科院成立儒教研究中心一事,引發了激勵討論。儒學聯合論壇將有關討論彙集起來,在網站發出,不斷推動,發展成為一場全國性的儒教大討論。

西曆二〇〇六年三月,中國中央電視臺播出歷史連續劇《施琅大將軍》,引起人們對明清易代之際那段歷史的關注,也在網絡和傳統媒介上引發了激烈爭論。作為該電視劇的幕後推手,陳明也被推到風口浪尖,很多「大漢族主義」者或「皇漢派」前來儒學聯合論壇進行討伐,大有把陳明和儒學聯合論壇批倒批臭之勢。我們以儒學聯合論壇為中心,就此話題展開了爭論,成為二〇〇六上半年最引人關注的文化熱點。

西曆二〇〇六年九月二十八日,我們又連署五十四位學者發出了《以孔子誕辰為教師節建議書》。建議書由王達三起草,徵得龐樸、張立文、郭齊勇、蔣慶、陳明五人的同意,共同作為發起人,然後徵集到湯一介、龐朴、余敦康、方立天、林毓生、湯恩佳、樓宇烈、張立文、成中英、劉述先、曾釗新、蒙培元、郭齊家、车鐘鑑、霍韜晦、杜維明、羅義俊、蔡德貴、束景南、潘公凱、郭齊勇、楊東平、張祥龍、陳來、蔣慶、李明輝、楊澤波、盛洪、李景林、王曉明、胡曉明、廖名春、楊儒賓、林安梧、陳昭瑛、張汝倫、黃玉順、景海峰、陳少明、黃勇、汪暉、梁治平、韓星、趙汀陽、高全喜、任劍濤、陳

明、范瑞平、康曉光、林宏星、楊陽、干春松、秋風、韓德強等五十四位學者的聯合簽名，由儒學聯合論壇、孔子2000網、原道網、儒學研究網、中國儒教網、當代儒學網、華夏復興論壇、簡帛研究網聯合發出，引發了社會各界的高度關注。此事件，是王達三和我動議和策劃的，主要由王達三開辦主持的中國儒教網暨儒教復興論壇和儒學聯合論壇組織，水一方小舟（周予沉）、青青翠竹（王心竹）、東民、思芬克司、徐治道等論壇版主積極參與了聯絡、宣傳工作。

西曆二〇〇六年底，我們又起草並連署十位在讀的青年博士研究生發布了《走出文化集體無意識，挺立中國文化主體性——我們對「耶誕節」問題的看法》，經各媒體廣泛報導後，引發了海內外的關注，激起軒然大波，但也促使人們更多地思考儒教重建及其相關問題。（參閱王達三：《關於十博士生連署的〈我們對「耶誕節」問題的看法〉的最終說明》，發表於互聯網）

如此等等。

那幾年，凡每次發生的與儒家有關的爭論乃至演變成的文化事件，我都會以儒學聯合論壇為陣地組織討論，並不定期將討論結果彙集發出，以擴大影響力。

「怡情軒」及其他

「怡情軒」版面是儒學聯合論壇繼「學術廳」之後最早另開的分版面。「怡情軒」版面名稱是米灣兄的建議，標語「浴乎沂，風乎舞雩，詠而歸」，摘錄自《論語》。

在儒學聯合論壇，前面的「學術廳」經常「刀光劍影」、「硝煙瀰漫」，但後面「怡情軒」的主調卻是「風花雪月」、「淺吟低唱」，也算是一張一弛、陰陽平衡。記得有一次，一個網友在「學術廳」鏖戰許久，退到「怡情軒」發帖感慨道：「前面太激烈了，還是這兒安靜，歇息歇息！」當時「怡情軒」的兩位美女版主青青翠竹和阿蓮，更是輕言細語，殷勤相待，「怡情軒」一時人氣甚旺，才子佳人雲集——今天回頭來看，最大的成果當是時任學術廳版主的訥言（陳喬見，當時在復旦大學讀碩士研究生）贏得了網友丫丫（王央央，當時

在杭州師範學院讀大學本科）的芳心，演繹出了一段網絡情緣，終成眷屬。陳喬見和王央央夫婦，現一任教一就讀於上海的華東師範大學。

而且，青青翠竹版主和阿蓮版主在網友中的威望極高，也經常出面調停我們（尤其是達三和我，達三尤甚，常常「一言不和，便拔刀相向」）幾位年輕氣盛、非常較真、火氣較大的版主在版務處理上出現的衝突糾紛，今天回想起，仍覺溫馨。

「解經堂」是後於「怡情軒」設立的版面，其標語是：「道沿聖以垂文，聖因文以明道」。這句標語是水一方小舟版主（周予沉）建議的，出自劉勰《文心雕龍》的篇首〈原道〉。

其後，民邦版主建議新設「禮樂館」版面，標語「興於詩，立於禮，成於樂」選錄自《論語》。「禮樂館」之後，論壇又陸續新設了「天下居」（我起的版名，想以討論時政為主，後來因網友轉帖的帖子多涉「敏感字眼」且尺度不好把握，被迫關閉）、「菁華閣」（青青翠竹版主起的版名）、「露布臺」（訥言版主起的版名）、「聽訟院」（青青翠竹版主起的版名），一直延續至今。

而且，細心的網友會發現，儒學聯合論壇的網友等級（根據發帖數量多少而分高低）不同於一般 BBS 的網友等級名稱，這是我和民邦版主商議確定的。我剛開始想設置一些具有本論壇特色的等級名稱，如小學、中學、大學、碩士、博士等，但民邦版主認為這個也沒什麼特色，既然我們網站是儒學論壇，就應該有儒家特色，他建議網友等級由低向高依次設置為：初學士、縣學學士、府學學士、國學初學士、國學大學士、太學初學士、太學大學士、翰林院初學士、翰林院大學士、集賢殿大學士、資政院侍講、資政院院士等，我欣然採納。後來，這個網友等級設置模式在我和王達三開辦儒教復興論壇時，全部照抄移植。

出任「總版主」，費盡心思打理網站

儒學聯合論壇重組初建時，我們幾位版主要麼剛剛從大學畢業，要麼還在校讀書：青青翠竹（王心竹），剛從中國人民大學博士畢業，任教於中國政法

大學；水一方小舟（周予沉），剛從浙江大學博士畢業，任職中央美術學院博士後流動站；達三勿憂（王達三），在讀中國人民大學博士研究生；仁義（任毅），在讀中國社科院博士研究生，我本人（網名「讀書吹劍」）也是剛從中國人民大學博士畢業，出任「總版主」，主持負責網站事務。

那時候，大家尚無工作和生活壓力，業餘時間充裕，精力充沛，熱情極高，一心一意搞建設，費盡心思聚人氣，想了很多辦法和點子。其中記憶最深刻者，是民邦版主（林桂榛）在其所任教的杭州師範學院開設有關《紅樓夢》課程，選修者甚眾，於是他靈機一動，要求上選修課的學生必須把作業在論壇上提交，這就使得很多學生不得不在論壇註冊並登錄發帖。儘管此舉有「被註冊」之嫌，但如他所言，也引導一些沉迷於網絡遊戲的青年學生，開始對中國文化和儒學感興趣了。

為了擴大論壇的名氣，我們只要遇到同學朋友，都會極力推薦論壇，力勸其上去瀏覽發言。先後被我勸說、拉攏、誘騙擔任論壇版主的有：紫筠（劉貽群，中山大學碩士研究生）、阿蓮（劉銀豔，《三湘都市報》編輯）、陳愚（陳壁生，中山大學碩士研究生）、大中華民邦（林桂榛，中國社科院碩士研究生）、耶律大石（陳勇，旅美留學生）、訥言（陳喬見，復旦大學碩士研究生）、青藤子（張波，陝西師範大學碩士研究生）、夢舟（孟志國，南開大學碩士研究生）、天一書魂（楊蓉，武漢大學碩士研究生）、天游之學（謝泉峰，武漢大學碩士研究生）、易楓寒（周光稷，北京師範大學碩士研究生）……

同時，我也私下主動給一些學者發信，誠懇邀請他們到論壇註冊發言（當然，站長陳明是天天泡在論壇灌水，吸引了很多高手前來觀戰或參戰）：楊陽、秋風、冼岩、石勇、劉海波、韓星、米灣、蕭自強、溫厲、黃玉順、干春松、唐文明、彭永捷、皮介行、熊培雲、陳永苗、鞠曦、葛荃、範亞峰、周楓、劉東超、鄧曦澤等等，都曾在論壇上就關心的話題展開討論，一時間風生水起。於是，我們不失時機地奔走呼告，到各大論壇網站發帖宣傳，四處「煽風點火」、「推波助瀾」。當然，主要是我們有自己鮮明的立場，也得益於各界朋友的大力支持，儒學聯合論壇迅速發展成為國內有影響力、有代表性的儒家思想學術網站。

那段日子，身為儒學聯合論壇「總版主」的我，可以說是全身性投入網站的管理和宣傳，每天趴在網上灑掃應對，在電腦前動輒就會坐上幾個小時，渾然不覺，樂此不疲。毫不誇張地說，為了儒學聯合論壇的發展，我是殫精竭慮、傾盡全力。

為了能提高《原道》輯刊和網站的知名度，我「挖空心思」搞宣傳，比如，有意蒐集與《原道》有關的書評、報導等信息，將《原道》創刊以來的歷期目錄彙編在一起，在網絡上四處張貼；論壇新開後，為前五十位註冊網友免費郵寄《原道》輯刊；注意論壇固頂帖子的代表性和立場性，鼓勵引導網友參與熱門話題的討論……

不同的聲音：策劃年度人文關鍵詞

西曆二〇〇五年，為了凸顯我們的立場和網站的影響力，我策劃由儒學聯合論壇推出年度人文關鍵詞。是年，邀請同道就當年發生的人文熱點如國學、祭孔、儒教、芙蓉姐姐、超級女聲、大長今、鄭家棟、方舟子、周葉中，分別由冼岩、石勇、王心竹撰寫，名曰「不同的聲音：2005中國人文關鍵詞六則」，以儒學聯合論壇網站的名義發出，引發了關注。

次年，我繼續擴大選詞範圍，邀請更多的道友參與撰寫。當年的按語如下：

> 去年，我們推出「2005中國人文關鍵詞」以後，得到了各界朋友的關注和好評，同道們也希望將此定製，每年都推出一輯，以發出「不同的聲音」。故此，我們決定在每年歲終，擇選出本年度發生的若乾熱點人文話題，特別邀請同道學友撰文評述，回顧去歲，以望來年。
>
> 今年，我們擇選了以下二十一個話題：電視劇《施琅大將軍》（予沉），上海重寫歷史教科書（冼岩），魯迅逝世70週年（石勇），孟母堂（張波），美國總統布希會見中國基督教家庭教會成員風波（陳勇），中韓申遺之爭（謝泉峰），國學大師評選（趙晶），孔子標準像（謝泉峰），易中天（謝泉峰），李銀河（石勇），趙麗華（思芬），女兒狀告父親婚外

戀（石勇），教師節改期（冼岩），廢除中醫（東民），草根歷史（謝泉峰），一個饅頭引發的血案（簡照霜），學部委員遴選（趙晶），七夕情人節（東民），于丹說《論語》（謝泉峰），大國崛起（王達三）、十博士生倡議抵制西方聖誕節（謝泉峰），彙輯曰「2006中國人文關鍵詞」，由原道網（www.yuandao.com），孔子2000網（www.confucius2000.com），中國儒教網（www.zgrj.cn）聯合發布。

　　現在回頭來看當年寫的按語，本來計畫是想把年度人文關鍵詞一直做下去。可惜，後來因為種種變故，也只做了兩年就中斷了。曾經的雄心勃勃，今日空餘遺憾。

《原道》創刊十週年會議：文化保守主義在中國高調抬頭

　　西曆二〇〇四年，我注意到：該年是《原道》創刊十週年。於是，便給陳明建議搞個十週年紀念活動。剛開始，陳明對我的這個「炒作」點子不贊成不支持。但我沒理會他，便和王達三一起開始謀劃。

　　首先，是主動向各界徵求賀詞，回應者甚眾，有龐樸、張立文、韋政通、郭齊勇、陳來、張祥龍、蔣慶、康曉光、韓星、楊國榮、何光滬、陳昭瑛、何懷宏、王岳川、彭永捷、鄧小軍、任劍濤、干春松、黃玉順、皮介行等學者，以及炎平等網友都撰寫了賀詞，龐朴先生還專門潑墨揮毫題詞「志於道」三字。尤其是牟鐘鑑先生之《探尋中華大道》、張新民先生之《書生事業與文化理想》、盛洪先生之《文化保守主義的大旗應該舉得高高》三篇文章，都是專門為《原道》輯刊十週年寫的。從文章的標題就可看出，諸先生對《原道》成績的肯定和未來發展的期望。

　　其次，是就此事專門採訪一些著名學者，如李澤厚、龐朴、杜維明、林安梧等，不斷營造聲勢。龐朴先生的訪談題之曰《我是中國文化的保守主義者》（發表於《博覽群書》二〇〇四年第九期），李澤厚先生的訪談題之曰《成績欠佳，精神可嘉——李澤厚陳明《原道》十年談》（發表於《博覽群書》二〇

〇四年第十期），杜維明先生的訪談題之曰《〈原道〉、儒學與文化保守主義》，林安梧先生的訪談題之曰《文化臺獨、中國文化與後新儒學》（發表於《博覽群書》二〇〇五年第一期），反響俱很好。

　　然後，就是我們自己撰寫文章，如程亞文寫的《文化民族主義的知識衛護──《原道》輯刊讀解》，王達三寫的《守望中國傳統文化──《原道》輯刊十年記》，杜霞寫的《路在何方？──《原道》輯刊十年評析》，周予沉寫的《「何」之問──寫在《原道》創刊十週年之際》，王心竹寫的《儒家傳統中的啟蒙精神在當代──《原道》輯刊與九十年代以來的儒學》，還有我本人寫的《保而守之，守而望之》，並且我還專門做了個《原道》十年十問陳明的訪談。同時，我們把紀念十週年學術研討會的方案提前公布，利用網絡「大肆」宣傳，結果是越來越引發關注。

　　事已至此，陳明的興趣也上來了，開始關心並操持起來，並為紀念《原道》創刊十週年的學術會議確定了一個非常大氣的題目：「共同的傳統──『新左派』、『自由派』和『保守派』視域中的儒學」。會議邀請了何光滬、陳來、劉軍寧、韓德強、康曉光、秋風、楊帆、任劍濤、周楓、冼岩、劉東超、彭永捷等各路人馬，在議程安排上也是「輪番上陣」、「捉對廝殺」。（上述賀詞、文章、座談會紀錄詳見《原道》第十輯）

　　同時，也邀請了儒學聯合論壇的一些網友與會，頗有網友聚會的味道。（可參閱陳壁生、林桂榛和網友「小梁」寫的文章）

　　這次會議如大家後來知道的，非常成功，反響也很好，與讀經之爭、《甲申文化宣言》一同被列為當年文化領域的三大標誌性事件。（參閱外灘畫報的報導：《三件大事標誌年2004年文化保守主義在中國高調抬頭》，二〇〇五年一月二十五日）。但可惜的是，我動議、謀劃並操辦的這次會議，因為特殊原因，無法在當天到現場參加，未能親自見證，至今仍然感覺非常遺憾。

　　為了辦好這次研討會，我自始居中總協調，盡量把各個環節都想到，如訂做了印有專門字樣的會議袋，貢獻出自己收藏的整套《原道》輯刊擺在會場上（陳明在這方面很粗心，他自己都沒有一整套的《原道》輯刊，結果我收藏的這套被參加會議的劉軍寧先生拿去作「研究」，一去無返了），對會務幾乎到了

苛刻的程度──至今仍記得，我讓「秋夜舞草」（高會霞的網名，她當時在中國人民大學讀博士）負責安排會後的吃飯活動，但她沒有考慮到如我要求的那樣細，出了點小紕漏，於是我就著急了，當著大家的面大聲「怒斥」她，沒想到她當即委屈地泣不成聲。時隔多年，再次和高會霞見面時，腦海中就不由得浮現出此情此景，感慨之餘，不覺莞爾。

離開儒學聯合論壇，心裡有一種撕心裂肺的痛

《原道》創刊十週年會議之後，我當時的公務身份迫使我不得不暫時隱身，其後儒學聯合論壇便相繼由王達三、水一方小舟、青青翠竹出面主持做「總版主」，我暗中幫助，直至後來因其他因素而離開儒學聯合論壇。在決定離開之時，心裡有一種撕心裂肺的痛。當時我在論壇發帖說：「沒有人比我更希望儒學聯合論壇越來越好、越來越壯大、越來越團結。」今天，我仍是同樣的希望。

在主持儒學聯合論壇的日子裡，也認識了很多朋友。某天，突然發現闖進來一位女網友「小梁」，不僅發言積極，而且見解不凡，頗顯老成，就判斷她應該是一位久經世事的長者。後來，得知她和我差不多同齡，很出乎大家的意料。

經過多次交流，小梁對我們這些人所做的事情非常認同，也對我們的困難非常關心，主動提出要給予資助。當我們知道她是一位中學老師之後，而且收入主要還是靠薪金和課餘做家教，並非大富，就婉拒了。但她堅持要給予資助，並且半真半假地說：「每年我少買幾件衣服，就可以省下來給你們了。給你們總比買衣服買化妝品有意義吧？」這句話給我印象至深。之後，每有好友知道她給原道資助，就問是不是她很有錢？我總是回答道：「她不是個有錢人，但是個有心人。」如小梁這樣的有心人，在儒學聯合論壇還有一位，網名是「外來蟹」。

當年經常泡在儒學聯合論壇上灌水或參與論戰的網友們（曾經執拗、狂躁的我若對你們有言語不恭之處，懇請諒解）：lylyd、任守愈、小梁、外來蟹、茹簡、赧水一方、一行、朝雲、孔門立雪、青瓷花馬、老麻花、洙泗孤泅、粒粒

橙、丫丫、小米、天一書魂、天遊之學、泰山岩岩、昊昊、大秦武士、北庭書生、淳遠、紅豆生南國、冰雪氣象、無雙蝶、haijun2520、西魯野人、讀論語、承馮志、黃帝門生、點睛、林水村、嶺雲關雪、kuoyan、化蝶的人、南天、無知李二、大盛、風波乍起、步稀、邵心璞、大智度、解語花、理道基、樸道、大漠孤煙、意在學術、登高必自悲、道南正脈、彩筠之南、自然孝子、王玉明、牧龍人、秋雨梧桐、風瀟揚、揚流、諸葛小量……今天，你們都在哪裡？

　　還有那位在論壇上發表《一生絕愛三秋水，萬古傷情四月天——懷念那人，懷念那似水流光》帖子的版主，你又在哪裡？

　　青青翠竹、水一方小舟、王達三、仁義和我，協助陳明辦《原道》輯刊以及儒學聯合論壇網站，完全是志同道合，出於責任、興趣來做點力所能及的義務之事。我們與陳明也是亦師亦友，從陳明處得到很多啟發，學到很多東西。儘管彼此之間在思想觀點上有過面紅耳赤的討論，儘管在具體事情上有過分歧尖銳的爭辯，但事後都歸於歡笑，內心毫無芥蒂。現在回想起那些在小飯館酒酣耳熱之後吵吵嚷嚷的時光，恍如昨日，美好異常。

　　在儒學聯合論壇的那段日子，我們幾個版主都向而立之年跨入，風華正茂，意氣風發，對儒學復興的信心希望，如春天一樣。

　　逝者如斯。

　　　　　　孔子二五六二年〔耶穌2011年〕陽曆五月二日凌晨，寫於北京西山

附錄

一

這是一篇「衍生作品」。今年是《儒家郵報》創刊五週年。為了繼續擴大郵報的影響力，便和陳明先生商議舉辦五週年紀念活動，於是就想寫個「《儒家郵報》五年記」之類的東西。在動筆時，五年前的那些人、那些事一一浮現在腦海，並將思緒的時間不斷拉長，許多前塵往事從記憶深處猶如畫面般又被啟動……所以，就有了上面的這篇文字。

在寫這篇文章時，也暗隱著意圖：希望激勵更多的年輕人積極主動地參與到弘揚儒學的工作中來。同時，也有意進行了個人經驗總結，希望能對後來者有所啟發。

當年，我們參與弘揚儒學的工作，沒有人指導，也沒有經驗，完全靠自覺、責任和熱情。今天的最大感受是：只要將其當成自己的事情，不求名利，不圖回報，自然而然就會內化於自己的生命，其樂無窮。而且，做事不可求完美，但求能盡己所能；也無一定之規，從身邊的事情做起，盡力去做自己適合的事情——即使在網上轉發一篇文章，在論壇頂一個帖子，也是弘道。

個人的力量如涓涓細流，但若大家的力量彙集在一起，則成大江大河。

二　在儒學聯合論壇本文下面的幾則跟帖

其一：皮介行先生的跟帖

見耿硎大作《那些讀書吹劍的日子》感賦

　　一番歌哭幾低回，如煙往事記從頭。
　　萬裡神州待明德，四方豪俊展風華。
　　仁澤大義重植守，禮樂教化壯心魂。
　　全球放眼望中華，漢唐聲威再歸來。

　　　　　　　　　　——孔子二五六二年五月二日皮介行寫於光文講堂

其二：陳明先生的跟帖

　　讀書吹劍的日子！當時只道是尋常，卻自有一股內力充盈其間，那是青春脈搏與文化生命的雙重變奏。感謝時代，感謝夫子開創的傳統，使生活有方向生命有意義。也要感謝這裡的所有友朋，我們一起走過！

其三：蕭自強兄（網名「南水」）的跟帖

　　看到吹劍兄的長篇憶往，我不能不記得那些飄香的飯館。說來慚愧，在吹劍兄及其朋友的事業中，我連打醬油的忙都沒幫過，但太多的聚餐沒落下我，我也屁顛屁顛地去。在飯桌上，有時也逞逞口快，和陳明，和其他朋友激辯這個或那個。

　　我素來疏懶，行動力比較弱，喜歡瞎想瞎辯，但閱讀他人，特別是朋友對行動的敘述，也往往會熱血沸騰。

　　這幾年在儒家判別和正名上我有趨嚴的變化，但在行動上一向很寬，有時甚至懸置判別和正名，因為實踐的後果往往出人所料，無論是一場名義上的行動，還是一場魚龍混雜的行動，如果從沒有這個名義轉到了有這個名義，這本身就是一種大轉折。有了名義及其合法性，循名責實也就有了堅實的名義基礎。

　　在這一點上，我和唐文明兄一直有共識，即首先要有人至少在名義上認為自己是儒家，才有討論何為儒家的基礎。如果沒有人認為自己是儒家，關於何為儒家的討論恐怕連所謂的學術價值也都沒有。可以說這十多年裡，吹劍兄及其朋友、及其同仁最大的意義便在於越來越多的人站出來說：我是儒家。儒家不再是一個汙名。

　　當然還不能說儒家的名義基礎已經完全復活，而循名責實之路，特別是儒家在當代的循名責實之路更加長遠。正因為如此，吹劍兄的這篇憶往便有了他自己所說的激勵作用。

　　儒學是世界的。在反人倫罪、反人倫行為很盛行很合法的當代，我依然有信心祝願儒學有一天再次屬於中國，也屬於世界。

本文原刊於任重主編：《儒生》第二卷，北京市：中國社會科學出版社，二〇一二年版。

木鐸之行於四方

──《儒家郵報》五年記

任重

五年前，所謂的「大陸新儒家」開始浮出水面。

當時，儒學發展的社會氛圍遠不及今日，尚有種種禁忌，很多人還是對儒學知之甚少、誤解很深，在學術思想界亦受到左右兩派的夾擊。對儒家思想的學術研究和弘揚傳播，得不到公共資源和民間社會資源的支持──既無自己主辦的大學、研究院、基金會、社團等組織機構，也無自己的出版社、報紙、雜誌等傳播媒體，單打獨鬥勉力支撐，在夾縫中尋找突圍，是當時乃至今日中國內地儒家境況的真實寫照。

在這種沒有任何資源和外在條件的情況下，欲弘揚儒學，只能藉助剛剛興起的網絡。

天祐中華，不喪斯文。網絡時代的來臨，給了儒家思想一個與競爭對手平等的傳播機會。隨著儒家網站的零星建立，一度被迫壓的內地儒家，在眾聲嘈雜的網絡上再發清音。可是，網絡時代也是資訊爆炸的時代，讓個人把有限的精力和時間投入到資訊氾濫的汪洋大海中去搜尋、捕撈、篩選，既是浪費，效率亦低。在多年主持「儒學聯合論壇」網站期間，我經常聽到很多師長、學者和同道表示無暇經常上網站來看，以致沒有看到一些好文章，錯過了很多精彩的討論。而且，因為 BBS 論壇網站門檻太低，誠如《原道》主編陳明所言，很多人上網發帖只是為了「找感覺」，結果導致真知灼見被大量的狂言亂語和口水戰所淹沒。聞聽這樣的抱怨多了，便促使我思索：如何用更好的方式高效率地來傳遞我們的資訊？

於是，在一次《原道》輯刊編委會同仁的餐聚上，我提出建議，辦一個通

過電子郵件發送的網絡電子刊物。這個提議，立即得到了大家的一致贊同。關於刊名，在經過對儒學通訊、儒林消息、儒教資訊、儒家郵報等名稱的討論比較後，決定採用我所提議的《儒家郵報》。那天是五年前冬天的一個下午，地點在北京花家地的三蘇酒樓，在座者有陳明、王心竹、周予沉、任毅和陳彥軍。

西曆二○○六年十二月十二日，《儒家郵報》第一期發出。當仁不讓，我承擔了創刊策劃和所有的編輯事務。沒想到這一編，就是五年。

同聲相應，同氣相求。郵報最初的幾期發出後，反響出奇的好，得到了同道們的歡迎和好評。尤令我印象深刻的是盛洪先生的回函：「出手不凡，很有氣勢！」──在得到諸如此類越來越多的讀者的支持後，使我越來越有信心，並開始想方設法來擴大郵報的知名度和影響力，如：用心收集知名學者的電子郵箱主動郵寄，關注熱點思想文化事件及時編發專題，為有關學者特設專欄，等等。於是，越來越多的學者和讀者開始給郵報投稿，尤其是許多不能在傳統紙媒上發表的文章，都在郵報上發表了。

今天，傳媒儘管很發達，但持儒家立場或理解同情儒家的很少很少，如王達三經常感嘆道：「我們的文章沒地方發表啊！」即使在網絡上，無論從網站的數量還是規模來看，儒家也大大處於弱勢，如有代表性的儒家中國、儒學聯合論壇、中國儒教網、孔子2000網、道里書院、華夏復興論壇、當代儒學網、儒教復興論壇等網站，都是個人開辦的網站，沒有機構組織或公共和社會資源的支援。故《儒家郵報》的開辦，又為儒家在眾聲嘈雜中能發出自己的清正之音新開了一個管道。

在西曆二○○八年新年來臨之前，我主動給海內外各界學者發出電子郵件，邀請為郵報及其讀者贈寫元旦和新春賀詞。龐朴先生第一個回函曰：「力行近乎仁！」旅居美國的劉述先先生回函鼓勵道：「你們為儒家提供了一平臺，讓各種不同的意見表達出來，很有意思，希望你們能努力下去。」臺灣大學中文系陳昭瑛教授回函說，《儒家郵報》是她認識大陸儒學發展現況的窗口，並盼望「大陸的儒學能保持草根性、民間性，能時時從我們美麗苦難的中華大地上汲取生命的活力，像徐復觀先生說的做『大地的兒子』」。成中英、張祥龍、盛洪、楊國榮、丁為祥、韓星、高全喜、陳明、冼岩、石勇、郭曉東、

胡治洪、陳少明、米灣、干春松、彭永捷、王達三、柳河東等學者、同道先後
來函致辭，其中，郭齊勇先生的長函，很有代表性，應該說是表達了大家共同
的意見和心願，轉錄如下：

謝謝電子版《儒家郵報》的編者，通過這一園地，使我瞭解了很多的資
訊。貴報主辦者促進了中西馬、文史哲間的對話。現在是開放與對話的
時代，我作為新時代的一位儒家，一直勉勵自己以開放的胸懷，接納新
時代的諸子百家。同時，現代又是文化自覺的時代，是民族文化主體性
高揚的時代。我很欣賞您與貴報的心態，我對開放的儒家、儒學、儒
教，充滿了信心。我們中華文化當然要有自己的立足之地，當然要有自
己的主體意識。我們中華民族不可能以外來文化為體。但今天中華文化
已是以傳統中華文化為主特別是以其中的儒家文化為主，而融合、消化
外來文化的新文化。這一新文化體用如一，即體即用。新的一年已經到
來，在構建和諧社會，迎接民富國強之際，千萬不要忘記發揮儒家資源
的積極作用！儒家不怕被誤會，儒家豐富的思想資源還有待年輕一輩人
及下一代去研讀、開發與創造性地轉化並代代相傳承下去！
今天是唐君毅、牟宗三、徐復觀、張君勱四先生發表中國文化宣言的五
十週年，是值得紀念的日子。今天我國與我國文化的地位，與五十年前
相比，已是天壤之別了。我們已超越了四先生的認識，但四先生文化宣
言的作用、意義與價值是不言而喻的。我們要在與廣義的基督教、伊斯
蘭教、印度教等對話的過程中，把自己的珍寶傳下來並送出去，讓全人
類共用！謹祝貴刊越辦辦好！祝福貴刊編者與廣大讀者新年吉祥，萬事
如意！

武昌郭齊勇於丁亥年冬日廿三，西曆二〇〇八年元旦
即唐君毅等四先生發表中國文化宣言的五十週年紀念日

西曆二〇〇九年六月，《儒家郵報》即將發行第一百期。借此時機，我又
給海內外學者發信，懇請大家對郵報提出批評和建議，短短幾天，就收到了許

多學者的寄語。

陽明精舍山長蔣慶先生第一個回函，其寄語曰：

> 《儒家郵報》刊行百期，在此學絕道喪儒門淡泊之際，委實不易！凡事貴誠貴恆，望《儒家郵報》編輯諸君堅持下去！

陳來先生寄語曰：

> 《儒家郵報》提供的有關當代中國儒學運動各種觀點的資訊，及時而且廣泛，既有主張復興儒學的觀點，也有相反的觀點和意見，這對於希望多方面瞭解這一領域發展動向的學者和有心者，是一個難得的窗口。

華東師範大學胡曉明教授寄語曰：

> 《儒家郵報》已經一百期了，這有些令人吃驚。她不事聲華，不靠包裝，不假權勢，不托市場，完全是最本色、樸實的書生精神，但是她的內容一點都不簡單，積極介入現實、不迴避、不圓滑、不清高，在現代中國，不愧為儒家的最好的一個現代真身。是為祝賀。

天則經濟研究所盛洪先生寄語曰：

> 祝賀《儒家郵報》百期。我很讚賞《儒家郵報》包容百家的寬容精神，我在這裡甚至能讀到很刺耳的批評。這種寬容精神體現了儒家的根本精神即『忠恕』，也如韋伯的評價，儒家是最寬容的高級文化傳統。這也正是儒家的生命力所在。

北京大學何懷宏教授特寄賀聯：

以儒家精神辦儒家郵報為儒家留一文脈，
擔歷史道義續文化薪火在現代別開生面。

深圳孔聖堂的主持者周北辰兄寄語曰：

《儒家郵報》即將滿百，令人感慨萬端！儒家傳統，歷六千餘年，是人類文明史上唯一未中斷過的文明形態。而偌大的文明體系，在傳媒猖獗的時代，卻只能擁有一份電子版的《儒家郵報》作為其『機關報』！《儒家郵報》用弱小的肩膀承擔著民族文化六千五百年的重量。這是中華民族的不幸，是人類文明的不幸！然而，這正是《儒家郵報》及辦報同仁的無上榮耀！

秋風兄寄語曰：

希望以郵報為仲介，凝聚海內外儒者，除坐而論道之外，更積極地致力於儒家文化、社會、教育等等方面之實踐，以『社會儒學』實現三千年未有之大變局下的自我轉型。

同濟大學的柯小剛兄在寄語中對郵報名稱的意義進行了闡釋：

《儒家郵報》將臻百期，感慨實多，不知從何說起。這裡就談一個小感想，就是郵報這個名稱的意義，其實是很深遠的。無論邸報還是 post，報的出現自始就是與郵驛聯繫在一起的。所謂天將以夫子為木鐸，也含有游驛四方和廣宣文教兩方面的意思。這兩方面的意思，一動一靜，一陰一陽，古人所謂道者，盡在是矣。有是焉，即可以高明博厚而悠久，雖百期萬期而必無窮已。董子曰，天不變道亦不變，亦斯之謂也。今《儒家郵報》所謂郵者，變而為電子郵件，而其所報之道，亦無妨斯文未喪之餘緒也；及其所以報之之道，亦猶木鐸之行於四方也。

秋風兄對郵報功能的期許和柯小剛兄對郵報名稱意義的闡釋，於我心有戚戚焉。

　　以上摘錄的幾則是有代表性者。同時，還先後接到了劉述先、郭齊勇、陳贇、劉利華、唐文明、楊海文、皮介行、余樟法（東海老人）、柳河東、米灣、丁為祥、冼岩、陳勇、干春松、王達三、溫厲、袁彥、石勇、丁耘、楊儒賓、林桂榛、陳弘毅、范瑞平、胡治洪、王利、陳啟生、高全喜、王錕、陳喬見、陳昭瑛、李景林等學者和同道的寄語。其中，香港大學法學院的陳弘毅先生、北京師範大學的李景林先生和徐州師範大學的林桂榛兄，都特意寫了祝賀長文。所有的寄語皆附錄於後，不再一一轉引。

　　諸多師長、學者和同道對《儒家郵報》及我個人工作成績，譽之過高，令我愧不敢當。而大家過高的期許，亦促使我更加努力。

　　郵報自創刊至今，無任何資金支持，更無援手幫助，只靠責任、興趣和熱情來支撐。五年來，雖是一個人負責了全部編務，包括採集、編排、郵發和收集電子郵箱地址等，我幾乎將所有的業餘時間都投入其中，忙碌而充實，辛苦並快樂。

　　這五年期間，有很多人關心、支持郵報。除了陳明先生每期提前閱定並經常不斷地提供學者的電子郵箱地址外，如郭齊勇先生，就主動給同道、學生、後學推薦訂閱；如胡治洪先生，在臺灣訪學時，就積極給同道學者推薦郵報，並蒐集了很多電子郵箱地址；如蔣慶先生，對郵報一直很關心，對所選編內容和導向多次提出建議；如洪秀平兄，曾讓平和書院的張君幫助優化編排郵報的格式（後來因張君的個人原因而中斷）；如徐治道兄，主動提出以郵報內容為主新建一個網站，催生了後來的「儒家中國」網站；如林桂榛兄，幫我多次審閱學術專業性較強的投稿並代為答覆……諸如此類，很多很多。而且，郵報也得到了儒家的批評者和諍友的注意，如武漢大學的鄧曉芒教授、中國社科院的石衡潭研究員、復旦大學的劉清平教授等學者，都曾給《儒家郵報》賜稿。故此，過去的五年，儘管僅我一人打理《儒家郵報》的裡裡外外，但我走得並不孤單。

　　下個五年，希望有更多的人參與進來，同行相伴，愈走愈遠。

　　　　　　　　　　　西元二〇一一年十月十二日寫於北京西山
本文原刊於任重主編：《儒生》第二卷，北京市：中國社會科學出版社，2012年版。

十年記録

以孔子誕辰為教師節建議書

　　中國文化是中華民族的精神生命，儒家文化是中國文化的主流血脈，而孔子則是儒家文化的集大成者和中國文化的象徵符號，也是人類文明史載以來的第一位教師。在此，我們鄭重向社會各界和有關部門建議：以孔子誕辰，即九月二十八日，作為中國的教師節。

　　孔子本乎仁愛之心，志於濟世救民，一生弘道不輟，其德其行彪炳千古，其言其文澤被後世；孔子志道據德，依仁游藝，祖述前哲，昭啟後賢，創立了儒家學派，奠定了中國文化的雍容氣象與中和特質；孔子敏而好古，整理典冊，刪述六經，推行大道，中國上古文化賴是以傳，中國後世文化賴是以立，中國文化賴是五千年而一貫；孔子學而不厭，誨人不倦，首開私門講學之風，有教無類，弟子三千，賢者七十，被古人尊為至聖先師、萬世師表。孔子不僅是中國的，也是世界的，在世界範圍內有著廣泛影響，是人類精神文明的主要導師。

　　「建國涖民，教學為先。」教育是強國之要津。我們充分肯定現行教師節設立二十多年來對中國教育事業所做出的重要貢獻。它喚醒了全社會尊重教育的意識，營造了全社會尊重教師的氛圍，提高了教師的社會地位，激發了教師的榮譽感和責任感。但我們認為，現行教師節缺乏必要的歷史意蘊和文化內涵，而以孔子誕辰作為教師節，不但可以彌補這一缺憾，而且對於促進中國文化的重光、中國社會的和諧，特別是中國教育事業的發展，都具有無可估量的作用。

　　「國於天地，有與立焉。」一個國家和民族必須有自己的文化根基和價值持守。中國是一個歷史悠久、傳統深厚的文化大國。中國文化與中華民族凝為一體、互相涵育，榮辱與共、生生不息，已有五千餘年。我們確信中國文化自有其內在的、合理的、恆久的價值。我們反對文化上的民族虛無主義。我們憂

慮西方文化大行其道而中國文化漸行漸遠。我們呼籲國人對中國文化採取溫情和敬意的立場。我們主張繼承和發展、弘揚和光大中國文化。我們也相信，隨著中華民族的偉大復興，中國文化必然會走上復興之路。我們認為，以孔子誕辰為教師節，可以增進國人，尤其是作為中國未來之希望的大、中、小學生，對孔子的瞭解和同情，對中國文化的認同和皈依，進而增進國人對中華民族的歸屬意識，為中華民族的偉大復興提供厚實的文化基礎和強大的精神動力。

「修身以道，修道以仁。」中國目前存在的一些倫理失範、道德滑坡、誠信不足、禮儀缺失、人際疏離、生態惡化、貧富分化等不和諧因素，正在危害著社會的健康發展。中國文化，特別是儒家文化，其核心思想是以人為本和以德為先，強調修身養性和修齊治平，把培養和塑造有道德、有責任的健全的完人作為學問的根本，追求全社會的團結友愛、同舟共濟、風俗敦睦、禮儀規範，以及天人合一、貧富均衡、政治清明、天下大同。我們認為，中國文化的這些價值理念，是化解中國社會乃至人類世界各種危機與衝突的彌足珍貴的思想資源。以孔子誕辰為教師節，不但是以節日的形式來緬懷與追思這位文化巨人，更重要的是通過這種形式來喚醒和促進國人對中國文化的價值擔當和身體力行，為建設一個和諧美好的社會而不懈努力，為人類文明做出中國人應有的貢獻。

「道之所存，師之所存。」以孔子誕辰為教師節，利於對廣大教師、學生以至整個中國教育事業提出更高的要求。目前，中國教育界出現了一些令人憂慮的現象，比如：教育亂收費屢禁不止、教育資源分配不盡公平；少數教師學術腐敗、品德墮落；師生關係疏離化、庸俗化，等等。這些現象，雖然是少數，但它敗壞了教師的崇高形象，侵蝕著中國教育事業的健康肌體。我們認為，天下為公首先要教育為公；教師應德為人表、行為世範，師德先於生德，身教重於言教；學生應尊師敬長、崇學尚德，不僅要學好知識和技藝，更要學好為人之本和做人之道。而這些，都是孔子的價值觀念和教育實踐所帶給我們的積極啟發和寶貴經驗。至於孔子的教學思想和教學方法，時至今日仍值得大力提倡和學習一事，盡人皆知，無須贅言。

世界正逐漸把目光投向中國。令我們尷尬的是，早已經有一些國家和地區

把孔子誕辰作為法定的教師節，而孔子的母國卻遲遲不得實行之。難道需要等到其他國家和地區再把孔子誕辰搶注為「世界非物質類文化遺產」之時，我們才會感到焦慮和不安嗎？

　　以孔子誕辰為教師節，順乎時勢，合乎人情。當然，作為不治而議的學人，我們只是也只能發表一通呼籲，提出一個建議。至於應否這樣做，社會各界可以討論；而可否這樣做和如何這樣做，則有司存。

簽名學者（序齒排名）：

湯一介（北京）龐　樸（山東）余敦康（北京）方立天（北京）

林毓生（旅美）湯恩佳（香港）樓宇烈（北京）張立文（北京）

成中英（旅美）劉述先（香港）曾釗新（湖南）蒙培元（北京）

郭齊家（北京）牟鐘鑑（北京）霍韜晦（香港）杜維明（旅美）

羅義俊（上海）蔡德貴（山東）束景南（浙江）潘公凱（北京）

郭齊勇（湖北）楊東平（北京）張祥龍（北京）陳　來（北京）

蔣　慶（貴州）李明輝（臺灣）楊澤波（上海）盛　洪（北京）

李景林（北京）王曉明（上海）胡曉明（上海）廖名春（北京）

楊儒賓（臺灣）林安梧（臺灣）陳昭瑛（臺灣）張汝倫（上海）

黃玉順（成都）景海峰（深圳）陳少明（廣東）黃　勇（旅美）

汪　暉（北京）梁治平（北京）韓　星（陝西）趙汀陽（北京）

高全喜（北京）任劍濤（廣東）陳　明（北京）范瑞平（香港）

康曉光（北京）林宏星（上海）楊　陽（北京）干春松（北京）

秋　風（北京）韓德強（北京）

本建議書由以下學者發起：

龐　樸　pangpu28@sina.com

張立文　wzhongren@163.com

郭齊勇　qyguo08@gmail.com

蔣　慶　jq5301@163.com

陳　明　ctxf@163.com

本建議書起草人及對外答辯人：

王達三（chinarujiao@163.com）

本建議書由以下網站聯合發布：

儒學聯合論壇　　http://www.yuandao.com

孔子2000網　　　http://www.confucius2000.com

原道網　　　　　http://www.yuandao.com

儒學研究網　　　http://www.rxyj.org

中國儒教網　　　http://www.zgrj.cn

當代儒學網　　　http://www.cccrx.com

華夏復興論壇　　http://www.hxfx.net/BBS/index.asp

簡帛研究網　　　http://www.jianbo.org

二〇〇六年九月二十八日

說明一：本建議書之發起人，負責對建議書之說明與答辯。

說明二：本建議書將持續邀請學者簽名支持該建議。

說明三：本建議書將於孔子誕辰日即本月二十八日上呈全國人大、教育部。

附錄：《以孔子誕辰為中國教師節建議書》簽名者個人簡介

湯一介

一九二七年生，北京大學哲學系教授，博士生導師。兼任中華孔子學會會長，中國文化書院院長，中國哲學史學會副會長。主要研究中國哲學史，著有《郭象與魏晉玄學》、《魏晉南北朝時期的道教》、《中國傳統文化中的儒道釋》、《儒道釋與內在超越問題》等。

龐　樸

一九二八年生，山東大學儒學研究中心主任，中國社會科學院研究員（榮譽學部委員），原《歷史研究》主編，聯合國科教文組織《人類科學文化發展史》國際編委會中國代表。主要研究中國哲學史、中國思想史，著有《沉思集》、《稂莠集》、《一分為三——中國傳統思想考釋》、《公孫龍子研究》、《儒家辨證法研究》、《帛書五行篇研究》、《白馬非馬——中國名辯思潮》、《薊門散思》等。

余敦康

一九三〇年生，中國社科院宗教所研究員，中國社科院研究生院教授、博士生導師。兼任中國易學研究會副會長。主要研究中國哲學史、思想史。著有《易學今昔》、《內聖外王的貫通》、《中國哲學史論集》、《魏晉玄學史》、《宗教・哲學・倫理》、《何晏、王弼玄學新探》、《周易現代解讀》、《漢宋易學解讀》等。

方立天

一九三三年生，中國人民大學哲學系宗教學系教授，博士生導師，中國人民大學佛教與宗教學理論研究所所長。兼任中國哲學史學會副會長、《中國哲學史》雜誌主編、教育部古籍整理委員會委員。主要研究中國佛教和中國哲

學，著有《魏晉南北朝佛教論叢》、《佛教哲學》、《中國佛教與傳統文化》、《中國古代哲學問題發展史》（上下冊）、《慧遠及其佛學》、《中國哲學研究》、《中國佛教研究》、《法藏評傳》、《華嚴金師子章校釋》等。

林毓生

一九三四年生，美國威斯康辛大學麥迪遜校區歷史系教授，臺灣「中央研究院」院士。主要研究中國思想史。著有《中國意識的危機：「五四」時期激烈的反傳統主義》、《中國傳統的創造性轉化》、《政治秩序與多元社會》等。

湯恩佳

一九三四年生，香港孔教學院院長。著有《孔學論集》，《湯恩佳尊孔之旅環球演講集》等。

樓宇烈

一九三四年生，北京大學哲學系、宗教學系教授，博士生導師，北京大學國學研究院博士生班導師，北京大學宗教研究所所長，北京大學京昆古琴研究所所長。兼任國家古籍整理規劃出版領導小組成員，全國宗教學會副會長。主要研究中國文化、中國哲學、中國佛教，著有《王弼集校釋》，《東方文化大觀》，《東方哲學概論》。

張立文

一九三五年生，中國人民大學孔子研究院院長，中國人民大學哲學院教授，博士生導師。兼任中國周易研究會副會長。主要研究中國哲學史、中國文化，著有《中國哲學邏輯結構論》、《傳統學引論》、《和合學概論》、《新人學導論》、《中國哲學範疇發展史（天道篇）》、《中國哲學範疇發展史（人道篇）》、《周易思想研究》、《朱熹思想研究》、《船山思想研究》等。

成中英

一九三五年生，美國夏威夷大學哲學系教授。曾任臺灣大學哲學系客座教授、系主任暨研究所所長，「中華文化復興委員會」常務理事，國際本體闡釋學學會主席，國際中國哲學學會名譽主席。主要研究中西哲學比較、儒家哲學及本體詮釋學，著有《儒家哲學論》、《中國文化的新定位》、《中西哲學精神》、《中國哲學與中國文化》、《合外內之道：儒家哲學論》等。

劉述先

一九三七年生，臺灣「中央研究院」中國文哲研究的籌備處特聘講座教授，東吳大學第一任端木愷凱講座教授。主要研究西洋哲學史、文化哲學、中國哲學、特別宋明理學。著有《朱子思想的發展與完成》、《黃宗羲心學的定位》、《全球倫理與宗教對話》等。

曾釗新

一九三七年出生，中南大學倫理學研究所所長、教授，博士生導師。主要研究倫理學、道德心理學、倫理社會學、教育哲學，著有《人性論》、《道德心理學引論》、《倫理社會學的虛與實》、《教育哲學斷想錄》等。

蒙培元

一九三八年生，中國社科院哲學所研究員，中國社科院研究生院教授，博士生導師。主要研究中國哲學史，著有《理性的演變》、《理學範疇系統》、《中國心性論》、《中國傳統哲學思維方式》、《心靈超越與境界》、《情感與理性》等。

郭齊家

一九三八年生，北京師範大學教育系教授，博士生導師。兼任中華孔子學會副會長。主要研究中國傳統文化教育，著有《中國教育思想史》、《中國古代學校》、《中國古代的考試制度》、《中國古代教育家》、《中國古代學校和書院》等。

牟鐘鑑

　　一九三九年生，中央民族大學哲學與宗教學系教授，博士生導師。兼任中國孔子基金會副會長，國際儒學聯合會當代儒學中心主任，中國宗教學會副會長，著有《呂氏春秋與淮南子思想研究》、《中國宗教與文化》、《中國道教》等。

霍韜晦

　　一九四〇年生，香港中文大學教授。著有《佛家邏輯研究》、《佛家哲學中的轉依義》、《唯識三十頌異熟轉化段譯註》、《記得自己是教師》等。

杜維明

　　一九四〇年生，哈佛大學講座教授，臺灣「中央研究院」文哲所顧問委員會主席，自一九九六年出任燕京學社社長至今。主要研究中國儒家傳統的現代轉化、文明交流與對話，著有《中與庸：論儒學的宗教性》、《仁與修身：儒家思想論集》、《今日的儒家倫理：新加坡的挑戰》、《儒家思想——以創造轉化為自我認同》、《儒學第三期發展的前景問題》、《儒家自我意識的反思》、《三重和絃：儒家倫理、工業東亞與韋伯》、《道、學、政：論儒家知識分子》、《現代精神與儒家傳統》等。

羅義俊

　　一九四四年生，上海社科院歷史研究所研究員。主要研究中國古代史與當代新儒學，著有《劉邦》、《漢武帝評傳》、《錢穆學案》、《大唐興亡三百年》、《評新儒家》。

蔡德貴

　　一九四五年生，山東大學教授，博士生導師，猶太教與跨宗教研究中心巴哈伊研究所所長、中國孔子基金會《孔子研究》主編。兼任山東大學人文社會科學院副院長、中華全國外國哲學史學會理事、中國宗教學會理事等。主要研

究阿拉伯哲學、巴哈伊教等，著有《阿拉伯哲學史》、《當代新興巴哈伊教研究》等。

束景南

一九四五年生，浙江大學古籍研究所教授，博士生導師。兼任中華炎黃研究會理事。主要研究中國古代文化史、中國古代文學、宋明理學，著有《朱子大傳》、《中華太極圖與中華文化》、《朱熹佚文輯考》、《朱熹年譜長編》、《莊子哲學的骨架》。

潘公凱

一九四七年生，中央美術學院院長，博士生導師。兼任中國美術家協會副主席。著名中國畫家、美術理論家、教育家，連續在中國兩所最重要的美術學院擔任院長。主要研究中國畫史、中西美術交流與比較、中國美術與現代性，著有《中國繪畫史》、《限制與拓展》、《潘天壽繪畫技法解析》、《潘天壽評傳》等，主編《潘天壽書畫集》（獲國家圖書獎）等。

郭齊勇

一九四七年生，武漢大學哲學院教授，博士生導師。兼任全國中國哲學史學會副會長、中華孔子學會副會長、湖北省哲學史學會會長。主要研究中國哲學史、儒家哲學，著有《文化學概論》、《熊十力思想研究》、《傳統道德與當代人生》、《儒學與儒學史新論》。

楊東平

一九四九年生，北京理工大學教育科學研究所教授。兼任21世紀教育發展研究院院長，民間環境保護組織「自然之友」副會長、北京市西部陽光農村發展基金會理事長。主要從事教育研究和文化研究，著有《通才教育論》、《城市季風──北京和上海的文化精神》、《21世紀生存空間》、《最後的城牆》、《傾斜的金字塔》等，編有《教育：我們有話要說》、《大學精神》、《社會圓桌》等。

張祥龍

　　一九四九年生，北京大學哲學系教授，博士生導師。主要研究西方哲學、現象學、儒家哲學，著有《海德格爾思想與中國天道》、《海德格爾傳》、《從現象學到孔夫子》等。

陳　來

　　一九五二年生，北京大學哲學系教授，博士生導師。兼任北京大學儒學研究中心主任，中國哲學史學會副會長、國際中國哲學會（ISCP）副執行長。主要研究儒家哲學、宋元明清理學，著有《朱熹哲學研究》、《有無之境──王陽明哲學的精神》、《宋明理學》、《哲學與傳統：現代儒家哲學與現代中國文化》、《古代宗教與倫理──儒家思想的根源》、《現代中國哲學的追尋──新理學與新心學》、《古代思想文化的世界》、《中國近世思想史研究》等。

蔣　慶

　　一九五三生，一九八二年畢業於西南政法大學法律系，先後任教於西南政法大學、深圳行政學院。二○○一年申請提前退休，在貴陽龍場建陽明精舍，任山長。著有《公羊學引論》、《政治儒學》、《以善致善》、《生命信仰與王道政治──儒家文化的現代價值》等，主編《中華文化經典基礎教育誦本》。

李明輝

　　一九五三年生，臺灣「中央研究院」中國文哲研究所研究員暨國立臺灣大學國家發展研究所合聘教授。曾擔任國立臺灣大學哲學系客座副教授、中國文化大學哲學系副教授。主要研究中國哲學、宋明理學、康得哲學，著有《儒家與康得》、《儒學與現代意識》、《康得倫理學與孟子道德思考之重建》、《當代儒學之自我轉化》、《孟子重探》、《康得倫理學發展中的道德情感問題》、《儒家思想在現代中國》。

楊澤波

　　一九五三年生，復旦大學哲學系教授，博士生導師。主要研究中國哲學、儒家哲學，著有《孟子性善論研究》、《孟子評傳》、《孟子與中國文化》等。

盛　洪

　　一九五四年生，北京天則經濟研究所所長，山東大學經濟研究中心教授。主要研究中國宏觀經濟問題、中國產業政策、文明衝突、融合與整合，著有《為萬世開太平》，《以善致善》，《舊邦新命》等。

李景林

　　一九五四年生，北京師範大學哲學與社會學學院教授，博士生導師。主要研究儒家哲學、道家哲學、中國傳統文化，著有《教養的本源》、《儀禮譯註》、《中國哲學史通》等。

王曉明

　　一九五五年生，上海大學/華東師範大學中文系教授，博士生導師。主要研究現代中國文學、文學理論和中國近現代思想史，著有《沙汀艾蕪的小說世界》、《潛流與漩渦——論二十世紀中國小說家的創作心理障礙》、《追問錄》、《無法直面的人生——魯迅傳》、《王曉明自選集》、《高調與低調之間》等。

胡曉明

　　一九五五年生，華東師範大學中文系教授，博士生導師。兼任中國古代文學理論學會秘書長。主要研究中國文學思想、近代詩學、學術史，著有《中國詩學之精神》、《萬川之月：中國山水詩的心靈境界》、《靈根與情種：先秦文學思想研究》、《饒宗頤學記》、《文化江南劄記》等。

廖名春

　　一九五六年生，清華大學思想文化研究所教授。主要研究出土簡帛和先秦

秦漢學術思想史，著有《周易研究史》、《荀子新探》、《帛書易傳初探》、《新出
楚簡試論》、《周易經傳與易學史新論》等。

楊儒賓

一九五六生，國立清華大學（臺灣）中國語文學系教授。主要研究中國思
想史、儒家哲學、宋明理學，著有《先秦道家道的觀念的發展》、《莊周風
貌》、《儒家身體觀》等。

林安梧

一九五七生，國立臺灣師範大學國文系所專任教授、中央大學哲學所暨中
文系兼任教授、《鵝湖》學刊總編輯。主要研究中國哲學、比較哲學、宗教哲
學，著有《儒學革命論：後新儒家哲學的問題向度》、《儒學與中國傳統社會之
哲學省察》、《中國宗教與意義治療》、《契約、自由與歷史性思惟》、《當代新儒
家哲學史論》、《熊十力體用哲學之研究》、《王船山人性史哲學之研究》等。

陳昭瑛

一九五七年生，國立臺灣大學中文系教授。著有《江山有待》（小說）、
《臺灣文學與本土化運動》、《臺灣與傳統文化》、《臺灣詩選注》、《馬庫色：美
學的面向》（譯註）等。

張汝倫

一九五七年生，復旦大學哲學系教授，博士生導師。兼任上海市中西哲學
和文化比較學會常務理事。主要研究西方哲學、現象學、存在主義、解釋學、
中國近現代哲學，著有《歷史與實踐》、《海德格爾與現代哲學》、《思考與批
判》、《中國現代思想研究》等。

黃玉順

一九五七年生，四川大學哲學系教授，中國哲學史學會理事。主要研究中

國哲學、尤其儒家哲學、中西比較哲學，著有《易經古歌考釋》、《生活儒學》等。

景海峰

　　一九五七年生，深圳大學文學院教授。兼任國際儒學聯合會理事、學術委員會委員，中國哲學史學會理事，深圳大學文學院副院長、國學研究所所長。主要研究中國哲學史、新儒學，著有《熊十力》、《梁漱溟評傳》、《中國哲學的現代詮釋》、《新儒學與二十世紀中國思想》等。

陳少明

　　一九五八年生，中山大學哲學系教授，博士生導師。兼任中山大學中國哲學研究所所長。主要研究中國哲學、人文科學方法論，著有《儒學的現代轉摺》，《被解釋的傳統》，《反本質主義與知識問題》，《漢宋學術與現代思想》，《經典與解釋》，《現代性與傳統學術》等。

黃　勇

　　一九五九年生，美國賓夕法尼亞庫茲城大學哲學教授。兼任美國新儒學研究會主席，比較哲學雜誌《道》常務編委。主要研究道德哲學、宋明理學、宗教比較與對話，著有《信仰之善與政治正義》等，譯有羅蒂《後哲學文化》等。

汪　暉

　　一九五九年生，清華大學人文學院教授，博士生導師。《學人》叢刊主編之一，《讀書》雜誌執行主編。主要研究中國近現代思想，著有《汪暉自選集》、《現代中國思想的興起》、《死火重溫》、《中國的新秩序：轉化中的社會、政治與經濟》等。

梁治平

　　一九五九年生，中國藝術研究院中國文化研究所研究員。主要研究法律

史、比較法律文化和法理學，著有《尋求自然秩序中的和諧：中國傳統法律文化研究》、《法辨》、《法律的文化解釋》等。

韓　星

一九六〇年生，陝西師範大學歷史文化學院教授，陝西師範大學宗教中心儒學──儒教研究所所長。主要研究儒學和中國傳統文化，著有《先秦儒法源流述論》、《儒教問題：爭鳴與反思》等。

趙汀陽

一九六一年生，中國社會科學院哲學研究所研究員，中國社會科學院互動知識中心主持。主要研究現代哲學、美學，著有《論可能生活》、《直觀》、《人之常情》、《二十二個方案》、《一個或所有問題》、《走出哲學的危機》等。

任劍濤

一九六二年生，中山大學政治與公共事務管理學院政治科學系教授，博士生導師。主要研究道德哲學與政治哲學、公共理論、行政倫理、當代中國政治分析，著有《從自在到自覺──中國國民性探討》、《倫理政治研究──從先秦儒學視角的理論透視》、《道德理想主義與倫理中心主義──儒家倫理及其現代處境》等。

陳　明

一九六二年生，首都師範大學副教授，《原道》主編，中國社會科學院世界宗教研究所儒教研究中心秘書長。主要研究中國思想史，著有《儒學的歷史文化功能》、《浮生論學──李澤厚、陳明2001年對談錄》、《儒者之維》。

高全喜

一九六二年生，中國社會科學院法學研究所研究員。主要研究西方政治哲學、法哲學和憲政理論，著有《理心之間──朱熹和陸九淵的理學》、《法律秩

序與自由正義——哈耶克的法律與憲政思想》、《休謨的政治哲學》、《論相互承認的法權——精神現象學研究兩篇》等，主編有《大國》、《政治與法律思想論叢》、《國是文從》等。

范瑞平

一九六二年生，香港城市大學公共與社會行政學系副教授。主要研究儒家生命倫理學與比較哲學，有譯著多部。

康曉光

一九六三生，中國人民大學農業與農村發展學院教授，博士生導師。兼任中國青少年發展基金會副理事長，中國消除貧困獎評選委員會主席。主要研究貧困與反貧困、國家與社會關係、政治發展與政治穩定等問題。著有《仁政——中國政治發展的第三條道路》、《起訴——為了李思怡的悲劇不再重演》、《NGO 扶貧行為研究》、《權力的轉移——轉型時期中國權力格局的變遷》、《地球村時代的糧食供給策略》、《中國貧困與反貧困理論》等。

林宏星

一九六三年生，又名東方朔，復旦大學哲學系教授，博士生導師。主要研究中國哲學、倫理學，著有《蕺山哲學研究》、《劉宗周評傳》等。

楊　陽

一九六四年生，中國政法大學政治與公共管理學院教授，博士生導師。主要研究中國政治思想史與政治文化、中國政治制度史，著有《王權的圖騰——政教合一與中國社會》、《中國傳統政治思維》、《思想者的產業》等。

干春松

一九六五年生，中國人民大學哲學院教授，博士生導師。主要研究中國哲學，著有《制度化儒家及其解體》、《現代化與文化選擇》等。

秋　風

一九六六年生，獨立學者，九鼎公共事務研究所研究員。主要從事古典自由主義理論與奧地利學派經濟學的譯介、研究，著有《為什麼是市場》、《立法的技巧》等，譯有《哈耶克與古典自由主義》、《知識分子為什麼反對市場》。

韓德強

一九六七年生，北京航空航天大學經濟管理學院工商管理系研究員。主要研究經濟學、政治學、社會學，著有《碰撞——全球化陷阱與中國現實選擇》、《薩繆爾森〈經濟學〉批判——競爭經濟學》等。

走出文化集體無意識，
挺立中國文化主體性

——我們對「耶誕節」問題的看法

　　西洋文化在中國已由「微風細雨」演變成「狂風驟雨」，最為直接和集中的體現，莫過於「聖誕節」在中國的悄然興起與日趨流行。在此，我們，十一位來自中國不同高校和科研院所的博士研究生，鄭重呼籲國人慎對「聖誕節」，走出文化集體無意識，挺立中國文化主體性。

　　每值「耶誕節」來臨，商場、飯店、賓館擺放起「耶誕樹」，懸掛起「慶祝耶誕」橫幅，員工們戴起「小紅帽」；幼兒園孩子們圍繞在「耶誕樹」前載歌載舞，期盼著老師分發「耶誕禮物」；學校裡大紅大綠的「耶誕舞會」、「耶誕聯歡」的海報占據了搶眼的位置；網絡、報刊、電視、電臺充斥著各種「耶誕資訊」；數以萬計的「耶誕賀卡」和數以億計的「耶誕短信」滿天飛舞；人們相逢互祝以「耶誕快樂」；「平安夜」裡，人們聚眾狂歡，流連忘返。與此相表裡，「耶教」在中國悄然壯大乃至漸趨氾濫。黃河上下，大江南北，從鄉村到城市，「耶教教堂」高高聳立；從普通民眾到社會菁英，對「耶教」趨之若鶩。凡此種種，皆表明中國正在逐漸演變成一個「准耶教國家」。

　　我們主張宗教寬容、尊重信仰自由，我們無意排斥「耶教」。我們對中國的「耶教」問題抱以瞭解的同情：蓋龐大的邊緣群體和弱勢群體需要精神支撐以重建生活希望，而部分社會菁英則欲借「耶教」以「挾洋自重」；蓋中國的信仰危機、倫理失範、道德滑坡、誠信缺失、文化匱乏迫使國人尋找身心安頓之所；蓋「祛魅」的「現代性」帶來的精神支離與價值虛無導致人們重新發現宗教生活的意義；蓋「聖誕節」作為巨大的商機和利潤而為廠家、商家所鼓噪與利用。種種原因使得「耶教」成為部分國人的可能與選擇，使得「聖誕節」

成為國人無法躲避的文化景觀。職是之故，我們無意攻訐「耶教」和指責中國耶教徒過「聖誕節」。相反，值此「聖誕節」來臨之際，我們願意祝福那些真誠的和愛國的中國耶教徒愉快地度過屬於自己的節日。

但是，我們注意到，大部分國人在不信仰「耶教」乃至對其一無所知的情況下，不假思索地使用「基督教」、「聖經」、「聖誕節」等只對耶教徒本身而言才具有神聖意味的稱謂，甚至渾然不覺地加入到「耶誕狂歡」行列。尤可痛者，在幼兒園、中小學校，教師為孩子們集體過「聖誕節」、樹「耶誕樹」、發「耶誕禮物」、做「耶誕賀卡」，更是無形中把一種外來文化與異質宗教人為種植在毫無文化鑑別與宗教選擇能力的孩子們的心靈之中。我們認為，這是國人的一種文化集體無意識，即在對「耶教」沒有任何價值認同與宗教歸屬的情況下，就隨「耶教」之波，逐「耶誕」之流，無意中為「耶教」在中國的傳播與氾濫推波助瀾，為中國的「耶教化」營造了文化氛圍，做了「傳教士」想做而做不到的事情。

國人在文化上陷入集體無意識，根本原因在於中國文化的主位性缺失和主體性沉淪，亦即經過百餘年來國人對自家歷史文化傳統系統而又激烈地批判和顛覆之後，中國文化特別是儒家文化已經呈建制性退場和整體性崩潰，導致中國缺少主幹性的價值信仰和文化形態，進而導致中國現代文化的荒漠化和混亂化，從而為「西風勁吹」和「諸神亂舞」打開了方便之門。換而言之，「耶教」在中國氾濫並不是因為其自身具有不可比擬的優勢，也不是因為中國歷史文化傳統不能為國人的生命、生存、生活提供有效的精神支撐，而是因為中國文化的主位性缺失和主體性沉淪，亦即中國缺乏或沒有既自信又自主、既具有一貫性又具有民族性的文化與信仰。我們不擬苛責國人在文化上的集體無意識，但我們呼籲國人走出文化集體無意識，挺立中國文化主體性，重建中國人的生命世界和意義世界。

歷史和現實還告訴我們，「耶教」在中國的傳播與氾濫，不僅僅是一個單純的文化問題和宗教問題，同時也是西洋國家「軟力量」在中國的滲透與擴張。這一點，即使西洋國家內部的歐洲國家也提出了抵制「美式聖誕節」的問題，呼籲過具有歐洲特色的「聖誕節」。我們認為，有必要從國家安全和文化

安全的角度深刻反思中國的「耶教」問題，從建設中國「軟主權」、「軟力量」、「軟邊界」的角度重視挺立中國文化主體性，積極引導國人走出文化集體無意識，警惕和防範中國的進一步「耶教化」。

如何慎對「聖誕節」？如何走出文化集體無意識？如何挺立中國文化主體性？我們不揣愚陋，臚列如下幾條呼籲和建議以供國人參考：

第一，不信奉「耶教」者，效法二十世紀二三十年代中國和現今港臺地區的做法，把只對耶教徒而言才具有神聖意味的「基督」、「基督教」、「聖經」、「聖誕節」、「聖誕樹」等改稱為不帶感情色彩和崇拜意味的「耶穌」、「耶教」、「耶經」、「耶誕節」、「耶誕樹」等；不以任何形式有意無意地過「聖誕節」，不發送與「聖誕節」有關的短信、郵件、賀卡、禮物；不舉行與「聖誕節」有關的聯歡、舞會等活動；不去「耶教教堂」祈禱禮拜，等等。

第二，有關部門應該在尊重宗教信仰自由和法律框架允許的範圍內，重新審視和合理規範目前在商場、飯店、賓館、網絡、報刊、電視、電臺、學校等部門和行業日漸流行的「耶誕狂潮」。尤其是，我們認為，大中小學及幼兒園內的學生無意識、趕時髦地集體過「聖誕節」，甚至是老師組織孩子們過「聖誕節」，已經違背了宗教不得「妨礙國家教育制度」的憲法原則和「教育與宗教相分離」的教育法原則，因而亟需有關部門高度重視和嚴加規範。

第三，對「聖誕節」流行起重要推波助瀾作用的廠家和商家，應充分挖掘中國諸多傳統節日所蘊含的巨大商機，積極營造傳統節日文化氛圍，合理創新傳統節日活動形式。同時，不必因西洋有個「聖誕節」，中國就必須以孔子誕辰為中國「聖誕節」與之抗衡，但可以考慮將孔誕作為中國教師節，並儘可能使其變得既有神聖肅穆的節日氛圍又有為年輕人喜聞樂見的活動形式，這將有可能成為校園內和年輕人有效化解「聖誕節」影響的一個重要舉措。

第四，反思對宗教問題的傳統認識誤區，從正面意義上理解宗教的價值與功能，承認人的終極性關懷、超越性追求和團體生活、過宗教生活、精神生活、文化生活的內在願望與合理訴求。因此既需要尊重中國的耶教徒等洋教教徒的宗教信仰，更需要合理挖掘佛教、道教等中國本土宗教的作用，尤其是需要充分發揮在中國歷史文化傳統占據主幹地位的儒學的宗教性社會功能，高度

重視目前民間社會重建儒教的呼聲與努力，積極推動儒教的重建與復興。

第五，打破「古非今是」和「中劣西優」的文化偏見，改變「以今非古」和「崇洋媚外」的文化心態，對中國文化持以「瞭解之同情」與「溫情和敬意」的立場，回歸傳統，承續斯文，創新與發展、恢弘與光大中國文化，樹立中國人的自尊心和中國文化的自信心，重建中國人的信仰體系和意義世界。這將是一個綜合性、長期性、艱巨性的文化事業，需要全社會的共同努力與全方位的積極參與。每個有著擔當意識的中國人，都應自覺肩負起這一神聖的文化使命。

無論如何，問題關鍵在於國人是否能幡然醒悟，是否意識到了自己的文化集體無意識，是否有了走出此種文化集體無意識的自覺和挺立中國文化主體性的決心和勇氣、責任和使命。我們以為，中國人，應該而且必須朝此一方向努力！奮進！

最後，需要說明的是，本書只代表署名者個人而不代表署名者所在學校的觀點。

簽名（依姓氏筆畫排序）

劉冰雪（中國政法大學）

朱鋒剛（復旦大學）

張連文（清華大學）

楊　名（中國人民大學）

陳喬見（武漢大學）

周鋒利（北京大學）

孟　欣（中國科學院）

孟志國（南開大學）

范碧鴻（中山大學）

趙瑞奇（北京師範大學）

起草及發起人

王達三

孔元二五五八年暨西元二〇〇六年十二月十八日

本書由中國儒教網（http://www.zgrj.cn）、孔子2000網（http://www.confucius2000.com）、原道網（http://www.yuandao.com）聯合發布。

本倡導活動由中國儒教網、孔子2000網、原道網發起，並統一負責對外進行答辯。聯繫方式：chinarujiao@163.com。

須尊重歷史，宜敬畏聖人

——致電影《孔子》劇組人員公開函

電影《孔子》導演胡玫女士及劇組全體人員公鑑：

　　知悉諸君正攝製電影《孔子》，此當有益於光大孔子聖蹟、弘揚中華文化，故舉凡我炎黃子孫莫不引領期待、寄予厚望。然則此間大眾媒體傳聞劇情間有所謂「孔子感情戲乃至三角戀戲」云云，遂致國人嘩然、四海聳動，是以吾等海內外孔氏宗親、儒教（孔教）信徒、儒家社團、儒學研究機構、儒學網站等特聯合致函以示關注。

　　吾等認為孔子其道無體，其德無量，其思無邪，其人已脫凡超俗、優入聖域，故能克己復禮而仁愛悲憫，雍宏典雅而莊嚴肅穆，從容中道，奔逸絕塵，實乃不可摹狀與鬥量者也，誠如顏子喟然所嘆：「仰之彌高，鑽之彌堅；瞻之在前，忽焉在後。夫子循循然善誘人，博我以文，約我以禮。欲罷不能。既竭吾才，如有所立卓爾。雖欲從之，末由也已！」賢如親炙於孔子多年之顏子尚且對孔子作如是觀，遑論去古已遠、書缺有間之後世今人者乎？

　　吾等固無權干涉與反對他人創作有關孔子之影視作品並對孔子進行適宜藝術化處理，蓋孔子非吾等可得而私者也，亦非任何人可得而私者也。孔子者，中國之孔子也，世界之孔子也。然孔子絕非普通歷史文化人物之比，乃德侔天地、道貫古今之萬世師表、至聖先師，乃中華文化之象徵符號與中華民族之精神寓寄，乃人類偉大導師之一，尤特是於儒教（孔教）信徒心目中，更係享有無上地位、不可褻瀆之聖人與偶像。故舉凡涉及孔子之影視作品，劇情設計茲事體大，斷不可穿鑿附會、無事生非。

　　昔在民國十七年，林語堂氏編制獨幕劇《子見南子》並後公演，然招致議論紛紜，甚至孔氏宗親訴諸法律與政府。究其緣由，端在作者枉生是非、劇本

粗製濫造，對孔子缺乏「瞭解之同情」（陳寅恪）與「溫情和敬意」（錢穆）。二十餘年前，梁漱溟先生斷然否定藝術化孔子之可欲性與可行性，正是有見於此。前世之事，後世之師。今人不可不以林語堂氏和《子見南子》劇深以為戒也。

詳考歷史典籍，孔子本無所謂「感情糾葛」之事；印以《論語》明德遵禮之言行，孔子亦斷無可能有「感情糾葛」之事。倘若影視作品穿鑿於此，以古論之則為離經叛道、非聖無法，以今論之當屬顛覆歷史、惡俗文化──非欺孔子不能復起為己申辯者何？故穿鑿於此者，非但孔子之罪人，亦為對中華文化與中華民族之大不敬，一併傷害孔氏宗親之感情，褻瀆儒教（孔教）信徒之信仰，貶損儒家社團、儒學研究機構、儒學網站之聲譽──吾等實難接受。

吾等認為，凡涉及孔子之影視作品，皆須尊重歷史，尤宜敬畏聖人，進而予以得體編導和適宜之藝術化處理。須知，師尊則道尊，道尊則人尊，人尊則文化尊，文化尊則民族尊。孟子曰：「夫人必自侮，然後人侮之。」此千古不易之則也。孔子乃人類偉大導師之一，吾人與母邦倘若不加以尊重和敬仰，又何談推動孔子走向世界？吾族又胡能為人類文明做出應有之貢獻？捨孔子與歷史文化，又能為人類文明做甚繼往開來、別開生面之貢獻？

進而言之，庸俗化孔子，非特創作人員之自我庸俗，亦將受眾視為與己同等庸俗，故不僅侮辱聖人，亦侮辱大眾，毫無文化價值與藝術品味可言。真正有文化價值與藝術品味之作品，絕非僅顧及商業收益，更非一味媚俗取寵，相反卻能卓然而立、以道自居，出淤泥而不染，貶流俗進崇高，凸顯聖賢與文化之價值，給人生命、生存、生活以神聖啟迪和優美教育，從而開風氣，振道德，化民俗，引導人眾日臻於文明，蔚為文化之幸事與時代之木鐸。

退而言之，庸俗化孔子，又於孔子何傷焉？誠如顏子所云：「夫子之道至大，故天下莫能容。雖然，夫子推而行之，不容何病？不容然後見君子。」蓋清者自清而濁者自濁，聖人自聖人而俗人自俗人。子貢曰：「賢者識其大者，不賢者識其小者。」俗者則不識聖人甚或以貶損聖人為能事。然則此聖人之悲歟？抑或俗者之悲歟？判若明矣！

顧炎武云：「士大夫之無恥，是為國恥。」百餘年來，中國之士大夫勇於

批判孔子與割裂儒學，而疏於褒獎孔子和弘揚儒學，此乃國之一恥矣。值此中華民族復興之際，今之知識人猶懷顛覆歷史與惡搞孔子之心態，津津於俗眾眼球與商業收益，此亦國之一恥矣。然則知恥而後勇，幡然醒悟、痛改前非，勇於擔當重建與復興中華文化莊嚴神聖之使命，上不愧天，下不怍地，中不負聖賢與良心，此乃當下知識人之責任也，亦為時代之訴求與民族之重託也。

　　上及乃吾等對涉及孔子影視作品——廣而言之，舉凡涉及孔子之任何作品——之一般意見，旨在說明摹狀與把握孔子殊非易事。想必電影《孔子》劇組諸君亦同有此感，故劇本數易其稿，導演與劇組細心潛究，用心不可不謂良苦矣！故吾等致函，雖要求諸君對劇情傳聞是否屬實予以確認，並對吾等意見予以慎重考量，但與其說興師問難，毋寧說與諸君交流與共勉。《詩》有云之：「如切如磋，如琢如磨。」朱子亦曰：「有則改之，無則加勉。」正斯之謂也。

　　此函若致咄咄，皆因吾等為孔子和中華文化計心情迫切，尚望諸君雅涵與批評。順祝劇組工作順利，期盼大作早日問世。

　　此致
敬禮！

連署者

　　世界孔子後裔聯誼總會、孔子世家譜續修工作協會、世界端木子貢後裔協會、國際孔教大會、國際儒學大會、馬來西亞儒教會、印度尼西亞孔子之家、新加坡孔子之家、臺灣中國儒教會、臺灣中華文化生活學會、高雄孔孟學會、澳門人文科學學會、中國人民大學孔子研究院、武漢大學孔子與儒學研究中心、山東大學儒學研究中心、陝西師範大學儒學——儒教研究所、曲阜師範大學孔子文化學院、曲阜儒者聯合會、曲阜儒家文化聯合會、山西當代儒學研究會、廣西儒學學會、桂林孔子學院、溫州儒學研究會、平和書院、中和書院、道里書院、中華孔子網、孔子2000網、顏氏宗親網、曾氏宗親網、當代儒學網、華夏復興網、中華國學網、儒家中國網、儒家郵報、儒學聯合論壇、儒教論壇、儒教復

興論壇、中國儒教網

孔元二五六〇年三月十四日

西曆二〇〇九年四月〇九日

發布後加入之連署者

國際心靈儒學會、馬來西亞孔學研究會、吉隆玻夫子講堂、臺灣盤古講堂、曲阜公益國學啟蒙館、曲阜大成孔子文化體驗中心（籌備處）、湖南科技學院濂溪研究所、中國儒學網、心學網、稷下文化網、心學聯合論壇

特別說明

其一，本活動由中國儒教網（http://www.zgrj.cn）與儒教復興論壇（http://www.rjfx.net）發起，由陶斯詠先生起草，並綜合各連署者之意見。

其二，本公開函將委託專人交予電影《孔子》劇組人員，同時首發於中國儒教網、儒教復興論壇以及各連署者之網站論壇，歡迎轉載。

其三，本公開函歡迎海內外儒學社團和儒家網站等繼續參與連署，並隨時更新連署者名單，權威文本見儒教復興論壇。

其四，本公開函對外聯繫與答辯電子信箱：chinarujiao@163.com。同時，各連署者亦有自行對外答辯之權利與義務。

尊重中華文化聖地，
停建曲阜耶教教堂
——關於曲阜建造耶教大教堂的意見書

近聞曲阜孔廟附近正在建造一高達四十餘米、容眾三千餘人的哥特式耶教大教堂（詳情見本《意見書》附錄），吾等儒家學者、社團、網站深感震驚和憂慮，特鄭重呼籲有關各方尊重中華文化聖地，立即停建該耶教教堂。

眾所周知，孔子者，中華文化之象徵；曲阜者，儒教文明之聖地；「三孔」者，中國五千年文化命脈與道統象徵之所在，億萬海內外炎黃子孫心理情感與精神寄託之所繫，並為東亞各國政要與民眾文化朝聖之所宗。今在「三孔」之地建造耶教大教堂，無疑唐突中華文化聖地，傷害儒家文化信眾情感，有違海內外炎黃子孫心願，不合建設「中華文化標誌城」和「中華民族精神家園」的初衷。

考索歷史，今曲阜市範圍內不曾有道教的道觀；佛教的寺廟雖有若干所，但皆遠離城區，且規模甚小。至於其他外來宗教，更不曾在曲阜建有任何道場。究其原因，一則在於這些宗教及其信眾能尊重孔聖，故不會貿然在曲阜建造道場；二則在於外來宗教未如現今此般熾熱，故其受眾較少，影響較小；三則在於各級政府皆尊儒家文化為正統，故對其他宗教在曲阜建造道場會予以適當的限制，而對中華文化聖地則予以充分的保護。

將心比心，如若在耶路撒冷或麥加或梵蒂岡，建一超高超大的孔廟，力壓其宗教建築的氣勢，獨領其城市建築的風騷，有關宗教信眾又會作何感想呢？其國家、其政府、其民眾能接受嗎？而且，吾等擔心其他宗教會援引曲阜建造耶教堂的先例，競相在中華文化聖地建造自己的道場。但是，大量歷史上和現實中的案例卻表明，不同宗教的道場在狹小區域內對峙並存，常會引發宗教對

抗和文明衝突。

　　固然，吾等希望並相信包容性很強的儒家文化不會與其他宗教文化發生衝突，但無法確保其他宗教之間不會發生衝突。如此一來，中華文化的和諧聖地豈不成了諸神爭鬥的衝突場所？特別是，吾等強烈反對刻意用在中華文化聖地建造耶教大教堂的方式，來表明儒家文化的包容寬大精神和體現「和諧世界」的理念，因為這是對儒家文化的歪曲和利用，是在裝飾門面和粉飾太平！

　　吾等認為，文明之間的和而不同，首要的原則是不同文明之間彼此尊重，尤其是外來宗教文化要入鄉隨俗、客隨主便，而不能反客為主、喧賓奪主──對本土宗教及其信眾而言，這是個天然的情感問題；對外來宗教及其信眾而言，這是個基本的禮貌問題！

　　無論如何，鑒於在中華文化聖地修建耶教大教堂問題的敏感性、複雜性以及可能由此引發的激烈爭議，吾等謹向曲阜市政府、濟寧市政府、山東省政府、中央政府以及熱愛並尊重中華文化的耶教徒提出以下意見：

　　首先，立即停建曲阜耶教教堂。具體原因，已如上述。需要指出的是，即使該耶教堂的建設符合現行法律，通過了宗教、民政、土管、城建、文物等相關部門的嚴格審批，資金來源完全正當，也難免於其傷害儒家文化信眾的情感，有違海內外炎黃子孫的心願，乖乎中華文化聖地的形象，既不合乎情理，亦不合乎傳統和慣例，當立即予以停建，或遷往他處建造。即是說，這既不是一個法律的問題，也不是一個宗教信仰自由的問題，而是一個關乎中國人的文化情感和心理感受的問題。

　　其次，如果該耶教堂建設地點仍選在曲阜附近，或仍在濟寧市範圍內，吾等建議它當滿足如下五個條件：

甲、該耶教堂不宜在「三孔」、「三孟」以及周公廟視線範圍內，至少須在孔廟、孟廟以及周公廟五十華里以外。

乙、該耶教堂高度不宜為四十餘米，不宜超過孔廟、孟廟大成殿的高度。西方最具耶教歷史象徵性的梵蒂岡聖彼得大教堂，高度為45.4米，而曲阜建造的耶教堂竟然高達41.7米，與之僅差3.7米。相比之

下，曲阜孔廟大成殿的高度為24.8米，該耶教堂竟然比之高出16.9米。考慮到曲阜城鄉建築較低，此高度的耶教堂即使在曲阜城外建成，也會成為曲阜市的標誌性建築。若此，則「中華文化標誌城」就會變成「耶教文化標誌城」。

丙、該耶教堂規模不可容眾三千人。如此設計規模即使純屬巧合，也難免給人帶來該耶教堂欲比擬孔聖有弟子三千人的印象或聯想，有文化侮辱的含義。

丁、該耶教堂不宜建成中國最大的耶教堂。否則，會被人誤解為該耶教堂是在比肩中國最大的孔廟即曲阜孔廟，有宗教對抗的意圖。

戊、該耶教堂建築風格只能為中國傳統建築風格，或至少為現代建築風格，而不宜為哥特式風格。否則，此種風格不僅與曲阜中華文化聖地性質極不協調，也與曲阜乃至濟寧市傳統建築風格極不協調。

第三，吾等認為，曲阜建造耶教堂的根本原因，不在於時下耶教在中國的熾熱，而在於中華文化主體性的沉淪。「先立乎其大者，則其小者不能奪也。」當務之急，是重建中華文化的主體性，積極採取各種措施，全力復興中華文化，守護中華民族精神家園，徹底解決當代國人的精神危機問題。若此，就不至於還會出現國人趨奉外來宗教和在中華文化聖地建造外來宗教道場的怪異現象。

第四，在種種復興中華文化的呼籲和探索之中，重建儒教是一種重要的努力和嘗試，且已在民間社會具備了一定的信眾基礎。吾等認為，政府宜儘快承認儒教的合法地位，賦予儒教與佛道回耶等宗教平等的身份，努力培育包括儒教在內的中國各宗教和諧相處的宗教文化生態。當務之急，是啟動孔廟（文廟）等傳統儒教道場的信仰功能，徹底擯除其現行商業和旅遊的色彩。須知，古今中外尚未聞有任何一個國家與民族，其宗教信仰場所由文物部門或旅遊部門把持，並向前來朝聖禮拜的人們收取門票費用的做法。

吾等基本主張在是，甚盼得到國人、海外華人與各級政府及耶教徒的尊重與採納。

本意見書由以下十位學者連署發起（序齒排名）

　　郭齊勇　武漢大學國學院院長、教授

　　張祥龍　北京大學哲學系教授

　　張新民　貴州大學中國文化書院院長、教授

　　蔣　慶　儒家民間學者

　　林安梧　臺灣師範大學中國文學系教授

　　顏炳罡　山東大學哲學與社會發展學院教授

　　韓　星　陝西師範大學儒學─儒教研究所所長、教授

　　陳　明　《原道》主編，首都師範大學儒教研究中心主任

　　康曉光　中國人民大學非營利組織研究所所長、教授

　　趙宗來　濟南大學人文學院副教授

本意見書得到以下十家社團支持

　　國際儒學大會

　　國際孔教大會

　　馬來西亞儒教會

　　印尼經典教育促進會

　　曲阜儒者聯合會

　　深圳孔聖堂

　　珠海平和書院

　　北京葦航書院

　　浙江省儒學學會

　　江蘇省孔子後裔聯誼會

本意見書由以下十家網站聯合發布

中國儒教網（http://www.chinarujiao.net）

儒教復興論壇（http://www.rjfx.net）

華夏復興（http://www.hxfx.net）

儒學聯合論壇（http://www.yuandao.com）

儒家中國（http://www.rujiazg.com）

孔子2000網（http://www.confucius2000.com）

中國當代儒學網（http://www.cccrx.com）

儒家氣學網（http://www.rjqxw.cn）

禮樂中國（http://www.liyuechina.org）

孔氏宗親網（http://www.kong.org.cn）

特別說明

說明一：本意見書自正式發布之日起，開放徵集海內外儒家（儒教）社團、網站、學者以及社會各界簽名支持。簽名可登錄上述網站，也可發信至：fengyuanfuxing@163.com

說明二：本意見書已清楚表達連署發起者的觀點，故不再設答辯人。任何儒家社團、網站、學者接受媒體採訪，其意見與本意見書無關。

說明三：本意見書歡迎任何網站轉載，但請務必保持意見書的完整性。同時歡迎各類媒體刊布，聯繫信箱為：fengyuanfuxing@163.com

孔子二五六一年十一月十七日

耶穌二〇一〇年十二月二十二日

儒門各界對計畫生育政策的意見

以下所列出的儒門各界人士對計畫生育政策的意見，徵集時間起於西曆二〇一一年七月七日。目前，意見在繼續徵集，懇請儒門各界人士惠賜，字數不限，文責自負，並附個人單位、職業、職務、職稱等信息。意見請發至：rujiarz@126.com

秋風
姚中秋，獨立學者

強制一胎化的計畫生育政策，不僅會給中國帶來巨大的經濟困境，也會帶來無法預料的社會問題。此一政策造成的家庭結構高度單一化，令當代中國的家庭扭曲，而不成其為家庭，從而令文明喪失最為重要的制度依託。如不立刻終止計畫生育政策，中國文明將在尚未復興之前就迅速衰敗，且其速度將超出所有人的預料。

盛洪
北京天則經濟研究所所長，山東大學經濟研究院教授

從憲政的視角看計畫生育。第一點，從憲政角度講，政府有沒有權力直接干預人類的生育，反過來講，父母自由選擇做出的生育決策是不是會導致好的人口結構。這是一個根本問題。從歷史和當代各國的人口發展看，我們基本可以得出這樣的結論：人類父母自由自願做出的生育決策是最佳選擇。中國幾千年人口沒有增加很快，當然，每次王朝末期都會有人口劇降，但那不是因為人死了，而更多是因為戶口沒有統計上去。如有學者提到，清代的攤丁入畝是不是帶來了人口增長，這是要打個問號的。現在世界上沒有哪個國家實行計畫生育，政府強制介入到公民的生育決策的。從憲政層次講，政府直接介入生育決策是錯的。計畫經濟的特點就是計畫當局自認為很聰明，認為自己掌握了很多

資訊，但根據哈耶克的理論，他們掌握的資訊是局部的，而且是集合性的，沒有很具體的資訊，所以不可能全面考慮。計畫經濟錯在認識論上，計畫官員不可能掌握全部資訊。有學者提到一九八〇年中共中央的一封信，仔細看那就是單一目標，只說改進生活質量。而現實中，人的生活非常豐富。人的基本生命價值，還有中國文化。有人說，中國文化就是男性繼承或者說家族延續，而規定只生一個後，很多家族就斷了，這就破壞了中國文化。還有獨生子女本身的問題，男女比例失調的問題。總之，產生了很多計畫者想不到和我們也還沒有想到的問題。單一目標的一個好處是可以集中全國之力實現單一目標，但同時，其他很多目標受到了損害。

另外，計畫生育對中國為什麼貧窮的解釋是扭曲的，貧窮恰恰是計畫經濟造成的。不講根本原因，只講技術因素，把貧窮歸結於人多而不是計畫經濟，這是很大的問題，是在推卸責任。就像把饑荒歸結為耕地不夠，然後提出所謂的十八億畝紅線，其實，饑荒是制度上的錯誤。再一點，計畫經濟確實有激勵人們多生的傾向。除了趙農講的農村按人分糧，還有一點是計畫經濟實行計畫價格，生活資料價格偏低，很多甚至免費，這樣，大家就會接受這個價格，選擇多生孩子。

第二點，人口不能波動過大。無論結構還是數量，人口的變動應該是平穩的。什麼時候波動小呢？就是茅於軾老師說的自然狀態，由父母自由選擇生育。政府干預大時，波動就會大。這就是為什麼中國人口波動大，印度、美國和其他國家波動小。從這個意義上講，政府做這件事不如不做。獨生子女政策是個極端的例子，也是急功近利的。計畫經濟的一個特點就是，官員要在短期見效。他們不願意讓大家生兩胎，慢慢達到平衡，一定要儘快見效。這時，他們就很有可能走極端。中國人口指數級數地就掉下來了，幾億人幾代就沒了。

我擔心的是，中國越晚停止計畫生育，鼓勵生育的手段會越極端。所以，停止計畫生育越早越好，越早越容易緩和。人口波動很危險，會帶來很多社會問題，甚至動盪。現在經濟是工業經濟，一個特徵就是大量投資，大家希望有穩定的市場。人口迅速萎縮後，需求迅速萎縮。而中國現在的經濟主要靠國內，靠國外的越來越少。所以，最先出現的可能是需求危機，國內市場萎縮，

就出現了蕭條。這不是因為次貸，而是因為人少了，我們短時間內是生不出來很多人的。中國現在還在為計畫經濟唱讚歌，而我們面臨的一個巨大問題就是經濟動盪。停止計畫生育，越早越好，但即使晚一點，政策也要平緩一點，不能走極端。

彭永捷
中國人民大學孔子研究院副院長，哲學院教授、博士生導師

計畫生育政策當與時俱進。計畫生育政策，尤其是一胎化政策，其負面後果益顯：一、老齡化：中國成為世界上最快速進入老齡化社會的國家，惡果很快就會到來；二、獨生子女問題：獨生子女從小沒有兄弟姐妹，自我中心主義，禮讓、協作和友情弱化。三、違背社會公平：什麼人被計畫掉了，什麼人計畫不掉。計畫生育政策對體制外人群無能為力。四、人口素質影響：有公職有穩定的家庭被計畫生育，無公職無穩定收入家庭政府無可奈何，導致越窮越生，越窮越有機會生。五、違背基本人權。人民的權利意識已經成長，生育是基本人權，須尊重人民的自主選擇。六、引發人口犯罪：人口買賣，拐賣兒童現象重要。七、男女比例嚴重失調。

計畫生育政策，實行至今，已不適合社會發展和人們的觀念，迫切需要及時調整，保障人口可持續發展，保障社會健康平穩發展。建議先放開二胎政策，然後放開生育政策，用鼓勵式政策替代強制性政策，輔之於強制性義務教育政策。

張祥龍
北京大學哲學系教授，博士生導師

獨生子女政策是反儒家的政策，使多少家庭的族姓傳承斷絕，使中國人的家庭感、倫理感、家族感被急遽淡化和漂白。這種政策居然在中華大地上盛行幾十年，至今還是國策，可見儒家已經衰敗到何等地步！它的其他弊端也怵目驚心。從目前情況看，此政策有百害而無一利，亟須中止。

至於計畫生育，要審時度勢而行。只應用鼓勵方式引導，不宜強制。由於

我不是這方面的行家，不敢說什麼。但看易富賢先生的《大國空巢》，似乎很有道理。他的見解起碼值得為政者認真參考。

韓星
陝西師範大學儒學——儒教研究所所長、歷史文化學院教授

　　我認為中國的計畫生育政策是對毛澤東時代盲目的人口鼓勵政策的一種逆反，但是走了極端，又造成了新的更大的問題，甚至是中國歷史上，乃至人類歷史上從來沒有過的問題，如一、逆向淘汰問題。這種計畫生育政策造成體制內遵紀守法、素質高、教育環境好的家庭只能生一個，而許多包養二奶、三奶、N奶的貪官和多次離異再娶富人、名演員則可以事實上生多胎，廣大農村的農民也是這樣。這就違背了計畫生育優生優育初衷，造成了人口的逆向淘汰。二、家庭結構的破壞，造成了一系列社會問題、心理問題。本來五四新文化運動以後傳統的家族就被戰亂、革命破壞了，形成了所謂的核心家庭。現在的計畫生育政策使核心家庭也面臨解體和混亂，家庭內部的單傳給家長造成擔憂恐懼的心理負擔，兩家三代寄託在一個孩子身上使孩子成為眾星捧月小皇帝，使家庭倫理關係紊亂，徹底顛覆了家庭尊老的孝道，更造成孩子的自我中心、孤僻、自私、膽怯、封閉。這樣的獨生子女已經成長起來，隨著他們相繼進入社會，現在已經出現越來越棘手的社會問題。三、中國家庭教育的缺失與扭曲，是計畫生育政策下最可怕的問題。老老實實遵守計畫生育政策的體制內工作人員因為只有一個孩子，把所有的希望都寄託在這個孩子身上，給孩子過多的課業負擔，但是忽視基本的人文素質教育，做人教育，造成家庭教育的扭曲；而那些採取各種手段多生者，這方面的問題更大，更複雜，忽視和扭曲的現象都存在，對孩子身心健康埋下了巨大隱患。

　　建議組織各方面專家、學者、社會學家、政府官員進行計畫生育問題進行研究和反思，廣泛徵求民眾意見，調整計畫生育政策，本著優生優育，提高人口素質、改善家庭教育、加強倫理道的原則，用各種人性化的手段，以導向性的、鼓勵的政策代替一刀切、強制性政策，保障中國社會的持續、穩定、協調、健康發展。

張進
南京師範大學歷史系教授、博士生導師

為了祖國和人民的明天更加美好，我希望國家調整計畫生育政策，由獨生子女政策改為一對夫婦可以生育兩個兒女。

劉海波
中國社會科學院法學研究所副研究員

我們應該有這樣的信心：中國能夠實施整體趕超的經濟發展戰略，中國能夠在工業化中實現後來居上，超越歐美日，成為世界高端工業工廠。計畫生育政策必須在最短的時間內廢除，同時實施家庭計畫，切實做到教育資源向工農傾斜，實現公立教育服務均等化，大力提高全民素質。

蕭自強
獨立學者，現居北京

計畫生育政策可走一手硬一手軟的道路，一手硬就是加大獎勵少生的辦法，一手軟就是停止強制少生的政策。

唐文明
清華大學人文學院副教授

計畫生育政策不合乎經義是毫無疑問的。關於具體政策是否改變，如何改變，可能需要社會科學家的分析、評估和預測。

杜吹劍
哲學博士，獨立學者，《儒家郵報》、儒學聯合論壇、儒家中國網站創辦者，並曾任主編

因計畫生育這一國策的出臺有其特殊的歷史背景，在當時未能充分徵求社會各界意見，才導致今天這個結果，是為前車之鑒。亡羊補牢，猶未晚也。希

望政府順應民意，儘快調整現在的計畫生育政策，立即停止一孩化，放開二胎。

張晚林
湖南科技大學哲學系副教授

人倫關係為天然之宇宙法則，不能因一時的社會發展策略而任意改變。雖然在當代可能有暫時之利，但從長遠看，必生大弊。

溫厲
本名任文利，北京青年政治學院北京東方道德研究所副研究員

本人支持放開二胎，且刻不容緩！其一，自宗教與風俗而言，生命的傳承與延續乃國人之信仰。一家只有一孩，一旦遭遇天災人禍，則為滅頂之災！其二，兄弟一倫的缺失，使獨子具有較大的性格缺陷。其三，獨子所承載的父母輩的壓力，超乎想像。擇幼兒園、擇校蔚然成風，父母乃至孩子皆為其所綁架。尤其是孩子。其四，人口老齡化帶來的社會問題──如老年人的孤獨、寂寞，社會化養老並不能取代天倫之樂。

齊義虎
西南科技大學政治學院講師

對計畫生育政策的討論，不能僅僅侷限在工具性層面，還應該上升到價值性層面。也就是說，不能光從利害關係去贊成或反對計畫生育，而應該從倫理關係的高度來重新審視這一政策。孟子曰：「王何必曰利，亦有仁義而已矣。」為了工具性的利益不惜犧牲掉人倫道義，這恰是我們今天許多社會問題層出不窮的思維根源所在，而這也正是我們最需要反思的地方。

梁金瑞
平和書院網站管理員，秘書

現行計畫生育政策的弊端根源，在於以物本思維將人降到物的層面來控制，以物質之生產來影響人自身的合理再生產，忽略人的主體性的昂立，忽略

中國人民作為建設主體的存在，剝奪人的基本自然權利和政治權利（而應控制的反而沒有控制好），在理論上是錯誤的，在實踐上是有害的。此種思維，與「先做大蛋糕再來分配」的荒謬思想如出一轍而相對應。

　　計畫生育政策必須結合政治經濟因素而回到真正的計畫上來（因人而宜，因地而宜），既放得開又收得攏。而不顧具體情況實行一刀切的所謂「一胎化政策」決不是計畫生育！

　　現行計畫生育政策的調整，應從轉變經濟發展方式上著手，確立以人為本的發展觀，與政治體制改革同時進行。如果經濟發展思想不改變，此政策的調整是不可能的。

宋立林

曲阜師範大學孔子文化學院國學研究中心副主任，中國孔子研究院特聘研究員，歷史學博士，講師

　　計畫生育政策在過去曾經起到了它應該起的歷史作用，似乎不宜完全否定；但是，時至今日，這項政策的負面效應日益凸顯，而且愈演愈烈，如果不早之圖，改弦更張，竊恐後患無窮，屆時悔之晚矣。希望主政者能從民族長遠利益考量，廣泛徵求社會及學者意見，做出調整。

趙宗來

濟南大學文學院副教授

　　應該放開兩胎，最終廢除生育強制。所謂計畫生育，當初的出發點固然是好意，但是，這個好意主要是對一時、一國之利的考量，卻沒有對道德禮義的考量，由此而定為國策之後，為了宣傳和施行這個國策，又做了許多文章、採取了多種措施，很多文章的觀點是帶有誤導作用的，比如「人口太多導致貧窮落後」等等，可謂為觀點找證據、造證據；很多措施的具體做法是違背民意的，比如「十家聯保」、「強制墮胎」等等，造成了眾多的不滿，卻又無奈。如今，應該是廢除計畫生育國策的時候了，即使無法徹底廢除，也必須有廢除的決心，而後逐步而穩妥地放開兩胎，以致於最後完全廢除此種國策。具體道理

如下：

一、所謂計畫生育，是人為地不允許一些人出生，其目的是為了使在生的一部分人得到最大的利益和享受，可謂當今幾代人的自私行為，沒有為祖先和後代子孫多做考慮。從仁義上來說，強制某些人不許出生，可謂違背仁義；從權利上來說，活人沒有權利剝奪未出生者的出生權利。

二、任何動植物都會「子女」數量多於「父母」數量，所謂的計畫生育卻使「父母」的數量多於「子女」的數量，不符合「生生之道」，一旦發生戰爭、巨大的災荒，不僅會使眾多家庭滅絕，而且會給國家民族帶來極大的危險。

三、所謂計畫生育，已經造成了一些貧富差距：富者有錢可以多生，貧者缺錢不能多生。已經造成了人們心理的許多不平：非國家正式職工可以而且敢於多生，國家正式職工不敢多生。已經造成了國內民族間的問題：少數民族可以多生，漢族不能多生。或許這是國家不穩定、民族不穩定的潛在危險。

四、所謂計畫生育，所造成的人口老化、養老危機、親情淡漠、孩子孤獨等等問題，早已有很多人指出，此不贅言。雖然這是從利害上來說的，但是，從利弊上來考慮，也可以說，計畫生育有短期大利，卻有長期的大弊，可謂得不償失。

王達三
獨立學者

適時放開二胎生育已是時不我待。如果說建國後沒有聽取馬寅初等人口學家適當控制人口規模的建議是一個失誤的話，那麼在今天，不聽取適時放開二胎生育政策的建言也必將是一個重大失誤。韓國、日本和我國臺灣地區的前車之鑒表明，即使現在就放開二胎生育，二十年後的中國，也很有可能會因少子化和老齡化等人口危機而不得不求助於已經被冷落多時的「多子多福」的中國傳統生育觀念。

姚春鵬

曲阜師範大學政治與公共管理學院哲學系副教授，中國哲學研究所所長

強制計畫生育應該廢止。

我們現在實行的計畫生育，從字面說來好看，就像在經濟上，一度認為實行計畫經濟能夠避免資本主義經濟危機的週期震盪，而在事實上，強制的計畫經濟雖然避免了經濟危機卻把經濟搞死了，因而不得不進行市場經濟改革。同樣，我們實行的計畫生育實際上是強制計畫生育，給很多人帶來了巨大的人生痛苦。是違背天道自然的行為，應該廢止。

實行強制計畫生育違背了系統論所揭示的自發自組織原則。系統論揭示世界萬物是系統的存在，系統除了人造的機械系統外都是自發自組織生成的，而不是被動生成的。社會也是一個巨大的自發自組織系統，人類社會一方面需要有統一的政府存在，但政府不能成為超越於社會之上的太上執政，強制控制社會。同樣，在人類生育問題上，強制計畫生育，絕對是錯誤的，應該廢止。

實行強制計畫生育違背儒家的天道原則。儒家認為天地之大德曰生。生生有其自身的法則。人的使命是參贊化育，而沒有權力改造自然。人類出於自己的私智的妄為終將受到自然的懲罰。

實行強制計畫生育違背道家的無為原則。老子認為道常無為而無不為。人應該效法道，實行無為，而不能有為，所謂無為，絕不是什麼也不作，而是順應自然之道而為；而有為則是違背自然之道的妄為。如果不停止強制計畫生育，終將給中華民族帶來災難。

鑒於目前的形勢，計畫生育應該由強制性的，變成引導性的。停止一胎化，准許二胎，限制多胎。

薛超

重慶，法學學士

事到如今，計畫生育更多成為了金錢附庸，有錢勢者不懼，無錢勢者則因「光腳不怕穿鞋」而同樣不懼——此等政策，還有多少存在價值？

政府應該改變的是以與民關係甚無的經濟掛帥、數據至上的簡單粗鄙政

策，應還原於政府為民謀福還利之本分。一個只知道搶著吃大魚大肉，卻把生硬骨頭丟在一邊甚至交給民眾自行啃食的政府，它存在的意義何在讓人不得不思考。

至於那些對放開生育的擔心，難道不是更需要政府在解民憂、倡民利，使民於恆產而有恆心之下，復庠序之教導以合理節育之道而事半功倍？

關於立即停止「平墳運動」的
緊急呼籲書

社會各界人士關於河南平墳運動的第一次緊急呼籲書

今年以來，河南省持續開展大規模「平墳運動」，各市縣被剷平的墳墓數以百萬計。我們認為，這是一起嚴重侵犯信仰自由、破壞中國文化、傷害民眾情感的野蠻行徑，必須立即停止，並妥當作好善後工作。

首先，祖先崇拜是國人最為重要的信仰，「平墳運動」嚴重侵犯了國民之信仰自由。

「萬物本乎天，人本乎祖。」古往今來，中國人堅信「祖有功，宗有德」，主張「敬天法祖，報本反始」。故在親人去世後必禮葬封墳、四時追祭，所謂「生，事之以禮；死，葬之以禮，祭之以禮」是也。中國人還堅信，死後可與先人在另一個世界相見並和樂融融，同樣，子孫後代也會常來祭奠自己，與自己相見，所謂「祭如在，祭神如神在」是也。此一祖先崇拜信仰有效解決了國人生死焦慮問題，並賦予世間短暫生命以永恆意義，實為中國人最樸素、最廣泛、最深厚、最強大的天然信仰。

作為安葬祖先的場所，墳墓正是這一信仰的重要物質載體。河南野蠻的「平墳運動」，無視中國人綿延數千年、最為自然而又最為廣泛的信仰，嚴重侵犯和剝奪了國民之信仰自由權。人神共憤，法理不容！

其次，奉行孝道是中國文化最為重要的傳統，「平墳運動」嚴重顛覆了孝道傳統，破壞了中國文化。

「夫孝，天之經也，地之義也，民之行也。」遠古時期，人死則棄之荒野溝壑，禽獸食之，蠅蟲嗡之。孝子賢孫漸不忍心，故棺之、埋之，後又封墳樹

木，供子孫後代拜祭和掃墓，孝道在於是，親親而仁民之道在於是。進而言之，孝道是仁義禮智、忠孝廉恥等中國文明保持強韌生命力之一切優美價值的根源，所謂「夫孝，德之本也，教之所由生也」是也。事實上，「死有所葬，入土為安」，乃是中國人所能設想的生命之最終歸宿和最後訴求。封墳樹木、安葬祖先，則是中國人奉行孝道的終極體現和最基本要求，故千里奔喪、賣身葬親的現象史不絕書、廣為流傳。

野蠻的「平墳運動」是對孝道的惡意破壞，摧毀中國人綿延數千年的健全生活方式，抽空仁義禮智、忠孝廉恥等中國核心價值的根基。斯文掃地，國將不國！

第三，封墳護墓是中國政治悠久優美的傳統，「平墳運動」嚴重傷害了民眾情感，破壞了社會和諧。

根據歷史記載：周文王出遊，見路邊枯骨而命人掩葬起塚；周武王克商，不下車即命人封比干之墓。文武仁德能澤及枯骨死者，況生民百姓乎？故天下民心歸周，而有周獨傳世八百年，為中國歷史之最。自此，「封墳護墓」成為儒家王道思想和仁政觀念的重要內容，蔚為中國源遠流長的優良政治傳統。歷朝歷代除了對歷史名人墳墓善加保護、定時祭祀外，還制定「發墓者誅」和「竊墓者刑」等法律措施，嚴懲毀壞墳墓行為。此所謂「慎終追遠」，而有「民德歸厚」之效。中國傳統社會風俗之美，端賴於此。

根據媒體報導，「平墳運動」中，有關部門以工作崗位要挾公職人員，迫使其在祖先之墓與現實利益之間做出選擇，此舉公開鼓勵人們為了眼前的物質利益而放棄自己的祖先信仰，放棄這個信仰背後的價值。同時，「平墳運動」人為激化官民矛盾，民眾敢怒而不敢言。不識大體，無知無恥！

可笑的是，此次河南「平墳運動」還冠冕堂皇地抬出一個「擴大耕地」的荒唐理由。據官方媒體稱，在周口市今年開展的「平墳復耕」運動中，農民已「平遷」二百多萬座墳墓，複種耕地三萬畝。區區三萬畝，僅為目前周口全市一二八一點一五萬畝耕地面積之百分之〇點二，有何經濟意義？即便有一丁點經濟意義，如此抵消此舉所造成的廣泛而深遠的文化、社會乃至政治損失？

痛心的是，過去六十多年來，中國曾發起多次「平墳運動」。由此而有今

日國中之亂象：從懷疑鬼神到批判聖賢，從顛覆道德到罔顧法律，從挑戰人倫到蔑視生命；人心澆薄，風俗敗壞；貪官汙吏有之，奸商惡霸有之，圍觀傷溺者有之，以子弒父者有之。追根溯源，「平墳運動」罪莫大焉。祖先崇拜是國人最為重要而普遍的信仰，奉行孝道是中國文化最為重要的傳統，封墳護墓是中國政治悠久優美的傳統，「平墳運動」將其一網打盡、連根拔起，幾乎全盤摧毀了中國價值的基礎！

　　幸運的是，在經歷了太多的焦慮、迷惘、混亂之後，社會各界普遍認識到復興中國文化、重建中國價值之對於民眾幸福生活、社會秩序穩定的重大意義。執政黨也宣布「弘揚中華文化，建設中華民族共有精神家園」，並以「中華民族優秀傳統文化的忠實傳承者和弘揚者」自任。尤其是確定清明節為法定假日，表明執政黨已意識到，祖先崇拜、奉行孝道、封墳護墓不僅是中華文化的優秀傳統，而且是中國精神信仰和價值觀念之根源與基礎，當在堅持和弘揚之列。然而，墳墓已平，清明法定為節日又有何意義？

　　鑑上，我們特緊急發出以下呼籲：

一、河南省政府必須立即停止野蠻的「平墳運動」，聽任民眾以自己習慣的方式自由安葬親人，妥當作好包括允許並補償民眾「復墳」活動在內的各種善後工作。

二、中央政府務必儘快干預河南粗暴的「平墳運動」，並追究相關部門及官員有關責任，同時採取有效措施，防止各地再度發生類似的「平墳運動」。其中最為重要的是認識到祖先崇拜是國民之基本信仰，尊重人民此一信仰自由。

三、希望社會各界有識之士及媒體，反思河南「平墳運動」，維護中國民眾信仰自由和社會風俗習慣，呵護中國歷史文化傳統，推動「文化中國」、「禮樂中國」之重建。

第一批連署名單

許章潤　清華大學教授

張千帆　北京大學教授

盛　洪　天則經濟研究所所長

彭永捷　中國人民大學教授

吳重慶　中山大學教授

王　康　重慶陪都文化公司董事長

胡治洪　武漢大學教授

李景林　北京師範大學教授

嚴壽澂　新加坡南洋理工大學教授

周熾成　華南師範大學教授

王瑞昌　首都經貿大學教授

賀雪峰　華中科技大學教授

姚新勇　暨南大學教授

任文利　北京青年政治學院　副研究員

楊海文　中山大學學報編審

梁　濤　中國人民大學教授

魯可榮　浙江師範大學教授

任　鋒　中國人民大學副教授

干春松　中國人民大學教授

張晚林　湖南科技大學副教授

張世勇　西北農林科技大學講師

吳　飛　民間儒者

宋立林　曲阜師範大學孔子文化學院講師

齊義虎　西南科技大學講師

鄭風田　中國人民大學教授

姚中秋　北京航空航天大學教授（發起人，新浪微博賬號：秋風論道）

編按：以收到簽名時間先後排序，截至西曆二〇一二年十一月八日，共計二十六人。

社會各界人士關於河南平墳運動的第二次緊急呼籲書

西曆二〇一二年十一月八日，針對河南大規模的、野蠻的平墳運動，我們發出緊急呼籲。

媒體大量報導此事，各界知名人士發表評論，公眾對此反響強烈。全國輿論的態度是完全一致的：政府無權平墳，河南省應當立刻停止平墳運動。

新當選的領導人對此民意做出積極回應。十一月十六日，中國政府網公布國務院第628號令，對《殯葬管理條例》第二十條進行修改。此前規定：「將應當火化的遺體土葬，或者在公墓和農村的公益性墓地以外的其他地方埋葬遺體、建造墳墓的，由民政部門責令限期改正；拒不改正的，可以強制執行。」新條例刪除了「拒不改正的，可以強制執行」。也就是說，新條例取消了民政部門平墳的權力。

十一月十九日，民政部社會事務司有關人士表示，對於非法亂埋亂葬行為，民政部門首先本著以人為本的原則說服教育，並注重工作手段人性化，引導群眾自覺積極參與殯葬改革，不得已時方按照相關規定採取強制手段。尤其是今年行政強製法正式施行以來，已多次要求各級民政部門嚴格按照法律規定行使職權。

由《殯葬管理條例》的這一最新修改，我們欣喜地看到了新一屆領導人傾聽民意、尊重民眾信仰、維護民族習俗的誠意。這是新政邁出的第一步，贏得了輿論和公眾的廣泛喝采。

本條例雖然明年開始生效，但其禁止政府隨意平墳的意圖已十分明顯。人們曾善意地期待，河南省當局、尤其是平墳之風最盛的周口市當局，能夠理解新一屆領導人的仁民之心，順應民意，遵守法律，立即停止粗暴、野蠻的平墳運動。

令人驚訝的是，周口市當局、河南省主政者沒有這樣做。眾多消息來源表明，新條例公布之後，周口市在沒有知會當事人的情況，仍以鏟車推平相當數量的墳墓。其粗暴、野蠻，絲毫不減於國務院628號令頒布之前。

一直到十一月二十一日，才有媒體報導稱，河南周口市宣傳幹部介紹，該市「平墳復耕」工作已暫停推行。也就是說，從十六日之後若干日，周口仍在進行平墳工作。但平墳運動發生於河南各地，迄今，我們沒有看到河南省明確要求全省停止平墳運動的資訊。

關於野蠻平墳之文化、社會危害，我們的第一次呼籲書已有論述，此處不必重複。

這一次，我們要質問河南主政者：對輿論已經充分表達的完全一致的民意，你們難道就沒有一點敬重？對國務院鄭重頒布的法律，你們難道就沒有一絲尊重？對新一屆政治領導人已經清楚呈現的政治用心，你們難道就沒有一毫措意？你們冒天下之大不韙，強行推進平墳運動，還有沒有一點點政治責任感？

面對如此頑固的河南省主政者，我們呼籲：

第一，新一屆領導人順應民意，過問此事。我們相信，尊重民意，尊重吾民信仰，尊重吾國固有文化，可以凝聚民心，咸與維新，創造和諧、向上的政治氣氛，讓未來十年有一個良好的開端。

第二，國務院及相關管理部門督導河南省政府及其相關管理部門，立即停止全省範圍內的平墳運動，追究粗暴平墳的有關官員之政治、行政責任，並妥善處理相關善後事宜。

第三，全國輿論繼續關注此事。人誰無死？誰家無墳？父母、祖先墳墓被平，誰不哀痛！國人信仰、習俗被毀，誰不扼腕！死無所葬，魂無所歸，誰不惕然心驚？我們希望有識之士發出自己的聲音，表達自己的態度，理性而堅韌地捍衛國人之信仰、維護中國之習俗。

有鑒於河南大規模野蠻平墳事件，我們也鄭重呼籲新一屆政治領導人、民政部門、學界及社會一切有識之士，對於過去大半個世紀以來政府推動的「殯葬改革」理念和作為，進行全面反思。

如何死，如何葬，如何祭，關涉生命之終極意義，實為禮制之大本，價值之所繫，文明之標誌。然而，上個世紀中期以來提出的殯葬改革，始終缺乏這方面的考量，基於唯物主義的意識形態，為增加耕地等現實而短視的目的，強行引入不合乎傳統民俗的殯葬樣式。

　　正是在這樣的意識形態、在殯葬改革口號之下，幾十年來，各地的大規模強制平墳運動此起彼伏。完全可以預料，只要有殯葬改革這樣的名目，未來一定會有其他地方又起野蠻平墳風波。

　　有鑒於此，我們呼籲，自此以後，執政黨和政府慎提殯葬改革口號，恢復國民的殯葬自由。

　　執政黨以實現中華民族的偉大復興為目標，中華民族的偉大復興一定以中國文化的偉大復興為前提。實現文化復興，首先必須停止對中國文化的進一步破壞。民眾之葬禮是中國文化最為隱秘、也最為核心的內容。如果政府推行的殯葬方式不合習俗、不順民情，則中國價值就無所依附，中國文化只能進一步崩解而絕無復興可能，社會也會陷於無序：「喪祭之禮廢，則骨肉之恩薄，而背死忘先者眾」。

　　因此，我們呼籲，執政黨和政府尊重國人最為普遍又最為深刻的祖先崇拜信仰，尊重國民葬禮、祭禮之習俗，讓人民按照自己的意願、按照固有的習俗安葬逝者。讓國民享有殯葬自由，政府只是予以規劃、引導。

　　從我們第一次緊急呼籲後公眾的反應看，這是人心所向。「惟祀與戎，國之大事」；「民為邦本，本固邦寧」。天理察察，民情昭昭。執政黨、政府可不敬、不慎歟？

連署名單

　　　　蔣　　慶　陽明精舍山長

　　　　盛　　洪　天則經濟研究所所長

　　　　梁治平　中國藝術研究院中國文化研究所研究員

　　　　劉示範　中國孔子基金會副會長、教授

　　　　嚴壽澂　新加坡南洋理工大學教授

　　　　姚新勇　暨南大學教授

　　　　韓　　星　中國人民大學國學院教授

　　　　干春松　中國人民大學教授

　　　　李景林　北京師範大學教授

胡治洪　武漢大學教授

梁　濤　中國人民大學國學院教授

任　鋒　中國人民大學副教授

齊義泉　中國科學院南海海洋研究所研究員

武孟春　北京當代水墨畫家、油畫家、書法家、教師

姚春鵬　曲阜師範大學副教授

任文利　北京青年政治學院副研究員

史　璞　河南財經政法大學教授

馬鳴謙　獨立作家、譯者

王　錕　浙江師範大學教授

閻春來　中南民族大學教授

張育林　商務部研究院研究員、老家河南太康

魯可榮　浙江師範大學農村研究中心教授

馬永翔　北京師範大學哲學與社會學學院教師

黃守愚　獨立學者,《湖湘文化研究與交流》雜誌執行副主編

華炳嘯　《憲政社會主義論叢》編委會主編

王瑞昌　首都經貿大學教授

于建嶸　中國社會科學院農村發展研究所研究員

范忠信　杭州師範大學教授,中國法律史學會執行會長

毛雪峰　北京改革和發展研究會辦公室主任

梅瑞江　河南大學經濟學院副教授、保險系主任

趙法生　中國社會科學院世界宗教研究所助理研究員

姚中秋　北京航空航天大學教授（發起人）

授權發布網站

中國儒教網　　　http://www.chinarujiao.net

儒家中國網　　　http://www.rujiazg.com

孔子2000網　　　　　http://www.confucius2000.com

中華主流文化網　　http://www.zhzlw.net

孔元二六五三年九月二十五日

西曆二〇一二年十一月八日

三十七位儒者就《南方週末》
新年獻詞事件告天下書

　　我們，身為儒者，旨在追求中國達成優良治理秩序，故對去年底以來出現的政治清新風氣，頗為欣喜。

　　然而，新年伊始，作為中國改革開放之前沿的廣東，即發生《南方週末》二〇一三新年獻詞被掌權者強行竄改、調換之事。

　　該報編輯部更公告天下，二〇一二年一年中，該報一〇三四篇稿件被改撤，報紙經常被無故審查、斃版、斃稿、改寫。

　　由此可見，《南方週末》的新聞自主權遭到嚴重侵害，其作為社會公器的功能被嚴重弱化。

　　事件發生後，社會各界對此極為關注，我們同樣極為關注。然而，這種關注遭到不同程度的壓制。

　　我們認為，凡此種種嚴重侵害媒體自主權和國民表達自由的行為和制度，有悖中華優良政治傳統與現代法治精神。

　　國民自由表達各種意見，包括直接批評當政者，作為一項政治價值和憲制原則，始終內在於中華文明的優良政治傳統中。

　　華夏文明肇始，即有「黃帝立明臺之議者，上觀於賢；堯有衢室之問者，下聽於人也」，「堯有欲諫之鼓，舜有誹謗之木」，彼時之輿論議政，不分朝野。

　　《左傳·襄公十四年》記春秋時代師曠對晉侯之言曰：

> 自王以下，各有父兄子弟，以補察其政：史為書，瞽為詩，工誦箴諫，大夫規誨，士傳言，庶人謗，商旅於市，百工獻藝。故《夏書》曰：『遒人以木鐸徇於路。官師相規，工執藝事以諫。』天之愛民甚矣。豈其使一人肆於民上，以從其淫，而棄天地之性？必不然矣。

由此可見，在古典憲制中，無論是體制內的「官師相規」，還是體制外的工商、庶人諫謗，都強調對於政治權力的規導和約束，以求為政之仁義清明。在此憲制傳統下，國人表達權利得到確保。

古來明智政治家對此傳統，亦有高度的價值和制度自覺。《左傳・襄公三十一年》記載：

> 鄭人遊於鄉校，議論執政之得失。有人謂子產曰：「毀鄉校，何如？」子產正告曰：「何為？夫人朝夕退而遊焉，以議執政之善否。其所善者，吾則行之；其所惡者，吾則改之。是吾師也。若何而毀之？」

在吾國先賢看來，議論國政之得失，乃是天下人之權利，當政者不得隨意侵害。歷代治國者，但凡略具明智美德，也都能意識到，天下人之表達自由自可作為一種外部制約力量，規範權力之運作，使之趨向理性化。為此，古代中國開明憲制中也都有相關制度設計，以保障士人、國人之表達自由。

回首中國歷史，只有最為專制、無道的時代，才會限制、禁止國人結社、表達、議政。而對此，先哲早就發出最為嚴厲的警告，《國語・周語》記載了邵公諫周厲王彌謗的故事，邵公曰：「是障之也，防民之口，甚於防川。川壅而潰，傷人必多，民亦如之。是故，為川者決之使導，為民者宣之使言……民之有口，猶土之有山川也，財用於是乎出；猶其原隰之有衍沃也，衣食於是乎生。口之宣言也，善敗於是乎興，行善而備敗，其所以阜財用、衣食者也。夫民慮之於心而宣之於口，成而行之，胡可壅也？若壅其口，其與能幾何？」周厲王王不聽此良言，國人確實莫敢出言。然官民對立不斷加劇，三年之後，國人乃起而放逐周厲王。

權力強行植入《南方週末》的獻詞開篇即言「2000年前大禹治水」，其文史知識之匱乏，固然令人齒冷；更加令人遺憾的是，作者恰恰忘記了大禹治水啟發中國人之最為重要的政治理念：「為川者決之使導，為民者宣之使言」。

由此可見，人同此心，心同此理，表達自由固為現代憲法之基本原則，亦為中國政治文明中源遠流長之偉大傳統。當前，中華文明的偉大復興已成為社

會各界的共識理想，此復興必包含上述偉大理念與優良制度之賡續，藉助現代制度獲得新生轉進，可為中華民族的文明再造提供穩固的制度支撐。

《南方週末》新年獻詞事件，及權力深度介入報社日常流程現象集中表明，當前新聞審查制度有悖中華政治傳統，不合現代憲法原則。

此事發生在《南方週末》，尤其令人痛心。《南方週末》伴隨改革開放進程而發展為中國最有影響力的媒體之一，且為當前凝聚改革意志、形成良性共識不可多得的平臺。這次被調換的《南方週末》新年獻詞《中國夢憲政夢》集中表達了社會各界對於未來中國命運之善意希望。此文或可凝聚中國前行之共識，有利執政者施展其理想，本應得到執政者的善意對待。

有關當權者粗暴替換這一獻詞，只能令國人對新政的期待冷卻，朝野趨向對立，轉型或陷停滯。有關部門壓制公眾對此事的關注，必致道路以目，以至川壅山崩，難免玉石俱焚。

有鑒於此，我們呼籲：

一、高層成立具有足夠公信力的調查組，徹查此事實際過程，向社會公眾及時公布，並據此對相關主事官員問責。

二、對此次事件中堅持職業操守之《南方週末》與南方報業集團相關人士，不得打擊報復。

三、廣東有關部門採取有效措施，限制權力介入，保障《南方週末》及全國所有媒體的新聞自主權。

最後，我們呼籲，執政者以此事為戒，本乎吾國五千年政治智慧，循乎現代世界普世憲法原則，見義而勇為，採取有效政治和法律措施，消除妨礙國民結社自由和表達自由之種種障礙，以確保國民意願慮之於心，即可宣之於口，自由結社，自由表達，聞於政情，參與治理。如此，則憲政可期，仁政可達，中華民族的偉大復興可待。

發起與共同執筆人

姚中秋　儒者，天則經濟研究所理事長

任　鋒　中國人民大學政治學系副教授

簽名人

蔣　慶　民間儒者

陳　明　《原道》主編，首都師範大學儒教研究中心主任

郭齊勇　武漢大學教授

余樟法　民間儒者

嚴壽澂　新加坡南洋理工大學教授

彭永捷　中國人民大學教授

韓　星　中國人民大學教授

趙法生　中國社會科學院世界宗教研究所研究員

王瑞昌　首都經貿大學教授

張晚林　湖南科技大學教授

張新民　貴州大學中國文化書院院長

吳　光　浙江省儒學學會執行會長

任文利　北京青年政治學院副教授

楊汝清　民間儒者

任　重　儒家郵報暨儒家中國網站主編

慕朵生　中國儒教網站長

馮克利　山東大學教授

劉夢芙　安徽省社會科學院研究員，安徽大學中文系兼職教授

周熾成　華南師範大學教授

王　錕　浙江師範大學教授

白彤東　復旦大學教授

谷春娟　河南工業大學教師

劉安平　廣州中醫藥大學教授

賀志中　民間儒者

畢昌傑　安徽學者

鄧　勇　四川大學副教授

孫齊魯　廣東省社會科學院助理研究員

賀更粹　西北師範大學副教授

韓歌子　陝西省國學研究會傳承部部長、西安中和書院副院長、西安長
　　　　安弘文館督教、《三秦國學》主編

明　夷　民間儒生，證券從業人員

王永林　北京獨立撰稿人

付鴻強　民間儒者

陳　虎　陳少文，中南民族大學法學院副教授，北京大學博士後

姚新勇　暨南大學教授

姚春鵬　曲阜師範大學副教授

孔子二五六四年暨西曆二〇一三年一月

優化孔廟文化功能，
推動中華文化復興

──關於孔廟使用和保護問題的建議書

「我們」一批熱愛中華文化和尊崇孔子的國內外學者，基於對孔廟文化功能重要性的認識，以及對其使用和保護現狀的憂慮，特向中國政府有關部門及全社會公開陳情並建議如下：

《左傳》曰：「國於天地，有與立焉。」國之所以立者何？非徒立於山河之險固、物產之富饒、經濟之發達、武力之強盛，更立於文化之根深而葉茂、繁榮而昌明，蓋文化是國家的魂魄和民族的血脈──古往今來未有無魂魄、無血脈的國族能長久自立於天下者。以儒家文化為主體的中華文化，源遠流長，博大精深，積澱著中華民族最深沉的精神追求，是中國人民自強不息的豐厚滋養和國家發展壯大的突出優勢，也是東方文明以及世界文明不可或缺的重要組成部分。孔子則是儒家文化的集大成者和中華文化的象徵符號，正如錢穆先生《孔子傳》所說：「孔子為中國歷史上第一大聖人。在孔子之前，中國歷史文化當已有兩千五百年以上之積累，而孔子集其大成。在孔子以後，中國歷史文化又復有兩千五百年以上之演進，而孔子開其新統。在此五千多年，中國歷史進程之指示，中國文化理想之建立，具有最深影響最大貢獻者，殆無人堪與孔子相比倫。」

本乎崇德報功之意立廟祀孔，是中國人尊崇孔子的重要傳統，更是中華民族重視文教、傳承道統的重要體現，所以明代士大夫程徐說：「孔子以道設教，天下祀之，非祀其人，祀其教也，祀其道也。」（《明史》卷139）孔子薨後不久，其學生子弟和魯國官方就因其舊宅立廟。在漢代，學校開始祭祀孔子，孔廟出現在曲阜之外其他地方。在唐代，朝廷通令州縣學校皆立孔廟，故

韓愈《處州孔子廟碑》曰：「得祀而遍天下者，唯社稷與孔子焉。」在宋代，孔廟與學校合而為一，取「斯文在茲」之意，孔廟復有文廟之稱。晚清時，全國共有孔廟一七四○多座，遍布大江南北、黃河上下的每個省府州縣，並播及朝鮮、琉球、越南、日本等周邊國度，其中，曲阜孔廟祭祀活動因規模之大和禮樂之隆，向有「千年禮樂歸東魯，萬古衣冠拜素王」的美譽。因此，孔廟既是祭祀孔子的廟宇，也是研習禮樂、傳承經典、培養人才、教化天下的場所，成為中華民族神聖崇高的文化殿堂，中華文化薪火相傳的重要象徵，中國人民精神家園的重要載體。

遺憾的是，晚清以來，山河破碎，國勢陵夷，中華文化晦而不彰，孔子屢遭批判質疑，孔廟也隨之迭經磨難，延宕至今，其使用和保護現狀令人痛心不已：其一，據孔祥林《世界孔子廟研究》一書，全國原有一七四○多座孔廟，百餘年來大部分因天災人禍而灰飛煙滅，現只遺存五百多座，其中保存比較完整的約六十座，保存基本完整的約一百座，保存零星建築的約三百四十座。未被納入國家重點文物保護單位的孔廟，或被其他單位挪用侵佔，或屋舍破敗缺乏修繕，有地方甚至出現欲拆除殘存建築用於房產開發的現象。相比之下，被稱為「儒家文化活化石」的韓國，歷史上建有孔廟二百多座，至今仍基本保存完好。其二，保存比較完整或基本完整的孔廟，幾乎都改成了僅供展陳文物、旅遊參觀用的博物館，喪失了祭祀孔子、研習禮樂、傳承經典、培養人才、教化天下的傳統功能，變成了「沒有孔子的孔廟」──即使偶有「祭孔」活動，也只不過是「表演」而已。美國漢學家列文森在《儒教中國及其現代命運》一書中曾預言：儒家文化不再有任何生命力，必將成為博物館的陳列品。孔廟不幸成為該預言的最大註腳。相比之下，臺灣地區多座孔廟，每年都舉辦莊嚴隆重的祭孔典禮等活動，使儒家文化表現為一種活生生、活潑潑的文化形態。其三，不少地方對作為中華民族文化殿堂的孔廟缺乏基本的敬畏心，商業、旅遊、文娛以及非文物、非文化類展覽等粗鄙化開發現象十分嚴重。特別是，改為博物館的孔廟，大多收取價格不菲的門票，在人們通往精神家園的路上，設置了一道金錢的門檻。相比之下，世界上不少國家公立博物館大多免費開放，尤其是帶有精神性、信仰性、宗教性的文化場所，不僅全部免費，而且禁止任

何形式的商業化開發和利用。

當然，近些年來，中國政府及社會各方面已開始認識到孔子、孔廟和儒家文化的重要價值，逐漸開始通過修繕、重建等方式加大了對孔廟的保護力度，並支持和鼓勵在孔廟裡舉辦民間祭孔禮、兒童開筆禮、學生拜師禮、青年成人禮等傳統禮樂或民俗活動，以及讀經班、國學班、儒學講座等文化活動。但從總體上看，當前孔廟使用和保護的現狀，與孔子作為中國「第一大聖人」的歷史文化地位不相符，與中國作為世界文明古國和文化大國的身份不相稱，還難以滿足炎黃子孫自豪禮敬中華文化，重建中國人民精神家園，以及凝聚世界各國尊崇孔子和儒家文化的友好人士的客觀需要。

鑒於以上現象，我們在此鄭重建議：第一，加大對孔廟的保護力度，重建和新建一批孔廟。一是騰退挪用侵佔孔廟的單位，對孔廟建築進行修繕。二是對保存零星建築的孔廟，在原址進行復建，恢復原有建築格局。三是科學規劃，合理布局，在學校和城鎮人口集中的地方新建一批孔廟，為學生和民眾禮敬孔子、學習儒學、傳承和弘揚中華文化提供古典高雅的文化道場。第二，改進和優化孔廟文化功能，充分發揮其應有的社會教化作用。一是隆重舉辦祭孔典禮，將「祭孔表演」改為真正的「祭孔」，其中曲阜和北京孔廟的祭孔活動宜體現出國家祭典的性質。二是廣泛開展諸如開筆禮、拜師禮、成人禮、尊老禮等傳統禮樂活動，使孔廟成為體驗中國禮樂文化的中心。三是面向學生以及社會各界，開設各類讀經班、國學班、研修班，舉辦各種儒學會講、講座、論壇，同時以試點的方式，允許儒家學者在孔廟招生辦學，並在條件成熟之時，逐步將之納入國家正規教育體系，培養專職從事儒學研究和踐行工作的儒生，把孔廟建設成儒家文化復興的重鎮。第三，改進孔廟管理機制，杜絕對孔廟的商業化開發和利用。一是改變由文物等政府職能部門單一管理和使用孔廟的做法，形成修繕費用等各種開支以國家財政撥款為主、社會各界贊助為輔，文化活動由儒家學者及社會賢達組成的專門委員會統籌安排，日常管理由熟悉文物保護和儒家文化的專職人員具體負責的孔廟管理體系。二是禁止孔廟舉辦商業化、庸俗化的活動。三是實行孔廟免費開放。

總之，我們心願，孔廟裡要有孔子和儒家文化；我們希望，上述建議能得

到中國政府有關部門的傾聽和採納。我們呼籲，社會各界支持和推動孔廟成為培育地方禮樂文化和純美風俗的發源地。我們認為，中華民族的偉大復興必將以中華文化的偉大復興為最高標誌。我們堅信，中華文化和中華民族的偉大復興必底於成，也必將為人類文明做出更加卓越的貢獻！

學者名單（序齒排名）

發起人

郭齊勇　武漢大學國學院院長、教授

張新民　貴州大學中國文化書院教授

蔣　慶　民間儒者、陽明精舍山長

陳昭瑛　臺灣大學中文系教授

陳　明　首都師範大學儒教文化研究中心主任、哲學系教授

康曉光　中國人民大學公共管理學院教授

姚中秋　北京航空航天大學人文與社會科學高等研究院教授

曾　亦　同濟大學哲學系教授

丁　耘　復旦大學哲學院教授

唐文明　清華大學哲學系教授

柯小剛　同濟大學哲學系教授

連署人

成中英　（美國）夏威夷大學哲學系教授

安炳周　（韓國）成均館大學榮譽教授、陶山書院院長

尹絲淳　（韓國）高麗大學榮譽教授

宋在雲　（韓國）東國大學榮譽教授

梁承武　（韓國）中央大學榮譽教授、韓國儒學學會會長

吳鐘逸　（韓國）全州大學榮譽教授

嚴壽澂　（新加坡）南洋理工大學國立教育學院教授

陳啟生　（馬來西亞）孔學研究會署理會長

李瑞全　中央大學哲學研究所教授

王財貴　臺中教育大學退休副教授、全球讀經教育基金會董事長

吳錫源　（韓國）成均館大學教授

黃開國　四川師範大學政教學院教授

袁　剛　北京大學政府管理學院教授

李明輝　中央研究院中國文哲研究所研究員

金學權　（韓國）圓光大學教授、韓國孔子學會會長

盛　洪　天則經濟研究所所長

朱漢民　湖南大學嶽麓書院院長、教授

何懷宏　北京大學哲學系教授

胡治洪　武漢大學中國傳統文化研究中心教授

李景林　北京師範大學哲學與社會學學院教授

朴洪植　（韓國）大邱韓醫科大學教授、韓國儒教學會會長

李承煥　（韓國）高麗大學教授、韓國東洋哲學會會長

孟廣林　中國人民大學歷史學院教授

杜鋼建　湖南大學法學院院長、教授

丁為祥　陝西師範大學哲學系教授

黃玉順　山東大學儒學高等研究院教授

顏炳罡　山東大學儒學高等研究院副院長、尼山聖源書院執行院長

韓　星　中國人民大學國學院教授

周熾成　華南師範大學政治與行政學院教授

歐陽禎人　武漢大學中國傳統文化研究中心教授

楊朝明　中國孔子研究院院長、教授

郭　沂　（韓國）首爾大學人文學院哲學系終身教授

范瑞平　香港城市大學公共政策學系教授

劉軍平　武漢大學外國語學院教授

余東海　民間儒者

王瑞昌　首都經濟貿易大學教授

姚春鵬　曲阜師範大學副教授

方朝暉　清華大學人文學院教授

梁　濤　中國人民大學國學院教授。

張晚林　湖南科技大學哲學系教授

彭永捷　中國人民大學哲學院教授

白彤東　復旦大學哲學學院教授

劉　強　同濟大學人文學院副教授

周海春　湖北大學高等人文研究院暨哲學學院教授

姚才剛　湖北大學哲學學院教授

任文利　北京青年政治學院東方所副研究員

陳　贇　華東師範大學哲學系教授

孫勁松　武漢大學國學院副教授

陳　勇　（墨西哥）墨西哥學院亞非研究中心研究教授

林桂榛　江蘇師範大學政法學院教員

吳　鈞　媒體人、歷史研究者

任　鋒　中國人民大學政治學系副教授

王　利　中國社會科學院政治學研究所副研究員

齊義虎　西南科技大學政治學院講師

孫齊魯　廣東省社會科學院哲學與宗教研究所助理研究員

陳喬見　華東師範大學哲學系副教授

劉　偉　安徽工程大學講師

枕　戈　《印象》暨大同思想網主編

王林偉　武漢大學中國傳統文化研究中心講師

答辯人

陳　　明　首都師範大學儒教文化研究中心主任、哲學系教授
　　　　　（ctxf@163.com）

秋　　風　北京航空航天大學人文與社會科學高等研究院教授
　　　　　（mrqiufeng@gmail.com）

發布網站

儒家中國　　　　http://www.rujiazg.com

孔子2000網　　　http://www.confucius2000.com

大同思想網　　　http://www.dtsx.org

中國儒教網　　　http://chinarujiao.net

儒學聯合論壇　　http://www.yuandao.com

儒教復興論壇　　http://www.rj2000.net

道里書院　　　　http://daoli.getBBS.com

孔子二五六五年一月二十四日

西曆二○一四年二月二十三日

敬請全國人大常委會儘快啟動
《教師法》修訂程式的建議

　　二〇一三年九月五日，國務院法制辦公布《教育法律一攬子修訂草案（徵求意見稿）》，其中提出，擬修訂《中華人民共和國教師法》第六條，將原來的「每年九月十日為教師節」修訂為「每年九月二十八日為教師節」——這一天是約定俗成的孔子誕辰日。

　　這一建議受到社會各界廣泛關注，也受到海外華人的普遍讚譽。儘管有所爭議，但網絡和紙媒組織的多項民意調查顯示，至少七成以上受訪者支持這一修訂案。據此，把教師節日期由原來的九月十日調整到九月二十八日即孔子誕辰日，是合乎多數民意的。

　　我們注意到，自就任總書記和國家主席以來，習近平多次發表講話，強調弘揚優秀傳統文化於當下中國之決定性意義。他指出，「培育和弘揚社會主義核心價值觀必須立足中華優秀傳統文化。牢固的核心價值觀，都有其固有的根本。拋棄傳統、丟掉根本，就等於割斷了自己的精神命脈。」他指出，「要加強對中華優秀傳統文化的挖掘和闡發，努力實現中華傳統美德的創造性轉化、創新性發展」。他指出，「一個國家綜合實力最核心的還是文化軟實力，這事關精氣神的凝聚。我們要堅定理論自信、道路自信、制度自信，最根本的還要加一個文化自信。」中國人的文化自信就來自源遠流長、博大深厚的中華優秀傳統文化。尤其是，去年十一月二十六日，習近平專門來到曲阜考察，在中國孔子研究院發表講話時明確地說，「我這次來曲阜就是要發出一個資訊：要大力弘揚中國傳統文化。」

　　我們也注意到，三月二十六日，教育部印發《完善中華優秀傳統文化教育指導綱要》，提出在大中小學完善中華優秀傳統文化教育。我們認為，確定孔子誕辰日為教師節，對推動此一教育之更化，具有重大象徵意義和基礎作用。

　　我們，一群身在海內外各地任教、從事學術研究的教師和學者，始終關注中國文化的歷史命運，也關注儒家文化於今日中國與世界之重大價值。我們相信，修訂《教師法》，確定孔子誕辰日為教師節，有助於增強廣大教師愛崗敬業的精神，有助於把學校建設成為中華優秀傳統文化的傳播基地，從而培養健全的國民、合格的公民。我們確信，確定孔子誕辰日為教師節，有助於全社會形成尊德重教的風氣，增強國民凝聚力。我們堅信，確定孔子誕辰日為教師節，與臺灣地區教師節接軌，有助於強化兩岸文化共識，以中國文化凝聚兩岸人心。我們也確信，確定孔子誕辰日為教師節，有助於建立和完善中國價值觀，提升中國的世界影響力。

　　據此，依據《立法法》，我們提請全國人大常委會儘快啟動法律修訂程式，修訂《教師法》，將孔子誕辰日法定為教師節，以便為各學校組織好第一個新教師節，留出充分準備時間。我們相信，這一法律修訂之舉利在當代、功在千秋。

第一批連署人（序齒排名）

　　　　湯一介　北京大學哲學系教授，國務院參事

　　　　張澤石　志願軍老戰士，三十年教齡中學老教師，北京市科學技術協會
　　　　　　　　離休幹部

　　　　陳鼓應　臺灣大學哲學系兼任教授，文化大學專任教授，北京大學哲學
　　　　　　　　系人文講席講授

　　　　成中英　（美國）夏威夷大學哲學系教授

　　　　楊達榮　廣西師範大學法學院教授

　　　　金吾倫　中國社會科學院研究生院教授

　　　　劉德隆　上海市楊浦區教師進修學院退休教師

　　　　吳　光　浙江省社會科學院哲學所研究員

　　　　黃光國　臺灣大學國家講座教授

　　　　嚴壽澂　（新加坡）南洋理工大學國立教育學院教授

　　　　郭齊勇　武漢大學國學院院長，教授

陳啟生　馬來西亞孔學研究會會長

梁文豐　印度尼西亞巴淡讀經促進會會長

王慶光　臺灣中興大學教授

朱傑人　中國歷史文獻研究會會長，華東師範大學出版社董事長，終身
　　　　教授

劉笑敢　香港中文大學中國哲學與文化研究中心創辦及榮譽主任

姜廣輝　湖南大學嶽麓書院特聘教授

王志遠　中國社會科學院世界宗教研究所研究員，山東省海陽市沛溪書
　　　　院院長

鄧思平　澳門人文科學學會會長

張新民　貴州大學中國文化書院榮譽院長，教授

蔣國保　蘇州大學哲學系教授

李存山　中國社科院哲學所，研究員

劉夢芙　安徽省社會科學院研究員，安徽省文史研究館館員

蔡方鹿　四川師範大學學術（教授）委員會副主任，教授

黃開國　四川師範大學政教學院教授

蔣　慶　民間儒家學者

袁　剛　北京大學政府管理學院教授

朱漢民　湖南大學嶽麓書院院長，教授

李煒光　天津財經大學財政學科首席教授

胡治洪　武漢大學中國傳統文化研究中心教授

李景林　北京師範大學哲學與社會學學院教授

杜鋼建　湖南大學法學院院長，教授

閻嘯平　中國文化大學（臺灣）政治學系副教授

盛　洪　山東大學經濟研究院教授，天則經濟研究所所長

孟廣林　中國人民大學歷史學院教授

王國良　安徽大學哲學系教授

林安梧　臺灣中央大學哲學系教授，元亨書院院長

陳弘毅　香港大學法學院教授，全國人大常委會香港基本法委員會委員

景海峰　深圳大學文學院院長，教授

丁為祥　陝西師範大學哲學系教授

石佳音　中國文化大學（臺灣）政治學系助理教授

黃玉順　山東大學儒學高等研究院教授

陳少明　中山大學哲學系教授

晉　文　南京師範大學歷史系教授

舒大剛　四川大學教授、國際儒學院院長、古籍研究所所長

范忠信　杭州師範大學法學院教授

董　平　浙江大學中國思想文化研究所所長，浙江大學求是特聘教授

韓　星　中國人民大學國學院教授

顏炳罡　山東大學儒學高等研究院副院長、教授，尼山聖源書院執行
　　　　院長

楊先國　上海市楊浦區教師進修學院學術委員會主任，語文特級教師

歐陽禎人　武漢大學中國傳統文化中心教授

劉京希　山東大學《文史哲》編輯部副主編

李宗隆　嘉義大學（臺灣）電子物理系教授

許章潤　清華大學法學院教授

高秀昌　河南省社會科學院哲學與宗教研究所副所長，研究員

陳　明　首都師範大學儒教文化研究中心主任，哲學系教授

郭　沂　（韓國）首爾大學人文學院哲學系教授

曾振宇　山東大學儒學院教授

范瑞平　香港城市大學公共及社會行政學系教授

楊朝明　孔子研究院院長，教授

唐　輝　湖南理工學院中文系教授

林金源　臺灣淡江大學經濟系副教授

康曉光　中國人民大學公共管理學院教授，非營利組織研究所所長

劉　擎　華東師範大學政治學系主任，教授

余紀元　（美國）布法羅紐約州立大學哲學系教授，國際中國哲學學會執行長

余東海　（余樟法），民間儒者，現居南寧

姚春鵬　曲阜師範大學哲學系副教授，中國哲學研究所所長

王　傑　中央黨校哲學部教授

支振峰　中國社會科學院法學研究所副研究員

羅容海　《光明日報》評論部編輯

劉國鵬　中國社會科學院世界宗教研究所副研究員

沈海平　國家檢察官學院副教授

田　雷　北京新英才學校高中部語文教師

於述勝　北京師範大學教育學部教授

王瑞昌　首都經濟貿易大學教授

周北辰　孔聖堂（深圳）主事

梁　濤　中國人民大學國學院教授

吳啟訥　中央研究院近代史研究所助理研究員

方朝暉　清華大學人文學院教授

干春松　北京大學哲學系教授

葉　航　浙江大學經濟學教授

陳立勝　中山大學哲學系教授

陳端洪　北京大學法學院教授

姚中秋　北京航空航天大學人文與社會科學高等研究院教授

何仁富　浙江傳媒學院生命學與生命教育研究所所長，教授

韓德強　北京航空航天大學經濟管理學院副研究員

黃明雨　北京南山華德福學校校長

郭海鵬　北京師範大學香港浸會大學聯合國際學院助理教授，全人教育辦公室主任

陳幽泓　中國人民大學社區治理與政策研究中心執行主任

蔡家和　臺灣東海大學哲學系副教授

楊海文　中山大學學報編輯部編審、廣東省嶺南心學研究會常務副會長

李懷強　河南財經政法大學副教授

張晚林　湖南科技大學哲學系教授

魏甫華　深圳市社會科學院文化研究所副所長

曾　亦　同濟大學人文學院哲學系教授

華炳嘯　西北大學政治傳播研究所所長

韓煥忠　蘇州大學宗教研究所所長，哲學系副教授

白彤東　復旦大學哲學學院教授；

張　明　貴州大學人文學院副教授

周海春　湖北大學哲學學院教授，中國文化研究中心主任

李守鑫　甘肅省白銀市平川區第二中學高級教師

劉　強　同濟大學詩學研究中心主任、中文系副教授

唐文明　清華大學哲學系教授

任文利　北京青年政治學院東方道德研究所，副研究員

吳　寧　中山大學博雅學院講師

柯小剛　同濟大學人文學院教授

陳聲柏　蘭州大學哲學社會學院中國哲學及宗教學教授

孫鐵騎　吉林省白城師範學院政法學院教師，山東大學儒學高等研究院
　　　　博士後

慕朵生　哲學博士、旅美學者、文化評論家

陳　勇　墨西哥學院亞非研究中心教授

何光順　廣東外語外貿大學中國語言文化學院副教授

劉根勤　中山大學傳播與設計學院講師、博士後

陶有浩　合肥師範學院副教授

馬永翔　北京師範大學哲學與社會學學院副教授

任　鋒　中國人民大學國際關係學院副教授

馬吉照　俄羅斯貝加爾國立經濟法律大學中俄系，公派漢語教師

高會霞　天津大學馬克思主義學院講師

　　陳喬見　華東師範大學哲學系副教授

　　楊　蓉　廣州城市職業學院講師

　　戴志勇　《南方週末》評論員

　　宋立林　曲阜師範大學孔子研究所副教授

　　孫齊魯　廣東省社會科學院哲學與宗教研究所，所長助理，助理研究員

　　劉　偉　安徽工程大學講師

起草人

秋風

西曆二〇一四年四月四日

儒家十教授：對當前高校動員鼓勵學生告密問題的看法

來源：儒家網輯選

時間：孔元二五七〇年暨耶穌二〇一九年四月二日

作者：陳　明（首都師範大學）

　　　　田飛龍（北京航空航天大學）

　　　　丁　紀（四川大學）

　　　　張新民（貴州大學）

　　　　任　鋒（中國人民大學）

　　　　劉　強（同濟大學）

　　　　王瑞昌（首都經濟貿易大學）

　　　　王心竹（中國政法大學）

　　　　賈慶軍（寧波大學）

　　　　李清良（湖南大學）

儒家網按語

「師者，所以傳道，授業，解惑也」，這是所有教師的師道尊嚴。近聞國內若干高校出現學生舉報教師事件，涉及對教師課堂講義或言論的政治評價與責任追究，引起學界與社會的廣泛關注和討論。

我們認為，師生關係是中國傳統文化確認和保護的關鍵性倫理關係，也是新時代中國特色社會主義文化特別強調的社會關係，應當予以政治和法律上的特別維護。對高校教師的教學行為，有國家法律和校規校紀的多重規範調整，有學校的督學機制予以質量控制，並不需要動員學生以「祕密監督員」形式介入課堂教學秩序。

　　學生處於人格和思想的關鍵成長期，對教師課堂講義與言論缺乏審慎的理解與判斷，不適合承擔課堂監督責任。學生舉報與告密機制損害了師生關係的基礎性信任，破壞了教師的師道尊嚴，甚至倒逼教師照本宣科，疏遠學生，不負責任。學生監督機制的政治收益遠遠低於對師生關係破壞的社會成本，更造成課堂思想活力與學術前沿互動的衰退。

　　有鑒於此，儒家網基於儒家立場表達關注，邀請國內接近儒家立場的高校十名（副）教授從自身角度進行評議和呼籲，以促進社會及決策層對這一負面機制政策後果的充分理解，共同尋求完善改進之道。

陳明
《原道》主編、首都師範大學教授

　　如果說檢舉具有某種法律上的正當性和義務，那麼，告密一詞在這兩方面都是可疑的，因為所告之密，在道德上、法律上乃至政治上的定義是不清晰的，而告密之人的目的因此也就變得曖昧，成為一個不夠正大光明事件甚至黑暗之局的同謀。

　　規範老師（無論以什麼標準）是一回事，利用學生告密進行控制，是另一回事。心中自有標準，敢作敢當，自然不怕告密，但鼓勵學生告密，破壞師生關係，可說惡劣而愚蠢！

　　學生告老師，傷害最深的其實是學生這個群體自身。教育作為職業的特點之一是它是需要愛和熱情的，同時也是極容易對付敷衍打折扣的。當師生之間信任喪失，老師熱情不再，學生課堂上原本可能得到的啟發感悟和激勵也就基本無從談起。

　　傳道授業解惑遠不只是公式概念或理念的灌輸，這一切的後面，是偉大的思維人格多彩的文明演進以及恢宏的世界圖景，對學生來說還有什麼比這個更重要的呢？

田飛龍

北京航空航天大學副教授

師生關係在中國傳統文化中屬於關鍵性的倫理關係，是自然個體向倫理個體完備發展的重要基礎。「一日為師，終生為父」雖有拔高之嫌，但正確闡明了教師對學生人格與知識的塑造責任，以及學生對教師高於一般倫理層次的敬重義務。經由健康良性的師生關係，君子與國民得以養成。

但近期中國高校內的告密文化、課堂監控制度及處罰實踐，損害了師生關係的基礎性信任，撕裂了高校的思想活力氛圍與知識真誠，倒逼教師照本宣科與疏遠學生，倒逼教師噤若寒蟬，不敢與學生分享前沿學術觀點及真知灼見。

師生關係需要雙向美德的設定，不僅需要教師的立德樹人，也需要學生的尊師重教。如果單方面設定教師過重的課堂義務和言論責任，且通過學生告密監督的方式予以執行，則師生關係有演變為思想警察關係或純粹市場關係之後果。

高校在意識形態治理與課堂管理中應當保障較為寬鬆的言論空間與學術自由，為師生營造面向真理而不是教條，面向知識而不是規矩的氛圍和條件。國家之前途在國民，國民之創造力在教育，教育之靈魂在知識的誠實與自由。

告密文化與機制在高校的幽靈般重現，違背了國民教化和教書育人的倫理基礎和政治目標，應當予以檢討重構。

丁紀

四川大學副教授

近來發生在大學裡的幾件事，輿情已洶洶。同在高校中，有不能置若罔聞、截然抽身事外者，隨錄雜感數點以為之記。

首先是深深的悲哀。長久以來，我們社會所爭議的，往往只是常識、底線意義上的事情。對常識、底線的不斷爭議，表明這個社會缺乏底線層面上的共識凝聚，表明底線屢屢失守、被突破，當此之時，卻從來沒有一種健康的力量出來堅持常識、捍衛底線。

其次是覺得存在幾種認識偏差：

第一、論者似乎多有把問題引向所謂「學生告密」者。告密類同惡意陷害，一旦這種作為被鼓勵，當然是一切社會風氣皆壞。問題在於，近來事情的告密者真的是「學生」嗎？還是，在其多重身份中，「學生」身份只是一種掩護？人家子弟到學校中來，最初誰不是為了做一個清白學生？最終不幸墮落為一個告密者，難道不應該最嚴厲地追問：是誰，在培養告密者，以殺死一個「學生」為代價？

第二、關於教師課堂講授是否屬於「祕密」的問題。以我個人經驗而言，教師在教室裡、講臺上，有時候會發生一種近乎「移情」的職業病，不知不覺間出現某種錯覺，把聽講者當作親密朋友，至少，產生一種「話語共同體」成員間的情誼。此種病，越是認真、投入的教師越容易犯，他對就那樣把自己無遮無攔地託付給聽眾這一點，常常是無助的。外人對此，到底以為滑稽可笑，還是以為難能可貴、不容辜負，也不必細究。我只是覺得，教師本身還是要盡量從這場私誼的自相陶醉中醒來，而更添一分公職的自覺。教室也是光天化日之地，不是私人場所，欲講於教室者，須是無不可講於廣場，講於電臺電視臺，講於報端，著為講章，如此乃可以講於教室。在教師，先不要覺得教室是自己的「祕密之地」，不要用「祕密團成員」之情誼對聽者行有意無意的籠絡綁架之事；在其他方面，也不要總懷抱某間教室裡或許正發生著一場驚天陰謀的想像，不要總覺得遍布明樁暗探是洞破一切奸偽於未形之前的萬應靈招，如此，世間將無「祕密」矣，亦將無「祕密」之可告矣。

第三、說到底，告密只是一個由頭，最多只能提供某種「證據」。但是，誰在採納「證據」？誰在行懲罰之實？所有的「證據」加在一起，在一個教師長時間的教學貢獻中究竟能占多大份量、是否嚴重到非一棍子打死不可的地步？在圍繞事件調查裁決的全過程中，是否給予涉事教師充分的知情、自辯機會，還是先做出一種定論，再許他千難萬險地來求「翻案」？這樣一個終決權在握的存在，難道不應該也是教師權益的保護者，至少，保證他一定會公平地被對待嗎？反過來，當它該做的不做，不正表明它的存在及其裁決的非法嗎？

有所思，或被歸入狐兔關係之類，亦惟笑納而已。惟願自今而後，教師授

課不但憑本身學術良知與立場見地，亦有以成熟理性示範於人前，毋褊毋狹，毋矯毋激；學生秉單純求知與成長之良願而來，遇有大不以為然者，亦不失堂堂正正，或當面辯詰，或正告而退，既毋詭隨，尤決以告賣求榮為必可戒。願觀此論者皆能抱由衷之理解而一出正見，毋插科打諢，毋喧騰鼓噪，尤勿馳騁惡意，以使傷者傷，以成人之惡。願我們的社會將來真正能夠成長得有共識、能包容、不吹求、少戾氣，則今日此等之事件必將絕跡。

己亥二月廿五

張新民

貴州大學教授

警惕詖辭、淫辭、邪辭、遁辭四大話語公害危機——從當下不斷發生的高校鼓勵學生告密事件談起

一　告密是對道德情感與道德理性雙重原則的傷害

告密往往是告密者針對被告者，排除了其他更容易選擇的公開正常的管道，自願向能夠施害的權高位重的另一方，主動採取的一種卑劣陰暗的社會行為，因而不僅破壞了個人私德，也傷害了社會公共倫理，從來都為正常的社會所不允許，當然也是傳統中國不言自明的歷史性共識。

尤其父子、夫妻、兄弟、朋友、師生之間，以傷害或犧牲一方而成全或助成另一方利益為代價的告密，從來都被認為是對人倫與人道及相關文化精神的大破壞，根本就與天道天德落實下來的正義原則不相容，也為一切有良知的正直之士所不齒，不獨傳統中國社會一向嗤之以鼻，凡有人群居住的地方亦無不如此。

我們只要讀一讀伏尼契（Ethel Lilian Voynich）的《牛虻》，便不難知道，小說主人公亞瑟因被其最親近的人告密，從此走上了一條反抗現實社會制度的不歸之路，而背叛亞瑟並私下告密的神父也因此付出了終生懺悔和痛苦的人生代價。無論東西方的歷史都清楚地告訴我們，告密釀就了無數的人生苦果，造成了難以計數的社會悲劇；最慘痛的教訓其實離我們並不遙遠，文化大革命即

有無數的例證可舉，留下的傷痕至今仍不能從記憶中抹去。如果要死灰復燃助長那一時期的告密風氣，當然只能說是整個國家和民族的歷史大倒退。

立足於中國文化長期發展的主流，從嚴格的師道傳統看，師肩負著教化的歷史責任，乃是文化精神好壞與否的晴雨錶，能在人的自然生命或血緣生命之上，再為其添加一重文化生命或精神生命。因此，在傳統中國最為重要的五倫關係中，師與學生的關係往往介於父子與朋友之間。

一方面，師生情誼重如父子，雖施教甚嚴，乃至不假顏色，亦滿腔仁義，大愛無疆，從而建立起一種特殊的道德情感原則；另一方面，師生道義又宛若友朋，理當責善改過，見賢思齊，一絲一毫不敢苟且，一切從道不從人，言義不言利，時時處處遵循的是道義原則。

而告密則是一方對另一方的出賣，出發點只能是一己之私利，絕不可能是相互認可的道義原則，不僅無義，而且絕情，只能說是刻薄寡恩，使人生與社會變得冰冷，情感原則既已蕩然無存，即道德理性（道義）原則也轟然坍塌，既危及個人的德行，也傷害了了社會的倫理，從而使社會墮入無情無義完全喪失了價值意義的泥坑，成為野獸般生存的原始叢林。

二　詖辭、淫辭、邪辭、遁辭是健康社會的四大公害

師生關係中作為「師」的一方，當然也會講錯話或做錯事，作為「學生」的另一方，無論依照父子或朋友相處之道，當然都可以婉轉曲折規諫，甚至當面直接坦率地提出批評。

根據亞里士多德「吾愛吾師，吾更愛真理」的說法，學生也可以為了真理，與老師當面駁難或公開論辯，但絕不可以背著對方私下告密，因為接受告密的對象往往都是權勢的掌握者，他們本身也是世俗的存在，既不能代表真理，更難以代表真理進行裁決，通常能做到的便是運用手中的權力施害，施害則以一方利益的獲取為條件，不僅與真理的維護毫無關係，更重要的是還傷害了社會建構不可或缺的道義。如果不加譴責，反而鼓勵，形成風氣，變為常態；只能是人性的扭曲，生命的病相，社會的醜陋，制度的骯髒。因而必須形成正面社會輿論，時時警惕和嚴加加批判。

建構一個能落實天道公平和良知正義的健康社會，按照孟子的說法，必須「正人心，息邪說，距詖行，放淫辭」（《孟子・滕文公下》）。告密作為一種傷害人心風俗的行為，固然不能將其等同於「邪說」，但至少也是「詖行」和「淫辭」，都是人生及社會行為的大忌。正因為如此，孟子又特別強調：「詖辭知其所蔽，淫辭知其所陷，邪辭知其所離，遁辭知其所窮」（《孟子・公孫丑》）。

一個社會需要依靠告密來維持秩序，以致上上下下到處充滿了詖辭、淫辭、邪辭、遁辭，令人莫知所從，那就說明社會已陷入了崩潰或解體的危機之中──不僅人人自危，相互防範，他人就是對手，社會一盤散沙，甚至人人自私，相互殘害，他人就是地獄，社會一片黑暗。因此，立足於人類永遠和諧相處之道，著眼於社會合理秩序的建構，或許應將孟子意義上的詖辭、淫辭、邪辭、遁辭，視為為健康社會必須認真防範或杜絕的四大公害。而當下告密之風的熾盛或流行，正好能夠喚醒公害塗毒社會人心的危機意識。

三　重建良好健康的師生關係

學生告密老師，固然不必過多指責學生，因為學生總是可塑的教育對象，重要的是進一步反思現代教育存在的問題，分析社會與制度長久積弊造成的深層根源，看到告密者本身也是負面教育的犧牲品，有責任幫助他們從沉淪走向覺醒。

不過，從儒家「己所不欲，勿施於人」的一貫立場出發，我們也有必要強調：自己不願被別人告密，也就不能告密別人，這是做人做事的基本道埋。而「己欲立而立人，已欲達而達人」，沒有不希望學生茁壯成長的老師，良好的師生關係必然有利於學生的身心健康，無論「立人」或「達人」，都應該成為重建良好師生關係的準則。

從根本上講，我們之所以強調要重建良好的師生關係，原因在於良好的師生關係從來都是良好的教育秩序的基礎，良好的教育秩序又是良好的社會秩序的前提，即使制度建構也離不開大批德才兼備的人才的培養。因此，防範和煞住校園內正在熾盛的告密之風，乃是關係到國家民族整體命運和前途的根本性大事。

任鋒

中國人民大學教授

　　告密被縱容，敗壞的是學生之品性，戕害的是學校之精神；告密被鼓勵，召喚的是制度權術化，侵蝕的是教育之根基。告密不應當成為治理方略，它非法，違背法治精神，它無禮，摧毀人間信義。

　　在告密者冠冕橫行的國度，共和將被雨打風吹去。

劉強

同濟大學教授

　　傳統倫理及法理中，有親親相隱之道，父子不責善，更不藏奸，一切秉著直道而行。師生乃父子一倫之擴充延展，「學緣不亞血緣親」，豈能鼓勵學生視老師為監控對象，告密舉報，無所不用其極？此風一開，世道人心必大受毀壞，人人自危，道路以目，師道尊嚴，掃地以盡，學生心術，不正反邪，所謂文化復興云云，豈非緣木求魚，南轅北轍？！

　　嗚呼！吾不欲觀之矣！

王瑞昌

首都經濟貿易大學教授

　　個人認為，「告密」行為，應該屬於德性倫理學上的缺乏實踐智慧的人所作出的行為；不是康得倫理學上「絕對律令」範疇中的事，如「絕對不能告密」或「告密絕對正確」；更不是功利主義倫理學上的問題，看「告密」是否利於最大多數人的最大利益而確定「告密」之正確性或錯誤性。德性倫理認為，人格、倫理、家庭、私人間的直接的、情感性的紐帶，比抽象理性建構起來的政治體、共同體以及與之相輔而行的意識形態，更重要，更根本。告密之所以錯誤，要不是把後者看得比前者更根本，要不就是為了個人私心（不顧人格價值）而去損害前者之人倫價值。「告密」古代也有，但成為問題主要是現代極權政治之現象。在開明、透明、符合人性和基本倫理的制度下，告密沒有

市場，不容易大行其道。極權政治之下，「政治正確」的分量遠遠大於「倫理正確」，才得以大行其道。「告密」和「謠言」的生發原理，大概相當。

在這方面，我們文革時期實際上已經提供了足夠的經驗和教訓。

王心竹
中國政法大學教授

就普遍意義論：第一，師者，傳道授業解惑也，為師當嚴守師道尊嚴。

第二，就「密」而言，有告「密」之「密」。這裡同意李德順老師的觀點：不要說「告密」。老師講課是公開的觀點，不是密。至於觀點是非，自有理論分辨的途徑，這個途徑關係教師的權責界限。所以不可簡單訴諸行政裁決。掌握好這個分寸，是對政治和政策水準的一個考驗。學校可以鼓勵學生與老師爭論，卻不可支援學生利用行政權力整老師。

第三，此處之「密」，也指學生隱匿身份之「密」。不管學生基於什麼目的隱匿身份，但既然是老師公開講了的，當首先以公開方式相互辯難，不可自隱身份動輒訴諸上級行政力量，扣大帽子。如果擔心指正老師有可能被報復，那自有對老師的約束機制。

賈慶軍
寧波大學副教授

方孝孺對於以機巧詐計和暴力治國曾有分析：「奸雄之主國，其慮患極於精微，防禍極其周密，除其所忌惟力是視，不使有萌蘗之存，其為計莫不自以為工矣。而不知禍患之生，常出於其慮之所不及，力之所不能。報應之速，不失分寸，而其圖人者適以自圖，滅人者適以自滅也。觀於周齊之事何其著明哉。」告密本身屬於奸雄所用的自保手段，最終會自食惡果，不可不慎。

李清良
湖南大學教授

關於這個問題，我的看法跟絕大部分學者和老師都是一樣的，覺得學生對

老師的告密揭發行為是不可取的。儒家強調為尊長諱，這並不是故意要掩蓋真相，而是為了避免滋長一種為了個人利益而不顧一切的陰暗心理和惡劣習氣，至於事情真相，如有必要，自有專門機構加以調查。在儒家看來，這種陰暗心理和惡劣習氣對於社會的傷害程度要遠遠超過一般人的想像，事實上中國幾千年的歷史也已經為此提供了足夠多的教訓。

海內外學者寄語《儒家郵報》百期[*]

蔣　慶

《儒家郵報》刊行百期，在此學絕道喪儒門淡泊之際，委實不易！凡事貴誠貴恆，望《儒家郵報》編輯諸君堅持下去！

蔣慶謹賀於陽明精舍

劉述先

儒家郵報出版已近百期，為儒學的支持者與批評者提供一個討論的平臺，可以暢所欲言。這是寶貴的服務，希望繼續堅持下去。

劉述先（香港中文大學）

秋　風

希望以郵報為仲介，凝聚海內外儒者，除坐而論道之外，更積極地致力於儒家文化、社會、教育等等方面之實踐，以「社會儒學」實現三千年未有之大變局下的自我轉型。

秋風（獨立學者）

郭齊勇

在《儒家郵報》即將百期之際，謹表示衷心的祝福！謝謝《儒家郵報》各位同仁的辛勞，使我們能以快捷的方式瀏覽儒學普及與研究的動態。與基督教在西方一樣，儒學在未來的中國民間社會將發揮愈來愈大的作用。儒學是中國

---

[*]　時間：西曆二〇〇九年七月，寄語按收到時間先後排序。

社會的根！今天我們需要在民間做更多的工作，讓更多人正確地理解儒學。祝
《郵報》越辦越好！

郭齊勇（武漢大學）

陳 贇

　　《儒家郵報》對弘揚以儒學為主體的中國思想起到了重要的推動作用。適
值中國文化復興，世界歷史格局轉變的「大時代」，願《儒家郵報》及其構建
的思想與文化的社群，能夠承繼千年斯文之統，繼天立極，為美好生活世界的
建構貢獻自己的心力。

陳贇（華東師範大學）

劉利華

　　賀《儒家郵報》百期：中華文化，精神母親。博大有容，生命強勁。百年
低谷，今當重振。回歸天道，成物成人。應全球化，奉獻貞珍。《儒家郵報》，
承擔大任。百家觀點，聚此討論。關注生活，力撐人倫。弘揚仁道，百期至
今。懇望擴張，博大胸襟。執善固執，月進日新。

劉利華（中國人民大學）

唐文明

　　《儒家郵報》是反映當今中國儒學界思想動向的重要刊物，我從中受益匪
淺。在《儒家郵報》出滿百期之際，我衷心祝願《儒家郵報》越辦越好！

唐文明（清華大學）

楊海文

　　賀《儒家郵報》百期：一鍵互聯傳天下，百期郵報振儒風。莫道仁義身外
事，從來聖賢赤子心。網絡電子刊物《儒家郵報》創刊於二〇〇六年十二月十
二日，體之以「儒家立場、儒學理念、儒教事業」，用之為「以天下為己任，
為萬世開太平」。自二〇〇七年十二月二十八日第四十五期起，《儒家郵報》曾

刊發拙文十數篇，心存無限感激。今應執行主編任重先生之邀，為《儒家郵報》百期詩以賀之，正所謂舊邦新命、於穆不已。二〇〇九年五月三十日晚記。

楊海文（中山大學）

皮介行

敬賀儒家郵報百期紀念

兩岸春風又一年　　儒家郵報上百期
民間儒者道心真　　議禮論樂建家園

接來信，稱儒家郵報將屆百期，詢以讀後意見如何？遽然驚起，深感如水流年未免太匆匆！乃以小調頌祝之。回念與原道交流數年，論道說理，惇篤而懇切，放眼兩岸，蓋少有其比。其後更上層樓，付出心血，編以郵報，綜合多方精華，靜靜送進郵箱，取而讀之，既稱便利，而琬琰之篇章，深透之思維，更激盪心靈，開擴眼界，令我輩受益不少！今逢百期紀念，願郵報堅持初心，匯聚多方智慧，重議新中國之禮樂建設。更隨中國之壯大，飄洋過海，作為儒學之文化大使，交往全球知識社群焉！

孔子二五六〇年五月三十日皮介行寫於光文講堂

周北辰

儒家郵報即將滿百，令人感慨萬端！儒家傳統，歷六千餘年，是人類文明史上唯一未中斷過的文明形態。而偌大的文明體系，在傳媒猖獗的時代，卻只能擁有一份電子版的《儒家郵報》作為其「機關報」！《儒家郵報》用弱小的肩膀承擔著民族文化六千五百年的重量。這是中華民族的不幸，是人類文明的不幸！然而，這正是《儒家郵報》及辦報同仁的無上榮耀！

周北辰（曲阜儒家文化聯合會會長，深圳孔聖堂主持者）

胡曉明

　　《儒家郵報》已經一百期了，這有些令人吃驚。她不事聲華，不靠包裝，不假權勢，不托市場，完全是最本色、樸實的書生精神，但是她的內容一點都不簡單，積極介入現實、不迴避、不圓滑、不清高，在現代中國，不愧為儒家的最好的一個現代真身。是為祝賀。

胡曉明（華東師範大學）

余樟法（東海老人）

　　賀《儒家郵報》百期

　　　　正道千秋傳孔孟，仁風百陣化蠻夷。

東海老人2009-5-31

柳河東

　　儒家郵報編委：頃喜儒家郵報將走近百期。自貴報創刊以來，幾每期收悉，雖不暇全看，但半數以上細閱，不僅個人受益，對中國當代儒學網進行資訊文章更新亦多良助。然在功利至盛之時下，陳明、任重兄不計回報，完全公益，堅持不輟，無私奉獻之精神，更令河東感動。今以喜悅、感激、感動並欽敬之心編織成六言藏頭小詩以致賀：儒心一顆誠赤，家國天下懷之。郵傳同仁關切，報喜亦將憂遞。功謀千秋萬代，莫計一世半時。大我小我無我，焉哉乎哉樂哉！

中國當代儒學網、山西省當代儒學研究會、
北京儒學精舍、柳河東並同仁敬賀／己丑夏

米　灣

　　《儒家郵報》發刊百期賀聯並序：此報創刊後，尚有同類電子刊物《儒者》之起。惜後者限於人力，斷續未定。目下唯《儒家郵報》頻傳不絕，彌足可賀也。聯曰：孰大於儒教，文明以止。莫微乎電子，時與偕行。

米灣（首都經貿大學）己丑五月初八

丁為祥

　　欣聞《儒家郵報》即將百期，特獻上兩句話，既作為祝賀，也作為個人的一點期望：關注現實，深挖歷史，在古與今、中與西的互校互詮中走向未來！願《儒家郵報》越辦越好！

丁為祥（陝西師範大學）

冼　岩

　　感謝《儒家郵報》同仁的汗水與堅持，讓海內外同好能享受如此豐盛的精神食糧。祝《儒家郵報》越辦越興旺！

冼岩（自由撰稿人）

陳　勇

　　熱烈祝賀《儒家郵報》出版第一百期。百尺竿頭，更進一步！

陳勇（墨西哥學院亞非研究中心）

干春松

人能弘道，非道弘人。祝《儒家郵報》為中國文化之復興不斷努力！

干春松（中國人民大學）

王達三

　　《儒家郵報》刊發百期賀聯：

　　　振木鐸聲徹天下，斯文未喪；
　　　播儒家風行四海，茲道是榮。

孔元二五六〇年五月十日
王達三（北京學者）

溫 厲

今日儒家應該有自己的媒體，其功能大抵曾為孔子作《春秋》，及後世史官撰述歷史所承載，所體現的是儒家的歷史正義觀，並對現實社會的方方面面發揮其重要的影響。

儒家的歷史正義與現代傳媒的接軌也許可以追溯到明末以來的邸報、邸抄，至清末，報紙、雜誌等媒體形式很快受到儒者的關注，而他們所關注的，正是儒家歷史正義觀念找到了一種影響力更為廣泛的新載體，今日，網絡傳媒同樣值得我們關注。

欣逢《儒家郵報》刊發百期之際，敷衍數語，希望《郵報》能成為承載儒家歷史正義觀的現代傳媒。

溫厲（孔子2000網站創辦人），原篇名〈讓儒家的歷史正義觀走進現代媒體〉

袁 彥

傳天地聖賢大道，啟蒼生百姓良知。

袁彥（中國儒教網·儒教復興論壇管理委員會委員，
曲阜儒家文化聯合會副會長）

石 勇

《儒家郵報》迎來百期，堪稱悲壯！其堅持之精神，讓人感佩！

石勇（自由撰稿人）

丁 耘

恭喜郵報編滿百期。此報我經常拜讀，受益匪淺。編輯部同仁密切關注當前儒學動態，工作勤勉，功德無量，值得敬佩。

以後是否可以有計畫地在辦刊規模與受眾方面加以拓展？可試的方向一是學院儒學的復興，力求在梳理／繼承前人傳統的基礎上，從西學特別是海外漢學為主的儒家研究的格局掙脫出來。另一方面則是針對社會現實，多多促進以

儒學之立場做長遠之思考？目前社會評論有，但多針對一時的個別現象，而缺少對社會整體的具體研究，以及對國家乃至人類未來命運的宏大關切。我們不可關切儒學自身超過關切世界。儒學只是對世界的聖人之憂。當然，這只是一個抱負，如何在目前的複雜形勢下重新啟動偉大的儒家傳統的活力，仍有待同仁們的進一步努力。

草草數語，不成頭緒，略表寸心。惟恭祝　貴刊蒸蒸日上！

丁耘（復旦大學）謹上

二〇〇九年六月三日

平和書院

儒家郵報諸位同仁大鑒：欣值《儒家郵報》出刊一百期之際，平和書院謹以七律一首，聯一副恭賀佳期！並祝願《儒家郵報》精益求精，「百尺竿頭，更進一步」！在學界及全國輿論圈發揮更大的影響力！己丑年五月十一日，平和書院拜上。

七律‧賀《儒家郵報》出刊一百期

大道廢存百載後，神州且喜聽儒音。
網羅宇內讜言萃，風及天涯國士珍。
舊學商量加邃密，新知培養轉深沉。
而今欣遇期頤至，九煉丹成樂復聞。

平和書院賀詩

置郵傳命德音遍，因勢返仁國脈貞。

平和書院賀聯

楊儒賓

儒學在今日，看似興盛，實亦難言。依據兩千年的歷史法則，儒學多在受壓迫或冷淡氛圍中茁壯，在政治勢力支持下萎縮。儒學的興衰不在市場之叫不

叫座，而在儒學的主體性能否挺立，逢佛殺佛，逢祖殺祖。

楊儒賓於清華大學（臺灣）

盛　洪

祝賀《儒家郵報》百期。我很讚賞《儒家郵報》包容百家的寬容精神，我在這裡甚至能讀到很刺耳的批評。這種寬容精神體現了儒家的根本精神即「忠恕」，也如韋伯的評價，儒家是最寬容的高級文化傳統。這也正是儒家的生命力所在。

盛洪（天則經濟研究所）

林桂榛

> 儒者非柔，一片豪傑之氣象；
> 禮也是履，內外憲刑的功夫。

賀《儒家郵報》百期之禧

「儒」非《說文》所謂「柔也」，儒者需也，從人需聲，需者求雨也，《說文》「柔也」後曰「術士之稱」，正是也！漢許慎稱「儒」為「柔也」，或自祭祀用樂之樂生所衍耳。儒家系從祭祀階層演變過來的智術階層，這與亞裡斯多德說古埃及的知識階層最初為僧侶是一樣的，也正如基督教時代古歐洲的知識階層實在教堂僧侶、教會學校是一個道理，亦同人類各區域的早期智術階層、知識階層均在巫史是同一個道理。可以說，人類的早期文明，都是巫史主導的，是巫史創造了人類最古老的觀念與知識（尤其包括文字）。而中國儒家學派，不過是一種甚早就達到文明自覺、德性自覺的敬鬼神而遠鬼神的智術階層而已，出現於東周時代，學派直接鼻祖系「萬世師表」之孔子。

儒家一向有著通天達地的追求，有著憂患蒼生的情懷，也有著治世安民的智術探索，甚至有悠遊情藝的閒適傳統──儒家有這個傳統，一種情懷、意識、仁德、知識、術力、才藝的傳統。這既通過自身的禮樂來成己，也通過禮樂來成人，更通過禮與法來成人成己，來完成社會的組織與秩序。知識、術行

共生，通過知識來剖析、判斷社會，通過術行來引導、主制社會，或通過知識、術行教導特定的人來實現引導、改造社會。儒家不乏通天達地、憂患蒼生的活的觀念傳統與學識傳統，甚至不乏精禮通法、制憲布刑的傳統。然而，後者這個傳統在漢後的經學時代尤其唐後的經學時代沒有得到很好的發展，甚至鼓吹的人倫性禮法也凝固、僵死、扭曲，嚴重背離了儒家經學的本旨。試問今日儒學界，幾人精通中外禮法？幾人通乎律令之學？徒談仁義，口舌之勞；禮法憲刑，殫竭精思！

今日面臨城市化、全球化的兩大社會浪潮，儒或儒學意欲何為？又能何為？鄙人以為：一在學術的求知求真，多聞多見，闕疑闕殆，唯有直面真相及瞭解真相，其他才可能，再不能掩耳盜鈴式鬧各種學思笑話，徒為歷史增笑柄爾。二在公義仁德的擔當，天下無道久矣，今日中國的經濟、政治、思想尤為畸形扭曲地生長，若任其原生或次生，東亞大陸面臨的必是再度百年的動盪循環，我中華人殆矣、不幸矣！如欲平治東亞，捨我其誰耶？歷史總是人創造的，歷史要有人來承擔，愛是忍耐，也是犧牲。三在建設中華的禮樂人生與禮法制度，因革損益，相容並蓄，通過製作柔性的合適禮樂來構造教化、修養之門，通過製作剛性的合適刑憲來構造治世之具──舍此門具，求養求治不啻南轅北轍耳！先賢云：禮樂刑政，其極一也；禮樂刑政，王道備矣。

古希臘哲學家的求真與德性追求，古羅馬法學家的正義與法治追求，古基督教教喻的神聖與超絕追求，以及近代歐美的民權與憲政追求，是中國社會尤其是中國學者當首先汲取的四大精神力量。尤應生長希臘哲人的求真精神，若中國知識層、教育層都完成不了根本的求真改造，何談直面中國社會、中國政治以及提出化難之方案或策略？若知識層都無化難的方案與策略並就具體問題達成相對一致的求真化的認知，又何談得上引領或促進中國經濟、政治、教育等的正確改良與革新？欲求君清君明、君公君義，士當首先清與明、公與義。儘管知識層清醒與仁義未必上層就清醒與仁義，但無知識層的清醒與仁義而希望上層清醒與仁義，實在是緣木求魚自伐自棄耳。

「世界潮流，浩浩蕩蕩。」無論知識上的求真、社會上的求善或國家的具體求公正之治，都是不可遏止的人類正當、正確的歷史潮流。中國的知識層要

有足夠的冷靜或清醒，而不是活在童話思維尤其《皇帝新裝》的童話社會這種迷夢裡不知荒謬與羞恥。而清醒與冷靜，完全依賴於人格獨立與思想求真，任何童話迷夢、坐井觀天，都將阻礙這種思想求真與人格獨立，以致知識層未成為國家或人類的真知與良心，反而成為了愚昧與罪惡的幫忙幫閒，若如此，罪矣！食百姓稅、讀往哲書，為誰？為食人者幫忙幫閒，恥矣，罪矣！為學者知恥乎！為學者知罪乎！

大悲心不足達治，大智心亦不足達治，大智大悲、大仁大義、大行大術、大禮大法方可為治，君子反求諸己，君子亦當善假於物也。求真心與同情心，是學者生命的兩大支點，而修身養德、治世安民並趣者，其惟儒家乎？

謀建自由、民主、公正、富強之中國，營護仁愛、慈悲、華美、莊嚴之世界！振興中華師法之道，再造東方共和之邦！

《儒家郵報》創刊屆百期之際，聊撰數句，以與天下學士豪傑共勉！

二〇〇九年六月四日

虔州林桂榛恭題

陳弘毅

人世間的因緣際遇，似是偶然，卻也有其必然性。正如《聖經》裡有句話：「尋找的，就找到，敲門的，門就開了。」追求人生真理的人，必有所獲。十多年前，我有幸開始接觸到作為生命的學問的儒學，是我生命道路上的一個突破。

我是通過香港法住學會和法住書院的課程開始認識生命儒學的。我對法住學會和它的會長霍韜晦教授的認識越深，便越受法住學會會歌和它的歌詞感動：「法住事業從那裡來？……從我和你的覺醒來，……從慈悲來，從你和我的行動來。……當世已濁，當人已苦，誰能奮起？誰能勇往？唯有志士，唯有菩薩，唯有我法住中人。」

約一個世紀前，中國傳統的帝制解體，傳統文化在五四運動以來受到無情的批判，「打倒孔家店」之聲不絕於耳，國人追求的首先是「德先生」、「賽先生」，然後是馬列主義。好像幾千年來中華民族累積的文化、價值、信念、道

德、思想與哲學變得一錢不值，不但不是中國所應追求的現代化的有用資源，而且是其障礙，不但應該放棄，而且要把它連根拔起，通過「文化大革命」來建設一個新天新地。

　　二十世紀七十年代，當代大儒唐君毅先生出版《說中華民族之花果飄零》一書，慨嘆「中國文化與中國人之人心，已失去一凝攝自固的力量，如一園中大樹之崩倒，而花果飄零，遂隨風吹散；……此不能不說是華夏子孫之大悲劇。」唐君毅從大陸移居香港，與錢穆先生一起創辦新亞書院的事業。錢穆先生說：「我們學校之創辦，是發動於一種理想的。我們的理想，認為中國民族當前的處境，無論如何黑暗與艱苦，在不久之將來，我們必會有復興之前途。而中國民族之復興，必然將建立在中國民族意識之復興，以及對於中國民族以往歷史文化傳統自信心復活的基礎上。我們認為，要發揚此一信念，獲得國人之共信，其最重要的工作在教育。」

　　霍韜晦先生是唐君毅先生的弟子，他繼承了唐先生的遺志，以復興中華文化為己任，而且通過創辦法住學會，以多種把古今中外的智慧結合的教學和傳播方法，把儒學、佛學和中華文明的其他結晶融入生活在現代華人社會的個人的生命，成為一種可以普及化的生命成長之學和「性情文化」。霍韜晦教授指出：「法住於世即是文化的不死亡義。……文化的生機並非任何外力所能滅絕。她植根於人心，遙契於天道……如果說永恆，此一念生便是永恆；如果說力量，此一念回轉便是千軍萬馬。」「生命之可貴，在有感情；而人之可貴，在可以深化此情，而轉為動力，以成長自己，和成就一無私的世界。」「治中國學問最重要的是向自己生命裡面用力，好好的讀書、好好的做事、好好地體會、好好的反省，……這樣，你才會一步一步體會到更深的自己，然後一步一步地成長你自己。」

　　今日中國，經歷了文革後三十年的改革開放，經濟發展方面的成就，有目共睹。然而，中國社會也隱藏著不少問題、矛盾和潛在的危機，其中一個危機便是信仰危機，傳統價值信念因二十世紀的革命而花果飄零，馬列主義的價值信念又受到市場經濟的衝擊。於是人們的精神生活空虛，倫理價值混亂，一切「向錢看」、追求物質享受和原始慾望的滿足成了主流價值，中國傳統文化的

智慧、信念、理想和關於做人處世的學問，對不少國人來說比西方文化更為陌生。套用上面引述自唐君毅先生的一句話：「此不能不說是華夏子孫之大悲劇。」

然而，法住會歌的雄壯的歌聲唱道：「當天已昏，當日已沉，誰能奮起？誰能勇往？唯有志士，唯有菩薩，唯有我法住中人。」今天我國需要的是這樣的一種文化復興的事業：針對現代以來中華文明的價值和信仰的危機而獻出良方妙藥，喚醒我們，只要我們虛心地、認真地回到我們的祖先二千多年以來一代一代的經驗、思考和反省所累積下來的文化成果，必能找到有助於我們當下的生活的精神寶藏。有了更多志士仁人投身這樣的事業，「中華民族的偉大復興」才不致淪為空泛的口號，這個值得我們自豪的文明才能真正復興，變得真正偉大。

《儒家郵報》所從事的事業，正如香港法住學會的事業一樣，便是這樣的文化復興的事業。今天，我們慶祝《儒家郵報》出版第一百期，我對《儒家郵報》同仁多年來的努力不懈、毫無保留的投入和無私奉獻致以最深的感謝和最崇高的敬意，並對《儒家郵報》的工作的進一步發揚光大，送上最誠摯的祝福！

二〇〇九年六月

陳弘毅（香港大學法學院），原篇名〈儒家郵報出版一百期有感〉

范瑞平

任重而道遠，貴在誠意、堅持！

祝願《儒家郵報》超越百期，出版至千期、萬期！

范瑞平（香港城市大學）

胡治洪

儒家郵報百期志感儒生抱負最堪嗟，家國憂念未許歇。郵傳德命化風俗，報導禮義敦和諧。百載墜緒重收拾，期年際會初轉捩。志以天下為己任，感懷萬世太平業。

胡治洪（武漢大學）

王　利

　　熱烈祝賀《儒家郵報》百期，謹致敬意！《儒家郵報》有嚴肅而深切的社會關懷，有明確而堅定的辦刊理念。從對傳統文化的維護和捍衛來說，生於民間又繫於社會的《儒家郵報》可謂是殫精竭慮、不遺餘力。昨日看趙本山在上海一個文化論壇上發言，在批評教育徒弟小瀋陽時說，神州火箭的威力不僅在上升那一下子，還要回到地面上來。「回到地上，紮根土壤」可能是所有熱愛傳統文化的人們的共同願望。真誠希望《儒家郵報》立足中華文化本位，能夠兼收並蓄，為中華文明的現代精神價值培育種子，營造氛圍，創造條件。真誠祝願《儒家郵報》越辦越好！

王利（中國社會科學院）

陳啟生

　　《儒學郵報》百期了！「一百」這個數字，令人有極大的催促感，覺得「走了很久，前面怎樣了？」的焦慮！身在海外的華人，確有許多樂觀，近二十多年來，不僅近鄰，還有遠方之朋，同道越聚越多，是有愉悅之情。當環顧周遭時，特別是報導普羅大眾新聞的部分，失德內容所占的篇幅之多之廣，又不免悲觀莫明！這與儒家修德踐仁的教育目標，是多麼的遙遠！是建設理論的工做作得不夠嗎？是普及工做作得不夠嗎？或是我們論談的，推動的，存在嚴重的缺失？為什麼進不了普羅大眾的生活中和心坎裡？希望《儒學郵報》論壇上，將有更多人借它，傳達挖掘一份智慧！

孔子二五六〇年五月六日

吉隆玻陳啟生（馬來西亞孔學研究會秘書長）

高全喜

　　得悉《儒家郵報》百期面世，深表祝賀。拙文時有刊載，也殊感榮幸。吾以為儒學之活的傳統，乃在於心繫民生，經世致用，熔鑄於世界潮流，開出新政體，復活舊精神。上述陋見，與諸君共勉。

　　　　　　　　　　　　　　　　　　　二○○九年六月五日

　　　　　　　　　　　　　　　　高全喜（中國社會科學院）

王　琨

　　在孤苦中挺立，在淡泊中接續，與百家之包容，與眾說之對話，汲取現實生命，放眼於世界宇宙。我欣賞它，望《儒家郵報》同仁再接再厲！

　　　　　　　　　　　　　　　　　　　王錕（浙江師範大學）

陳喬見

　　《儒家郵報》於紙質期刊之外，藉助現代網絡媒介，基於儒家的立場，擷取學院與民間百家之論，闡發儒學義理，針砭社會現實，推動儒學與其他思想的對話，發掘儒家平治天下的思想資源。編輯先生於此所謂資本主義精神氾濫成災之際，明道不計功，正義不謀利，實屬難能可貴！值此百期之際，願《儒家郵報》同仁堅定信念，面對現實，忠於理想！祝貴刊越辦越精彩！

　　　　　　　　　　　　　　　　　　　己丑年五月十四

　　　　　　　　　　　　　　陳喬見（華東師範大學哲學系）

陳　來

　　《儒家郵報》提供的有關當代中國儒學運動各種觀點的資訊，及時而且廣泛，既有主張復興儒學的觀點，也有相反的觀點和意見，這對於希望多方面瞭解這一領域發展動向的學者和有心者，是一個難得的窗口。

　　　　　　　　　　　　　　　　　　　二○○九年六月

　　　　　　　　　　　　　　　　　　　陳來（北京大學）

陳昭瑛

　　《儒家郵報》和《原道網》一樣，以新的傳播方式將儒學的火種傳遞於新世代，並能時時發表對當下重大事件的意見，代表儒家社群發聲，使「儒家觀點」成為社會上可以為民眾參考的一種觀點，在促使中國社會成為一個開放多

元的社會的過程中沒有缺席，這便是一項貢獻。臺灣的儒家學者在民主化過程中缺席，因此在今日統獨囊括言論市場的情況下失去發言權，面對各種重大議題常處於失語狀態，臺灣的民主也因此失去了可以從儒家思想吸取傳統養分的機會。而目前儒學在中國大陸得到社會大眾如此重視，機不可失。祝賀《儒家郵報》發刊百期，並進入無數個新的百期；期待《儒家郵報》繼續提供兩岸儒家學者互通聲氣、互相砥礪的平臺，並將「儒家觀點」淬勵得更精純、鍛鍊得更成熟。

陳昭瑛（臺灣大學中文系）

何懷宏

以儒家精神，辦儒家郵報，為儒家留一文脈，擔歷史道義，續文化薪火，在現代別開生面。

何懷宏（北京大學）

柯小剛

《儒家郵報》將臻百期，感慨實多，不知從何說起。這裡就談一個小感想，就是郵報這個名稱的意義，其實是很深遠的。無論邸報還是 post，報的出現自始就是與郵驛聯繫在一起的。所謂天將以夫子為木鐸，也含有游驛四方和廣宣文教兩方面的意思。這兩方面的意思，一動一靜，一陰一陽，古人所謂道者，盡在是矣。有是焉，即可以高明博厚而悠久，雖百期萬期而必無窮已。董子曰，天不變道亦不變，亦斯之謂也。今《儒家郵報》所謂郵者，變而為電子郵件，而其所報之道，亦無妨斯文未喪之餘緒也；及其所以報之之道，亦猶木鐸之行於四方也。

柯小剛（同濟大學）

李景林

　　《儒家郵報》在兩年多的時間裡，已發行百期，《郵報》用網絡這一現代的形式，在學院儒學與民間儒學、儒學學術與社會大眾日常生活之間，架起了一座高速、便捷的溝通橋樑，對儒學在中國當代社會精神生活中的覺醒和民族文化的復興，起到了強力的助推作用。我個人也從中得到了很多文化和學術的資訊，尤其是精神上的激勵。在這裡，我要對《儒家郵報》的成功，表示熱烈的祝賀！對《郵報》同仁所表現出來的強烈的社會、文化擔當精神，表達由衷的感謝和敬意！

　　從歷史上看，儒學每一時代的重建，都是文化的「文脈」與「血脈」兩個方面統合的產物。我所謂「文脈」，指儒學在每一時代的思想和學術的重建；我所謂「血脈」，指儒家的精神價值在社會生活和個體精神生活中生生不息的延續。當代中國在很長一段時期內，這兩個方面都發生了斷裂，在這兩個方面之間，亦產生了一種分裂。二十世紀下半葉以來，社會生活徹底政治意識形態化，一方面，儒學退居學院化、知識化一端而失其生活的根基；另一方面，民眾生活亦受制於政治意識形態而失卻其真正的靈魂和形上基礎。近年民間儒學和學術的興起，對於儒學和中國文化現代形態的孕育成型，有著重要的意義。但應當看到，民間儒學因長期中絕，其學術水準顯然亟待提高；學院儒學亦當在與民間儒學的交流中增益其民間性，以真正關涉於世道人心，獲得其現實的基礎和文化生命的內涵。民間儒學以其自由講學的精神，與社會生活密切相關。把學院儒學與民間儒學很好地結合起來，才能使儒學在當代真正具有生活的意義，從而完成它的現代轉化，建成它的現代形態。這是一項艱苦的事業，需要一大批有識、有志之士在學術和踐行兩方面長期努力，才能見出成效。

　　《儒家郵報》諸位同仁是這一事業的先覺者和先行者。衷心祝願《儒家郵報》越辦越好，為推動學院儒學與民間儒學的融通，提供更大的話語空間，為儒學和中華文化的復興，做出更大的貢獻。

　　　　李景林（北京師範大學），原篇名〈祝賀《儒家郵報》創刊百期〉

慶祝儒家網創辦十週年賀詞
暨寄語輯編[*]

　　在儒家同仁和社會各界的關心支持下，儒家網已創辦十年。十年走來，頗多不易，略有小成。現將眾師友的賀辭寄語輯結發布，以凝心聚氣、砥礪同行。儒家網編輯部於孔元二五六九年暨耶元二〇一八年十一月五日。

陳　來

　　以文會友，以友輔仁。不忘初心，繼續前行。祝賀儒家網開辦十週年！

陳來

編按：陳來，清華大學國學研究院院長，清華大學哲學系教授，中國孔子基金會理事長，中央文史館館員、國務院參事。

蔣　慶

　　欣聞儒家網成功興辦十週年！在此十年中，儒家網一無依憑，惟恃願心，歷盡艱辛，排除萬難，從小到大，從弱到強，現已成為國內弘揚儒家思想之著名民間平臺，功德常在神州，影響遍及全球！是故，在當今中國復興儒家文化之大潮中，儒家網推波助瀾，僇力增上，環顧今世，確乎，儒家網真能為往聖繼絕學者也！可嘉！可賀！惟望儒家網在今後十年中，再接再厲，更上一層，為儒家文化之復興做出更大貢獻！

盤山叟蔣慶謹賀

編按：蔣慶，陽明精舍山長。

---

[*]　按照收到時間先後排序。

郭齊勇

　　任重主編的儒家網已開辦十年了，成就很大，貢獻很大！十年辛苦不尋常！儒家網已成為中國大陸現代文化思想界的一個視窗，反映了一種思想潮流，值得人們珍視。儒學是中國文化的底色，又是參與中國現代化建設的積極力量，儒學與現代化的密切關係已被越來越多的人重視。中國現代社會文化的健康發展，離不開儒釋道，尤其是儒學思想資源的創造轉化與積極參與。相信貴網站會越辦越好，吸引更多的青年朋友，幫助青年人理解與學習儒學。十年樹木，百年樹人，相信貴網站在思想建設與立德樹人等方面的貢獻會越來越大。

郭齊勇　謹上

編按：郭齊勇，武漢大學國學院院長，武漢大學哲學學院與國學院教授，中華孔子學會副會長。

張祥龍

　　儒家網開辦以來，成為儒門諸因數的匯聚地。一系列爭論，比如曲阜是否可建大教堂，儒學是否要入教育體制，獨生子女（乃至強制的計畫生育）政策要不要廢止，同性婚姻該不該合法化，等等，儒家網都發出了獨特的儒聲。這十年中，儒家事業裡並存著希望與失望、前進與停滯，而此網站一直在保持和收集著希望的薪火。面對異變迭出的世界，奇技縱橫的未來，儒者們對真善美的仁性追求必將經歷各種考驗，但也可能遭遇忽然的機遇，就看我們能否見幾而作、感而遂通了。另一個十年，儒家網勉乎哉！

張祥龍　孔元二五六九年九月二十八暨耶元二〇一八年十一月五日

編按：張祥龍，北京大學哲學系教授，山東大學哲學與社會發展學院人文社科一級教授，中山大學哲學系講座教授。

謝遐齡

　　儒家網開辦十年，成績巨大，衷心感佩！祝賀已經取得的成功。我們是儒家網的讀者，也是參與者。我們在這個平臺上一起闡天道、致良知，促進中華

文明自覺，共同鑄造歷史。中華民族偉大復興需要的堅實精神基礎，只有本己信仰能夠造就。盼望儒家網長久保持前沿位置，吾等與有榮焉。

謝遐齡

編按：謝遐齡，復旦大學社會發展與公共政策學院教授，中國哲學、社會學博士生導師，復旦大學上海儒學院理事長。

朱漢民

　　《儒家網》不覺創辦十週年了！十年來，在您與諸位朋友的共同努力下，《儒家網》已經成為中國當代儒學研究、交流、傳播的有影響力的平臺，對儒學的現代復興起了重要推動作用！

朱漢民

編按：朱漢民，湖南大學嶽麓書院教授，歷史學、哲學專業博士生導師，嶽麓書院國學研究院院長，中華孔子學會副會長。

李景林

　　恭賀儒家網創辦十週年

　　　　繼往聖之絕學，續傳統之慧命，十年如一日；
　　　　弘先儒之教化，著天地之正氣，九州共此心。

李景林

編按：李景林，北京師範大學哲學學院教授、博士生導師，中國哲學與文化研究所所長、輔仁國學研究所所長，中華孔子學會副會長。

吳　震

　　　　提振儒學，厥功至大；文化擔當，道遠任重。
　　　　文明所繫，中華復興；砥礪前行，再上一層。

　　儒家網創辦十週年紀念

吳震

編按：吳震，復旦大學哲學學院教授、博士生導師，上海儒學院執行副院長。

林安梧

欣聞儒家網已經開辦十年。何其可敬可賀也。處此網絡互際的大時代，儒學已然不只是傳統社會「血緣性縱貫軸」的儒學，他已經是現代社會「人際性互動軸」的儒學；更且他是「綿亙古往來今，上下天地六合，通貫生死幽明」，這樣所成的「一體之仁」的儒學。曾子有言「士不可不弘毅，任重而道遠。」

　　任重主編，主編任重。道遠可期，可期道遠。

　　路漫漫其修遠兮，吾將上下而求索。

　　飲余馬於咸池兮，總餘轡乎扶桑。

為《儒家網》成立十年致賀致敬！

　　　　　　　　　　　　　　　林安梧敬上　戊戌冬初十一月八日

編按：林安梧，山東大學特聘教授，臺灣元亨書院山長。

李存山

祝賀儒家網開辦十週年：繼承儒家文化的常道，以開放的胸襟，以創新的精神，實現儒家文化的創造性轉化和創新性發展。

　　　　　　　　　　　　　　　　　　　　　　　　　　李存山

編按：李存山，中國社會科學院哲學研究所研究員，中華孔子學會副會長。

干春松

「十年生聚」，創辦十年來，儒家網一路坎坷，然能容納儒家思想的不同方向，求同存異，匯聚大的力量。我曾經說過，不懂儒家，何以理解中國？然要瞭解今日之儒學，儒家網是一個不可忽視的平臺。

　　　　　　　　　　　　　　　　　　　　　　　　　　干春松

編按：干春松，北京大學儒學研究院副院長、教授，中華孔子學會常務副會長。

胡治洪

賀儒家網開辦十年

天道好還，無往不復，亦須人事擔當。十年矚目，端在儒家網。內容紛紜鮮活，卻貫絡堂堂主張。做傳媒，儒林第一，鰲頭不遑讓。

漢宋九百年，千曲萬折，終歸宣王。然此間辛苦，先賢備嘗。吾儕仁為己任，一息存不敢或忘。縱千年，以為期，聖學必高揚！

戊戌年立冬日胡治洪填詞以賀

編按：胡治洪，武漢大學中國傳統文化研究中心教授，兼任武漢大學國學院教授、武漢大學孔子與儒學研究中心研究員。

朱傑人

儒家網是儒學復興的產物，十年篳路藍縷，十年披荊斬棘，十年允執其中，十年以敬以誠，終成儒者之家，終成中流砥柱！儒家網的十年再次證明，儒學的根在民間，儒學的原動力在民間，儒學的生命在民間！中華大地是儒學生長和發展、避難和療傷的沃土。子在川上曰：逝者如斯夫，不捨晝夜！夫子其實是在講一個寓言：儒學像一條長河，時而洶湧澎湃驚濤拍岸，時而細流涓涓潤物無聲。河床坦蕩則洋洋大觀一瀉千里，河道梗阻則潛流地下無聲無息，但它始終在流動而前行，不捨晝夜也。一旦發明，則洶湧而出，衝決一切羈絆成勢不可擋之勢。逝者如斯，來者湯湯，不捨晝夜啊！

戊戌年十月朔旦朱傑人草於希臘旅次

編按：朱傑人，華東師範大學古籍研究所教授，上海市儒學研究會會長，中華朱子學會常務副會長。

張新民

儒家網創辦十週年有感

河汾講學期有道，貞觀成治待他年。

　　書生報國歌長詠，一樣傷心涕泗漣。

　　儒家網創辦十週年了，十年雖彈指一過，然可圈可點之事仍多，誠可謂篳路藍縷，艱苦備嘗，成績之昭明卓著，世人共睹。惟道統之重振，文化之復興，人心之歸善，風氣之轉淳，均需一點一滴積累，決難一蹴而就，猶如河汾講學，不過培養人才種子而已，欲期盛世之再現，必待貞觀之治而後乃可。昔陳寅恪詩有句云：「文章存佚關興廢，懷古傷今涕泗漣。」其所懷所憂而無限感慨者，乃在數千年文明傳統之興衰隆替。惜今日文章獵名者多憂國者少，又豈能不惕然自警自策而有以振起乎？故借此機會，表示熱忱祝賀，以為功德無量之際，亦盼諸同道再接再厲加倍奮勉焉。

南國止叟張新民戊戌年立冬日謹賀

編按：張新民，貴州大學中國文化書院榮譽院長、教授，貴州省儒學研究會會長。

楊朝明

　　欣聞儒家網創辦十年，十分感慨，十分高興。在此，謹向您的長期以來的辛勤付出致敬，也為儒家網的不斷成長高興。這些年，中華傳統文化更多地受到重視，孔孟之道重新走進並溫暖人心，儒家網作為一個重要平臺功不可沒。預祝儒家網越辦越好！

楊朝明 拜上

編按：楊朝明，中國孔子研究院院長、教授，國際儒學聯合會副理事長，中華孔子學會副會長。

郭　沂

　　欣聞儒家網十年華誕，特表祝賀！

　　我之喜愛儒家網，是因為──儒家網洋溢著儒家情懷，正如其題頭所說：「以天下為己任，為萬世開太平」。儒家網擁有寬廣的胸襟，能夠接受不同甚至相反的聲音，正所謂有容乃大！儒家網走在學術前沿，總是及時地反映儒學研究和儒家文化的最新進展。儒家網融入社會現實，一直關心民瘼，體察社

情。正因如此，儒家網為當今儒學事業的發展做出了巨大貢獻！我祝願在儒家網的推動和天下儒者的共同努力下，儒學重新成為中國的主流文化！

郭沂　謹賀

編按：郭沂，首爾大學哲學系教授，曲阜師範大學孔子文化研究院研究員，國際儒學聯合會學術委員會副主任，尼山聖源書院副院長兼學術委員會主任。

楊國榮

祝賀儒家網創辦十週年。在理性認知和價值立場的合理定位中理解儒學，發展儒學。

楊國榮

編按：楊國榮，華東師範大學人文社會科學學院院長、教授，中國現代思想文化研究所所長，中華孔子學會副會長，國際形而上學學會主席，國際哲學學院（IIP）院士。

李明輝

過去在政治勢力的干預下，儒家傳統曾受到長期的壓制，如今否極泰來，已有逐漸復甦（還談不上復興）之勢。欣聞《儒家網》已成立十週年。儒家沒有教會與制度的支持，期待《儒家網》在這個網路時代承擔儒家傳統的教化功能，助成中國社會的現代轉型（而非復古）。

李明輝

編按：李明輝，臺灣「中央研究院」中國文哲研究所研究員。

景海峰

在當代儒學發展的歷程中，儒家網的開辦是一件大事，它的存續已經成為一種象徵。十年來，儒家網刊發了大量的文章和各種資訊，惠及學界，澤被大眾，為儒學的普及和推廣做出了卓越的貢獻。值此十週年之際，祝願儒家網能保持當代性、前沿性和開放性，在複雜而多變的時代越辦越好。

景海峰

編按：景海峰，深圳大學人文學院院長、教授，國學研究所所長，中華孔子學會副會長。

貝淡寧（Daniel A. Bell）

十分敬佩儒家網十年來的堅守與奉獻，也祝賀儒家網這些年成為各界高度認可的儒家學術、社會建議與批評的平臺！望諸同仁再接再厲，儒化中國，儒化天下！

貝淡寧

編按：貝淡寧，山東大學政治學與公共管理學院院長、教授。

吳　光

衷心祝賀儒家網開辦十週年！十年來，儒家網順應時代潮流，為弘揚儒道，復興儒學做出了傑出貢獻，其以弘道自任的文化自覺精神與海納百川的多元包容態度在學界樹立了一個良好的典範！願貴網同仁繼往開來、再接再厲，為復興中華儒學、建設民主仁政的偉大事業而不懈努力、勇立新功！

吳光恭賀同慶

編按：吳光，浙江省社會科學院哲學研究所研究員，浙江省儒學學會會長。

李瑞全

十年辛苦不平常，儒學網對中國文化與儒學復興功不可沒！
敬祝更大步前行，讓中國文化成為世界文化！

李瑞全

編按：李瑞全，臺灣中央大學哲學研究所教授。

何懷宏

致儒家網創辦十週年：堅持不易，任重道遠。期待下一個十年。

何懷宏

編按：何懷宏，北京大學哲學系教授。

樂愛國

儒家網自開辦以來，不僅成為傳播儒學資訊的重要學術平臺，而且是當代儒學復興發展的見證者和助推者。祝賀儒家網成功開辦十週年！並期望越辦越好，更上一層樓，共同迎接儒學興旺的到來。任重而道遠！

樂愛國

編按：樂愛國，廈門大學哲學系教授。

康曉光

十年耕耘，成就儒家復興大業一方重鎮。

望儒家網再接再厲，行穩致遠。

康曉光

編按：康曉光，中國人民大學公共管理學院教授、中國公益創新研究院院長。

范瑞平

十年艱辛，十年探索，十年堅持！任重兄做了不懈的努力，可喜、可讚、可賀！未來十年雖不確定，衷心祝願更上一層！

儒學已是一種世界文化，有不少國際儒家、儒者、儒生在追求仁義禮智信、實踐孝誠忠恕和，期待儒家網在促進儒學國際交流合作方面作出更大的貢獻。

范瑞平謹上

編按：范瑞平，香港城市大學生命倫理學及公共政策講座教授。

丁　紀

開風導氣，激勵士心，十年其功可榜；

承統繼脈，丕振文命，來茲之望是膺。

丁紀謹賀

編按：丁紀，四川大學哲學系副教授。

唐文明

傳德音當仁不讓，興儒學義無反顧。──賀儒家網成立十年

唐文明

編按：唐文明，清華大學哲學系教授。

丁為祥

真正的儒者，有我，但絕不私我；有民族，但絕不津津於民族主義的「大我」。有政治關懷，但絕不降價以售；有淑世之情，但絕不鄉願以媚俗。它，就是人類精神的啄木鳥！

僅以此思賀儒家網十週年。

丁為祥敬上

編按：丁為祥，陝西師範大學哲學系教授。

蕭永明

儒家網開辦十年誌慶：

百年沉寂，一陽來復；十載鼓呼，萬世可期。
為文化傳承愁且慮，為儒學復興鼓與呼。

儒家網創辦十年來，積極聯絡學界以及社會各界人士，以強烈的憂患意識和文化擔當精神，參與和引導現代中國精神文明的建設，為中華優秀傳統文化的傳承和發展，為儒學在當代的復興，作出了巨大貢獻！可敬可佩，可喜可賀！我們相信，儒家網的未來發展，也一定可圈可點，可期可待！

編按：蕭永明，湖南大學嶽麓書院院長、教授。

楊海文

祝賀儒家網開辦十週年：

人道敏政，地道敏樹。十年樹樹，百年樹人。

大德受命，斯文張皇。儒家如家，一網亦王。

楊海文

編按：楊海文，中山大學哲學系教授，中國孟子研究院泰山學者。

韓　星

儒家網開辦十週年，彈指一揮間，為儒學交流和傳播搭建了重要平臺，為中華文化的復興做出了獨特貢獻。儘管山重水復，柳暗花明，任重道遠，但能砥礪前行，持之以恆，前景光明。為往聖繼絕學，聖學源源兮道統重建；為儒家傳薪火，儒林鬱鬱乎斯文再現。

韓星敬賀

編按：韓星，中國人民大學國學院教授，國際儒聯理事暨教育傳播普及委員會副主任，中和書院院長。

吳　飛

祝賀儒家網創辦十週年。過去的這十年，在紛紛擾擾的聲音中，從慘澹經營到初具規模，非常不易。希望下一個十年，我們都能以更博大的胸襟、更通達的態度，從中國思想中汲取更多的智慧與力量，來解決現代社會提出的種種難題。走的是正道，就一定會越來越寬，越來越通暢。

吳飛

編按：吳飛，北京大學哲學系教授。

陳　贇

儒家網創辦十年，歷經坎坷，取得了令人矚目的成績，實屬不易。近十年來，儒家思想與中國學術共同成長，參與中國社會的變革，而儒家網則成為體現、反映、推動儒家學術研究與思想開展的大平臺，見證了中國之道的復興。祝願儒家網越辦越好！

陳贇敬上

編按：陳贇，華東師範大學哲學系教授，教育部人文社會科學重點研究基地華東師範大學中國現代思想文化研究所副所長。

方朝暉

《儒家網》創辦至今十週年，實為當代中國學界值得慶賀一件要事。任重先生以巨大的毅力，勇於擔當的精神，擎起儒門義旗，過去十年來為發揚儒學，重建儒家學統和道統，作出了巨大貢獻，值得我們深致敬意！下面為所作短句：

十年辛苦不尋常　　篳路藍縷儒家網
重振絕學擎義旗　　重建道統起衷腸
儒門事業久凋零　　儒生號角已吹響
試問誰是真儒者　　最是任重在此方

方朝暉二〇一八年十一月十二日於清華園

編按：方朝暉，清華大學人文學院歷史系教授。

曾振宇

儒家網十週年之際，恰逢唐君毅等四先生發表《為中國文化敬告世界人士宣言》六十週年。六十一甲子，四先生在風雨飄搖之時發出的中國文化「有活的生命」之吶喊，至今仍然使人百感交集。時耶命耶？當今之世，學界同仁當以余英時先生「我在哪裡，中國就在那裡」自勉。儒家網的文化意義與天下擔當，或許再過十年，世人看得更加清楚。

曾振宇

編按：曾振宇，山東大學儒學高等研究院教授。

陳　明

十年時間，儒家網已在思想學術界占據一席之地，發出一種聲音，彰顯一種可能，可喜可賀！這首先當然是因為傳統生機深厚，其次是同仁努力不懈，

但我更想強調的是時代的需要急迫。對我們來說，這是一種召喚，一種責任，也是一種幸運——短暫的生命可以在這樣十年二十年的具體工作中體會到天地之道的真切與永恆。

人能弘道，道亦弘人。

陳明

編按：陳明，《原道》主編，首都師範大學哲學系教授、儒教研究中心主任。

姚中秋

堅苦卓絕，十年生聚。砥礪前行，四海歸宗。

賀儒家網創辦十週年
姚中秋

編按：姚中秋，山東大學儒學高等研究院教授，弘道書院院長。

徐　勇

十年來，儒學網對於喚起國人認識傳統文化的價值、增進傳統文化的興趣、提升傳統文化的素養，功莫大焉！傳承文化的使命任重道遠，十年尚屬起步，希望並相信儒學網今後的路走得更順更好！任重任重！

徐勇

編按：徐勇，北京師範大學教育學部教授，北京師範大學國學經典教育研究中心主任，中國教育學會傳統文化教育分會會長。

朱　承

祝賀《儒家網》開辦十年。

儒網綿延十年路，文思薈萃一時新。

朱承

編按：朱承，上海大學哲學系教授。

柯小剛

欣聞儒家網十年慶，不勝感懷。做好網絡，功同書院，此亦我個人多年致力之事。網絡教化十年，儒家網之功，世所矚目。期待儒家網的未來做得更好！

柯小剛

編按：柯小剛，同濟大學人文學院教授、同濟復興古典書院院長。

方旭東

欣聞儒家網開辦十年，謹表衷心祝賀。從儒家網到儒家郵報，作為讀者，我見證了你們一路走來、不斷進取的耕耘與收穫。作為認同儒家價值的學者，你們是讓我感到「德不孤」的存在。

方旭東　戊戌年十月初七

編按：方旭東，華東師範大學哲學系教授。

李長春

儒家網走過的十年，也是儒學由邊緣重新向中心回歸的十年。過去十年，中國政界、學界、民間形成的最大共識就是：儒學復興是不可阻擋的歷史趨勢。儒家網應運而生，與時代同呼吸，與歷史共命運，見證並參與了這一偉大的進程，展示了當代儒家的文明自覺和擔當意識。儒家網諸同仁再接再厲，成為聯結政、學、商、民各界儒者的橋樑，推進當代儒家「為往聖繼絕學，為萬世開太平」的偉大事業。

李長春

編按：李長春，中山大學哲學系副教授。

張晚林

數十年來，儒家網在沒有任何官方經費之支持下，雖步履維艱，然儒學復興之大旗，道統再造之重任，於斯在焉。成績斐然，影響深遠，決無官方研究機構所可仰望。可謂「禮失求諸野」也。任重先生，雖孤臣孽子數十載，然窮

且益堅，不墜青雲之志；識見高遠，格局宏大，絕非尋常學者所可比擬。可謂「士不可以不弘毅」也。

儀封人曰：「天下之無道也久矣，天將以夫子為木鐸。」當今之世，木鐸之聲，唯儒家網堪其任也。

張晚林志賀儒家網十週年

編按：張晚林，湖南科技大學哲學系教授。

曾　亦

祝賀儒家網創辦十週年！

近二十餘年來，隨著中國改革開放的深入，傳統文化得到國民普遍的認同和喜愛。尤其是最近十餘年，此種潮流更是表現為儒學的復興，而儒家網的創辦，適逢其時，種種努力，眾所目見，對於儒學成為當代中國真正有生命力的保守主義思想，可謂功莫大焉！

曾亦

編按：曾亦，同濟大學人文學院哲學系教授，經學研究所所長，上海儒學研究會副會長。

陳壁生

十餘年來，儒學百載沉寂之後，開始重新走進當代人的生活世界，重新塑造中國文明。在儒家從花果飄零到貞下起元，儒學研究從批判繼承到多元並進，儒家思想從知識討論到價值認同的過程中，儒家網不但是見證者，更是參與者，推動者與承擔者！祝賀儒家網開辦十週年，並祝願儒家網在下一個十年辦得更好！

陳壁生

編按：陳壁生，中國人民大學國學院教授。

任　鋒

你終要屹立於這大地之上

英雄馳騁之野　聖賢絃歌不絕

體乾　剛健

見龍　在田

你終要再一次返回故鄉

在下一次遠航前修好書與劍

做個天行者

向前　向前

任鋒

編按：任鋒，中國人民大學國際關係學院政治學系教授，弘道書院執行院長。

鄧秉元

儒家網創辦十年，實為不易。但真正的文化，非一時一地一人一群之事，自有其千古不磨的價值所在。我願今世習儒之人，以小人自處，以君子自期，思以學自任，莫以道自居。正學以言，無曲學阿世；忠恕而行，勿為虎作倀。或能不負此身，不負所學，不負前賢，不負昊天。謹以此言，與諸君共勉。

鄧秉元

編按：鄧秉元，復旦大學歷史系教授。

陳少明

儒學的當代復興是在更為複雜的輿論環境下發生的。與幾乎所有的思想鬥爭一樣，新的辯論形式上不會有輸贏的直接結果。爭論者爭取的對象，不是自己的對立面，而是廣泛的未形成固定立場的聽眾或觀眾。誰爭取他們，誰就贏得未來。而充分耐心的講理，才是取信於人的根本途徑。願當代儒家或儒學同道，同時也期待其爭論的對手，把說理進行到底！

賀儒家網建立十週年　陳少明

編按：陳少明，中山大學哲學系教授。

吳展良

值此十年佳期，我在此敬祝儒學網：在新時代的挑戰中，繼往開來，從而為天地立心，為生民立命，為往聖繼絕學，為新中國與新世界開太平。

吳展良　敬祝

編按：吳展良，臺灣大學歷史系教授。

盛　洪

值此儒家網創辦十週年之際，我的希望是，勿忘經典自民間，要學孔子從野人。

盛洪

編按：盛洪，北京天則經濟研究所所長，山東大學經濟研究中心教授。

任劍濤

儒家網開辦十年，有理念，有擔當，在一個信仰與信念缺失的時代裡，給人們以價值引導與信念支撐，殊為不易。祝儒家網未來有更好的發展，在中國現代價值世界的重建中發揮更為重要的作用。

任劍濤

編按：任劍濤，清華大學政治學系教授。

白彤東

為處士橫議提供平臺
為儒學復興播撒種子
為華夏舊邦續以新命

白彤東謹賀儒家網十週年

編按：白彤東，復旦大學哲學學院教授。

陳　勇

「靡不有初，鮮克有終」。熱烈祝賀儒家網十週年，風雨不動安如山。

陳勇　敬上

編按：陳勇，墨西哥學院亞非研究中心教授。

陳進國

　　素仰臺端秉持「為往聖繼絕學」之弘願，篳路藍縷，惇篤儘力，孜孜於紹續儒家之真精神及其當代踐履，美成之功，望重士林。

值此「儒家網」創辦十週年，謹致敬致賀：

　　　　任謗任勞俾日月所燭以歸文明過化，

　　　　重情重義期天地同心合乎道統集成。

耑此敬頌
道祺！

後學進國頓首

時天運共和戊戌良月穀旦

編按：陳進國，中國社會科學院世界宗教研究所研究員，《宗教人類學》集刊主編，《中國宗教報告（宗教藍皮書）》主編。

唐元平

賀儒家網創辦十週年

　　　　春秋十載儒家網，當代儒生思想揚。

　　　　承續文明為己任，復興華夏沐聖光。

　　　　凝心聚氣萬難除，砥礪前行千古航。

　　　　弘教之功吾任重，賢人盛讚好兒郎。

戊戌初冬壹學於廣州華農大

編按：唐元平，華南農業大學人文與法學學院教師、國學院副院長。

劉梁劍

在中國文明日益覺醒的時代，儒家網應運而生，以儒者的擔當激揚文字，復極有功於中國文明之覺醒。十年來，以天下為己任，情系民生而究心學術；為萬世開太平，弘儒家之道而不廢百家爭鳴。展望未來，中國文明在挺立自信之後亟待進一步的覺醒？嚴中西之辨，忽古今之別，在人類的後經學時代以經學方式「弘揚」儒學，或為今日儒學發展最大之歧趣。孔子生於春秋，而不以魯國限《春秋》；孔子如生於今世，必不以儒家限中國。

劉梁劍

編按：劉梁劍，華東師大哲學系暨中國現代思想文化研究所教授。

王慶新

士不可以不弘毅，任重而道遠。仁以為己任，不亦重乎？儒家網在過去的十年中為儒家思想的復興與傳播作出了重要努力和貢獻，祝賀儒家網創刊十週年！

王慶新　敬賀

編按：王慶新，清華大學公共管理學院教授。

吳啟訥

在傳統世界政治中，儒家是唯一理性的治國思想；在現代世界政治中，儒家思想的理性特徵依然超群。儒家網致力探索儒家與現代社會和現代國家的關係，功莫大焉。

吳啟訥

編按：吳啟訥，臺灣中央研究院近代史研究所副研究員。

周景耀

儒家網興辦十餘年了，期間篳路藍縷，苦心經營，頗為不易。「恁是一陽來復後，梅花柳眼先春發」，儒家網既助推了儒學的復興，也賡續斯文之際開物成務，積極參與著中國思想轉型的動息之變，為國為民，不辭勞苦，只問耕

耘，不求回報，功德可謂至偉至大。處此三千年變局未完成之世，任重而道遠，吾輩不可不弘毅，儒家網是為表率。在儒家網的支持與提攜下，我有幸參與了一些事件的討論，這些經驗對我個人影響很大，知識與思想的版圖因之而擴展。更重要的是，通過儒家網結識了一些師友，很多人雖至今未曾謀面，卻時有心息相依之感。我相信，靠著這份以道相合、以義相聚的精神，於此紛擾之世，定能補敝起廢存亡繼絕，開出一片思想的新天地。

祝儒家網越辦越好！

周景耀恭賀

編按：周景耀，寧波大學中文系講師，南軒書院院長。

王瑞昌

儒家網，儒家學術、儒家文化、儒家學者雲集之家園也。紮根民間，健行不息。中立不倚，自鳴天籟。孜孜矻矻，跋涉十年，自微之顯，由近而遠，功德昭焉。如此，遊魂庶幾微賦流形，淡泊可喜略有生氣。自此以往，枝繁葉茂，盛德大業，或可期也。斯文之幸，而國族之福也。由衷拜祝致賀！

米灣

編按：王瑞昌，號米灣，首都經濟貿易大學文化與傳播學院教授。

余東海

集句聯賀儒家網創刊十年

十年生聚，十年教訓；萬古文章，萬古綱常。

東海曰：上聯出自《左傳・哀西元年》，借喻儒家網團結同仁，積聚力量，發憤圖強。下聯讚揚儒家網的作用，所發文章所明綱常，有著永恆的力量和不朽的價值。前句出自黃庭堅〈送王郎〉：「墨以傳萬古文章之印，歌以寫一家兄弟之情。」後句出自謝枋得〈和曹東谷韻〉：「萬古綱常擔上肩，脊梁鐵硬對皇天。」

余東海

編按：余東海，民間儒者。

孫海燕

儒家網創辦十年，於弘揚儒道，振興人文功莫大焉，也讓我這個淺陋後學從「而立」追隨到「不惑」，今特撰拙聯一副，略表祝賀感念之忱，並期與各位前輩及諸君子共勉：

十年生聚，尊孔孟，振人文，精誠相感，肯替蒼生爭世運。

百折不回，喚良知，辨正邪，砥礪而行，莫為名利負初心。

孫海燕

編按：孫海燕，廣東省社會科學院哲學所副研究員。

顧家寧

感佩儒家網的十年堅守，它所展現的學術品位與社會關切，以及包容、進取、中正、擔當的精神，正是儒學內在品質與時代生命力的彰顯。網絡時代，獨立精神的恆久持守殊為不易，學理深沉的淑世情懷尤顯難得。

江湖之遠，憂樂以天下；以仁心為衡，大道兼海內。衷心祝願儒家網越辦越好！

顧家寧

編按：顧家寧，北京航空航天大學人文與社會科學高等研究院助理教授。

陳昭瑛

為儒喉舌　十年有成

祝賀儒家網生日快樂！

陳昭瑛

編按：陳昭瑛，臺灣大學中文系教授。

劉悅笛

儒家網十年如一日，推舉儒家傳統，「循天下之公」，功莫大焉！遙想舊世紀，從批林批孔到八十年代反傳統主潮，何有今日之局面？遙望新世紀，從價值重估到近廿年傳統復興主流，必定未來之格局！今日復興傳統，以儒學為主體，同時要與道、釋、墨、法等諸家平衡發展，不是一家獨大，而是平等對話。如今儒家復興，一方面，乃是菁英們的心性化和政治化，另一方面，則是民眾們的禮學化和實用化，儘管皆直面諸多困境，但復興「禮樂合一」傳統方乃康莊大道！作為儒家思想的平臺，望能承繼船山先生所言——「所貴乎經義者，顯其所藏，達其所推，辨其所異於異端，會其所同於百王，證其所得於常人之心，而驗其所能於可為之事」。儒家復興並非書齋內的革命，而是知行合一的踐行之道，希冀「禮樂文明」在中土重現輝光！

劉悅笛

編按：劉悅笛，中國社會科學院哲學研究所研究員。

石立善

值儒家網創辦十週年之際，希冀繼續推廣儒家經典的閱讀與普及，提升公民素養，以儒者身份參與並推動社會公益活動，濟苦助貧，做傳統文化的真正踐行者。

石立善

編按：石立善，上海師範大學哲學系教授，東方學者特聘教授，中國比較古典學會副會長，《古典學集刊》主編。

劉　震

《易》云「十」乃成數，其義則喻「與十則成」。儒家網在任重兄等諸賢達的孜孜不倦之下，十年已大成天下。回首十年間，儒家網領時代之先風，承中華之學術，弘道於網絡之間，正心於社會之上。可謂「性成良善善成性，賢傳大道道傳賢。」

特此恭祝儒家網十週年天祐大吉。

劉震

編按：劉震，中國政法大學人文學院哲學系副教授。

金　綱

俄蘇進場，遂致吾土演成六經劫難。儒家網膺道統法器，與《原道》頡頏，行托命大義，開一線天機，於是我儒漸呈貞下起元之象。

祝賀儒家網十年！

戊戌小雪金綱

編按：金綱，民間儒者。

吳　鈞

賀儒家網創立十週年：

欲振斯文必崇儒　　未平天下先齊家

吳鈞

編按：吳鈞，宋史研究者。

宋立林

儒家網十歲生日來臨，不免百感交集。在中華歷史的漫漫長河之中，十年好像真的微不足道。然而，儒家網走過的十年，對於當代儒學的復興而言，卻是極為值得珍視的重要時段。儒家網有自己堅定的文化立場，但又具有開放的胸懷，各方對儒學焦點問題的爭論兼收並蓄，這恰恰清晰地呈現了時代思潮與文化現狀。我本人就從這豐富的資訊中堅定了信念，開拓了眼界，深化了思考，真是受益匪淺。

儒學之生命力，曾經在近百年來備受質疑，如今似乎亦未能為世人所肯認。然而，「人能弘道」，事在人為。有越來越多的人走近儒家、走進儒學，恰恰是諸位前輩和像您這樣的同道不斷努力的結果。雖然，今天儒家依然被很多人所誤會、曲解乃至批判，但是總歸是貞下起元，一陽來復。此差可慰藉者也。

「士不可以不弘毅，任重而道遠！」願儒家網依然保持關注現實、相容異見的風格！祝儒家網吸引更多的同道投身儒學復興的大業中來！

宋立林

編按：宋立林，曲阜師範大學中華禮樂文明研究所所長。

龐景超

儒家網一直秉持水準高、立場清、資訊新的標準，做思想的創造者而非泛泛的傳播者，持之以恆地呈現一場場思想盛宴，在眾多同類平臺中脫穎而出，為儒家文化復興大業推波助瀾，也令我輩後學甘之如飴受益良多。正本清源，功莫大焉！作為一個民間公益性質的思想平臺，一路走來，風風雨雨，著實不易。正是任重先生帶領一眾義工，殫精竭慮，無私奉獻，才有如此成就。

人能弘道，任重道遠！事在人為，盡心知命！

後學龐景超謹上

編按：龐景超，中國人民大學公共管理學院博士後流動站研究人員。

郭曉東

熱烈祝賀儒家網開辦十週年。十年來，儒家網披荊斬棘，為守護道統、弘傳儒學做出了卓著的貢獻。任重道遠，斯文不墜，願儒家網越辦越好！

郭曉東

編按：郭曉東，復旦大學哲學學院教授。

曾海軍

欣聞儒家網創辦已經十週年，不勝感慨。這些年來，我也一直在勉力支撐著辦欽明書院公眾號，深知箇中艱難。儒家網自創辦之初一直堅守到今天，在這十年間一定克服了許多的困難，付出了大量的辛勞，最終成為全國最具影響力的儒家互聯網平臺，真是可喜可賀！儒家網在過去十年中，為凝聚各方儒家的力量，為聚合各種儒學的工作，把全國乃至世界各地的儒學星火編織在一起，極大鼓舞了儒家的士氣，推動了儒學的復興，其成就可謂有目共睹。未來

儒家若得成燎原之勢，儒家網必定功不可沒！儒家網在自身建設和發展的同時，還帶動了眾多其他儒家平臺的發展。我們欽明書院公眾號就受惠於儒家網的推廣，借此機會向儒家網表達衷心的感謝，並期待儒家網今後辦得越來越好，為推動儒家的復興事業貢獻更大的力量！

曾海軍

編按：曾海軍，四川大學哲學系副教授。

劉增光

儒家網十年，從儒家網網站到儒家網微信公眾號，從儒生文叢到儒生雜誌，儒家網在成長，儒家網的影響也愈益深廣，雖然用「星火燎原」來形容不太恰當，但我真的希望以此來表達自己的心願。我與儒家網的聯繫最早便是做學生時通過郵箱訂閱儒家郵報，由此以獲知學界的研究和關注動態，這可以使得自己不是一個儒學的「門外漢」；工作教書後自己的文字又被儒家網推送過，這使我意識到自己大概並不是儒家的「局外人」。也許，正如業師彭永捷教授所說，「每個人都是新儒家」，我們每個人都身處於這樣的一個家中。儒家網是多媒體時代、多元化時代致力於儒家思想研究與傳播的開放性平臺，總是及時地將學界成果在網絡上予以傳播，而另一方面則是總能及時對社會公眾事件予以置評，在溝通儒學與社會、儒學進入公共社會方面其功甚偉。

儒學的研究者很多，相較來說，熱忱的傳播者、自覺的弘道者則更可貴。建設一個這樣的平臺不容易，需要我們大家一起努力——儒家、儒家……使天下為一家，中國猶一人。

劉增光

編按：劉增光，中國人民大學哲學院副教授。

谷繼明

在我看來，儒家網的宗旨是和而不流，中立不倚的。同時它又比較包容，提供了諸多平臺。這意味著，前一篇文章還是這一觀點，後一篇又變成另一相反的觀點。所以每篇文章都有反對者，也就是吳歡兄所觀察的各邊都不討好。

然這不是精神分裂，而是在彰顯差的基礎上凝聚共識。它不會用雲山霧繞來遮蓋衝突、迎合世界的各種潮流。這一點在需要真正展開討論的中國尤其可貴。在輿論場中，儒家網被標籤化，儒家也被標籤化，這並不可怕。只要自身保持日生日成的氣魄，一直在認真地討論和行事，便是道不孤的。

十年事業，實屬不易。今聊作詩一首，以奉達儒家網諸師友左右。

天行千載有丕變，人事十年已小成。
也抱麟經持舊志，更通四譯振新聲。
時修矛戟辨邪僻，日具席珍養庶貞。
黽勉既聞百代法，來茲或見三朝英。

谷繼明

編按：谷繼明，同濟大學人文學院副教授。

溫厲

十年，在日新月異的網絡世界發出儒家的最強音。任重道遠，祝儒家網更行更遠。

溫厲恭賀

編按：溫厲，本名任文利，北京青年政治學院東方道德研究所副研究員。

王達三

我創辦的中國儒教網在第九年的時候死了，吹劍創辦的儒家網則活了十年，而且看來活得還不錯。活著就好！活著就是希望！衷心祝賀！

魯高唐王達三於木鐸書屋

陳彥軍

敬賀儒家網成立十週年、非道弘人，人能弘道。十二年前，陋居鄉野而得聞孔學大教，得益於陳明師、任重兄篳路藍縷開創的儒學聯合論壇網上道場。十年前，忝居京師而親炙陳師口授心傳，見證了任重兄荷難獨上推動從論壇到

郵報再到儒家網的艱辛轉型。

十年樹木，百年樹人。不才僻居南海讀書輔仁聊以自慰間，任重兄左突右衝，前接後引，以一身備中原師友之傳，以一力匯四海眾人之功，於滿目蒿離的中國思想場豁然樹立起當代儒學的挺秀楨幹，老者以安，朋友以信，少者以懷，舊邦新命，煥乎成章。儒家之道，存乎百姓日用，乏人浸潤則敝，得人時習而興，君子任重，得無勉乎！

陳彥軍　謹識

編按：陳彥軍，三亞學院南海書院研究員、學術服務中心副主任。

齊義虎

二〇〇九年二月二十四日，我從偏遠的西南小城綿陽第一次向儒家郵報投稿，開始了我與儒家網將近十年的交往。通過儒家網這個平臺，我結識了許多分散在全國各地的志同道合者，切身感受到「德不孤，必有鄰」的溫暖和信心。

十年之間，我與儒家網，一路偕行，共同成長。我繼續給儒家網投稿，撰寫社論，就社會熱點事件發出儒家的聲音。同時我也見證了歷史：得益於儒家網的凝聚和傳播，儒家的信徒越來越多，儒家的聲音越來越大，儒家的復興越來越有希望。海納百川，有容乃大。儒家網以其包容性成為不同主張的儒學流派展示交流的公共平臺。接下來的第二個十年，祝願儒家網繼續凝聚人心，匯聚力量，砥礪前行，迎接復興！

齊義虎

編按：齊義虎，西南科技大學政治學院講師。

呂明烜

儒家網的堅持已有十年，它見證著傳統的復興，更用自己的努力推動了儒學的蓬勃壯大。從網站到郵報再到公眾號，儒家網同仁積極跟進時代傳媒技術的發展，探索不同平臺的不同宣傳方式，為我們不斷優化著一個寶貴的交流平臺。它是同道切磋討論的學習空間，是儒學快速發展的備忘年鑑，更是儒門倡言發聲的輿論陣地。人能弘道，而「道不離器」，儒家網是儒學反本開新之路

上的一把利器。

在此儒家網十週年慶賀之際，謹向網站同仁道一聲辛苦，並衷心祝願儒家網越辦越好！

呂明烜敬賀　二〇一八年十一月二十四日

編按：呂明烜，中國政法大學人文學院哲學系講師。

程　旺

儒家網的十年，是為儒門發聲的十年，是以身體道、彰明教化的十年；是助力儒學新形態逐步形成的十年，是助推儒學創造性轉化、創新性發展的十年，儒家網的十年，是儒門集體凝心聚力、文化自信的十年。有思想，有學術，有傳承，有新知，有熱點，有活力，有擔當！期待儒家網的下一個十年！

程旺

編按：程旺，北京中醫藥大學講師。

崔海東

賀新郎·敬賀儒家網創辦十週年

奮戟長空舞。何處逢、腥羶鹹絕，衣冠盡復。堯舜河山渾如雪，多少芳菲空賦。嗟孔朱，零落如許。盡到青山最青處，喚崦嵫、紅日萬裡怒。叩閶闔，俱鼛鼓。

太師適齊亞飯楚。收取意、書生一二，關山四五。算道百年西風烈，吹散雁雲幾度。正壯士、執彎如虎。冷暖十年生聚事，料從頭收拾有天數。一陽始，臨砥柱。

西元二〇一八年十二月一日
崔海東

編按：崔海東，江蘇科技大學人文學院副教授。

孫勁松

信息時代，瞬息萬變。十年來，人們瀏覽資訊的主要工具由臺式電腦、筆記本電腦到手機。在這樣的時代，一個民間學術網站堅持十年，實屬不易。足見中華優秀傳統文化仍具無限生機，亦可見儒家網運營團隊內外兼修、運營有方。

祝儒家網可久可大、越辦越好！

二〇一八年十二月一日

孫勁松

編按：孫勁松，武漢大學國學院副院長、教授。

梁　濤

祝儒學網越辦越好，為儒學研究與傳播提供一個網絡「道場」。

梁濤

編按：梁濤，中國人民大學國學院教授。

陳喬見

合志同方，營道同術。

錄《儒行》八字賀儒家網創辦十週年

陳喬見

編按：陳喬見，華東師範大學哲學系副教授，上海儒學研究會理事。

秦際明

任何一種學術一旦成為定式流布廣遠，那麼其思想鮮活的力量便有可能在習以為常中熟視無睹。儒學即是這樣。二千多年之後的晚清，人們認為固有的倫常與社會是僵死的，處處求變，以致於偏離了對人類秩序的基本理解，而代之以無根的理想主義，有的人將這種理想主義歸之於儒家，有的人將儒家理解為這種理想主義的對立物。二十世紀的儒學竟是這樣，甚至於人們認為儒家也就是這樣。甚矣其不思也。走出二十世紀，重思、重建儒學，儒家網及其所聚

的儒學學者，是重要的開端。或遲或速，我們終將回到對道本身的致思與踐行。敬祝儒家網十週年慶。

秦際明

編按：秦際明，中山大學哲學系（珠海）副教授。

李競恆

《易・恆卦》彖曰：「觀其所恆，而天地萬物之情可見矣。」君子治事，亦如簣土積山，百工攻玉，非有恆者不克成也。無恆產而有恆心者，惟士為能，而宅處丘墟，離被苫蓋，夙夜匪懈，糞掃荊棘，十年之期，不亦難哉！二三君子，不忍道器之委地，爰奮鐘鐸，玉枹鼉鼓，步武伏生，燈傳天水，六經尊服鄭，而百行法程朱。是知君子途，樂之以從遊，寸竹尺牘陋，遙拜再奉觴。

李競恆　戊戌大雪

編按：李競恆，四川師範大學巴蜀文化研究中心教師。

彭永捷

其一

儒林薈萃，於斯為盛。百家爭鳴，和而不同。

其二

敦德崇禮，居仁由義。有補後學，有功聖門。

賀儒家網建立十年
彭永捷

編按：彭永捷，中國人民大學哲學院教授、孔子研究院副院長、儒教研究中心與《儒教年鑑》編輯部主任。

范　仄

以中庸與和合為特徵之事業貴在堅韌，而堅韌必在事功，否則終是口頭禪、理念人之類。然十年事功幾集於一人者稀也。讀《儒家網十年記》，可知

任重君便是此人，持一樸念而執於實事，不求聲名，不追理宏，只冀事之實、根之深。十年間以儒之名聞達於天下者眾矣，而唯任重君任勞任怨，耕儒業之廣之深之實。

二○○八年任重君創儒家網，離中國 GDP 居世界第二的二○一○年還差二年，即離中國崛起論還差兩年，儒門蕭條無人顧，更無自稱儒生者。

起初任重君、達三君、與沉君等無酬為陳明兄編輯《原道》。每有飯局，我也應邀騙些酒肉，自曰敲邊鼓。後四人各有具體志向，任重君創儒家網；達三君創儒教網（已被關閉），迷公羊學；與沉君隱都市而沉於佛學；陳明兄宏願創辦書院，據說最近已有實體，可喜可賀。

隨著中國 GDP 上升為第二，中國崛起論甚囂，中華民族復興論甚熾，儒家一夜間在官民皆成熱物，儒冠爭相戴在頭上，大陸新儒家代表人物從過去的蔣慶、陳明、康曉光三人變成今天的過江之鯽。唯任重君一人依如往前，默默耕實耘廣。

儒家網十年之際，任重君問我寫不寫祝詞，我未作答。我與儒家網之緣可謂前五年乃見證人，後五年乃疏離人。十八屆三中全會提市場決定性地位，我的重心則完全轉移到馬恩列斯毛主義上。時代變矣，在此決定性地位面前已無中庸之可能，亦無諸說諸旨博奕之空間，我過去遊於諸說諸派間已到終結之時，而默然植有魯濱遜幽靈的新儒家也易深陷為溫和法西斯提供文化心理和文化正當性之泥窟。此時此際，疏離人已成猶疑人。但我深知任重君之樸心依在，唯願上天保佑儒家，終未陷進去，也祝任重君及其儒家網樸心前行。

范仄

編按：范仄，獨立學者。

王　正

儒家網辛苦十年，力求融古今、貫東西、衡左右，闡揚華夏中道。未來尚任重道遠，仍需礪精神、運智慧、克曲蔽，涵容天下文明。──祝儒家網未來更好。

王正

編按：王正，中國社會科學院哲學研究所副編審。

歐陽輝純

儒家網為儒學的研究、發展和傳播作出了不懈的努力。我們通過閱讀儒家網的文章，深深懂得，對待儒家文化既不要不知內斂地放縱自己的偏見，也不要成為令人尷尬的儒家學術祭司。

德合天地，自強不息；道濟天下，妙贊化育。

熱烈祝賀儒家網創辦十週年！

歐陽輝純　謹上

編按：歐陽輝純，貴州師範大學教授。

劉　強

賀儒家網創辦十週年贈任重兄

十年辛苦不尋常，弘道何惜瘦阮囊。
一網聯通天下士，八方共裁斐然章。
儒門淡泊仁長在，天理昭彰志未央。
吹劍讀書勤砥礪，揚鞭策馬起蒼茫！

戊戌孟冬有竹居主人劉強寫於守中齋

編按：劉強，同濟大學人文學院教授。

賈慶軍

近兩年才接觸儒家網，但其給人以深刻的印象。於我留下深刻的印象有三：

（一）海納百川。儒家網以開放的姿態歡迎關於儒家文化的各種觀點，無論是讚揚的、肯定的，還是批判的、商榷的，都一一接納。這就使真理在各種觀點的博弈中愈加顯明。

（二）菁英路線。儒家網選擇從菁英入手來實現儒家傳統文化的傳承和傳

播，這本身也符合傳統文化的精神。儒家文化強調一切從關竅和靈明處著手，所以心性之學才成了其最關注所在。儒家的禮制也是圍繞著心性展開的。既然注重心和關竅，知識菁英恰是一個社會的核心。所以這一群體就成了一種最為恰當的選擇。儒家網可謂用心良苦。

（三）親民實踐。雖然走的是菁英路線，但菁英若是封閉孤立的存在，也不是儒家文化的本意。所謂「內聖外王」、「知行合一」、「明德親民」。一種心性或思想若成為一顆孤寂封閉之存在，就失去了生命力。所以，真正的明德必然要親民，且只有在親民過程中才能逐漸完善和成就自身。儒家網對民間儒家文化踐行的關注就是這樣一種自我完善。

祝儒家網今後越辦越好！日新月異，止於至善！

此致

貫慶軍

編按：貫慶軍，寧波大學人文與傳媒學院副教授。

蕭俏波

筆路藍縷以啟山林　　任仁弘道惠此中國

祝賀儒家網創辦十週年　　蕭俏波

編按：蕭俏波，天津師範大學政治文化與政治文明建設研究院、政治與行政學院講師。

文禮書院王財貴

時哉時哉，十載十再，實實在在。儒家網之創設也，適逢其時，其存心篤實，其言論真實，乃在於人心，在於天下，今已十載，當再十載，乃至無窮之十載，雖任重，而道遠，將與時俱進，如是如實而在也。

王財貴恭賀

編按：王財貴，文禮書院創始山長。

孟母堂周應之

網絡者，人心之流溢也，遂而音聲雜遝，清濁難分，而網絡者，又為精神出入洗煉之所，清濁不能不分也。儒家網，其為清流者乎？十年東逝之水，其沾溉世俗人心之利已大矣！

孟母堂周應之於儒家網十年致賀

編按：周應之，孟母堂創辦人。

北京七寶閣書院馬一弘

儒學網十年，系儒生，論公道；篳路藍縷，以啟山林，沐甚雨，櫛疾風，砥礪前行。祝賀儒家網開辦十週年！

馬一弘

編按：馬一弘，北京七寶閣書院山長，中國書院學會副會長。

孔陽國學工作室朱翔非

儒者要在道德上立起來；各自發展，要和而不同；儒者興起，要互助團結！祝儒家網越辦越好！

朱翔非及孔陽國學工作室敬上

編按：朱翔非，孔陽工作室創始人，中國國學中心學術處處長。

湖北省國學研究會張鳳篪

欣聞儒家網成立十週年，謹向任重主編及各位編輯、義工老師們致以崇高的敬意與衷心的感謝！作為在基層從事傳統文化教育、推廣工作的從業人員，我個人這十多年摸索、實踐的經歷，一直在吸收著儒家網所給予的滋養與力量。這十年來，雖然閱讀管道從郵件、網站逐步遷移到微博、公眾號、微信群，但儒家網一以貫之的對學術思想的傳播、對社會熱點的回應、對民間生態的關切、對各方觀點的包容，始終影響著包括我在內的眾多基層一線工作者的思維、行動乃至信仰。

　　尤其令我特別受益與感動的是，儒家網一直特別關注民間儒學的發展動態，特別關注青年學子的心性成長。此二點背後之群體，正是儒學在當代中國最為厚實的發育根基與最具朝氣的成長勢力。我也相信，儒家網對民間及青年群體持續的關注、批判、影響及引導，必將在更為久遠的未來開出希望之花，結出勝利之果。人能弘道，道不遠人，以天下為己任，為萬世開太平。與諸師友同道共勉！

張鳳簫

編按：張鳳簫，湖北省國學研究會副秘書長，大冶子規緣幼兒園國學導師。

曲阜春耕園邵雅忠

　　　道義貫古今　文章有清音
　　　一網集諸儒　正學以新民

　　儒家網，十年風雨，十年積聚。守望道統，關懷國際。心繫民情，為政建言。引領世風，務在篤行。其興儒學，發儒聲，振新民，育士德，其功乃大，儒林之幸。謹以此祝賀儒家網開辦十週年

曲阜春耕園學校邵雅忠

北京漢服協會少卿

　　儒家網和漢服北京同為敦和種子成員，也恰巧都將迎來十週年華誕。漢服和儒學都是中華優秀傳統文化的重要組成部分，在華夏文明復興的旗幟下，我們是志同道合的戰友夥伴。願儒家網越辦越好，邁向更輝煌的十年！

北京漢服協會會長鴻臚寺少卿

明倫書院施文忠

　　　儒壯為俠，為國為民，立德兼立功，述而不作傳道統；
　　　物格致知，希賢希聖，求仁亦求智，窮而能固續斯文！

　　立德、立言、立功，《左傳》稱其三不朽；求仁、求智、求勇，夫子謂之

三達德。任重兄緊扣「中國重新生長」「儒家文化當代表述」時代主題，敏銳捕捉「儒家重新公共化」這一時代信號，創辦儒家網弘道平臺多年，其孤憤血誠、鐵肩道義，有目共睹，其勵精圖治、斯文濟世，有口皆碑。

今值儒家網創立十週年，明倫書院施文忠崶此敬賀

深圳孔聖堂周北辰

儒家網創辦十週年誌慶：儒家網同仁十年耕耘，織就一張巨網，把儒門星火般的資源整合在一起，讓世人感覺到當今中國還真有「儒家」！

深圳孔聖堂主事周北辰敬賀

長城講壇黑板

儒家網以任重（吹劍）兄一己之志肇始，歷經數年獨自堅守，匯聚眾人之力襄助，十載風雲，十度春秋，實屬難得，實在可貴。《中庸》有言：人一能之，己百之；人十能之，己千之。此乃儒學重光之路，亦是中華復興之道。恭賀儒家網創辦十週年

一心一意十年磨劍　鋒芒隱約

百折百煉千秋化育　聖學昌明

長城講壇執行長黑板敬賀　　戊戌年立冬日

朔州國學會邸繼文

在我看來，儒家網是目前中國最具學術功力與弘道意識的現代國學網絡傳播陣地，聚集了一大批國內外知名的中華文化大家、儒學頂尖專家，對包括我們「家庭國學」在內的基層國學普及也一直親切關懷、盡心幫助、大力提攜，使我對儒學的認識從知識儲備儒學、品格修養儒學、記憶訓練儒學上升到了信仰價值儒學、主體文明儒學、審美情趣儒學。

難忘十年來，我也通過儒家網見證和部分參與了中華文化大激盪、傳統文化大復興這一段光輝的中國文化進步史，並促成了「家庭國學」的一步步產生

與進步。通過儒家網，我這個遠在雁門關外殺虎口內塞上小城朔州的文化後進，也隨著中華優秀傳統文化大復興的脈搏一起跳動，一起憂患悲憤，一起歡呼跳躍。

　　但願如習總書記接見過的洋儒生貝淡寧貝老所言，儒家網能一如既往起到儒化中國、儒化天下的巨大作用。

邸繼文

編按：邸繼文，山西朔州國學會創辦人。

儒士社羅仁和

　　十年前的任重先生英姿勃勃，以一份赤誠和堅定開創了聖學復興的一方天地——儒家網。

　　十年之間，無數學人義士因為儒家網結緣聚合，在神州大地形成一個又一個儒群，共和時代才又聞儒聲。聖學悠悠，十年彈指，儒家網的十年只是聖學再興的開始，它的存在已經被歷史記錄，它的發展更會書寫歷史。祝儒家網十年再出發，日新又新敢千年。

儒士社總祭酒　羅仁和

孔子後裔聯誼總會孔祥東

　　斗轉星移，光陰如梭，不知不覺中儒家網已經成立十年。十年來儒家網為儒家文化的網絡視窗和平臺，為中華文化復興作出了重要貢獻。儒家網見證了，記錄了更是譜寫了十年儒家文化復興歷史。恭賀儒家網的十年成就！祝福為中華復興事業默默奉獻同道志士！天祐中華！

孔祥東於雅加達

編按：孔祥東，世界孔子後裔聯誼總會副秘書長，孔氏宗親網站長。

河北儒教研究會高士濤

　　立足儒門，多角度刊發各界儒學研究文章，引領學術前沿；
　　放眼世界，全方位報導各地儒門消息動態，傳播正教音聲。

　　十年的儒家網，以民間媒體之力推動國內儒學研究發展的成功典範！興滅繼絕，立心立命，做了本該官媒應該做的事！可欽可佩！可讚可嘆！

　　祝福儒家網今後的十年，百尺竿頭，更進一步，再創佳績！再鑄輝煌！

「儒家網」十年誌慶　高士濤

編按：高士濤，河北省儒學會常務副會長。

蘇州淑女學堂范必萱

　　十年風雨十年艱辛，十年堅守十年耕耘。儒家網十年成長，從小到大，由弱變強，見證中國文化復興的一段歷史，見證民間儒者與專家學者共同創造傳奇！

　　儒家網是儒門同道的精神家園。在這個精神家園中，不僅體現出君子文化的精神，還體現了對淑女文化的關懷！值此創辦十週年之際，向儒家網的全體同仁致謝！祝願這個平臺越辦越好！

范必萱

編按：范必萱，蘇州淑女學堂講師。

這就是儒家的模樣

──寫在儒家網十週年之際

胡子佩

　　二〇一二年或者是更早，只是某次隨意的瀏覽，突然點進「儒家中國」（後改名「儒家網」）的網站，那時有種直覺──這就是我要找的網站。

　　這裡的文章氣象嚴謹，行文樸實，作者不是公眾人物，在這裡瀏覽，很有種走進大學校園，聽教授們上課的感覺。

　　那時，憑著對傳統文化的熱愛，我和幾位公益夥伴創辦了一所純公益的兒童國學推廣機構──知止堂義學。三四年走下來，感覺頭腦被掏空。不是師範出身，沒有經過系統的學術訓練，現在站在講臺上帶領孩子們讀四書，和家長探討兒童經典誦讀的話題，已經力不從心。而「儒家中國」網的出現，讓我找到了人生的「充電站」。

　　在這裡，不僅可以「聆聽」教授們對儒家義理的闡述，還可以「聆聽」他們以儒家的身份對社會種種現象的解讀。在學術界眾多教授的「指導」下，我在課堂上不僅越來越自信，而且對知止堂義學的發展思路也越來越清晰。

　　在這所「大學」裡學習，我還沒有繳學費，卻得到一筆「獎學金」。起因只是因為我在新浪微博上與網站主編互為好友，從此我們課堂的流水帳也得到主編的關注。二〇一三年，知止堂義學五歲那年，主編說讓我把五年的流水帳整理一下，他要給我們出本書。

　　唯一的一次出書經歷，讓我知道出書有多難：資金的籌集、文章的審核，編輯的溝通，雖然我只是一名旁觀者，但是從二〇一三年著手準備，到二〇一五年五月，《一體微行──知止堂義學五週年回眸》由知識產權出版社，到二〇一八年七月，《儒生文叢》第三輯（十冊）出版完畢，此刻，回眸這段路程，我想主編一定會報以微笑吧。

　　這是一個網站，也是一座橋梁。民間儒學的推動，我們有熱情，卻不一定有正確的方法；我們想聆聽儒家的看法，卻不知道哪裡去找老師。在儒家網的關心和支持下，我們邀請到當代新儒家的領軍人物陳明老師兩度來通，在社區、在高校舉辦公益講座；邀請到唐文明老師、邀請到秋風老師⋯⋯

　　有人說我們牛，可以把學術界的大咖請到南通這樣的三線城市來辦講座。我聽了笑笑，其實不是我牛，是這些老師們聽到一個公益組織要面向普通市民介紹儒家，他們二話不說就來了。如果要用一個詞來形容這些老師和網站，我想那就是「責任」。

　　因為這份責任，他們不遠千里而來；因為這份責任，他們不論相識與否；因為這份責任，他們不問是學府還是街道社區；因為這份責任，他們不說你，而是「我們」，因為，他們說我們有個共同的稱呼，叫「儒生」。

　　這是一個讓我心生敬意的，充滿著書香的地方，不是因為得到他們的資助，而是在我知道他們的運營方式後。

　　這是一個公益性網站，主編同我一樣「不務正業」，上班、帶娃，還帶領著一群大學生志願者以專業、專職的姿態打理著網站，這裡的艱難，沒做過公益的人是無法體會，更是無法理解的。

　　從這個角度來說，我們算是「半個同行」吧，所以，很榮幸被主編邀請，成為網站義工團隊一員。於是，我更深刻地感受到撲面而來的青春氣息。

　　如今的儒家網，有網站、還有「儒家網」、「青春儒學」兩個微信公眾號，特別是公眾號，你看過的每一篇推文，背後是團隊的熱烈討論、激烈交鋒，為了一個標題，甚至是文章的出處，他們不會輕易的放過每一個細節。

　　這是一群由學霸組成的志願者團隊，學習、編輯之餘，他們也會在群裡「哥哥」「姐姐」「大師」地亂喊一氣，也會在不經意時灑一波紅包。我有一個心願，希望將來知止堂義學經館走出去的中學生也有這般模樣，因為，這就是我理解的青春該有的樣子，這就是青春儒家的模樣。

　　此刻，站在二〇一八年的歲尾，儒家網和知止堂義學都走過十年歲月，就讓我們一起為十歲的「成長禮」唱一首歌謠，讓我們一起憧憬二十歲的美好！

胡子佩　南通知止堂義學創辦人暨主事

儒家重新公共化的思想先鋒

——慶賀儒家網創辦十週年

田飛龍

　　儒家網十年磨一劍，在民族偉大復興與人類命運共同體的新時代進程中嶄露鋒芒，成為「大陸新儒家」及儒家重新公共化的思想平臺與先鋒，其文明自覺、知行實踐與責任倫理可敬可佩。「中國重新生長」是一個顯著的文明現象及世界歷史基本事實，儒家網敏銳捕捉這一歷史契機，以思想學術為先導，以國家治理、社會重建及倫理修復為職志，通過主題網站、微信公號、儒生文叢、年度綜述、海內外學術研討會等多種形式在轉型中國的話語洪流與國民莫衷一是的價值叢林中發出清晰響亮的理性之聲。這十年，是儒家網「公共化」而成為中國當代「主題性」思想先鋒的十年，也是儒家網所推動之「儒家重新公共化」整體事業突破性發展的十年。

　　儒家是中國的文明主脈，是中國政治制度與人格心理的奠基者，是東方文明的代表者。儒家所建構之「倫理本位」的意義體系與治理體系，是對人類善治目標的重要貢獻，至今仍以多種重構或修正的形式存在於中國現實的政治體系之中。儒家推崇的「修身、齊家、治國、平天下」的君子之德堪稱圓滿，是人類「美德政治」的典範。

　　然而，本屬整全體系的儒家文明經歷西學東漸及救亡圖存的功利選擇而支離破碎，經學瓦解，義理撕裂，制度消磨，人心遽趨激進。二十世紀以來的新儒家有不同路數和方案提供補救機制，有託古改制實質激進的公羊學新論及儒教化方案，有追求「哲學化」以驗證文化身份合法性的海外心性儒學，有激烈批判傳統的左翼激進主義儒學，有追求「博物館式」賞玩的文化考古科學。這些並非儒學的正常形態，而其對儒學公共性的過度發揮或低端退守，皆為變亂

時代的倉促從權，不能視為儒學及中國文明的從容立場與人心正意。

十年至今，儒學在中國頂層政治與一般文化領域中的「合法身份」早已確認。政治系統與傳統文化的決定性和解及從傳統文化中尋求合法性資源的理性嘗試，為儒家重新公共化提供了有利的歷史契機。然而中國當代社會已成為開放的「全球化」社會，陌生人群體屬性與西方現代性的個體倫理已經確立，且馬克思主義仍有「中國化」的思想空間及活力，處此「鼎立」格局，儒家應以紮實的學理論證及卓有成效的治理實踐「競爭性」獲取國民的再認同，逐步確立中國文化的主體性立場與現實存在。於此，儒家網則大有進一步發展的重大餘地及意義。

大陸新儒家必然成為新時代中國文化與民族復興的主體性力量之一。儒家重視君子之德，重視文教天下，重視知行合一，重視包容進取，重視協和萬邦，這些中國文化中的「普遍價值」是對人類和平與發展事業的重大貢獻，也必然伴隨中國重新走向世界的歷史進程而獲得新的生機、活力與認同。

周雖舊邦，其命維新。誠心慶賀儒家網十年裡踐履文化使命的昭彰業績，也誠心期待儒家網在未來十年以致於更長的民族文化復興週期中繼續充當時代思想先鋒，推動中國傳統文化與現實政治社會的互動會通，推動中國新時代文化形態的凝聚成熟，以及在中國新時代的改革創製中貢獻自身心智與方案。

田飛龍　北京航空航天大學高研院／法學院副教授，法學博士，
《儒家中國年度系列叢書》學術委員會委員

儒者非軟蛋蠢蛋，有知有勇有仁，匹夫豈可奪志？

——賀儒家網十週年

林桂榛

儒者非軟蛋蠢蛋，有知有勇有仁，匹夫豈可奪志？

禮者是事理情理，無法無天無地，三軍儘管奪帥！

——賀儒家網（中國儒家網）創辦十週年之禧

二〇〇九年任重先生主編的《儒家郵報》滿一百期時，我曾撰文致賀，並題「儒者非柔，一片豪傑之氣象；禮也是履，內外憲刑的功夫」一聯以與編者、讀者共勉。今任重先生主編的儒家網（原名中國儒家網）已年滿十週年了，韶華易逝，光陰冉冉，從我們二十一世初在「原道論壇——儒學聯合論壇」BBS 結緣到現在，倏然十幾年過去了，甚至很快過二十年了（如今我們都已是中年人了），真是白駒過隙、歲不我與啊。

在這近二十年裡，任重先生從打理儒學 BBS 到創辦電子報《儒家郵報》、電子網「儒家網」以及《儒生》輯刊、《儒生文叢》、《中國儒學年度熱點》等紙本書刊，加之新近匹配的微博、微信等短訊平臺，耗神耗體，費力費財，默默耕耘，靜靜奉獻，報得惠澤士界、垂範儒林，可謂碩果纍纍、蔚然成風，儒家網早已成為儒家、儒林或文化、義工之崇高典範！儒家網創辦以來，開放、公允、前沿的儒家網已成為儒家儒林的重要思想陣地，更是傳統文化的重要輿論平臺，資訊豐裕，價值鮮明，一站在網，全球傳閱，真是義無旋踵、功德無量！

　　弘一大師曾說：「佛者覺也，覺了真理，乃能誓捨身命，犧牲一切，勇猛精進，救護國家。」（古人亦以覺訓學，《白虎通》曰「學之為言覺也，悟所不知也」，《說文》曰「教〔學〕，覺悟也」）佛、佛學的精神尚是如此，儒、儒學的精神又豈只是「溫良恭儉讓」或「優也柔也順也」這種面相？苟只如此面相，儒學儒家的衰退（唾棄）以及荀子所斥「腐儒－瞀儒－俗儒－陋儒－賤儒」、孔子所誡「汝為君子儒，無為小人儒」、「今眾人之命儒也妄，常以儒相詬病」豈不更有印證？（絕非剛毅木訥、文質彬彬，終是精神侏儒而已）〔唐〕孔穎達《禮記正義》注《儒行》時曾指出：「搏猛引重，不程勇力，此皆剛猛得為儒者⋯⋯或以遜讓為儒，或以剛猛為儒。」故《儒行》記孔子說「儒有不隕獲於貧賤，不充詘於富貴，不慁君王，不累長上，不閔有司，故曰儒」，並說儒的「特立獨行」是：「忠信以為甲冑，禮義以為干櫓；戴仁而行，抱義而處，雖有暴政，不更其所⋯⋯澡身而浴德，陳言而伏，靜而正之，上弗知也；粗而翹之，又不急為也；不臨深而為高，不加少而為多；世治不輕，世亂不沮；同弗與，異弗非也。」（末了魯哀公說「終沒吾世，不敢以儒為戲」）

　　荀子《儒效》說：「志忍私，然後能公；行忍情性，然後能修；知而好問，然後能才；公修而才，可謂小儒矣。志安公，行安修，知通統類，如是則可謂大儒矣。」又說：「有俗人者，有俗儒者，有雅儒者，有大儒者⋯⋯人主用俗人，則萬乘之國亡；用俗儒，則萬乘之國存；用雅儒，則千乘之國安；用大儒，則百里之地，久而後三年，天下為一，諸侯為臣；用萬乘之國，則舉錯而定，一朝而伯。」又說：「彼大儒者，雖隱於窮閻漏屋，無置錐之地，而王公不能與之爭名；在一大夫之位，則一君不能獨畜，一國不能獨容，成名況乎諸侯，莫不願得以為臣；用百里之地，而千里之國莫能與之爭勝；笞棰暴國，齊一天下，而莫能傾也⋯⋯其窮也俗儒笑之，其通也英傑化之，嵬瑣逃之，邪說畏之，眾人媿之。」

　　「三軍可奪帥也，匹夫不可奪志也」是整部《論語》的最高精神，更是「朝聞道夕死可矣」、「道不同不相為謀」的儒家的最高精髓！故荀子《子道》云：「入孝出弟，人之小行也。上順下篤，人之中行也；從道不從君，從義不從父，人之大行也。若夫志以禮安，言以類使，則儒道畢矣。」《儒效》又

云：「儒者法先王，隆禮義，謹乎臣子而致貴其上者也。人主用之，則勢在本朝而宜；不用，則退編百姓而愨，必為順下矣。雖窮困凍餧，必不以邪道為貪。無置錐之地，而明於持社稷之大義。嗃呼而莫之能應，然而通乎財萬物，養百姓之經紀。勢在人上，則王公之材也；在人下，則社稷之臣，國君之寶也。雖隱於窮閻漏屋，人莫不貴之，道誠存也。」

　　鄭玄曰：「儒者，濡也，以先王之道能濡其身。」〔梁〕皇侃曰：「儒者，濡也，夫習學事久則濡潤身中。」荀子曰：「先王之道，人之隆也，比中而行之。曷謂中？曰：禮義是也。」任重先生及任重先生主編的儒家網等，真是「以先王之道能濡其身」、「習學事久則濡潤身中」，真是孟子說的「待文王而後興者凡民也，若夫豪傑之士雖無文王猶興」。任重先生及儒家網秉持荀子所言「儒者在本朝則美政，在下位則美俗」的崇高精神以及「比中而行之，禮義是也」的基本原則，在「天之生民非為君也，天之立君以為民也」民主倫理時代或法理政治時代，其「美俗──美政」的效應功能不言而喻並更可期待！

　　儒家網創辦已十週年了，而我當年設想的禮樂網蕩然無存，我也因沉靜於探逸決疑、考原闡本的純學術研究以及健康、精力、財力等不良因素而未參與儒家網的運營（我也勸過任重先生減少負擔、保重身體），但我自始至終是儒家網的讀者、作者甚至偶偶是編者（審稿），時間形式上似乎與任重先生及儒家網等一路同行至今。今有感於儒家網的特質與功德，也有感於「儒」的字義與使命，特擬打油一聯並撰文數段致賀，且與天下學士豪傑共勉。

虔州林桂榛恭題二〇一八年十一月十二日

林桂榛　曲阜師範大學

凝聚社會共識，需要儒家的力量

——儒家網之於當代中國的意義

李德嘉

　　回顧改革開放以來三十年的法治建設，我們會發現國家在法治建設中所主要著力之處在於法律體系、司法體制的建構，而忽視了法治建設所需要的道德土壤與社會環境。以國家立法為主要內容的法治建設體現了一種構建主義法治的傾向，構建主義法治不可避免的具有國家主導規劃設計的特點，在治理方面則體現為過分依賴國家立法而忽視了道德、習慣等地方性知識在社會治理中的積極作用。更為重要的是，國家立法並不能完全替代社會自我生成秩序的能力，也無法為建立法治社會提供必要的道德基礎和價值共識。可以說，當前中國轉型期所面臨的最大問題就是由於社會共識缺乏所帶來的倫理空虛和行為失範。這種社會問題在法治領域的體現就是，中國的法治建設一直存在著價值缺位的困境。

　　法治建設過程的價值缺位背後反映的問題是當代中國社會因近代轉型打破傳統價值觀以來尚未建立起新的社會共識。尤其是在改革開放之後，社會的疾速發展，法制的大規模改革，毛時代的共產價值觀念再也無法凝聚社會多數人的共識，而承載傳統價值觀的儒家也力量衰微並且得不到社會的廣泛認可。在此時此刻，中國的法治變革、經濟發展背後其實一直缺少社會共識的支撐。舉例言之。在國民經濟遇到困難時，如何看待依靠個人奮鬥而成長起來的民營企業？看起來是一個政治經濟問題，實則關係整個社會的義利觀。儒家固然重義，缺始終保護個人勤勞致富的積極性，儒家之義恰在反對肉食者與民爭利。在個別官媒挑起民營企業存在合理性爭議時，我們看到其中缺少的正是對儒家義利觀的正確理解。

　　值此之時，一群以儒生自居的當代儒者將恢復儒家價值觀和生活方式視為自己的使命，他們以個人之力建網站、編叢書、辦刊物，既無官方課題資助，也無富商巨賈贊助。也正因如此，這群人的聲音才顯得獨立而可貴，既無需考慮官方課題的政治正確，也無需替富商巨賈搖唇鼓舌，說一些為部分人喜歡而違背自己初衷的言論。在我看來，儒家或許對現代法治的制度構架少有貢獻，但是對於凝聚法治背後的社會共識絕對不可或缺。因此，當代儒者的存在正有恢復重塑儒家價值觀念，凝聚社會共識的意義。

　　社會共識缺失，其實儒者內部也有左右之爭，有倡自由之儒學者，言明現代法治之價值，而思考儒學在當代社會的意義；也有倡共產價值，而欲通三統為一統者。兩者常常互相辯難，互不相讓，往往需要有人居中協調。居中協調者，主編任重也。任重主編主持儒生文叢，編纂《儒生》輯刊，一力協調左、右之儒，並且將各種儒家言論編輯發布於網絡，以宣傳當代儒者的聲音，其主要陣地正是儒家網。「天下之無道也久矣，天將以夫子為木鐸。」當代儒者必須走出書齋，以個人之力恢復儒家對於中國社會之價值，重新介入公共領域話題的討論。儒家網於此是一典範，每逢社會重大、敏感事件發生，儒家網總會於第一時間發出儒者的聲音，從儒家倫理、政治出發評論時事、臧否人物，彰顯儒家對於社會問題的立場。

　　愚生也晚，儒家網興辦時，我正渾渾噩噩地學習法律，對儒家既不瞭解，也讀不進去。不知不覺間，儒家網已經歷經風雨十週年，而我也逐漸對儒家由興趣到愛好再到使命。雖不敢以儒者自居，但我堅信儒家所言之價值，雖歷經社會變革、政治變遷，但君臣、父子、夫婦之道始終為中國人所習慣之生活方式，也是重塑未來中國社會共識的核心價值所在。儒者內部雖有左右之爭，但君臣父子之禮，夫婦長幼之別始終是當代儒者所堅守之共識。當然，現代社會中對君臣的概念尚需重新理解，夫婦之別也宜隨時代而有新的變化。誠如太史公所言：「儒者博而寡要，勞而少功，是以其事難盡從；然其序君臣父子之禮，列夫婦長幼之別，不可易也。」前半句儒者或難苟同，但後半句對人倫親情之尊重，對民族國家之認同，卻是儒者始終不變之本色，也是當下中國所須重塑之共識。

正因如此，儒家網之於當代中國重塑社會共識的意義重大。謹以此祝賀儒家網創辦十週年。

　　　　　　　　　　　李德嘉　法學博士，北京師範大學法學院講師

從「批儒家」，「說儒家」，
到「儒家說」

——祝賀儒家網十週年

董璞中

　　儒家網走過十度春秋，作為諸多一直從中獲益的一員，很願意表達自己的祝福。縱觀當代中國思想知識界之狀況，可以說儒家網算是一枝獨秀。一個自發的民間學術平臺，沒有體制依託，沒有穩定經費來源，完全靠儒門同道的文化熱情和奉獻精神，堅守十年，而且越辦越好，殊非易事。其實這本身也體現了儒學之於當代中國知識界的意義：也只有儒學能給與我們如此的熱情和期待，也只有儒學可能成為重新整合文化認同和思想共識的起點。

　　改革開放四十年，儒家網成立十年。回顧四十年前的中國，儒家網這種文化現象根本沒有存在的土壤。而觀之四十年前的中國儒學研究，更是感慨莫名。那個時候，對儒學的是非常弱勢的。而今天，經歷歷史劇烈轉折之後，人心思歸，越來越多的人才逐漸明白，到底哪兒才是自己的精神家園。

　　建國之後到八十年前之前，儒學基本是處於被批判的地位。八十年代到九十年代末，儒學研究都採取相對客觀地研究態度，尚沒有從儒家的立場來思考哲理以及現實問題的。而顯明地儒家立場，明確的身份認同，是本世紀初以來，越來越多知識分子的自覺選擇和勇敢當擔。從「批儒家」，「說儒家」，到「儒家說」，這是一個迷失之後的文化回歸，代表了當代中國的文化自覺。儒家網當然最為集中地代表了當代「儒家說」的觀念取向。

　　從被批判、被客觀陳述，到作為價值原則、思想主體來回應挑戰，思考問題，代表了儒學的重生。六十年美國學者列文森說儒學已經成了博物館裡的陳

列品，失去了現實生活中的功能；八十年代末余英時也說儒學成了無體可附的
「幽魂」，只是少數學院中知識分子學術研究的資料。這些說法都真實地描述
了當時儒學的存在境遇：生命力的喪失。而「儒家說」則是儒學重獲生命的一
個起點。然而，需要明白的是，也僅僅是起點而已。儒學真得重生，恐怕還需
要經歷更多陣痛和更漫長的征途。

　　自隋唐以來，傳統文化三教並立。儒釋道三教，在百姓生活中，到底誰影
響更大，這是存在普遍爭議的。但是一點無可爭議，那就是儒學一直都是知識
分子的文化身份和價值認同。傳統社會，無論思想文化領域發生多大的爭辯，
但是儒學作為普遍的價值認同是基本不受動搖的。

　　然而，民國以來廢止讀經，儒學教育被拋出教育體制；之後半個多世紀，
反傳統浪潮甚囂塵上，逐漸激進。百年以來成長起來的知識群體，不再具有基
本的文化認同和思想共識，甚至不再具有基本的文化對話平臺了。熟讀西方某
個流派而踏入學術圈，更兼學術體制之束縛，很多學者的文化立場和價值認同
是極其模糊的。思想文化界的分裂，甚至說不可交流性，是當代中國知識介面
臨最大的問題。儒家網作為一個儒家立場的交流平臺，一直具有開放包容的精
神，這對於重建中國當代的文化共同體意識具有重要意義，有利於推動中國知
識界的文化自覺。

　　傳統儒學從來不僅僅是學院中的學問，不僅僅具有知識理論的層面。儒學
的根本精神在於教化。有義理關切，亦必然不能喪失教化的實踐根基。儒家網
長期以來關注儒學在民間社會的傳播，以現代形式繼承諸多儒家傳統，試圖探
索儒學融入現代社會的文化形式，逐漸成為一個民間儒學文化交流平臺，搭建
儒學從學院走進民間的橋樑，這必將促進當代民間儒學的健康發展，進一步啟
動儒學關注現實，面向生活的生命力。

　　為儒家網祝福，為中華民族的文化自覺祝福！

董璞中　西南政法大學哲學系講師

中國大陸儒家文化復興的「微縮景觀」

——賀儒家網十週歲有感

羅　德

儒家網已經十歲了。

我最初接觸儒家網，是參與其組織的「反對『周口平墳』」事件，算起來也有六七年了。

後來成了網站的義工，雖然做的事情不多，但是卻以內外部結合的視角，目睹了這些年來它的不斷前行，見證了它的欄目越來越豐富，結構越來越合理，影響越來越大，當然也見證了它曾經的舉步維艱。

關於儒家網在做什麼，只要一瞥其網站和公號，可謂一目了然，毋庸贅言。我主要說一說我所理解的儒家網的獨特地位，以及它為什麼能夠走到今天這種狀態。

二十一世紀的儒家文化復興，是一個帶有必然性的歷史大勢。這個歷史進程所動員起來的力量，幾乎是以整個中華民族為單位的。近十餘年來，各種類型的主體，各自以獨到的方式，傳遞著不同的文化內容，影響著不同的人群。

傳媒在現代社會迅速崛起，被視為「第四權力」，發揮著越來越重要的作用，尤其是到了移動互聯時代，更進一步強化了這種權力，也因此成為了各大文明競爭的主戰場。在所有影響各類人群的方式中，網絡即使不是最深刻的方式，也一定是最普遍的方式。

對於一個偉大的富有生命力和希望的思想和價值體系而言，如果沒有自己的網站，沒有自己的自媒體，失去了這一無遠弗屆的文化陣地，和跛腳前行沒有區別。

儒家網也是在這種背景下誕生的。

　　如今十年過去了，儒家網已經發展成為公認的儒門公器，對於儒家來說，這是一個非常重要的基礎設施，一個儒門資訊的集散地，也是一個思想爭論的公共空間。它本身作為儒家整個教化系統的一環，發揮著獨特的作用，和其他各種儒門教化體系一起共同促進文化復興。

　　與此同時，儒家網本身也構建成了一個系統。在這裡，整個學界的爭鳴聲音，儒家內部不同的流派，學界與民間的聯繫，家庭教化、城鄉社區、大中小學社團、儒商企業、民間團體、政府政策等全面的、多元的、立體的資訊在這裡匯聚和碰撞。

　　儒家網團結了一大批志同道合的人，他們不只是停留在線上的網友，更是線下的朋友，是可能一起行動的仁人志士。

　　總的來說，在某種意義上，儒家網是一個中國大陸儒家文化復興的「微縮景觀」。

　　通過儒家網，儒家學者向全中國乃至全世界發出了自己的聲音。通過儒家網，也給學者們打開了一個個通向實踐、通向民間的「管道」，反過來，也給了民間行動以理論概括和指向，在這種往復互動中，共同提升了整個儒家系統的效率。

　　透過儒家網，可以在相當程度上瞭解和推斷中國大陸儒家復興的現狀和走向，可以說，不追蹤儒家網，不足以全面地瞭解中國的文化復興。

　　儒家網立場鮮明，這是其與一般思想、理論類網站的根本區別，是真正地「持儒家情懷，做儒家事業」。儘管它強調多元化，但是是有立場的多元化，儘管它強調包容性，但是是有自我的包容性。

　　打開儒家網，於儒門同道，則有一種家庭般的親切感。儒家網任重總編，十餘年如一日，矢志不渝地秉持「士不可不弘毅，任重而道遠」的精神，為了儒家網付出了幾乎全部的時間、心血，甚至放棄了職業生涯的美好前景。做出這樣的選擇，是需要現實勇氣的，然而者正是所謂「識其大者」，相比於心中的理想，現實困境顯得如此的不值一提。

　　任重總編及其團隊，做事精益求精、事無鉅細，十年彈指一揮看似容易，但其間艱難中尋求生存，實不足為外人道！非有「圖其至遠，犯其至堅」，「捨

我其誰」之擔當，何能為也？如只靠勉力支撐，而非好之樂之，何能為也？

　　梁漱溟先生說，「在自己感觸親切之問題上為大眾而發願，奮不顧身，不顧一己力氣單薄，只將大眾問題一力承擔起來，放在自己肩膀上，心中念念只此一事，則凡百問題都成小問題，都不成問題。」這是對儒家網十年歷程最好的概括！

　　祝賀儒家網十年誕辰，希望它能夠作為引領民族復興的先鋒陣地繼續前行！希望它能夠在未來的路上發揮更多、更大、更深刻的作用！

　　借此契機，我願與所有真誠參與到儒家文化復興歷史進程的諸君共勉！

　　　　　　　　　　　羅　　德　西北大學公共管理學院講師，
　　　　　　　　中國人民大學中國公益創新研究院客座研究員

當代儒家儒學發展的另類典型樣本

——寫在儒家網創辦十週年之際[*]

吳　歡

一

　　在當今時代，思考何謂儒家，何謂儒學，或許如同追問何謂文化，何謂時間一樣，屬於不問或許明白、細想頗費思量的議題。這一議題背後，或許還有一個更加難以回答的終極問題：何謂中國？

　　曾幾何時，這個問題不難回答乃至無需回答，因為中國就在這裡，這裡就是中國，「帝力何有於我哉！」進而，中國文化要在儒家儒學，儒家儒學奠基中國文化，天生仲尼而萬古燭照。

　　但近代以來，國家需要自立自強，文化需要自新自信，面對外來文明和自身境遇的交相鼓應，儒家儒學何去何從，成為不可迴避的問題。

　　不過，問題雖然有了，回答卻是多樣的，答題者更是「城頭變幻大王旗」，你方唱罷我登場。在眾聲喧嘩的回答中，儒家儒學也經歷了從打倒砸爛到花果飄零再到一陽來復的歷史進程。

　　這一進程中，有許多值得書寫銘記與精研的事件、人物與思想，但作為一名同情儒家儒學的法學青年，我近年來有意識地選擇了一個不大不小又可大可小，可觸可及又若即若離的觀察對象，這就是創辦已屆十年、曾名「儒家中

---

[*]　按：近日接儒家網主編任重先生郵件，云儒家網創辦十週年，望寄語以凝心聚氣、砥礪前行。接信頗為惶恐，深感何德何能，惟盛情難卻，謹以三五年來參編《原道》進而管窺儒門之些許體驗為基礎，聚焦於儒家網，略陳觀感，獻曝群賢，聊以為賀。

國」的當代中國儒家儒學重要門戶網站──儒家網。我將其視作當代儒家儒學發展的另類典型樣本。

為什麼觀察儒家網？為什麼不去觀察宏觀引領儒家儒學時代境遇的領導講話、政策文件乃至機構建制？為什麼不去觀察具體呈現儒家儒學思想樣態的儒家學者，儒學論著乃至儒門公案？甚至，為什麼不去觀察直接影響儒家儒學輿論形象的讀經、女德、祭孔？

說實話，這些在日常資訊獲取和《原道》編輯經歷中，我都或多或少目見耳聞進而有感有思。但囿於能力精力乃至心力願力，我選擇了儒家網，作為社會學意義上半體驗式的觀察對象。

二

首先需要明確的是，儒家網雖然名為網站，但其實不只是一個網站。作為觀察對象，儒家網這些年做了什麼？

就我的觀察，儒家網的常規動作包括發布儒學資訊，傳遞儒家動態，推介最新論著，刊布儒家言論。

這可以說是儒家網學術性思想性的一面，但也並非稀鬆平常，因為堅持十年高頻更新絕非易事。

他們編輯《儒家郵報》，以郵件形式開放獲取；編輯出版儒生文叢，集中推出新人新著；日常記錄儒門大事，廣涉相關政策思想與行動。

在移動互聯網時代，他們及時創辦並精心編輯儒家網和青春儒學等微信公眾號，特別是後者，力求以驚人標題+輕鬆內容+用戶體驗，來吸引青年讀者的眼球。

他們連續組織儒學年度十大好書、十大熱點等評選活動。他們還注重且善於通過網絡媒體傳遞儒家動態。

他們忠實紀錄甚至積極呈現儒門內部學術爭衡與儒學相關實踐爭論，對心性儒學與政治儒學分野，少兒讀經、女德班等議題持續推波助瀾。

他們還及時回應與儒家相關的熱點話題，邀約儒家意見領袖做出回應。這

些記錄呈現與回應，當然也有鮮明的立場。

他們主動介入公共事件和公共話題，對羅爾詐捐門、山東辱母案、聶樹斌平反等熱點事件和國家憲法日、國家公祭日、孔子誕辰等重大節慶刊發社論社評，力求在重大輿論場合發表儒家聲音。

他們最近還開闢了一個「民間儒行」的微信群，以便在坐而論道的學術共同體基礎上，進一步聚集來自街道、社區、工廠的起而行者。

儘管這裡的「民間」二字有待商榷，但意識到除了陽春白雪的思想學術，儒家儒學更廣闊的生命力在於力行踐履，實屬必要及時。

他們聚焦大陸新儒家，尊重港臺新儒家，還持續關注全球祭孔；他們堅持孔子紀年，佐以天干地支，並用西曆耶誕……

等等這些，足讓他們在儒家儒學圈顯得另類，在公共輿論場顯得另類，在互聯網時代顯得另類。也正因為足夠另類，所以足夠典型。

三

他們的另類和典型還體現在，他們左、中、右都不討好。

為何不討好，如何不討好，此處無需多言。但是，惟有不討好，或能證中道。顏子曰：「不容何病，不容然後見君子。」在多元的社會，唯我獨革、唯我獨尊、唯我掌握真理，都會帶來思想與行動的不寬容。真正的儒家中道，就應該是和而不同的。

他們的另類和典型還體現在，他們錢、權、人都不沾邊。

他們沒有掛靠單位，除了被迫更名，網文還經常被刪除，推送經常被舉報；他們沒有運營經費，隔段時間就要為網站維護、叢書出版等搞眾籌；他們也沒有專職人員，兼職主編據說是兩個幼童的父親，一群義工多是在校學生。他們就是這樣一個草臺班子。

但他們確實有影響。在儒家儒學圈內，越來越多作者主動發來資訊動態和學術論著，以求同聲相應。

我這個儒學門外漢，也知道在寫就有關傳統中國國憲的論著後，將前言後

記投給儒家網，期望瞭解儒家學者對以「安身立命」闡釋傳統國憲的意見建議。

澎湃和鳳凰等大眾媒體，也會在熱點事件之際通過儒家網獲取儒家看法。更不用說他們長期以來傳播推廣儒家思想和儒學學術的潛移默化之功。

他們的影響還有很多。很多為儒家網十週年寫賀詞賀信賀文的學者已經充分揭示，還有學者以「儒家重新公共化的思想先鋒」為斷，對儒家網做了思想史的定位，足見其所獲高度認同。

四

有觀察，就有感想。關於儒家網十年來，尤其是我直接觀察的三五年來的所作所為所不為，所指能指所不能，我想用借用「儒家立場，社科新知，公共領域，青年力量」十六個字來概括。

這十六個字原本是《原道》同仁對《原道》近年來辦刊宗旨的提煉，我認為同樣適用於描述儒家網在傳播與行動方面的努力。

不堅持儒家立場，就談不上儒家儒學儒家網。當然何謂儒家立場是個聚訟不休的話題，和而不同的判教也是儒學發展的內在動力。

不接納社科新知，就無法與現時代對話。儒學本身具有整全性，同時也是開放性的知識體系，時移世易之際，不宜抱殘守缺。

介入公共領域，是對儒學本命的回歸。儒學本就是良善政治與公共治理之學，既為士君子也為共同體安身立命。

依靠青年力量，當代儒學才有新的希望和力量源泉。回到《論語》，夫子並不是板起臉來整天訓人，而是因材施教循循善誘甚至偶有窘迫；弟子們也並非唯唯諾諾故作老成，而大多是青春年少風華正茂飄逸靈動。儒家大可不必自我窄化、老化、博物館化。

十年樹木，百年樹人。儒家網雖然走過了十個年頭，但相較於近代以來儒家儒學的曲折歷程，也許只能算個零頭。如果放在儒家儒學幾千年發展傳承歷史長河中，更是不起眼的一朵小浪花。

但是，儒家網及其十年行狀，註定會成為後人書寫今天這段儒家儒學歷史

時，不可忽視的另類典型樣本。

吳歡　南京師範大學法學院副教授，

中國法治現代化研究院研究員，《原道》輯刊編輯

海內外學者致《儒家郵報》及其讀者二○○八元旦暨新春賀詞[*]

龐　樸

力行近乎仁！

龐朴祝　二○○七年十二月三十日

編按：龐樸，一九二八年生，中國社科院榮譽學部委員。中國社科院研究員，山東大學儒學研究中心主任，北京大學國學研究院導師，中國人民大學國學院特聘教授。

劉述先

你們為儒家提供了一平臺，讓各種不同的意見表達出來，很有意思，希望你們能努力下去。恭賀新禧！

劉述先　二○○七年十二月二十八日

編按：劉述先，一九三七年生，美國南伊利諾大學哲學系正教授，中央研究院中國文哲研究所籌備處特聘講座。

郭齊勇

謝謝電子版《儒家郵報》的編者，通過這一園地，使我瞭解了很多的資訊。貴報主辦者促進了中西馬、文史哲間的對話。現在是開放與對話的時代，我作為新時代的一位儒家，一直勉勵自己以開放的胸懷，接納新時代的諸子百家。同時，現代又是文化自覺的時代，是民族文化主體性高揚的時代。我很欣

---

[*]　寄語次序按照收到時間先後排列。

賞您與貴報的心態，我對開放的儒家、儒學、儒教，充滿了信心。我們中華文化當然要有自己的立足之地，當然要有自己的主體意識。我們中華民族不可能以外來文化為體。但今天中華文化已是以傳統中華文化為主特別是以其中的儒家文化為主，而融合、消化外來文化的新文化。這一新文化體用如一，即體即用。新的一年已經到來，在構建和諧社會，迎接民富國強之際，千萬不要忘記發揮儒家資源的積極作用！儒家不怕被誤會，儒家豐富的思想資源還有待年輕一輩人及下一代去研讀、開發與創造性地轉化並代代相傳承下去！

今天是唐君毅、牟宗三、徐復觀、張君勱四先生發表中國文化宣言的五十週年，是值得紀念的日子。今天我國與我國文化的地位，與五十年前相比，已是天壤之別了。我們已超越了四先生的認識，但四先生文化宣言的作用、意義與價值是不言而喻的。我們要在與廣義的基督教、伊斯蘭教、印度教等對話的過程中，把自己的珍寶傳下來並送出去，讓全人類共用！謹祝貴刊越辦辦好！祝福貴刊編者與廣大讀者
新年吉祥，萬事如意！

　　　　　　　　武昌郭齊勇於丁亥年冬日廿三，西曆二〇〇八年元旦
　　　　　　　　即唐君毅等四先生發表中國文化宣言的五十週年紀念日
編按：郭齊勇，一九四七年生，武漢大學哲學院教授。

張祥龍

儒家應該是一個活的文化生命體，其真實的復活與復興，任重道遠。願諸君思深行毅，上下求索，俾我中華民族此精神火炬重新高高燃起，光被四表，克明俊德。

　　　　　　　　　　　張祥龍　二〇〇七年十二月三十一日
編按：張祥龍，一九四九年生，北京大學哲學系教授。

蔣　慶

《儒家郵報》在儒學復興過程中功不可沒，在新的一年裡祝《儒家郵報》越辦越好！

　　　　　　　　　　　　　　　　蔣慶謹賀　二〇〇七年十二月二十九日

編按：蔣慶，一九五三年生，陽明精舍山長。

盛　洪

　　現代儒家不應將儒學理論當作古董把玩，而應對當今世界中的現實問題提出自己的救治方案。在這方面，《儒家郵報》開了個頭。要注意的是，在不同意見的爭論中要有儒家風範，選擇文章時，最好不要採用無謂的爭論，更不能收錄有人身攻擊的文字。

　　　　　　　　　　　　　　　　盛洪　二〇〇七年十二月二十八日

編按：盛洪，一九五四年生，天則經濟研究所所長。

楊國榮

　　《儒家郵報》主編：所發《儒家郵報》都已收到，非常感謝。新歲將至，謹祝《儒家郵報》在新的一年中辦得更好。順頌時祺！

　　　　　　　　　　　　　　　　楊國榮　二〇〇七年十二月二十八日

編按：楊國榮，一九五七年生，華東師範大學哲學系教授。

丁為祥

　　希望既能保持深沉厚重的儒家情懷，又能保持敏銳犀利的理論觸覺，真正發揮出儒學研究者之「先聲」與「心聲」的雙重作用。《儒家郵報》，任重道遠！

　　　　　　　　　　　　　　　　丁為祥　二〇〇八年一月一日

編按：丁為祥，一九五七年生，陝西師範大學教授，武漢大學傳統文化研究中心兼職研究員。

韓　星

　　在新的一年，中國的儒教復興事業一定會有新的氣色，新的發展，理念越來越清楚，方向越來越明確，實踐越來越紮實。祝各位同道新年愉快，萬事如意！

　　　　　　　　　　　　　　　　韓星　二〇〇七年十二月二十八日

編按：韓星，一九六○年生，陝西師範大學教授。

高全喜

　　每期收到你們惠發的《儒家郵報》，都很高興，也非常感謝！你希望我談點感受，我對於中國傳統文化、儒家思想觀念、人倫禮儀制度研究不多，不敢冒昧發言，只是期望你們的《郵報》能持中庸之道，擯偏激之心，關切現實，克己復禮，開出活的傳統。恰好我的一本小冊子來年三聯書店再版，自感日前寫下的再版自序表達了我的心緒，願與諸君共勉。

　　即頌

　　編安！

高全喜　二○○七年十二月三十日

《理心之間》再版序言

　　這本談論宋明理學的小冊子是我十七年前的舊作，這次北京三聯書店決定予以再版，我感到高興，但更多的是惶恐。說起來自己對於中國傳統思想並沒有多少深入的學習和研究，幾十年來雖然也不時地瀏覽或閱讀過一些資料文獻，尤其是近期隨著自己對於中國法政問題的思考，也準備投入大力氣進入中國傳統政制的研讀，可時至今日我仍不敢說對於中國古典思想有什麼獨特的洞見。所以，這本淺顯的小冊子現在讀來，多少有些令我汗顏。不過，那畢竟是我青春時期的作品，當時正趕上中國當代思想史上難得的人文啟蒙時期，書中的文風與義理既受到那個時期的思想潮流的侷限，但也飄蕩著現在所謂學術研究少有的激情。記得早年跟隨自昭師研習德國古典哲學，在他的言傳身教中，我感受到德國思想與中國理學的交集，這本小冊子作為我的博士論文後的一個副產品，從某種意義上可以說是對于先生傳續宋明理學的一種領悟吧。回顧自己的學術思想經歷，曾經有過激進主義的浪漫神學沉迷，有過西方現代法政哲學的探索，隨著年齡與閱歷的增長，自己對於傳統、經典與常識的體認卻越來越真切，但願今後的研究能夠在古今中西的思想交匯中得活的傳統之一瓢飲。

高全喜　二○○七年七月二十五日於北京西山寓所

編按：高全喜，一九六二年生，中國社科院研究員。

陳　明

塑造民族的文化性格，建構國家的現代形態，是儒學當代發展的關鍵所在。讓我們一起努力！

陳明

編按：陳明，一九六二年生，首都師範大學副教授。《原道》主編。

冼　岩

今日中國，多的是物質，缺的是精神。多謝《儒家郵報》和編輯，為充實這個社會最稀缺的資源所做出的努力！

冼岩　二○○七年十二月二十八日

編按：冼岩，獨立學者，現居北京。

石　勇

在這個中國人的身心安頓成為一個問題的時代裡，《儒家郵報》讓人感覺到一種文化的溫情。它讓人看到了一種堅守，一種重建的努力——《儒家郵報》通過自己的存在而證明瞭它們的存在。謹祝新年愉快！

石勇　二○○七年十二月二十八日

編按：石勇，獨立學者，現居貴州。

郭曉東

《儒家郵報》編輯部：新年好！謝謝你們定期給我寄來了有關當代儒學最新資訊，也感謝你們為弘傳儒家大道所作的不懈努力。值此新年之際，祝諨貴報越辦越好，也祝福儒家的思想與文化在未來的日子裡為更多的人所認同與接受。謹頌道安！

復旦大學哲學學院郭曉東頓首　二○○七年十二月二十九日

編按：郭曉東，一九七○年生，復旦大學哲學學院副教授。

成中英

　　傳統儒學需要現代的詮釋，更需要現代的發展；儒學遠動需要資深學者的參與，更需要年輕學者的推動；儒學智慧不但是哲學的智慧，更是實踐的，生活的，社會的和政治的智慧。《儒家郵報》是提升及推動現代儒學的現代形式中之最現代者。

　　成中英寫於美國哲學會 APA 2007.12.30 東部年會後，二〇〇八年一月三日
編按：成中英，一九三五年生，美國夏威夷大學哲學系教授。曾任臺灣大學哲學系客座教授、系主任暨研究所所長。

胡治洪

　　　　儒家精神，開放氣度。心繫當下，志存千古。
　　　　可貴難能，堅苦工夫。持之以恆，光吾華族！

　　　　　　　　　　　　胡治洪敬賀，丁亥年冬月廿九日於珞珈山凹碧居
編按：胡治洪，一九五四年生，武漢大學中國傳統文化研究中心教授。

陳昭瑛

敬愛的《儒家郵報》諸位同道：
　　感謝每期寄來貴報。貴報和原道網站是我認識大陸儒學發展現況的窗口。我很感佩諸友在大陸為儒學所做的各種努力。今年是唐君毅、徐復觀、牟宗三、張君勱四位先生聯名發表〈中國文化與世界〉宣言五十週年的紀念，《鵝湖月刊》將在五月份舉辦五十週年紀念國際研討會。今年也是中國舉辦奧運的大喜之年。在大陸，大國的崛起和儒學的復興同步進行。此固然可喜。但政治力的支持對儒學的發展可能是契機，也可能是危機。在臺灣光復後五十年的歷史中，由於儒家與國民黨政權關係太近，在民主化過程中缺席，造成儒學在民間社會的影響力銳減，並走向越來越學院化專業化的道路。另一方面，缺少儒家文化薰陶的民主運動也一再曝露出粗糙甚至粗暴的政治質量，可以說是儒家

和民主的兩敗俱傷。臺灣的儒學經驗或可為大陸借鏡。我盼望大陸的儒學能保持草根性、民間性，能時時從我們美麗苦難的中華大地上汲取生命的活力，像徐復觀先生說的做「大地的兒子」。

　　因著前輩們的努力，我們已經不必像徐復觀先生那樣做中國文化的最後的披麻戴孝的孝子。儒學已經重生！新的一年，希望兩岸儒學同道多交流，為儒學的新生茁壯一起奮鬥。最後，祝願《儒家郵報》諸友與讀者
新年新希望！

陳昭瑛敬賀於臺北　二○○八年一月三日

編按：陳昭瑛，一九五七年生，臺灣大學中文系教授。

陳少明

　　以儒家的寬厚和學問的嚴謹辦好《儒家郵報》。

陳少明　二○○八年一月二日

編按：陳少明，一九五八年生，中山大學哲學系教授，中山大學中國哲學研究所所長。

米灣

　　賀《儒家郵報》聯語
　　　　鼓孔門輿論　振中華復興

米灣　謹賀　二○○八年一月六日

編按：米灣，本名王瑞昌，一九六四年生，首都經濟貿易大學人文學院副教授。

干春松

　　儒家郵報，為關心儒學的人士提供了多樣化的聲音。儒家的源頭活水，會有越來越多的流向。

干春松　二○○八年一月四日

編按：干春松，一九六五年生，中國人民大學哲學院、孔子研究院教授。

彭永捷

《儒家郵報》諸君：人能弘道，非道弘人！星星之火，可以燎原！以此共勉。

彭永捷　二〇〇八年一月五日

編按：彭永捷，一九六九年生，中國人民大學哲學院、孔子研究院教授。

王達三

弘儒家之道，光聖門之教！

王達三

編按：王達三，一九七四年生，獨立學者。中國儒教網站長，儒教復興論壇網站總版主。中國人民大學哲學博士。

柳河東

儒家郵報的編委：

中國當代儒學網和山西省當代儒學研究會的郵箱每天都會收到大量的垃圾郵件，而《儒家郵報》則猶如美麗的珍珠從如沙的垃圾郵件中澄出，不時給人以驚喜。中國當代儒學網也因《儒家郵報》而多了選稿管道。新年伊始，我謹代表中國當代儒學網、山西省當代儒學研究會及山西儒門同仁向你們致以誠摯的敬意和謝意！

「德不孤，必有鄰」。願繼續得到你們支持，也願我們攜手同心，腳踏實地，朝夕精進，為儒門的振興、儒學的復興、民族和國家的勃興而努力！

順頌

冬安

山西省當代儒學研究會常務副會長

柳河東　丁亥年冬

儒家網二〇一四元旦獻詞：
周雖舊邦，其命維新

　　華歷癸巳年即將過去，甲午年元日即將到來，在這些辭舊迎新之際，《儒家郵報》向廣大讀者致以誠摯的問候與祝福，願讀者諸君「苟日新，日日新，又日新」，新年新氣象，事事欣欣榮！

　　據我們東方傳統曆法，癸巳、甲午系干支紀年之號。甲乙丙丁戊己庚辛壬癸為天干，其數十；子丑寅卯辰巳午未申酉戌亥為地支，其數十二。干名「甲→癸」與支名「子→亥」配對，得六十組合，是為六十之數名，此數名或紀年或紀日，周而復始，循環運用。

　　天干之數十，遠古歷曾以之紀月（十月制太陽曆，即黃帝五行曆）。地支十二，起源於十二日一節（週年取整三六〇日分五運十行三十節）或週日十二時辰或週年十二朔望月或週年黃道十二星次或歲星（木星）周天十二年等。今支數子至亥十二各以十二動物為號（即生肖或屬相），東漢王充《論衡・物勢》已記之，或西漢時已有（初源待考），其源於黃道十二星次（十二辰）或歲星十二年一週天之星占術尤為可能。干支紀年中，生肖雖配稱十二年為一輪，但某生肖年的個體命運、邦國命運實與生肖體格、性能、命運等完全無涉。但干支紀年中六十年一紀的曆數於個體命運和邦國命運而言，意義卻是非凡的，人生或邦國有幾個耳順六十？

　　上一甲午年是一九五四年，依次上上甲午年是一八九四、一八三四、一七七四、一七一四年。一七一四年，俄國在北方大戰中的甘古特海戰中戰勝瑞典，瑞軍撤出芬蘭，俄開始逐步稱雄波羅的海；一七七四年，第一屆大陸會議在北美費城召開並通過了《權利宣言》，次年第二屆大陸會議通過了《獨立宣言》，美國正式獨立建政；一八三四年，英國律勞卑出任首任駐華商務監督並

曾率兵船強闖虎門、黃埔等，英中軍隊發生炮擊，鴉片戰爭實從此拉開了序幕；一八九四年，中日發生甲午戰爭，次年二月北洋水師全軍覆沒，四月《馬關條約》簽署，東亞主導權由中國完全轉入日本；一九五四年，美軍釋放前日本關東軍司令南次郎，世界第一枚氫彈由美國實爆，世界第一艘核潛艇在美國下水，同年中國首屆全國人大會議召開，第一部中華人民共和國憲法制定頒行。

三百年前俄國在北歐通過海洋戰爭獲得崛起，二百四十年前飄洋過海的北美人通過獨立運動獲得崛起，一百八十年前中國開始被動陷入弱肉強食的國際角力格局，一百二十年前中國慘敗於太平洋邊沿的蕞爾島國日本，六十年前中共開始了制憲行憲道路——這些，應是我們紀念「甲午年」的最好素材，也是觀望「甲午年」的最好鏡子。這些素材或鏡子，也預示著中國下一個「甲午年」或下一個六十年的機遇或挑戰，二〇一三年所開始的「習李新政」能在這樣的機遇下或挑戰下完成「甲午突破」或「甲午轉型」麼？給這樣的「新政」五年十年或十二年，或給甲子六十年，新政會延伸到什麼地步及會給中國帶來什麼道路，值得思量。

甲午年是馬年，新甲午年馬上到來。於國際社會而言，我們希望新年裡如俗話說的「天下太平」，希望至少沒有規模化的暴力殺戮之災難和飢餓、疾疫之災難。老子說：「兵者不祥之器，非君子之器，不得已而用之，恬淡為上。勝而不美，而美之者，是樂殺人。夫樂殺人者，則不可得志於天下矣。」孟子說「爭地以戰，殺人盈野，爭城以戰，殺人盈城」，當今地球上有國際間的「爭地以戰」，但一國內的「爭權以戰」現象更為嚴重，百姓塗炭，民生哀危，當政者不該作為而作為及該作為而不作為對此負有首要責任。對於那些直接導致人道、人權災難以及消極不作為而放任人道、人權災難的現象、行為、組織，國際社會要繼續展開批判與救濟。

於中國社會而言，我們希望政治日益清明、民生日益平正。孟子曰：「養生喪死無憾，王道之始也……民事不可緩也……取於民有制。」荀子曰：「天之生民非為君也，天之立君以為民也，故古者列〔裂〕地建國非以貴諸侯而已，列官職差爵祿非以尊大夫而已。」民立政府或民立君主當體現民意與服務民利，否則理應「變置」之，甚至「誅暴國之君若誅獨夫」。於政府或君主之

權威，荀子曰：「威有三：有道德之威者，有暴察之威者，有狂妄之威者⋯⋯道德之威成乎安強，暴察之威成乎危弱，狂妄之威成乎滅亡也。」我們希望政府或國君擺脫荀子說的「狂妄之威」，並逐步超越「暴察之威」，達到「道德之威」的境地，實現「禮樂則修，分義則明，舉錯則時，愛利則形」而非則不修、不明、不時、不形。

於中國知識人（智識人）而言，我們希望諸君成為「在本朝則美政，在下位則美俗」的儒者、貴品，為「君子儒」不為「小人儒」，更不為散儒、陋儒、賤儒、犬儒等俗人、賤品。於真儒真士，應當如荀子所言：「人主用之，則勢在本朝而宜；不用，則退編百姓而愨⋯⋯雖窮困凍餒，必不以邪道為貪。無置錐之地，而明於持社稷之大義。嚾呼而莫之能應，然而通乎財〔裁〕萬物，養百姓之經紀。勢在人上，則王公之材也；在人下，則社稷之臣，國君之寶也；雖隱於窮閻漏屋，人莫不貴之，道誠存也。」有這樣在朝美政、在下美俗的儒士，中國社會才有良知和良制，中國社會才有希望，國家才有前途！

《禮記・大學》曰「大學之道，在明明德，在親民，在止於至善」，程朱將「親民」校作「新民」是頗有道理和意味的。「新民」者，則當化性起偽、注錯習俗，就需要《禮記・儒行》說的夙夜強學、澡身浴德以及合志同方、特立獨行等。孔子曰：「儒有不隕獲於貧賤，不充詘於富貴，不慁君王，不累長上，不閔有司，故曰儒。今眾人之命儒也妄，常以儒相詬病。」孔子闡「儒行」，荀子闡「儒效」，如此儒行儒效，他人「不敢以儒為戲」當是可能。儒被「戲」，當是智識人本身不能令人肅然起敬之故，為智識人宜先自省之，毋為愚昧與勢利之徒，毋充當惡俗與惡政的「幫忙幫閒」且不以為恥反以為榮！

今日中國政治，還比不上秦昭王時代的秦國狀態：「⋯⋯及都邑官府，其百吏肅然，莫不恭儉、敦敬、忠信而不楛，古之吏也。入其國，觀其士大夫，出於其門入於公門，出於公門歸於其家，無有私事也，不比周，不朋黨，偶然莫不明通而公也，古之士大夫也。觀其朝廷，其朝閒，聽決百事不留，恬然如無治者，古之朝也。」然荀子答秦昭王時丞相應侯范雎之問時依然說「其殆無儒邪」是「秦之所短也」，故荀子曾以「儒者在本朝則美政，在下位則美俗」答秦昭王「儒無益於人之國」之說，又曾警告和預言過弟子李斯的命運。

　　《詩經‧大雅》曰：「周雖舊邦，其命維新。」孟子曰：「子力行之，亦以新子之國。」民俗美、朝政美才有舊邦「維新」之命。以民俗觀之，梁啟超《新民說》曰「新民為今日中國第一急務……新之義有二：一曰淬礪其所本有而新之，二曰採補其所本無而新之」是也，此其《少年中國說》所謂：「造成今日之老大中國者，則中國老朽之冤業也；製出將來之少年中國者，則中國少年之責任也……少年智則國智，少年富則國富；少年強則國強，少年獨立則國獨立；少年自由則國自由，少年進步則國進步；少年勝於歐洲則國勝於歐洲，少年雄於地球則國雄於地球。」

　　以朝政觀之，荀子曰：「君子也者，道法之總要也……有良法而亂者有之矣，有君子而亂者，自古及今未嘗聞也。傳曰：治生乎君子，亂生於小人。此之謂也。」荀子又曰：「人君者，所以管分之樞要也。」「人君者，隆禮尊賢而王，重法愛民而霸，好利多詐而危，權謀傾覆幽險而亡。」「立隆正本朝而不當，所使要百事者非仁人也，則身勞而國亂，功廢而名辱，社稷必危，是人君者之樞機也。」若國君及朝臣皆小人氣象、小人行徑，甚至如孟子所謂「好名之人能讓千乘之國，苟非其人簞食豆羹見於色」，則國賊國禍是也，何美之有！

　　「為人上者，必將慎禮義、務忠信然後可，此君人者之大本也。」「仲尼之門，五尺之豎子，言羞稱五伯（霸）……彼非本政教也，非致隆高也，非綦文理也，非服人之心也。」我們希望二○一四甲午年之中國，在「習李新政」的推動下，革制變法，整吏任民，開言路納賢才，富黎民強國力，明中央憲政，興地方自治，上下康莊，內外知通，效法俄羅斯一七一四、美國一七七四之甲午，雪恥中國一八三四、一八九四之甲午，以未來一甲子左右實現時言之「中國夢」。苟如此，則中國幸甚，國人幸甚。

林桂榛撰文

二○一四年一月二十七日

儒家網二○一五元旦獻詞：
重建文化制度，迎接儒家復興

　　進入新世紀以來，儘管已有幾個年份，如甲申年暨西曆二○○四年，被稱為是中華文化復興之元年，但甲午年暨西曆二○一四年，獨可謂儒家文化復興之元年。

　　之所以作如是觀，是因為在這一年，中國國家主席習近平在多個場合強調文化自信、文化自覺、文化復興之重要性，尤其是親自出席國際儒聯紀念孔子誕辰二五六五週年國際學術研討會並發表重要講話，高度評價孔子和儒家，充分肯定其思想文化對於中國乃至人類文明歷史、現實及未來發展之無可替代的重大作用。

　　習近平主席的舉動，是自中華文化中衰百餘年來，儒家儒學儒教退出政治之後，俗王與聖王、君主與教主的首次對話，現代與傳統、政治與文化的深度交流，是中華文化復興由泛泛之國學復興進入純粹之儒學復興的一個重要標誌，是儒學以更加積極的姿態參與包括政治在內全方位國家社會建設的一個良好開端。

　　習近平主席的舉動，自然反映了其作為國家領袖的個人品性與志趣，但更是中國在經過長時間轟轟烈烈的「上馬取天下」階段之後，因政治合法性遭遇多重危機，且因倉廩實而要求知禮節，列國爭而凸顯本土性等多重因素的助力下，必須走「下馬治天下」之路的必然反映——這是時代的呼喚和歷史的潮流，浩浩蕩蕩，順之則昌，逆之則亡！

　　在歷史上，重新回歸儒家儒學儒教的政治社會改革運動，是為復古更化。兩千多年前，西漢王朝經歷高、惠、文、景四帝六十多年的糅雜治理之後，在漢武帝帶領下走上了復古更化的道路，奠定了兩漢四百年基業，開創了中華文明盛世。今天，中國在經歷毛、鄧、江、胡四公六十多年的糅雜治理之後，能

否在習近平主席領導下走上復古更化的道路，再創中華文明的新輝煌，無疑是極端令人期待的，同時也面臨著各種嚴峻的挑戰！

事實上，習近平主席執政兩年來，雖然屢屢作出重視中華文化特別是儒家文化的種種言說和姿態，但與其滿滿的信心和期待相比，中華文化之復興並未見有多大的起色。一個明顯的例子，是今年耶誕節期間，幾近於舉國為之若狂，城市鄉村、大街小巷、酒店商場一片耶誕氛圍，而幾所學校師生提倡「中國人過中國節」的文化自覺行為，則被指責為是「盲目排外」的「義和團」之舉。這表明，西洋宗教文化已經悄然成為中國人的潛意識，而中華文化之主體性則嚴重沉淪，不見蹤影。

在西洋文化盛行幾百年、中華文化沉淪上百年的情景中，我們不宜簡單指責國人的文化無意識。但是，在習近平主席高調表態同情瞭解並支持復興中華文化的情況下，中華文化始終未見大的起色，必然有其更為深刻複雜的原因，需要好好予以探究。

原因很多，絕大多數官員仍昧於「打倒孔家店」甚至「批林批孔」的「文革」思維之中，因而對習近平主席的意圖一則不領會，二則不謀劃，三則不作為，致使其曲高和寡。另有一條原因也十分重要，即復興中華文化雖然見之於言論，且亦見之於部分人的行動，但尚未有文化制度層面的保障，因而得不到持續有力的支持。須知，文化上端可以大象無形、神而化之，但底端必有堅實的制度以及人力、財力、物力等各方面的堅強保障。

比如，儒家儒學儒教之所以上下五千年成為彌貫中國方方面面的主流主體主導的思想文化，固然有其高明偉大之處，但同樣也離不開諸多文化乃至政治制度的保障，如郊天地、祭祖先、建孔廟、立太學、讀經典、行科舉，等等。可以說，如果沒有堅實且成體系的文化制度作為保障，任何的文化都會變成空中樓閣或鏡中水月，根本談不上復興或發展——更何況中華文化還是大病未癒的情況下呢？

職是之故，我們首先高度讚賞並支持習近平主席執政兩年以來種種為中華文化復興所作出的呼籲和努力。同時，我們也進一步地希望，中國政府以及社會各界，能以更大的決心和勇氣，在繼承和弘揚中國傳統文化制度的基礎上，

創新和發展出一系列既有傳統性、又適應時代特點的具有可操作的文化制度，作為支撐中華文化偉大復興的保障。

的確，重建文化制度並非一朝一夕之功。但是，《書》云「三年考績」，子曰「三年有成」，站在甲午年尾乙未歲首的交匯點上，在習近平主席執政的第三個年頭裡，我們希望在以下幾點文化制度的恢復和重建上，能夠取得一些實質性的進展甚至是突破：

其一，隆重紀念孔誕：以孔子誕辰日為中國教師節。同時，我們呼籲民間社會持續發起並推動「中華聖誕日」活動。

其二，採用中國紀年：以孔子紀年為中國官方主要紀年，以西曆紀年為中國官方輔助紀年。同時，我們呼籲儒家儒學儒教乃至廣大中華文化信徒，自覺而又堅定地使用孔子紀年。

其三，優化孔廟使用：孔廟交由儒家儒學儒教社團管理運營，免費對公眾開放，同時規劃修繕和重建一批孔廟，使每個縣市至少有一座。同時，我們呼籲社會各界尤其是工商界人士，能募捐善款重建或新建當地孔廟。

其四，重建國家祭典：祭祀天地、黃帝、孔子、英烈四大國家祭典，國家領導人主祭或派員與祭。同時，我們呼籲每個家庭都在自己的家中祭祀昊天上帝、至聖孔子和列祖列宗的「三本堂」。

其五，建立孝假體系：將重陽日法定為敬老節，將帶薪年休假和探親假法定在父母生（忌）日時段，為公民特別是國家公職人員放百日喪假。

其六，推行經典教育：國學經典進入大中小學國民教育體系，使經典成為必修課、考試課、學分課。同時，我們呼籲社會支持興建以教學經典、傳承文化為主要目的的民間書院、學堂、私塾等。

其七，設置教研機構：在專科大學設立「國學院」，在綜合大學設立「儒學院」，在人北清師等重點大學設立「經學院」，成立中國文化大學、孔子大學、儒教大學，專門研究弘揚以儒學為主的中華文化。

其八，實行新型科舉：將四書五經納入國家公職人員選拔考試體系，使之成為一門有之不必可、無之必不可的考試課程。

以上幾條關於文化制度方面的建議，對於復興中華文化而言，是基礎的、必要的、可行的。這些建議能夠得到切實的採納與實行，是我們對乙未年的期望。

孔元二五六五年十一月十日暨西曆二〇一四年十二月三十一日

儒家網和中國儒教網聯合敬獻

王達三執筆

儒家網二○一六元旦獻詞

　　丙申新歲，元旦初吉。桃符甫換，送走嚴寒長夜；春風重到，喚回天上人間。儒家網自戊子歲草創，與同人數經寒暑於茲，倍知天道好還，而造化亦多播弄；時流尚險，惟誠心稍許自安。凡我同人，共知共見，諒可同證矣。至於今春，喜見衣冠禮樂文教日益隆盛，此固華夏福澤綿長之征而志士仁人奔走之力也。儒家網甘事鋪墊，俾我同人溝通交流切磋砥礪之用。乃得各界支持，輯錄文叢，論證中西學術異同；編選微博，評議社會熱點話題；此皆微不足道之功也。既蒙同人謬許，尤當竭力擔當，為同人續寫華章稍供便利也。

　　儒家網之於今歲也，惟願同人各展經濟長才，共襄教化盛舉，戒驕戒躁，勿圖幸進之名利；無適無莫，慎守精誠之昭明。傳道授業，以復韓文之師說；奉親友弟，以起夫子之孝經。正學風，遠妄議，為天下倡；厲貞行，履素功，齊家鄉風。如此，則吾人之幸莫大焉！

　　惟願吾民善守中華傳統，毋失毋墜，禮讓以教，乃成國人；惟精唯一，仁親為寶，以至和平。敷教在寬，不同信仰，和光同塵，以歸中道，以綏中國，以勸天下。如此，則吾民之幸莫大焉！

　　良風美俗，治世安邦，莫不自君子始，此儒家網所尤所深望於同人而願與共勉者也。

孔曆二五六七年正月庚申朔儒家網敬上

儒生紹清行詞

儒家網二〇一七元旦獻詞：
天行健，君子以自強不息

　　當今夜星辰下沉，明日朝陽升起，時序將進入西曆二〇一七年元旦。

　　日月星辰，運行有序；春夏秋冬，周而復始。在天文學意義上，一月一日無非是地球公轉週期的一個時間刻度而已。惟在人文意義上，元旦被人們賦予了「一元復始，萬象更新」的涵義，這是回歸年的第一天，也是表達我們對於新年祝願的特別日子。

　　此時此刻，我們仰望天象，知道天體一直在運轉，卻不知人事將會如何演變。

　　天道不言，而四時運行；聖人無心，而天下化成。我們的先哲解釋「聖人無心」，乃是「以百姓心為心，善者吾善之，不善者吾亦善之」也。在新的一年，我們期待執政的大人，能夠體察先哲治理天下之心，遵循天道，順應人心，革故鼎新，激濁揚清，讓民眾感受到更多送舊迎新的氣象。

　　天行健，君子以自強不息。《周易正義》釋曰：「天體之行，晝夜不息，周而復始，無時虧退」；君子之人，法天所行，「自強勉力，不有止息」。在新的一年，我們期待這個時代的士君子，秉承士紳傳統，法天，法前賢，以自強不息之精神，擔當起更大的道義責任，協力推動社會更大進步。

　　天地有好生之德，天雖不言，而人不可不察。過去一年，經濟衰退、貧困、疾病、霧霾、污染、社會不公、權力腐敗……仍然損害著生民之福祉。在新的一年，我們期待農民能迎來風調雨順，工薪階層可以笑對物價；期待蒼穹之下更少霧霾，小橋之下有清澈流水；期待市場再現繁華，社會變得公正，吏治走向清廉，人民的福祉更加鞏固……

　　當斗轉星移，時光流逝，我們希望看到人民曾經許下的願望，像春天的種子那樣發芽，像秋天的果樹那樣收穫果實。

儒家網敬獻

吳鈞執筆

儒家網二〇一八元旦獻詞：富而好禮，強而不霸，文化自信，明德天下

　　春夏秋冬，四時輪替；甲子癸亥，周而復始。不知不覺，二〇一七年就要過去了，我們即將迎來二〇一八。回首一百年前的一九一八，第一次世界大戰剛剛結束，中國雖然是戰勝國，卻依舊無力維護自己的國家權益，只因為那時的我們軍閥割據，積貧積弱。十年前的二〇〇八，一場北京奧運會驚豔了世界，新中國只用了兩代人的時間就走完了西方兩三百年的發展歷程，不僅成功實現了國家的現代化轉型，更開啟了民族復興的偉大新徵程。

　　中國幾千年的歷史起起伏伏、興衰成敗，但每一次劫難後我們都能浴火重生、再造輝煌。以千年大歷史的視野審視近代百年的小歷史，如今的我們又一次走出了屈辱苦難的歷史低谷，正朝著下一個文明巔峰砥礪攀登。這其中既體現了中華民族勤勞勇敢、自強不息的民族精神，更彰顯了中華文明百折不撓、剛柔相濟的文明韌性。

　　二〇一八年的中國會變成什麼樣子？中共十九大描繪的藍圖是走進新時代，向著美好生活奮發前行。二〇一八注定將是不平凡的一年，未來的歷史或許會稱之為新時代元年。

　　何謂新時代？從毛澤東的政治建國，到鄧小平的經濟富國，再到習近平的文明興國，可以看作新中國現代化建設的三部曲。新時代的中國，不再滿足於粗放型的數量發展，而是更加注重質量提升；不再僅僅追求效率，而是更加重視公平；不再只盯住物質進步，而且更加關注精神安頓。從十八大的三個自信到十九大的四個自信，見證了中國文明意識之逐步覺醒。

　　所謂道路自信，也就是改革開放之路，不過是四十年的自信；所謂制度自信，主要指社會主義制度，不到七十年的自信；所謂理論自信，上溯到馬克思

主義，以一八四八年《共產黨宣言》發表為標誌，也就是一百七十年的自信；而文化自信，根植於中國是世界上唯一一個沒有斷絕過的文明古國，乃是五千年的自信。如果說道路是方法，制度是框架，理論是旗幟，那麼文化就是基因。以房子為譬，道路是出入的門戶，制度是支撐的樑柱，理論是決定高度的屋頂，文化則是承載這一切的地基。所以習近平主席說：「文化自信，是更基礎、更廣泛、更深厚的自信。」

何謂美好生活？首先要均富，不能兩極分化；其次要好禮，不能為富不仁；再次要敬天，不能違背天道。富而好禮，強而不霸，文化自信，明德天下，加在一起才是我們所要追求的「富—強—文—明」。

新時代的意義就在於，我們已經走到了從追趕西方到超越西方的臨界點。這個超越不僅是經濟、軍事、科技等硬實力的超越，更是文化軟實力的超越。雖然在發展過程中我們還有許多不盡如人意的地方，但大方向是正確的。復興傳統文化，融鑄古今中西，中國在民族崛起的過程中也將給世界貢獻一份不同於以往西方模式的美好生活新願景。

路漫漫其修遠兮，但出發的起點就在二〇一八。

儒家網敬獻

齊義虎執筆

儒家網二〇一九元旦獻詞：
周雖舊邦，其命維新

西曆二〇一九年一月一日新年（孔曆二五六九年戊戌冬月廿六日）鐘聲即將鳴響之際，一如既往，初心不改，吾等儒門之守倡者，茲向所有關切當代中國暨中國文化前途之世人，重溫千載之中國聖訓：「天不生仲尼，萬古如長夜！」周雖舊邦，其命惟新。此絕非復古固步之自悔，乃返本開新之自明也；此絕非癡人之說夢，乃砥礪奮進正當時也！

值此中國改革開放四十年之紀念，亦即中華文明曆數千年之演進，始以高度之自尊、自覺、自信之精神，竭力重塑其造極之理想之際，凡吾時人有志於弘揚中國文化者，有志於善養浩然正氣之心統一脈者，安能行嘆復坐愁，再度悲觀於「中華民族之花果飄零」焉！

儒門聖哲孔子云：「三十而立，四十不惑，五十而知天命。」須知百千載之人身難得，中華難生；絕學難繼，太平難開；良知難致，民貴難行。近世道降庶民，吾等中國人也，生於中國，育於中國，則當先行中國之常道常理也。若數典忘祖，背天違道，吾等良能不忍也。故吾時人惟有持盈守謙、尚中貴和一途，方能靈根自植，生生自厚。為天地立心，為生民立命，此固吾中華民族生於憂患之聖教焉。

歷觀四十年以來，「鳳兮鳳兮，何德之衰？往者不可諫，來者猶可追。」四方之國，切莫道分東海西海，「千百世之上有聖人出焉，此心同也，此理同也；千百世之下有聖人出焉，此心同也，此理同也」。世界潮流，浩浩蕩蕩；順之者昌，逆之者亡。而今世人多戾氣，同棲於人類世，非和而不同，美美與共，更不足以共立共行於小小寰宇。是故誠明者，一則睜大眼睛，順觀世界；二則行有不得，反求諸己；三則海納百川，有容乃大；四則固本培元，國格完

全。惟吾心有敬畏，身能踐履，不尚鎖國空談，不生侈離之德，不法一家之法，法天下之法，方能涵養天機，位育中和，淨化吾中華古典之文化基因，傳承吾中華綿延之思想聖脈，歆享吾中華普世之精神標識，是謂踏石留印、抓鐵有痕；是謂與德配天，斯文在茲；是謂民之所欲，國之不朽。

由此上溯至七十年前，吾等當感銘民國外交官張君彭春之正義忠勇，善攜西賢，如切如蹉，奮書吾中華「仁愛」（英譯「良心」）暨「四海之內皆兄弟」之箴言於《世界人權宣言》首章，以捍衛基本之人類尊嚴與人性底線：「人人生而自由，享有尊嚴與權利之一律平等。彼等賦有理性與良心，並應以兄弟關係之精神相待」。

由此上溯至八十年前，吾等當感銘美利堅聯邦最高法院之相容並包，獨立而不改，周行而不殆，並設孔子、梭倫、摩西之聖像於門楣，共尊為世界立法始者。自是百年立憲共和，國人受茲介福，釋茲在茲，終成共識。吾夫子固非一邦一族之夫子，其發乎四端之言，乃合乎球村普天之聖約。然吾道西矣，中土尚守成乎中正明達哉？

由此上溯至二百年前，吾等當感銘德意志聖哲康得鏤刻於墓碑之千古絕唱：「吾有二事焉，恆然於心；敬之畏之，日省日甚：外乎者如璀璨星穹，內在者猶道德律令。」惟自律者方得人之自由，惟實踐者方得人之獨立。姑借中國夫子言之，於我心有戚戚焉。

由此上溯至二千五百年前，吾等當感銘萬代師表孔子之諄諄告誡：「君子有三畏：畏天命，畏大人，畏聖人之言。小人不知天命而不畏也，狎大人，侮聖人之言。」天行健，君子以自強不息；地勢坤，君子以厚德載物。然也！後來者敢不克勤克儉、戒懼慎獨乎？

故今日中國之責任與圖強，不在他者異方，而全在我時人。成人為己，成己達人，方為歷史不滅，方為美成在久，方為談笑間命運共同體之行焉。時人力求人格則為國力求人格，時人力求獨立則為國力求獨立，時人力求斯文則為國力求斯文。而今而後，地無分中央邊陲，族無分少民大漢，皆有文明興邦之責任，皆應抱定燭火不息之信念。誠願黃河清且長，致吾知於無央；誠願長江清且長，踐吾行於無疆。洋洋乎！我中國文化，綿遠流長！巍巍乎！我文化中

國，止於至善！

　　三十功名塵與土，八千里路雲和月！一元復始，萬象更新；慨當以慷，憂思莫忘！惟獨立之思想，自由之精神，乃宅茲儒家之新命，宅茲中國之新命。吾等惟此身心之維新，惟此身心之開放，方不負舊韶華，方不負新時代。古賢多笑傲，吾道務提撕！

　　　　　　　　　　　　　　　　　　　　　　　儒家網敬獻

　　　　　　　　　　　　　　　　　　　　　　　陳進國執筆

儒家網二〇二〇元旦獻詞：朝向多維的時間，朝向自由、活力與包容

四時代序，周行不息，又一年過去了。

全球共迎元旦來臨，時間在此集體性的狂歡時刻，具有了同一性的刻度與指向——時間是一維的。全球的同一時刻，指向一種時間的霸權，在此時間之外的時間將失去度量世界的資格，這背後匿藏著一種時間的等級制與文明的優越感。

時間觀是一套隱喻機制，如何言說光陰的故事，即是如何歸置經驗，編排古今。亦即，在過去、現在、未來的時段刻畫中，潛伏著人類隱秘的心情，鐫刻著觀看、理解世界之道，自然也是述史方式、價值系統與文化品格的表徵。

就晚清以來的中國而言，傳統中國時間的隱喻系統已徹底變形。曾有詩人高呼：「中國，我的鑰匙丟了。」這是一個事實。

在天崩地坼的大變局下，道隨勢變，不知何時，打開中國之道的鑰匙模樣遽變，而構造鑰匙的圖式卻是「西元」時間，那代表著評判的尺度與文明發展的終極方向，中國時間遂被安放在西元時間的鐘錶之上隨其搖擺，她丟了自己的時間，斷然與傳統訣別，不再以溫故為意，馳競於棄舊騖新之途，文化與價值意義上之中國因此支離破碎面目全非。

依照新的時刻表「整理國古」註定成為一種風潮，中國之道就此七竅鑿開，名存實亡，甚而成為展望未來新生活的障礙與靶子，視之如草芥，棄之如敝履，其價值一再被特殊化、負面化，以致於降格為現代時間中的「灰色時間」。

也應看到，即便西元時間的鐘聲異常洪大與強勢，但守護傳統，執意復古更化的堅持一直存在，雖然它極其孱弱，卻是中國文化花果飄零之際的珍貴面相，那將是一個狹窄的時間入口，是危機時刻回溯傳統與本心的契機和突圍文明等級論的星星之火。

在此過程中，更要緊、更根本的工作是，在民族國家的時代，賦予中國時間以普遍性和超越性的意義，進而將之升格為超克民族國家的世界時間。

它有資格擔此重任，因其根本原理不是抹平多樣性、追求絕對的同質化，而是恰恰相反，它向其他時間與傳統開放，無有偏私，崇尚道義，尊重差異，同情他者。此乃中國文化綿延數千年之真精神。

孔子說「勿意勿必勿固勿我」，孟子說「萬物皆備於我」，張載說「民吾同胞，物吾與也」，王陽明說「萬物一體之仁」，費孝通說「各美其美，美人之美」，皆是此真精神之體現，可謂一脈斯文，相續不捨。

中國時間所象徵的普遍性與超越性亦應就此尋求，並延展開去，化入到日用倫常之中。

朝向多維時間，所朝向的是真正的自由、活力與包容，形態各異之時間藉此而各正性命各得其所，天地萬物因之並育而不相害，並行而不相悖。

中國之謂中國的根本與生生不息之源點即在於此，舍此，中國將失其所是，也便與自己的山河歲月相隔邈遠，永遠沒有自己的時間，世界之世界性何嘗不是如此？

時間的全球化是一個象徵，不同時間序列裡的政治與文化歸而為一，多維的時間漸成遙遠的記憶，而世界事實上將在整齊劃一的時間裡失去活潑的世界性，這是規劃時間的僭妄帶來的必然後果。

逝者如斯，時間不止，板滯的時間籌劃與機械統一的行動，並未使歷史終結，卻在無視自由和生機之際，逼迫人類衝破牢籠，重尋鳶飛魚躍相忘不相擾的自在世界。

一元者，大也，本也，始也，善也，故非同一整一之意，實涵多維時間多種向度，如此方可言貞下起元，萬象更新。

儒家網敬獻
周景耀執筆

二〇一四年儒家十大熱點

在二〇一四年中國大陸儒門大事記的基礎上（http://www.rujiazg.com/article/id/4665/），儒家網、中國儒教網、儒學聯合論壇共同推選出年度十大熱點，涉及諫議、公共政策、思想學術、文化事件等各個方面，反映了中國當代「大陸新儒家」的最新發展狀況。現予公布，進退得失，以資當世。孔子二五六六年暨耶子二〇一五年一月二十一日。

一　海內外七十位學者連署呼籲使用和保護孔廟

簡介

二〇一四年二月二十三日，由郭齊勇、張新民、蔣慶、陳昭瑛、陳明、康曉光、姚中秋、曾亦、丁耘、唐文明、柯小剛等當代「大陸新儒家」學者領銜發起，來自中國大陸、臺灣、香港和美國、韓國、新加坡、馬來西亞、墨西哥的海內外七十位學者連署的《優化孔廟文化功能，推動中華文化復興 —— 關於孔廟使用和保護問題的建議書》公開發表。建議書提出以下建議：第一，加大對孔廟的保護力度，重建和新建一批孔廟。第二，改進和優化孔廟文化功能，充分發揮其應有的社會教化作用。第三，改進孔廟管理機制，杜絕對孔廟的商業化開發和利用，實行孔廟免費開放。

評述

孔廟（文廟）作為中國文化和儒家文化的象徵性符號和載體，其興衰沉浮往往折射出儒學的時代命運和文化歸向。近百年的儒學中斷，導致了最具表像性的孔廟在時代的風雨中零落不堪，功能異化，所謂「皮之不存，毛將焉附」。國之慾立於世，則文化無久衰之理，所幸今日儒學重現生機，與之相配

套的孔廟建築則亦宜因時之進，再煥光彩。政府欲尊儒，亦當以此承續歷史血脈，教化天下。故此建議之提出，甚為及時而必要，針對孔廟現狀而分別在保護力度、文化功能、管理機制三方面來實現孔廟的文化歸位，是為中華文化復興不可缺少的環節和保證。蓋儒學興則孔廟盛，孔廟盛則儒學尊，二者合一，不可分離。故此建議書意義重大，政府若能落實相關政策，則意味著「中國」回歸為期不遠。

二　海內外一百二十多位學者連署呼籲儘快將教師節日期改至孔子誕辰日

簡介

　　二〇一四年四月四日，海內外一百二十多位學者連署《敬請全國人大常委會儘快啟動教師法修訂程式的建議》發布，建議書再次向政府呼籲儘快將教師節日期改至孔子誕辰日即每年公曆九月二十八日。在這次的連署名單中，除了當代「大陸新儒家」代表性人物郭齊勇、蔣慶、盛洪、陳明、康曉光、余東海、秋風等，還有知名學者湯一介、何光滬、陳鼓應、許章潤、杜鋼建、范忠信等人以及「社會主義憲政派」學者華炳嘯，既有左派代表性人物韓德強、摩羅、劉海波，也有《南方週末》評論員戴志勇，以及香港大學法學院教授、全國人大常委會香港基本法委員會委員陳弘毅也赫然在列。

評述

　　教師節改期的議案由來已久，近年來，海內外學者的呼聲日益高漲，而政府有關方面卻未能採取相關措施，一拖再拖，實屬不智。凝聚人心、重建文化、再興教育，莫若尊師重道。尊師必重道，無道不尊，無師不立。一國的教師節設立宜與其國的歷史文化傳統相關聯，而孔子作為世界級教育家，萬世師表，以其誕辰日為教師節，實至名歸。原有的教師節日期因缺乏相應的文化內涵，還是改動為宜。建議書再次重申了社會各界要求，當局若能審時度勢，順天應人，毅然改制，則不失為文化壯舉，昭示千古。

三　習近平主席會見中華孔子學會會長湯一介先生

簡介

　　二〇一四年五月四日，習近平主席來到北京大學人文學苑，會見了北京大學哲學系教授、中華孔子學會會長湯一介先生。在湯一介先生研究室裡，習近平主席與湯一介先生促膝交談，瞭解《儒藏》編纂情況，讚揚他為中華優秀傳統文化繼承、發展、創新作出了很大貢獻。

評述

　　湯一介先生是當代儒學大家、中華孔子學會會長，習近平主席則是國家最高領導人，二者身份的頗有象徵性，故此舉被解讀為執政黨「牽手」儒家，表明政府已開始認同和尊重儒學，以儒學和文化作為國家治理的有機構成部分。以「打倒孔家店」起家的執政黨與儒學的和解與合作，展示出親近中國傳統的姿態，開始扭轉「五四」以來反傳統運動的不良傾向。

四　北京大學主編《儒藏》「精華編」百冊出版

簡介

　　二〇一四年六月二十七日，《儒藏》「精華編」百冊出版發布會在北京大學中關新園召開。經過海內外近五百位專家學者的共同努力，目前《儒藏》「精華編」已由北京大學出版社正式出版一百冊，約六千餘萬字。《儒藏》「精華編」是《儒藏》工程的先期成果，收錄了中國歷史上最具影響力和代表性的儒學文獻——包括五百餘種傳世文獻和出土文獻，同時收錄韓、日、越三國用漢文撰寫的重要儒學文獻一百五十餘種，編為三三九冊，約二點三億字。《儒藏》工程分為《儒藏》「精華編」和《儒藏》全本兩步進行。《儒藏》「精華編」計畫於二〇一七年完成。《儒藏》全本將進一步收錄中國歷史上重要的儒學文獻三千餘種，約十億字，計畫於二〇二五年完成，規模將超《四庫全書》。

評述

　　《儒藏》工程前所未有，規模浩大，邁古超今。中國自古即有「盛世修書」的傳統，而《儒藏》的編纂更與當今儒學復興運動相呼應，為儒學最系統而全面的歷史文獻資料。「精華編」百冊的先期出版，則邁出了關鍵的一步。同時，在當今時代條件下，對儒學歷史文獻所做的全面整理和最大範圍蒐集，將超越已往而繼往開來，實為文化福祉與文化盛事。

五　弘道書院與北京大學儒學研究院共同舉辦「孝道與養老」公共政策論壇

簡介

　　二〇一四年十一月十五日，弘道書院與北京大學儒學研究院共同舉辦了第二屆儒家公共政策論壇，以「孝道與養老」為主題，邀請了學界、政界與媒體界等數十位賢達參會，試圖在傳統孝道和現代社會政策之間找到融合點。本屆論壇集思廣益，對「孝道與養老」問題進行多方研討，達成了若干基本共識。與會學者認為，政府和社會均需對養老問題提供製度化的保障措施，並在居家養老的形式內，注重發揮孝道思想的核心作用，讓中國逐漸往「老有所終，壯有所用，幼有所長，矜寡孤獨廢疾者皆有所養」的和諧社會邁進。

評述

　　干春松教授認為，儒家公共政策有兩個目的，一是對公共政策進行批評，二是儘快拓展儒家參與公共政策制定的途徑，並寄希望於儒學研究者、政府官員及專業領域的政策研究者間有更多的溝通，對未來的制度建設產生更多正面積極的作用。

六　習近平主席出席紀念孔子誕辰二五六五週年國際學術研討會並發表講話

簡介

　　二〇一四年九月二十四日，習近平在紀念孔子誕辰二五六五週年國際學術研討會暨國際儒學聯合會第五屆會員大會開幕會上發表講話，提出對待傳統文化要「堅持從歷史走向未來，從延續民族文化血脈中開拓前進」，「推陳出新，結合新的實踐和時代要求，有鑑別的對待、有揚棄的繼承，努力實現傳統文化的創造性轉化、創新性發展」。這是繼去年十一月參觀曲阜孔廟並發表講話、今年「五四」到北京大學牽手中華孔子學會會長湯一介之後，習近平第三個親近儒家的「大動作」，故再引發巨大關注。一九四九年以來，孔子從未受過中國最高領導人如此之高的「禮遇」，以至有人認為中國尊孔崇儒的時代，再次來臨。

評述

　　此為本年度最具政治象徵意義的文化事件，其影響力則應放到近百年的歷史進程中加以考察。孔子是中華文化的象徵，政治領導人對孔子的態度具有風向標意義。從文革到改革開放，從改革開放到今天，執政黨對孔子的態度，經歷了全面否定、部分肯定和充分尊重的過程。國家最高領導人首次出席紀念孔子大會並發表重要講話，明確了對中國傳統的態度，在文化層面上撥亂反正，儒學重新回到執政者視野，意義重大，影響深遠。

七　《原道》輯刊創刊二十週年

簡介

　　二〇一四年十二月二十日上午，《原道》輯刊創刊二十週年紀念座談暨學術研討在京舉行，眾多儒家學者和青年才俊出席座談會，圍繞「習大大尊儒，儒門如何評估應對」這一主題進行了發言討論。作為一本創立二十週年的民間

學術刊物，《原道》對大陸儒學的發展起到了重大推動作用，並聚集了一大批儒家學者。

評述

《原道》輯刊創刊至今已歷二十年，此二十年正是大陸儒學崛起的二十年，《原道》輯刊於此功不可沒。作為「文化保守主義旗幟」，引領時代風氣，總結儒學理論成果，是學術性與思想性俱臻一流的儒門刊物，廣獲讚譽。

八　「大陸新儒家文叢」第一輯出版

簡介

由陳明、任重主編，東方出版社出版的《大陸新儒家文叢》第一輯三冊暨《儒教與公民社會》（陳明）、《復見天地心》（張祥龍）、《廣論政治儒學》（蔣慶）正式出版。此叢書從大陸新儒學的視角出發，面對時代問題提出儒學的解決方案，集中反映了大陸新儒學群體的呼聲和理論思考，有鮮明的時代性，也使國人得以進一步暸解大陸新儒學的思想動態發展歷程。

評述

該文叢之編輯出版意義重大，所選作者皆為最具代表性的大陸新儒家人物。大陸新儒家作為與港臺新儒家相區別的儒家文化群體，有著自己獨特的思想和問題意識，作為其內部不同流派的具體作者，又各有自己的理論構建和時代回應，它可使國人對當代大陸新儒家有一全面深入之暸解，促進儒學的全面復興，為解決時代問題提供傳統資源的參照，引導人們積極思考國家民族的未來走向。

九 「儒家思想與中國改革」學術研討會召開

簡介

二〇一四年十一月二十九日，《天府新論》編輯部與儒家網合作，在成都舉辦了「儒家思想與中國改革」的專題學術研討會。會議邀請十多位儒家學者與會，探討儒家思想與中國未來走向的關係，以助推中國改革的良性發展。學者們分別圍繞現代中國與儒家敘事、中國改革與儒家願景、返本開新與開放包容、普世之維與致治太平等四個主題展開深入研討。

評述

儒學與改革的關係一直是我們這個時代的重大課題。儒學如何看待改革，如何參與改革，已成為理論焦點而眾說紛紜，見仁見智。此次《天府新論》編輯部與儒家網舉辦的「儒家思想與中國改革」的專題學術研討會，則召集了國內有代表性的儒家學者齊聚一堂，各獻真知灼見，引人入勝，為大家提供了一場非常精彩的思想盛宴，為中國改革的路逕取向和方法策略予以儒家理論的關照和引導。因為，儒學能否以其資源參與改革，挺立中國主體性，成就社會主義，是改革成敗的關鍵所在，兩者的關係將會受到越來越多的關注，並成為改變我們時代命運的決定性因素。

十 中國文化書院成立三十週年

簡介

二〇一四年十二月二十三日，中國文化書院三十週年慶典在北京舉行，《中國文化書院八秩導師文集》、《中國文化經緯叢書》首發儀式同時進行，並為過世的湯一介先生頒發了「特殊貢獻獎」，為龐樸先生、孫長江先生、謝龍先生、陳鼓應先生頒發了「貢獻獎」。一九八四年，在梁漱溟、馮友蘭、張岱年、季羨林、湯一介等著名學者全力支持下，北京大學李中華、魏常海、王守

常、林婭等六位青年教師發起成立中國文化書院，湯一介先生任首任院長。

評述

　　中國文化書院是老一輩儒家學者支持參與下建立的以傳承中國文化為主旨的文化機構，在海內外享有較高知名度和權威性，是新時代背景下文化復興的產物，極具象徵性。三十週年慶典，則是對中國文化書院三十年非凡歷程的高度肯定和認同。在老一輩學者紛紛謝世的時代轉折關頭，書院的文化傳承任重道遠，令人矚目和期待。

二○一五年一月二十一日

儒家網、中國儒教網、儒學聯合論壇聯合發布

二〇一五年儒家十大熱點

　　在《中國大陸儒門大事記〔孔子2566年暨耶穌2015年〕》（http://www.rujiazg.com/article/id/7401/）的基礎上，儒家網、中國儒教網、儒學聯合論壇共同推選出年度十大熱點，涉及諫議、公共政策、思想學術、文化事件等各個方面，反映了中國當代儒家的最新發展狀況。現予公布，進退得失，以資當世。孔子二五六七年暨耶穌二〇一六年一月二十五日。以下按發生時間先後排序。

（一）臺灣儒家學者李明輝批評「大陸新儒家」引發熱議

　　一月二十三日，臺灣儒家學者李明輝接受澎湃新聞專訪之「我不認同大陸新儒家」觀點，引發學界關注和熱議。兩岸諸多學者如蔣慶、陳明、李存山、楊儒賓、賴錫三、干春松、秋風、曾亦、唐文明、白彤東、黃玉順、方旭東、陳贇等予以回應。在長達近一年的時間裡，圍繞政治儒學與心性儒學、中西之爭、古今之爭以及自由主義與社群主義等觀念和問題意識展開了激烈討論。通過此次具有思想史意義的爭論和審視，兩岸儒學歷史發展、基本特徵和趨向日益明確，也為中國儒學的未來發展提供了必要的理論導向。

（二）儒家學者發布《呼籲廢除強制計畫生育的宣言書》

　　五月二十三日，弘道書院舉辦了第三屆儒家公共政策論壇，主題為：「人口政策調整與中國文化復興」。儒家學者們形成了一份呼籲廢除強制計畫生育的宣言書，主張儘快全面廢止強制計畫生育體制還國民以生育、人格尊嚴，復興中國文化以提升國民生育意願，保持中國社會之長久活力與中華文明之生命力。該宣言書認為計畫生育政策最根本的錯誤在「倒人為物」的指導思想，它既否定了中國文化對天道與人事的基本觀念，也違背了《憲法》的基本精神。在執政黨大力號召全面建設法治社會依憲治國的今日，有必要對計畫生育政策的合憲性予以全面審查。宣言書發布後，引發全社會的高度關注。

（三）十家民間社團連署《關於恢復和過好中國父親節的倡議書》

六月十八日，鑒於西方父親節在中國的流行，十家民間儒家社團即深圳孔聖堂、北京弘道書院、河北儒教研究會、曲阜市儒者聯合會、上海道裡書院、朔州市國學會、湘潭市傳統文化研究會、南通知止堂義學、武漢大學珞源國學社、甘肅襜如衣冠漢風社，鄭重向全球華人同胞發起連署倡議，呼籲重建八月八日父親節這一具有中國特色的民間節日，認為此舉有助於銘記抗戰先烈的偉大業績，有助於打造中國民間節日體系及其文化氛圍，促進國人的文化認同、國族認同和國家認同，推動中國實現國家統一和民族復興。

（四）學者熱議美國最高法院援引孔子語錄通過同性婚姻合法化裁定

六月二十六日，美國聯邦最高法院以五比四的投票裁定同性婚姻合法，因判決詞有引用孔子語錄而在儒門內外引起強烈反響。儒家學者曾亦教授率先發聲，撰文認為同性婚姻不符合儒家關於婚姻的本質定義，同性戀本身就是一種「反人類罪」，同性婚姻是現代婚姻觀的畸形產物，由此引發社會各界熱烈討論。陳明、方旭東、余以為、王進、何光順、張祥龍、吳鈎、蔣慶等儒家學者先後撰文參加討論，對同性戀和同性婚姻合法化的存在予以儒家視角的判定和表態。

（五）專訪蔣慶〈只有儒家才能安頓現代女性〉引發爭論

八月十二日，澎湃新聞發表了專訪〈大陸新儒家領袖蔣慶：只有儒家能安頓現代女性〉，蔣慶先生的一些觀點，特別是核心觀點「儒家禮教的根本用意，是要根據女性的自然屬性與社會屬性，給予婦女一個公正合理的安頓；做好女兒、好妻子、好母親是女性的自然屬性與家庭屬性的必然要求，是衡量中國女性生命意義的最基本的價值依託」，引發熱議，尤其受到女權主義人士的強烈批評，全國婦聯機關報《中國婦女報》也發表了署名評論《現代女性豈能被陳腐觀念「教化」》予以批評，引發空前關注，儒家學者也為此撰文，摧陷廓清，一陳正見。相關爭論仍在持續進行中。

（六）反思和重估新文化運動

二〇一五年九月十五日是新文化運動一百週年紀念日。新文化運動曾經長時期被比喻為思想解放的春雷和戰鼓，被稱作「一場有中國特色的思想文化啟蒙運動」，在中國歷史上留下了濃墨重彩的一筆，也對中國近現代以來的思想文化發展產生巨大影響。然則時至今日，學界通過多種形式，重溫並探討這場在中國近現代史上有著巨大影響的運動，儒學界出現了反思新文化運動的熱潮，主調不再是對新文化運動的思想繼承，而是反思和重估。儒家的觀點，成為今年紀念新文化運動一百週年活動中的主流，非常引人注目。

（七）中華孔子學會成立三十週年

十月二十四日至二十五日，「儒家的使命與當代中國」學術研討會暨中華孔子學會成立三十週年紀念大會在上海成功舉辦。中華孔子學會是在民政部註冊登記，由教育部主管，以研究孔子、儒家學說和中國傳統文化為主旨的全國性民間學術團體。該學會前身是成立於一九八五年的中華孔子研究所。學會成立前後曾得到梁漱溟、張申府、馮友蘭、周穀城、賀麟、季羨林、陳岱蓀、鄧廣銘、白壽彝、趙光賢等著名學者的支持。第一任會長是已故著名哲學家張岱年先生，第二任會長是去年剛去世的著名哲學家湯一介先生。中華孔子學會此次舉行了新一屆領導機構換屆選舉，選舉產生了以王中江教授為會長、干春松教授為常務副會長的新一屆中華孔子學會理事會。新一屆理事會副會長共十七名，分別是（按姓氏拼音為序）：陳衛平、董平、郭齊勇、景海峰、黎紅雷、李存山、李景林、劉學智、邵漢明、舒大剛、萬俊人、顏炳罡、楊朝明、楊國榮、楊慶中、張學智、朱漢民。

（八）民間儒家組織「中華孔聖會」宣布成立

十一月一日，由當代儒家代表性人物蔣慶、陳明、康曉光、張祥龍、盛洪、林安梧、楊朝明、秋風、彭永捷、唐文明、白彤東、曾亦、柯小剛等眾多學者和海內外六十多家民間儒家社團共同發起的「中華孔聖會」在深圳宣布成立，蔣慶先生出任該會最高決策機構學者委員會主席，著名儒商、北京世嘉房

地產有限公司董事長朱全先生出任中華孔聖會副會長，三和國際集團董事長張華先生先生出任中華孔聖會理事長，會長一職暫缺。中國文聯原黨組書記、文化部原常務副部長高占祥先生發來賀電。有論者認為，「孔聖會」的成立和發展，不但能更有力地推動儒學的復興，對國家的社會治理也可以產生良好的推動和補充作用，而且能夠促進外來文化、宗教的本土化，優化文化、宗教生態，尤其是有效抵制邪教的滋生，起到消除邪教滋生土壤的「培本」作用。

（九）國內首家回儒書院「端莊書院」在北京成立並推動回儒對話

十一月二十二日，為促進回族文藝事業與中華傳統文化的融合，體現回族文化人對中華民族文化復興事業的責任與擔當，由端莊網舉辦的「端莊書院」成立儀式暨首期講座活動在北京市東城區的史家胡同博物館舉行。端莊書院的成立是回族文化教育發展的一個標誌性事件，也是國內首家回儒式書院，填補了回族歷史上無書院的空白。作為端莊書院新「回儒對話」的系列活動之一，邀請了陳明、齊義虎、劉百淞三位「大陸新儒家」學者分別進行了訪談，引發了巨大反響。

（十）著名儒學家陳來教授主講中共中央政治局第二十九次集體學習

十二月三十日下午，中共中央政治局就中華民族愛國主義精神的歷史形成和發展進行第二十九次集體學習。中共中央總書記習近平在主持學習時指出，必須尊重和傳承中華民族歷史和文化。對祖國悠久歷史、深厚文化的理解和接受，是人們愛國主義情感培育和發展的重要條件。中華優秀傳統文化是中華民族的精神命脈。清華大學陳來教授就此問題對政治局成員進行講解，提出建議。今年七月三十一日，陳來曾接受中紀委網站專訪，提出「執政黨要中國化，要更自覺地傳承中華文明」，認為社會主義核心價值的根本就在中華文化，習近平總書記講的「講仁愛、重民本、守誠信、崇正義、尚和合、求大同」這六條，就是儒家的基本價值，就是社會主義核心價值之所本。

孔子二五六六年暨耶穌二〇一六年一月二十五日
儒家網、中國儒教網、儒學聯合論壇聯合發布

二〇一六年儒家十大熱點

在《2016中國大陸儒門大事記》的基礎上，儒家網評選出年度十大熱點，涉及建言諫議、公共政策、思想學術、文化事件等各個方面，反映了中國當代儒家的最新發展狀況。現予公布，進退得失，以資當世。儒家網編輯部於孔子二五六七年暨耶穌二〇一六年十二月三十日。

（一）大陸儒學研究界主動認同「大陸新儒家」，批評「大陸新儒教」

「大陸新儒家」是相對於現代「港臺新儒家」或「海外新儒家」而指稱的一個思想流派或學術群體，活躍於當代中國大陸，主要述指從蔣慶、陳明、康曉光到唐文明、曾亦、干春松等一批主張儒家文化儒教說的儒家思想研究者和傳承者。

十年前「大陸新儒家」概念從方克立口中道出或許具有偶然性，但它卻使大陸認同儒家的學者實現了這一認同由自在到自為的轉變。長期以來儒家和新儒家、大陸新儒家的概念都被認為具有負面的色彩和定位，人們似乎傾向與之保持距離撇清關係。

近年來，隨著中華民族偉大復興口號的提出，儒家思想的發展環境趨暖，大陸新儒學的相關論述也在對經學和康有為的研究中豐富拓展，並且在與港臺儒學的對話中表明瞭自己在問題意識、學術範式和經典譜系方面與牟宗三、徐復觀諸前輩先賢的不同取向和意趣。

也就是在二〇一六年，儒學研究界部分學者在多種正式和非正式場合宣稱，這些所謂大陸新儒家其實應該叫做大陸新儒教，他們自己才是大陸新儒家。郭齊勇、李存山、吳光、黃玉順、梁濤、趙法生等認為他們對儒學和民主關係的認知，對儒家思想的哲學化表述傳承著五四以來的傳統和港臺新儒家精神氣質。但是，大陸新儒家並不只是在大陸的港臺新儒家或現代新儒家，它應該意味著與此前儒學論述具有某種特色的新論述。

　　無論如何，這一爭論表明儒家儒學的概念基本已經完成了去妖魔化的過程，而在這一旗號下相互批評，則應該可以視為儒家思想光譜豐富和儒家思想陣營壯大的標誌。

（二）「回到康有為」以重思近現代中國立國之道

　　在晚清與民國的大轉換中，康有為因緣際會地對帝國轉型諸問題有著最為清醒的把握，即在維持疆域不改變、群族不分裂的前提下實現現代國家和國族建構的目標。近年來，大陸新儒家在問題意識、學術範式和經典體系上日益成熟成型，也越來越清晰地體認到康有為的重大思想史和現實意義。也因此，一批大陸新儒家被冠名為「新康有為主義」或自名為「康黨」，甚至一些被認為是左派立場的學者也對康有為表現了極大興趣。

　　二〇一六年，《原道》等刊物連續刊發「回到康有為」專題，重磅推出系列文章，從國家建構與國族建構的近代史未竟任務出發，求解近現代中國立國之道。論者既包括儒學界的「康黨」，還包括所謂的「工業黨」乃至左派，在所屬學科建制上也較為廣泛，涉及儒學、政治學、法學等多個學科。相關單位還舉辦了專題學術會議。

　　「回到康有為」命題的提出表明，越來越多的學者們體認到，問題，而不是主義，才是當代中國學者所應堅持的品格，更是當代中國治理所應立足的原點。

（三）是否應「老實大量純讀經」，民間少兒讀經第二次大討論

　　因一封民間讀經少年的來信，同濟大學柯小剛教授對王財貴先生的「老實大量讀經」理論和做法提出質疑，引發了自二〇〇四年以來的第二次讀經大討論，各方空前關注和爭論，儒家學者內部也進行了認真討論。

　　這次討論與上次讀經爭論不同之處在於，爭論各方並不反對少兒讀經。正如這場爭論的當事人之一柯小剛教授所講的，他的批評並非針對讀經本身，而是針對某種讀經方法的批評，這種批評的目的在於促進讀經教育的良性發展，避免因不當方法引起的對讀經教育的整體否定。

若說十年前因蔣慶先生而引發的讀經大討論是第一階段，今天的讀經進入了第二階段。第一階段爭論的是該不該讀經，第二階段爭論的是該怎樣讀經，是為進步。故而，此次討論有助於在正本清源的基礎上弘揚儒家教育理念，有助於推進對民間讀經的深入認識和瞭解，也有助於促使民間讀經朝著健康的方向發展。

（四）河北省十五名人大代表聯名建議恢復縣級以上「文廟」建制

二〇一六年一月十二日，在河北省十二屆人大四次會議上，高士濤等十五名河北省人大代表聯名提出《關於恢復縣級以上行政區劃「文廟」建制的建議》，建議全省縣級以上城市恢復「文廟」建制，認為這是弘揚中華文化和樹立民族自信心的迫切需要，以使弘揚中華文化工作有場所依託。

對這次河北省人大代表率先在全國提出恢復文廟建制的舉動，首都師範大學儒教研究中心主任陳明教授認為「適逢其時，刻不容緩」，希望政府能從善如流，採納儒家學者和人大代表的意見，順勢而為，高度重視孔廟的特殊文化地位，啟動其原有的教化功能，充分發揮孔廟應有的作用，推動中國文化復興。

在中國文化復興日益從思想潮流、民間呼聲發展成為執政黨文化自信源泉的背景下，恢復「文廟」的建言是一項值得期待的制度性行動，是當代儒學與公共領域互動的寶貴探索。

（五）《孔子研究》創刊三十週年

二〇一六年四月二十八日，中國孔子基金會「十三五」學術規劃研討暨《孔子研究》創刊三十週年紀念座談會召開。錢遜、牟鐘鑑、陳來、郭齊勇等著名儒學專家，以及全國知名學術期刊代表二百多人齊聚北京，共商儒學發展與中華文化復興。與會專家學者對《孔子研究》給予高度評價，認為《孔子研究》經過三十年的發展，以「引領儒學復興」為使命，無論題材選擇、發稿標準還是編排質量等方面，都是名副其實的一流學術刊物，已成為全國儒學研究的一面旗幟。

此次會議公布了《孔子研究》創刊三十週年「特別貢獻獎」「優秀論文

獎」，通過了新一屆中國孔子基金會學術委員會，選舉產生了學術委員一○三人，推舉了顧問二十九名。陳來被選舉為學術委員會主任，王中江、李存山等被選舉為副主任，饒宗頤、許嘉璐、馮其庸、杜維明、成中英、張豈之等被推舉為顧問。

會議還審議通過了《中國孔子基金會學術委員會工作條例》和《中國孔子基金會「十三五」學術規劃》。據瞭解，「十三五」期間，中國孔子基金會學術發展的總目標是：力爭在儒學研究、學術交流和文化傳播方面，實現三個「走在全國前列」，成為「引領儒學復興、深耕精神家園」的重要陣地。

《孔子研究》見證了三十年來儒學發展的曲折歷程，在下一個三十年中，儒學將進一步以新的光彩見證並參與民族復興的時代徵程。

(六) 學者聯合倡議中國高校設立儒學一級學科

二○一六年六月十一日，「中國儒學學科建設暨儒學教材編纂」座談會在四川大學國際儒學研究院復性書院舉行。來自陝西、湖南、山東、四川、重慶等地高校及科研院所的眾多學者專家，圍繞中國儒學學科的建設、儒學教材的編纂以及儒學人才的培養等問題進行研討。

劉學智、朱漢民、王鈞林、舒大剛、顏炳罡等知名學者聯合倡議在中國高等院校設立儒學一級學科。座談會就此達成初步共識，並形成了《設置和建設儒學學科倡議書》。與會專家認為，儒學是中華文化的主幹和中國學術的中堅，在經典體系、發展歷史、思想學術、文獻積累、信仰體系、道德倫理、實踐功能、教育經驗等方面有自成體系的完整設計，完全具備設置一級學科的各項條件。

在當前社會背景下，設置和完善儒學學科，時機成熟，迫在眉睫。儒學一級學科的倡設，不僅將為儒學研究提供建制化的安身之所，更將為中國學術提供本土化的立命之基。

(七) 中馬青年回儒交流峰會在山東曲阜開幕

二○一六年八月十三日晚，中馬青年回儒交流峰會在山東曲阜召開。此次

會議由中華儒士社聯合禪道商學院、北京大學馬來西亞校友會、馬來西亞國際回教大學校友會、傳承中國遊學會以及知崇文化聯合主辦，論壇主題為「不同的文明・同一個未來」，會議圍繞此主題開展華夏傳統禮儀展示、兩國禮俗講解、儒伊文明學術交流、中馬學者對話、中馬青年領袖講演、參謁孔廟和尼山聖境等系列活動。

論壇立足於儒家文明和伊斯蘭文明的互動交流，致力於中馬兩國青年友誼的植根與延展，旨在促進馬來西亞華人與馬來人之間的互認互知，構建和諧的種族關係。論壇簽署了持續推進世界文明交流宣言，就尊重文化多樣性，秉持對話與合作精神，持續舉行文明交流論壇，文化交流促進經濟交流等六項內容達成共識。

積極開展文明對話與回儒交流，不僅是對現時代文化多元與文明衝突格局的因應，也源自儒學相容並包、恢弘氣象的文化基因。

（八）復旦大學上海儒學院成立

二〇一六年九月三日，復旦大學上海儒學院成立大會暨學術研討會在復旦大學舉行，聘請清華大學國學院院長陳來擔任上海儒學院院長，復旦大學教授謝遐齡擔任理事長。復旦大學上海儒學院是從事儒學研究和傳播的學術機構，為復旦大學校設研究院，以繼承和闡揚中華文明傳統、探索江南儒學的學術精神、推動儒學現代化、確立儒家思想的全球地位為使命。

來自上海、北京、江蘇、浙江、山東、廣東、湖北、四川以及香港、韓國、日本等地的七十多位學者出席了本次大會，並圍繞「儒學與世界文明對話」「儒學與傳統文化創新」等主題展開學術研討。

自二〇〇六年中國大陸首家國學院於北京成立以來，以上海儒學院為代表的儒學高端研究機構的不斷湧現，為儒學發展注入了學院派的生命力，也提出了新的時代命題。

（九）第二屆全國書院高峰論壇發表《東湖宣言》

二〇一六年九月十日至十一日，「中華國學傳統與當代書院建設研討會暨

第二屆全國書院高峰論壇」在武漢舉行，郭齊家、唐翼明、郭齊勇、王守常、林安梧、舒大剛、趙法生、鄧洪波、蕭永明、劉強等二十五位知名國學專家，來自海峽兩岸的四十家書院負責人以及相關國學機構代表近百人，先後在經心書院和問津書院交流切磋，探討當代書院如何賡續人文傳統、提升辦學品質、擔當新時期的社會責任。

與會的四十家書院形成共識，聯合發表了《東湖宣言》，呼籲在辦學宗旨上端正理念，在教學過程中以經典為中心，延續傳統書院的自治、自由、自立、自重，堅持獨立性、批判性、化民成俗的純粹性與理想性，因應時代，返本開新，把書院辦得更健康，讓傳統文化的精義一代一代地傳承下去。此次活動由湖北省國學研究會、經心書院、武漢大學國學院聯合主辦。

書院和文廟都是儒家傳統道場，民間書院或者半官方半民間書院的日益壯大和自律發展，是儒學復興不可或缺的基礎性力量。

（十）學者聯名呼籲保護鄉村傳統喪葬禮俗

二〇一六年十一月三日，澎湃新聞發布了由余敦康、牟鐘鑑、張祥龍、林安梧、李景林、黎紅雷、解光宇、傅有德、黃玉順、王愛平、顏炳罡、王琛發、韓星、鮑鵬山、趙法生、楊春梅、干春松、梁濤、方朝暉、吳飛、劉樂恆等二十一位學者聯名發表的呼籲書，引起社會巨大反響和強烈關注。

呼籲書指出，有的地方政府以殯葬改革的名義取消農村傳統喪葬立意，強行廢除中華文明中延續三千多年的喪葬禮儀，不但剝奪了村民以中華民族傳統禮儀悼念逝去親人的權利，也必將構成對於中國大陸僅存的儒家人生禮儀的致命打擊。在弘揚優秀傳統文化，重建民族精神家園的今天，這種做法令人深感詫異。為避免對岌岌可危的鄉村傳統文化造成更大傷害，呼籲有關部門立即制止上述不當舉措。

生養死葬，禮之大本。傳統喪葬禮俗可以因時損益，但慎終追遠之禮義不可廢棄。此次呼籲和數年來類似建言聯名者眾，涉及面廣，充分說明儒家禮義的持久生命力與廣泛影響力。

二〇一七年儒家十大熱點

在《2017中國大陸儒門大事記》的基礎上，儒家網評選出年度十大熱點，涉及建言諫議、思想學術、文化事件等各個方面，反映了中國當代儒家的最新發展狀況。現予公布，進退得失，以資當世。儒家網編輯部於孔子二五六九年暨耶穌二〇一八年一月二日。

（一）儒學復興進入「重建經學」新階段

在中國大陸，新的儒學思潮伴隨著經學的重新發現和復興，這一現象在二〇一七年仍舊是熱議的話題。復旦大學鄧秉元教授主編的《新經學》、蔣慶先生回應楊國榮教授的文章和上海召開的「儒家哲學的多維形態」研討會等都圍繞著這一話題展開。「重建經學」已成為當代儒學的核心議題。

早在二〇一二年出版的《經學研究》第一期「經學的新開展」發刊詞中，作者就已經說明，經學研究並不僅僅在於經學文獻和歷史的研究，而是要啟動經學中的義理來思考百年來中國政治和社會的轉型，接續華夏正統，再造中國文明，並試圖思考何為人類美好的生活方式等根本問題。這一旨趣首先在於反思中國近代形成的學科劃分對作為整體的經學的破壞，尤其是反思儒學哲學化的危害，並要求研究者首先對儒學有真實的信仰，這在蔣慶先生對楊國榮教授對「儒學經學化」的擔憂的回應文章和曾亦、郭曉東、余治平、陳暢等學者的會議討論中都有所體現。

「重建經學」既是儒學內部從「四書」學向作為根源的「五經」學的復歸，也是對儒學在西學範式下的困境的自覺反思和掙脫，其間儘管有種種問題和爭議，但是著眼於根本性的政教問題的經學已經在新的歷史觀中展開了自身，並為儒家和中國的未來構想了新的可能。

（二）傳承發展傳統文化上升到國家戰略層面，中共十九大提出「堅定文化自信」

一月二十五日，中共中央辦公廳、國務院辦公廳《關於實施中華優秀傳統文化傳承發展工程的意見》正式公布。《意見》第一次以中央文件形式專題闡述中華優秀傳統文化傳承發展工作，提出傳承發展中華優秀傳統文化的十八條意見，明確要求弘揚仁愛、孝悌、修齊治平等核心思想理念，促進傳統文化的創造性轉化和創新性發展。此檔的印發，標誌著傳承中華優秀傳統文化已上升到國家戰略層面。

十月十八日，習近平在中國共產黨第十九次全國代表大會上做報告，首次以執政黨全國代表大會檔的形式提出「堅定文化自信」，進一步明確了「中國特色社會主義的道路自信、理論自信、制度自信，其本質是建立在五千多年文明傳承基礎上的文化自信」，表明執政黨徑由經濟、政治職能回歸文明初心。

從二〇一三年習近平曲阜之行，二〇一四年習近平牽手中華孔子學會會長湯一介，到出席紀念孔子誕辰二五六五年國際學術研討會並發表講話，再到今年兩辦印發《關於實施中華優秀傳統文化傳承發展工程的意見》和十九大高揚文化自信，這是一場真正意義上的文化復興，它追求的是我們歷史、社會和國家的內在目標，是當代生活和生命與古典精神和優雅趣味的融會貫通。

（三）「家與孝」討論，凸顯「人倫」的獨特地位

張祥龍教授二〇一七年出版了《家與孝》一書並召開了新書研討會，而後復旦大學徐英瑾教授對張祥龍教授的學術理路和觀點進行了批評，禮希同、蔡祥元、黃啟祥等學者又為張祥龍教授作了澄清和辯護，使得這一問題的討論更加深入和具有啟發性。年底，《讀書》雜誌組織了該書和吳飛教授《人倫的「解體」：形質論傳統中的家國焦慮》一書的共同研討會，使得「人倫」在中西比較的視野中顯示出了獨特的地位。

研討會中的學者以及針對徐英瑾教授的質疑的辯護者主要指出了通過哲學討論「家庭」和「孝」的必要性和可能性，並強調了「家」對儒家復興和人類

文明的根本重要性。張祥龍教授主要通過現象學方法對實際生活經驗的動態揭示從而實現了對「家庭」和「孝」的哲學分析，指出其是人類的根本的時間性生存經驗，試圖通過喚醒「家」來實現儒家的復興以及對全球現代性進行了批判。這也是張祥龍教授十多年來思考的成果，並對學界產生了深遠的影響。

正如很多評論者指出的，張祥龍教授的工作開啟了一種現象學儒學的研究路向，在喚起儒家根本的生存樣態的同時避免了概念化哲學的弊端。而在「人倫敗壞」的現代社會，張祥龍教授的工作更具有直接的啟發意義。

（四）對「大陸新儒家」的評議繼續深化，「新康有為主義」隱然成型

二〇一七年，「大陸新儒家」依然受到各方關注。張旭、曾海龍等學者闡明瞭作為「新康有為主義」的「大陸新儒家」的發展脈絡、現代性主張及其與現代新儒家和早期「大陸新儒家」的思想差異。「大陸新儒家」是一個主張以公羊學或政治儒學建構現代性的學術群體，早期以蔣慶、陳明、康曉光等學者為主要代表。近年來「大陸新儒家」興起的一波潮流──「新康有為主義」以曾亦、干春松、唐文明等學者為主要代表。

而作為批評的一方，蕭武、鞠曦、葛兆光、紀贇等人強烈抨擊了「大陸新儒家」的政治與儒教訴求，肖強與杜運輝亦分別立足於現實政治架構與堅持馬克思主義主導地位的角度對「大陸新儒家」的主張提出了批評。葛兆光的觀點引起了齊義虎、余東海、張晚林、丁紀等多位儒家學者的回應。對「大陸新儒家」給予同情性瞭解者，如任劍濤認為「大陸新儒家」的主張無法擺脫「高不成低不就」的尷尬，毛朝暉則倡導借鑑新加坡經驗修正「大陸新儒家」的現代性主張。

對現代性的追求是中華民族百餘年來孜孜以求的目標，對「大陸新儒家」的關注與批評展現了以傳統的儒家資源建構中華民族現代性過程中的思想交鋒，本身就表明了儒家思想具有現代性價值。可以預見，有關「大陸新儒家」的爭議還將持續相當長的時間。

（五）敦和基金會探索國學領域機構發展模式，諸多民間儒家社會組織獲得助力

懷揣著文化夢想，一心致力於國學傳承事業，卻因為機構治理、募款能力有限，缺乏同行或跨界的交流平臺等原因導致生存狀況不穩定，行政辦公經費緊張，處於孤掌難鳴的境地，這是當前國內許多致力於開展國學傳承的社會組織所面臨的共同困境。

二○一六年起，敦和基金會的聚焦文化領域，資助弘揚和踐行中華優秀傳統文化的公益組織與研究機構，致力於為開展國學傳承的各類社會組織提供資金以及其他配套支援，促進組織個體成長及交流合作，探索國學領域行之有效的資助模式，提升國學傳承系統效率。二○一七年，種子基金再次資助了包括河北省儒學會、曲阜國學院、上海秋霞圃傳統文化研究院、儒家網等十五家民間國學社會組織，助力其健康發展，激發其創新活力。十一月九日，「敦和‧蓮子計畫──書院及傳統文化教育傳播項目扶持基金」在北京正式啟動，旨在支持包含書院在內的傳統文化教育、傳播推廣機構中的優秀項目。

根據敦和基金會的戰略構想，就是將通過包括種子基金計畫在內的各類項目，致力於提升教化系統，並通過優化整個教化系統追求整體的效率，形成一個平衡的、健康的生態系統，最終達到弘揚中華文化、促進人類和諧的目標。由此可見，敦和基金會的目標不可謂不宏大，行動不可謂不有力，值得期待。

（六）康曉光批判「公益商業化」，捍衛儒家公益之道

改革開放以來，伴隨著市場經濟的發展，現代公益慈善事業也迅猛發展，但公益與商業關係問題日益深化，亦日益激化，已經發展成為一個真正的「時代問題」。二○一七年，中國公益界領袖人物徐永光出版《公益向右，商業向左》專著，對這個問題給出了自己的看法，引發高度關注。九月十四日，大陸新儒家代表人物康曉光發表《駁「永光謬論」──評徐永光〈公益向右，商業向左〉》一文，向「公益商業化」發出「檄文」，在社會領域掀起軒然大波，引起公益行業關於「公益市場化」「社會企業」等相關話題的大討論，併入選

「2017中國公益年會」發布的二〇一七年度十大公益新聞。

康文認為「永光謬論」是屬於這個時代的「謬論」，也是這個時代的悲哀。這種謬論嚴重地違背了儒家的核心價值，既消解了「君子」與「小人」的區別，因此不承認「義利之辨」，甚至也不再存在「人禽之辨」，從而在根本上否定人的「仁愛之心」，否定人利他的可能性。

康曉光以「自反而縮，雖千萬人，吾往矣」的大丈夫氣概，面對洶洶時代浪潮，以一己之力力挽狂瀾，從理論上、根本上釐清公益與商業關係，以此明辨是非、正本清源，極力呼籲弘揚傳統儒家之「道」以駕馭現代商業之「術」，可謂儒門衛道士發出的公益宣言。

（七）陽明學不斷升溫，儒學已成為當代可供選擇的思想資源

近來年，陽明學逐漸成為大眾聚焦的熱點，二〇一七年仍舊熱度不減。「人類智慧與共同命運──中國陽明心學高峰論壇」、「山東省中華文化公開課（陽明學公開課系列）」、「第五屆知行論壇暨文化復興與陽明學的當代傳承發展國際學術大會」、「紀念王陽明誕辰545週年國際學術研討會」、「陽明學文獻與思想研討會」等有關陽明學的會議相繼召開，表明了「陽明學熱」這一現象在二〇一七年的持續存在。

「陽明學熱」並不僅僅表現在學術界，而且在民間和企業家們中間產生了廣泛的影響，從而更加突出了陽明心學在當代的價值。中國經濟經歷了近四十年的高速發展，金錢崇拜、價值迷失、人倫敗壞等等問題越來越嚴重，人們開始回到傳統思想中去尋求解決的資源。王陽明提出的「致良知」、「知行合一」等思想使人們在這個越發庸俗的時代可以感受到「心」的力量，同時也暗合了執政層提出的「文化自信」。

儘管有董平、吳震、朱承等學者指出當下的「陽明學熱」存在著表面化和「心靈雞湯」化等缺陷，但是民間的需求並不與學術界的要求同步。從積極的方面看，「陽明學熱」意味著儒學逐漸進入到了當代人的可供選擇的思想資源中，預示著儒學將成為更多中國人接受的生活方式。

（八）學者持續倡議中國儒學學科建設，研究啟動儒學教材編纂

近年來，倡導儒學學科體系的建設的呼聲越來越強烈。二○一七年，與年初兩辦出臺《關於實施中華優秀傳統文化傳承發展工程的意見》的「加強中華優秀傳統文化相關學科建設」的要求相呼應，四川大學國際儒學研究院於三月五日再次聚集相關學者，召開中國儒學學科建設暨教材編纂座談會。無獨有偶。九月十六日，中國儒學教材編纂座談會在北京中國國學中心舉行，中國儒學教材編纂計畫首批成果由儒學通論（「八通」）、經典研讀、專題研究三部分內容構成。

至此可見，儒學學科建設的議題已由倡議「高校將儒學設立為一級學科」遞進為「儒學學科如何建設」、「儒學教材如何編撰」，是為構建中國儒學的學科體系、學術體系和話語體系的開端，勢必將會推動儒學學科的建設，完善儒學教育體系，從而全面推動儒學復興的發展。

（九）中伊開展文化學術交流，推進「儒伊對話」接續回儒傳統

一月八日，由河北大學伊斯蘭國家社會發展研究中心、伊朗德黑蘭書城聯合主辦，河北大學新聞傳播學院承辦的「孔子與薩迪在當代──文化巨人以及他們背後的文化」國際學術研討會在歷史文化名城保定召開。伊朗薩迪學研究中心、河北省傳媒與社會發展研究中心、伊朗駐華使館文化處、雲南大學伊朗研究中心、中國「一帶一路」沿線國家研究智庫聯盟協辦了研討會，儒家網、端莊書院、中華儒士社等多家文化單位對研討會提供了支援。

十月三十日，由國際儒學聯合會、伊朗阿拉梅‧塔巴塔巴伊大學和北京外國語大學共同主辦的「國際儒學論壇──中國文明與伊朗文明對話」在伊朗首都德黑蘭舉行。在為期兩天的對話活動中，來自中國、伊朗、日本、法國等國家的一百多名專家學者，圍繞儒家思想與伊朗古代倫理學的比較研究、古代絲綢之路與中伊文明交流的歷史及啟示、今日「一帶一路」倡議的背景和意義、波斯語與伊朗文學在中國的現狀、今昔中伊文化科技交往機制探析等多項議題開展學術交流。

消除「文明的衝突」的雜音，促進和而不同、兼收並蓄的文明交流，既是「孔子與薩迪在當代」的共同心願，又是「中國文明與伊朗文明對話」在新時代應當擔負的新使命。推進「儒伊對話」，接續回儒傳統，有助於今人探尋伊斯蘭教中國化的基本路徑，增強中華民族共同體意識，促進中華優秀傳統文化創造性轉化和創新性發展。

（十）孔子誕辰祭祀活動地域範圍迅速擴大，祭禮儀式日益完善

與往年相比，國內二〇一七年的紀念孔子誕辰活動無論從數量、質量較往年相比都有大幅度突破，儀式越來越規範完善，大到各省會城市、縣市區，小到街鎮鄉村，均有消息傳出，參與組織包括官方組織、中小學、大學以及民間團體，而且政府日益成為主導方。

放眼國際，如美國首屆孔子國際文化節舉辦祭孔儀式、日本長崎和沖繩孔廟舉辦釋奠禮、澳大利亞坎培拉首次舉行祭孔大典、韓國沃川郡青山鄉校舉辦秋季祭孔、緬甸曼德勒孔教學校隆重舉辦祭孔儀式暨教師節慶祝活動、印尼舉辦二〇一七年世界孔教（儒教）大會、新加坡南洋孔教會舉辦至聖先師孔子二五六八年聖誕暨南洋孔教會一〇三週年慶典等等，格外引人注目，充分說明了孔子思想的普世價值。

中國孔子基金會發起成立的全球祭孔聯盟，中國孔子網融媒體聯合全國多家電視臺和網媒，於九月二十八日舉行「2017全球同祭孔」活動，同步直播了全球二十多家祭孔聯盟單位的祭孔大典，對在全國甚至世界範圍內普及祭孔規範，傳播儒家文化，實現文明教化等，都起到了宏遠而深刻的意義。

二〇一八至二〇一九年儒家十大熱點

　　在二〇一八年和二〇一九年中國大陸儒門大事記的基礎上，儒家網評選出二〇一八至二〇一九年度十大熱點，涉及公共政策、思想學術、文化事件等各個方面，反映了中國當代儒家的最新發展狀況。現予公布，進退得失，以資當世。孔子紀元二五七一年暨耶穌二〇二〇年一月十九日。

（一）紀念孔子誕辰二五七〇年國際學術研討會在北京召開，國家副主席王岐山出席並致辭

　　二〇一九年十一月十六日，紀念孔子誕辰二五七〇年國際學術研討會暨國際儒學聯合會第六屆會員大會在北京人民大會堂開幕，國家副主席王岐山出席開幕式並致辭。他代表習近平主席、代表中國政府，對會議召開表示誠摯祝賀。王岐山強調，二〇一四年習近平主席在國際儒聯第五屆會員大會上發表重要講話，為弘揚儒學文化和一切優秀傳統文化的思想精華，推動不同文明的互學互鑑指明了方向。

　　中國政府和領導人的表態，證明瞭作為中華文化主幹並深深楔入中華民族生命形態塑造的儒家思想，在經歷了近代的跌宕起伏後也隨著時代變遷恢復生機回歸社會。

（二）《新時代公民道德建設實施綱要》印發，繼續強調仁愛、教化、孝親等理念

　　二〇一九年十月，中共中央、國務院印發《新時代公民道德建設實施綱要》，這是自二〇〇一年中央層面頒布《公民道德建設實施綱要》以來再次頒發，時隔十八年後對公民道德建設提出的新要求，進一步明確新時代公民道德建設的任務要求。

　　《綱要》指出，中華傳統美德是中華文化精髓，是道德建設的不竭源泉，

要深入闡發中華優秀傳統文化蘊含的講仁愛、重民本、守誠信、崇正義、尚和合、求大同等思想理念，深入挖掘自強不息、敬業樂群、扶正揚善、扶危濟困、見義勇為、孝老愛親等傳統美德，充分發揮禮儀禮節的教化作用。如此等等，說明儒學復興在進一步深化。

（三）中央社會主義學院與孔子研究院進行合作，在儒家祖庭曲阜開設教學基地

二〇一八年十月二十一日，中央社會主義學院教學基地揭牌儀式在孔子研究院舉行。自此教學基地設立後，雙方舉辦了一系列合作活動，尤其是組織新疆中青年愛國宗教人士培訓班學員到曲阜開展實踐教學，效果良好。

作為中國共產黨領導的統一戰線性質的高等政治學院，在儒家祖庭開設教學基地，有助於中華文化浸潤黨外各領域學員，對於加強文化認同、促進國家認同、推動國族重塑具有重要作用。

（四）清華大學成立中國經學研究院

二〇一八年九月十九日，清華大學中國經學研究院在京揭牌成立。該院為校級科研單位，也是內地高校首家經學研究院。二〇一八年六月，香港愛國企業家馮燊均先生及夫人鮑俊萍女士捐贈一點五億人民幣，創立大成國學基金。在基金提供的三千萬元人民幣基礎上，清華大學設立經學研究院、大成獎學金與獎教金。

國學的主流是儒學，儒學的核心是經學。清華大學於國內高校率先成立經學研究院，是中國學術界具有里程碑意義的一件盛事。

（五）王船山誕辰四百週年，各界舉行各種紀念活動

二〇一九年十月二十二日，湖南大學嶽麓書院舉行紀念船山誕辰四百週年特別會講。二〇一九年十月二十九日，湖南衡陽舉辦「王船山國際思想學術研討會」，這是衡陽縣舉辦的王船山誕辰四百週年紀念活動之一。二〇一九年十二月十七日，「滬上紀念王船山誕辰四百週年學術座談會」在同濟大學舉辦。

此外，各地也舉辦了多樣的紀念、展覽和學術研討活動。

王船山生活在明清之際，從時間點來說，傳統逐漸進入總結和轉折的時期；從空間來說，中西交流和爭論逐漸豁顯。這一縱一橫的十字路口，是船山思考的基本處境。這個處境，仍然延續到現在，儘管具體的問題已經不同。在這個意義上，四百年之後，船山之學的未來使命，也許才剛剛開始。

（六）國內首個《中小學傳統文化教育指導標準》面向全國發布

二○一八年八月八日，中國教育學會委託傳統文化教育分會研製的《中小學傳統文化教育指導標準》，正式面向社會公開徵集意見。起草組向全國發放一千份徵求意見稿，廣泛徵求專家學者和一線教師意見，力求反映時代要求，體現教育研究的最新成果，經修改以及專家組審定，於二○一九年十二月十五日在京發布。標準的研製得到敦和基金會的大力支持。

該標準為中小學傳統文化教育的開展提供了科學的、成體系的、建設性的方案，同時以行業協會的名義面向全國發布，具有行業標準的意義。

（七）尼山世界儒學中心成立

二○一九年八月二十五日，在孔子誕生地曲阜尼山，由教育部與山東省政府共同籌建的尼山世界儒學中心宣告成立。孔子第七十九代嫡長孫孔垂長先生受邀擔任尼山世界儒學中心名譽理事長，著名儒學家陳來和張立文擔任學術委員會主任。尼山世界儒學中心總部設在曲阜尼山，將在國內外建設若干分支機構，逐步形成「一個中心、多個分中心」格局。分中心與中心將聯合攻關重大科研項目，培養高層次人才，舉辦或承辦各類學術活動。

曲阜是儒學的發祥地，尼山世界儒學中心設在孔子誕生地可謂是不二之選，新時代世界儒學的發展將從這裡再出發。

（八）中國儒教界代表出席二○一九年世界孔教（儒教）大會

十月六日，二○一九年世界孔教（儒教）大會在印尼首都雅加達召開，大會旨在紀念孔子二五七○年誕辰，主題為「對促進發展商業經濟的儒家價值」

及「伊斯蘭教——孔教對話」，印尼當選副總統馬魯夫・阿敏（Ma'ruf Amin）主持大會開幕式，來自墨西哥、中國、香港、臺灣、日本、馬來西亞、新加坡等地的儒家代表出席大會，中國儒教界代表周北辰、袁彥、姚舜雨出席並發表演講。

由於儒教的理念與精神在社會倫理、道德層面仍然能夠起到積極的作用，而且在人們的日常生活、社會交往以及內心秩序、良知構成中，儒教的許多理念與精神仍然起著不可低估的作用和影響，故而，儒教重建日益引發國人關注和思考。中國儒教界代表的亮相，具有一定的象徵意義。

（九）中國人民大學中國公益創新研究院開辦「慈善文化會講」

儒家學者康曉光牽頭主持的「慈善文化會講」，自二〇一八年年末第一期舉辦以來，至今已舉辦五期，主要圍繞儒家慈善文化的現代轉化展開討論，得到思想文化和公益界的高度關注。

系列會講作為中國公益創新研究院「慈善文化行動性研究」的有機組成部分，以「體/用」思維作為基本框架來觀察和分析當代中國慈善，意在研究慈善文化變遷過程中如何建立「新中體」與「新中用」，試圖通過「知行合一」的「行動性研究」，推動學界與業界創建、踐行、傳播「體用合一」的現代中華慈善。

（十）中國國家博物館舉辦「高山景行——孔子文化展」，係新中國成立以來首次

二〇一九年十二月二十七日，由中國國家博物館和山東省人民政府主辦的「高山景行——孔子文化展」在國家博物館開幕，作為中國國家博物館二〇一九年壓軸大展。展覽分為「孔子的生平與思想」「儒家學說的形成與發展」「儒家學說的國際傳播」「孔子題材藝術作品」四個部分，以二百四十餘件（套）珍貴文物、古籍以及藝術品的規模亮相。

這是國家博物館第一次系統展示孔子思想形成、發展以及傳承的歷史，亦是彰顯文化自信的一個具體舉措。

儒家網甲午（2014）年度十大好書
揭曉暨頒獎詞

　　弘揚儒學，傳承文化，是我們的歷史使命。為了使社會各界能夠全面把握當代儒家的思想動向和理論動態，自今年起，儒家網啟動年度好書榜和「十大好書評選」活動。評選活動採取讀者在線投票和專家學者投票選相結合的方式。在整個評選過程中，作者和圖書編輯始終迴避，參加終審的學者名單保密，有效確保評選的權威性和公正性。參加本年度評選的儒學書籍，分為學術思想和大眾通俗兩類。每類十本，共計二十本。經過歷時兩月的認真評選，儒家網甲午（2014）年度十大好書最終揭曉（名單附後）。

　　從上榜書目來看，兩類名單恰如其分地反映出了本年度儒學研究和推廣的最高水準，屬於精華中的精華。就學術思想類而言，大陸新儒家代表人物蔣慶先生的《廣論政治儒學》一書高居榜首。毋庸諱言，該書的作者和內容都具有劃時代意義。蔣慶先生心憂國事，研精覃思，著述豐富，最近又向世人推出這部著作，旨在從王道政治的視角回應時代問題，高屋建瓴，發人深思。天下興亡，匹夫有責。任何一位國人，只要滿懷社會責任感，關注當下面臨的歷史抉擇，品讀《廣論政治儒學》，就能得到相應的啟發。該書實至名歸，因而當選學術思想類最有影響力的著作。如果您要全面把握蔣慶先生的「政治儒學」的思想歷程，就請研習這部著作。

　　就學術理論而言，陳來教授的《仁學本體論》可謂重磅力作。該書承前啟後，具有劃時代意義，為學術界所矚目。作者將哲學的本體論和古典儒學的仁論相結合，論證了儒學核心——仁學的本體論構建，是當代儒家哲學的綜合創新之作，為百年來不可多得的理論精品。該書不同凡響，影響極大，網絡得票數一直遙遙領先。凡關注儒學理論進展的人士，不妨一讀。

　　無獨有偶，海外學者余英時先生的《論天人之際——中國古代思想起源試

探》亦為學術精品。作者從軸心突破的特殊視角切入，追溯中國古代系統思想史的起源，探索中國軸心突破的歷史世界，認為中國軸心突破最後歸宿於「內向超越」，而以新的「天人合一」為最高境界。本書對研究中國思想史提供了獨到的方法論和途徑，為把握中國哲學的最終走向提供了基本線索，值得閱讀收藏。

德不孤，必有鄰。十幾年來，大陸儒門中堅康曉光教授一直致力於政社關係的研究的成果，以《君子社會──國家與社會關係研究》一書揭示了中國當下的政社關係的現狀及存在的問題、成因、解決之道，現實意義突出，故而榜上有名。本書的目的在很大程度上可以理解為「衛道」──遵循中華文化精神，重塑中國的國家與社會關係，繼續秉承了康曉光先生宏大的視野、憂國憂民的情懷以及立足本土、客觀嚴謹的學術精神。

儒學傳統生生不息，聖賢慧命綿綿若存。一陽來復，鼓舞人心。張祥龍先生擔荷道義，奔走呼號，撰寫《復見天地心──儒家再臨的蘊意與道路》一書，為世人描繪了儒學復興的光明前景。該書與《廣論政治儒學》、《儒教與公民社會》一起列入「當代大陸新儒家文叢」，集中反映了大陸新儒家與海外新儒家之間的差異，凸顯了前者獨特的存在感受與強烈的問題意識。該書視角新穎，在另一個側面展示了儒學在中國大陸的回歸路徑和精神特質，試圖挖掘儒家固有資源，回應時代挑戰，解決現實問題，向世人闡述了儒家學者是如何把握社會轉型帶來的種種機遇，促使人們進一步反思現代性的缺憾，進而重新認識儒學的真正精神和時代價值。

作為當代儒家代表人物之一，陳明先生殫精竭慮，完成《儒教與公民社會》一書。該書從公民宗教概念出發，重新界定儒家文化系統的歷史地位和社會功用，闡發其在當代國家建構和國族建構中的獨特意義。此論一經刊出，學界反響異常強烈。現階段，中國正處於改革開放進行時，探尋中國道路，彰顯民族氣派，實現中華民族偉大復興，都離不開儒家文化的積極參與。儒家文化若要贏得轉機，重新進入百姓生活日用，就必須在這一劃時代的偉大進程中構建新的理論形態。舊邦新命，探索向前，該書的時代價值就在於此。

海外新儒家代表人物杜維明先生享譽學界，最新推出力作《二十一世紀的

儒學》，對二十一世紀儒家面臨並且必須解決的何為人、人生的意義、信仰等五大問題提出了獨到的見解，期待新儒學能夠為二十一世紀的人們提供安身立命的資糧。此書對把握儒學的發展歷程和未來意義提供了重要參照和有益借鑑。可以說，杜維明先生從多元化以及文明對話的角度解讀儒家的內核精神及其在現代世界的命運，是經濟全球化和多元文化交流背景下的積極成果。

與現代新儒家和學界前輩相比，儒門新銳厚積薄發，敢於開風氣之先。任鋒貫通中西，在政道與治道方面頗有建樹。《道統與治體——憲制會話的文明啟示》一書立論高遠，言有所指。這本書充分展示了作者在政治學、歷史學領域的思考成果，學術思辨性較強，對理解中國傳統憲制的由來和發展有很大幫助。另一位儒門新銳陳壁生撰寫《經學的瓦解》一書，從經學角度對現代分科之學賴以成立的一系列預設提出質疑，認為中國文明的核心即在經學，時至今日，經學依然具有頑強的生命力和重要的現實意義，因而必須重新回歸經學，承續中華民族的文化傳統。書中論理，振聾發聵，值得現代學術界高度關注。

近年來，隨著「國學熱」不斷升溫，《論語》成為許多商家熱炒的對象。為了吸引公共注意力，占領文化市場，各種口味的心靈雞湯散發著濃鬱的世俗化氣息。倘若讀者浸淫其中，忘卻經典的微言大義，則無異於買櫝還珠。歐風美雨，紛來遝至，有些學者基於自由主義的學術取向，對儒學進行重新解釋，力求實現會通，卻難免出現歪曲和比附。只有善於取法古人，鉤沉索隱，追根溯源，才能為儒學義理的彰顯奠定堅實的基礎。晚清今文學家戴望以春秋公羊大義註釋《論語》，可謂以經解經、通經致用，為我們揭示了《論語》的經典意蘊。復旦大學郭曉東教授之《戴氏注論語小疏》，對戴氏注之出處、涉典章制度與義理之術語，尤其是大量涉及《春秋》與《禮》的內容加以疏釋，是當代不可多得的公羊學派考據性專著，亦其治經以經世之意。

儒家有著強烈的社會情懷，善於用通俗易懂的語言喚醒民眾的良知。近幾年來，大眾通俗類的儒學書籍，佳作迭出，成果斐然，深受讀者喜聞樂見。較之學術著作，這一類書籍更能發揮化俗喻世的作用。諸如《儒家大智慧》（余東海）、《讀經二十年》（王財貴）、《重新發現宋朝》（吳鉤）、《儒商管理學》（周北辰）、《為儒家鼓與呼》（姚中秋）、《大宋帝國三百年》（金綱）堪稱精

品，傳播範圍廣，社會影響力大，功在儒門，利在百姓。

民間儒者余東海先生特立獨行，慷慨激昂，嘔心瀝血，最近完成《儒家大智慧》一書，給日益浮躁的現代社會帶來一場及時甘霖。此書語言生動、深入淺出，枚舉經典故事，將儒學的高深智慧概括為知時、知人、知言、知禮、知本、知權、知中、知因、知幾、知常、知易、知命等十二智，有助於廣大讀者體認和參詳。該書一經問世，就在社會各界尤其是商業界產生了深遠影響，一時傳頌，洛陽紙貴，為儒家智慧重新進入現代社會贏得了機遇。毫不掩飾地講，該書在大眾通俗類中獨占鰲頭。

儒學普及，必先讀經。王財貴教授是全球讀經教育的首倡者，二十年來著力推廣讀經教育，頗有心得。食而後知味，行而後明道。作為二十年讀經教育的總結，《讀經二十年》具有時代意義和歷史意義，值得關注中國文化命運的人們關注。

紹隆儒術，經世致用。姚中秋（秋風）先生涵泳史海，涉獵西學，關注民生，慧思妙運，平日心得結集成為《為儒家鼓與呼》一書，曾經入圍二〇一四年度中國影響力圖書評選候選書目（社科類）。該書收錄了作者近年所接受的訪談或對話，大多圍繞國人對孔子的態度、儒家的歷史演變、儒家與自由主義的關係、儒家與當代中國秩序構建的關係等展開話題。真知灼見，躍然紙上，性情所在，不可不讀。

昔日學者貶斥宋朝，感嘆積文積弱，今人吳鉤撰寫《重新發現宋朝》，鉤沉索隱，細緻入微，為世人描繪了一幅臻於郅治的「大宋版的中國夢」。該書以隨筆體的形式，發古人之幽思，試圖復原宋朝的政治經濟制度和社會生活細節，旨在消除人們對宋朝的歷史偏見和重大誤解，進而傳輸這樣一種信息：傳統與現代在某種程度上是絲絲相扣的，儒家的社會理想是與時俱進的。金綱先生的同類作品對大宋帝國的政治軍事文化進程作出描摹勾勒，史論結合，筆端含情，精彩之處，引人入勝。

深圳孔聖堂主事周北辰是蔣慶先生弟子，秉承「禮儀三百，威儀三千」的古訓，在經濟全球化時代鼓吹儒商精神和儒商管理模式，寄託了對中國現代商業文明的期待，表達了對社會轉型的關注。此外，《道不遠人：郭齊勇說儒》

（郭齊勇著）、《正本清源說孔子》（楊朝明主編）、《大眾儒學語錄》（曾國祥主編）、《誠孝仁義公──中華美德新五常》（李漢秋、宋月航、王牧之主編）都是普及儒學知識的最佳讀本。其中，《大眾儒學語錄》是本年度推進儒學通俗化的扛鼎之作，該書輯錄了儒學典籍「四書」中涉及倫理道德的主要論斷，簡明扼要，便於攜帶，有助於民間社會重新接納儒學，對改良世道人心大有裨益；《誠孝仁義公──中華美德新五常》一書推陳出新，提出「新五常」觀念，令人耳目一新。

書不盡言，言不盡意。古人著述，浩若煙海，今人為何還要疊床架屋？原因十分簡單，那就是用極具時代特色的語言闡發「舊邦新命」，為中華民族偉大復興貢獻芻蕘之見！儒學復興，大勢所趨；中華崛起，眾望所歸。我們盼望這一天的早日到來。

在讀者網絡投票基礎上，根據學者投票得票數高低排序，現將名單公布如下：

（一）學術思想類

一、蔣　慶著《廣論政治儒學》

二、陳　來著《仁學本體論》

三、余英時著《論天人之際──中國古代思想起源試探》

四、康曉光著《君子社會──國家與社會關係研究》

五、張祥龍著《復見天地心──儒家再臨的蘊意與道路》

六、陳　明著《儒教與公民社會》

七、杜維明著《二十一世紀的儒學》

八、陳壁生著《經學的瓦解》

九、任　鋒著《道統與治體──憲制會話的文明啟示》

十、郭曉東著《戴氏注論語小疏》

（二）大眾通俗類

一、余東海著《儒家大智慧》

二、王財貴著《讀經二十年》

三、吳　鉤著《重新發現宋朝》

四、周北辰著《儒商管理學》

五、姚中秋著《為儒家鼓與呼》

六、金　綱著《大宋帝國三百年》

七、郭齊勇著《道不遠人：郭齊勇說儒》

八、楊朝明著《正本清源說孔子》

九、曾國祥著《大眾儒學語錄》

十、李漢秋、宋月航、王牧之著《誠孝仁義公——中華美德新五常》

　　此次年度十大好書評選活動，是儒家網首次在讀書出版領域宣傳儒學著作而進行的嘗試，希望廣大讀者朋友繼續關注和支持。今後，我們要繼續徵詢廣大讀者的意見，整理優秀儒學著作的書目，集思廣益，再接再厲，將評選活動辦得更好，為今後陸續推出儒學好書榜打下堅實基礎。

儒家網

二〇一五年三月二十日

附錄：部分入圍作者感言

儒家網敬啟：貴網二〇一四年度十大好書評選公告已閱，儒家網以民間立場舉行年度好書評選活動，在國內實屬首舉，意義重大，因為只有秉持民間立場，才能真正客觀地選出好書。至於本人拙作獲選，感謝貴網同仁們付出之辛勞。惟望貴網一如既往，每年選出好書也。蔣慶於深圳。

——蔣慶（《廣論政治儒學》一書作者

從沒想過自己也會有獲獎的時候。因為我做的工作從高大上的角度講是探索性的，從一般的角度講則是非常個人性的。我自己對它的評價也很不穩定，從追求目標來講睥睨一時，從完成的效果來講又恨不得推到重來。所以，我把這種好書認定看成是儒門對於探索精神的肯定和包容。對此我十分感謝，並將繼續努力去證明儒家思想的內在活力。

——陳明（《儒教與公民社會》一書作者）

儒學作為中學三統之主統，可為朝野、官民和雅俗所共賞，上可通雅，通經致用，善化政德；下可通俗，化民成俗，美化民風。學術類書籍側重上通，通俗類儒書有助下通，有助於國民智慧和社會道德的提升。儒家網評選出的十大好書，是當代儒書之群英小會。拙著榮幸入圍並占大眾類之鰲頭，甚快。

——余東海（《儒家大智慧》一書作者）

感謝儒家網。感謝所有投《重新發現宋朝》一票的老師、朋友。個人認為，欲瞭解華夏傳統之成就，請重新發現宋朝，因為宋朝是中國傳統文明之高峰。欲瞭解儒家治理之特點，也請重新發現宋朝，因為宋代是秦漢以來最儒化的一個朝代。

——吳鈎（《重新發現宋朝》一書作者）

謝謝儒家網！《道不遠人——郭齊勇說儒》，是貴陽孔學堂書局委託舒大剛先

生主編的大眾儒學叢書中的一種，是我的博士生劉依平、肖雄幫我編的，吳龍燦君也貢獻了意見。謝謝為是書出版操心過的師友同仁，這小書反映了近些年來我對儒學發展中一些問題的關懷。謝謝儒家網將是書評為年度好書，實在是愧不敢當。期盼儒學界更加重視儒學在當代中國民間的生存與復興！恭祝儒學網越辦越好！

──郭齊勇（《道不遠人──郭齊勇說儒》一書作者）

僅僅一年，就出了這麼多優秀儒學著作，讓人感奮。儒家經多年積累，已經開始思想爆發，並將深刻影響整個中國思想的走向和議題。評選優秀作品，既可讓優秀著作為更多人所知，更可推動儒門內部相互批評，謝謝主事人。

──姚中秋（《為儒家鼓與呼》一書作者）

感謝儒家網將拙著《復見天地心》選入二○一四年度十大好書之一。希望此項評選活動繼續下去，打破官方和自由主義的二元格局，以儒家的感受和評價方式來影響讀書界和文化界。

──張祥龍（《復見天地心──儒家再臨的蘊意與道路》一書作者）

得悉「儒家網」評選「年度十大好書」，很為這樣的舉措感到讚佩，因為這對於盤點儒學研究成果、引導儒學研究方向、指示儒學學習路徑都具有重要意義。我本人主持編寫的《正本清源說孔子》能夠入選，則感到特別的高興！

作為中國傳統文化的主體，儒家學說需要傳承下去、傳播出去。而無論對內傳承還是對外傳播，對孔子及其思想的正本清源都十分必要而且關鍵，如果瞭解有限而認識朦朧和模糊，理解與尊重就無從談起。

我們曾說，要使他人瞭解自己，首先要自我瞭解，就中國文化的現狀而言，「認識自我」甚至比「介紹自我」更為緊要。現在，國外能夠真正認識到「中國精神生活」的學者較少，其觀念也許就來自中國學人「自己的迷茫和紛亂」。當前研究孔子和儒學，不能沒有古老文明現代發展的縱深視野，必須清醒認識到中國學術發展的特殊歷史文化背景。而要做到這些，要認識儒學的價

值，弄清儒學與中國社會歷史文化關聯的內在機制，最為基礎、最為迫切的工作應該就是學術上、思想上的正本清源。

幾年前，在孔子出生地舉行過名為「尼山新儒學」的會議，議題就是儒學的創新發展問題。我十分清晰地記得，在那次會議上，大家期待儒學的返本開新、綜合創新、推陳出新，以便能夠參與時代新人文主義思潮的健康發展。我提交會議的論文就是《認識儒學價值需要正本清源》，事實上，「正本清源」四個字，也的確是當前傳承和弘揚中華優秀傳統文化的一個重要命題，因為要喚醒、啟動文化基因，首要的或者最為緊迫的，就是把中華優秀傳統文化「弄明白」進而「講清楚」，澄清認識，消除誤解。

很顯然，就孔子儒學真正的「正本清源」而言，我們只是選定了方向。事實上，這樣的努力才剛剛開始。

——楊朝明（《正本清源說孔子》一書作者）

在當代儒學復興中，經學的重新被重視，理應成為這場新思潮的組成部分，而經學對未來的意義，則取決於今天學界同仁們的努力。感謝儒家網組織這次活動，感謝各位評委的鼓勵！

——陳壁生（《經學的瓦解》一書作者）

相比時代提出的挑戰，我們已經做的只是微乎其微。這註定是一個過渡的時代，我們這幾代人應挺立，哪怕只是做一個卑微的擺渡者。

——任鋒（《道統與治體：憲制會話的文明啟示》一書作者）

多謝儒家網及評委的評定，愧不敢當。我常以為人生一息尚存三餐溫飽之餘，即應為生命之價值文化之教養而努力，此則需有良好之教育以化民而成俗。我不堪為人師，故總勸人讀經，冀人人皆能從經典中汲取文化之智慧，精進其生命，此則人人立即可學，家家簡易可教者。謹以此書與天下共勉。

——王財貴（《讀經二十年》一書作者）

儒家網乙未（2015）年度十大好書揭曉

　　在儒家網甲午（2014）年度十大好書評選的活動基礎上，今年我們持續啟動了儒家網乙未年（2015）年度十大好書評選的活動，隨著儒學復興日益深入，相關著作不斷問世，甚為可觀。儒家網的義工通過網絡搜索和師友推薦，將該年度出版的一百多本儒學著作彙集起來，分為思想學術類和大眾通俗類，以供評選。經過為期一月的網絡投票和隨後的學者評議投票，儒家網乙未年（2015）年度十大好書評選結果最終揭曉，現特予公布。

（一）思想學術類

　　一、蔣　慶著《政治儒學默想錄》

　　二、陳　來著《中華文明的核心價值——國學流變與傳統價值觀》

　　三、干春松著《保教立國：康有為的現代方略》

　　四、郭齊勇著《儒學與現代化的新探討》

　　五、張祥龍著《〈尚書·堯典〉解說：以時、孝為源的正治》

　　六、杜維明、姚中秋、任鋒等著《儒家與憲政論集》

　　七、貝淡寧著《中國模式：政治菁英體制和民主的侷限》

　　八、朱漢民著《儒學的多維視域》

　　九、盛　洪著《儒學的經濟學解釋》

　　十、陳壁生著《孝經學史》

（二）大眾通俗類

　　一、吳　鉤著《宋：現代的拂曉時辰》

　　二、鮑鵬山著《孔子如來》

　　三、吳　飛著《現代生活的古代資源》

　　四、許石林著《桃花扇底看前朝》

五、袁燦興著《中國鄉賢》

六、劉建華著《尼山書院的二十六堂國學課》

七、白　平著《儒學洗冤錄》

八、樂愛國著《儒學與科技文明》

九、胡暉瑩著《一體微行──知止堂義學五週年回眸》

十、陳赤著《浮生之根》

（一）對思想學術類十大好書的簡要評介

蔣慶著《政治儒學默想錄》

　　高居思想學術類榜首。該書為讀者展示了蔣慶先生二十年間思考、撰述和發展政治儒學的心路歷程，具有極高的學術價值。作為大陸儒學領域的代表人物，蔣慶先生學養深厚，立論剴切，獨樹一幟，令人矚目。與一般的高頭講章明顯不同，該書採用劄記的形式，向讀者講述政治儒學的時代價值。浮光掠影，意境深遠；只鱗片爪，大氣磅礴。讀者可以從中獲取政治儒學的古老智慧、現代價值和未來期望，深刻領會這樣的道理：儒學復興，不是理論假設，而是大勢所趨、人心所向、解決現時代問題的必由之路。福建教育出版社二〇一五年六月出版。

陳來著《中華文明的核心價值──國學流變與傳統價值觀》

　　深受廣大讀者喜愛，網絡投票一路高昇。全書內容圍繞中華傳統價值觀和國學相關問題展開，創造性地指出中國現階段核心價值建設的重要任務是從整體的高度把握全球文明的特質，讓中華文明成為其源頭活水。通過闡述中國人關於宇宙和世界的獨特認識，作者指明中華文明價值觀的哲學基礎，認為中華文明的價值觀對建立關聯社群、合作政治、和諧世界，仍然具有普遍的意義。該書切合現實，與時偕行，具有非常高的理論價值。生活・讀書・新知三聯書店二〇一五年四月出版。

干春松著《保教立國：康有為的現代方略》

史論結合，人氣頗高。作者以康有為中晚期的政治思想作為切入點，力圖從「保教」與「立國」兩個維度來分析康有為有關現代民族國家政制建構的核心問題與一系列設想。全書從康有為有關孔教會的設想與實踐、戊戌變法前的憲政觀念與實踐、地方自治與國家一統、虛君共和的政制構想等幾個方面進行了平實而又深入的論述。該書大開風氣，引領潮流，為今後研究康有為政治思想提供了有益的借鑑。生活・讀書・新知三聯書店二〇一五年三月出版。

郭齊勇著《儒學與現代化的新探討》

是一部有時代價值的好書。全書所收論文以「儒學與現代化的關係」為中心，共分為三部分：第一部分是「老幹新枝篇」，主要討論的是傳統儒家，特別是先秦儒家的政治哲學、道德哲學、生態環境哲學及其現代轉化的問題，包括傳統核心價值觀的現代意義與價值等。第二部分是「現代學苑篇」，主要討論的是近現代儒學的發展軌跡，現代新儒學思潮及其代表人物的思想以及現當代若干思想爭鳴的問題。第三部分是「薪火相傳篇」，主要討論的是前輩師長的精神遺產以及儒學傳承的時代意義。該書探索儒學與現代化的關係，在當代自成一家。商務印書館二〇一五年五月出版。

張祥龍著《《尚書・堯典》解說・以時、孝為源的正治》

條分縷析，鈎沉致遠，深受學者好評。眾所周知，《尚書・堯典》素有「中華文明第一典」之稱，目前能深入挖掘《尚書》核心理念的專著不多，本書實屬鳳毛麟角。作者在解析《堯典》的敘述結構、基本內容的基礎上，重點闡發文本中所蘊含的「時」與「孝」的理念，引導讀者深刻體會《堯典》揭示的中國古代乃至人類史上最為動人美好的生存境界。該書文辭典雅，情摯意深，具有很強的感染力與啟發性。生活・讀書・新知三聯書店二〇一五年八月出版。

杜維明、姚中秋、任鋒等人合著《儒家與憲政論集》

　　是研究儒家憲政的論文合集。該書涉及儒家憲政民生主義、道統、儒家與憲法秩序、儒家憲政的傳統與展望、儒家、憲政與國族認同、儒家潛涵的憲法與憲政思想、百年中國的憲政之路、明專制政體下的儒家士大夫的憲政理念與行憲努力、清末民初的經學與建國等問題，視野開闊，發人深思，對當前深入研究儒家憲政起到啟迪和引導的作用。中央編譯出版社二○一五年七月出版。

貝淡寧著《中國模式：政治菁英體制和民主的侷限》

　　視角獨特，觀點新穎，引人注目。作者作為在華從事教育的加拿大裔親儒學者，有中西文化比較的背景和視野，提出的觀點獨到而客觀。本書對比西方民主制度和所謂「一黨專政」的優缺點，分析兩種體制選擇領導人的具體途徑，認為中國的菁英政治制度原則上是正確的，比西方選舉政治更適合本國國情，也可以作為西方借鑑的有效方案。該書的許多觀點有助於我們深化政治理論研究。美國普林斯頓大學出版社二○一五年三月出版。

朱漢民著《儒學的多維視域》

　　氣勢恢宏，視域廣闊。作者「先立乎其大」，立足於儒學的全體大用，從經學、哲學、倫理學、政治學、教育學、人格心理學、文化地理學等角度解讀、研究和探討儒學的思想文化特徵，深入挖掘儒學本身具有的豐富內涵，創造性詮釋它們的現代價值。在作者的視域中，作為中華文明價值體系與知識體系意義的儒學，它既是歷史的存在，同時也是現實的存在。作為歷史存在，儒學是我們思考和研究的對象；作為現實存在，儒學不僅是我們思考和研究的對象，而且是我們選擇、實踐的價值與理念。東方出版社二○一五年六月出版。

盛洪著《儒學的經濟學解釋》

　　功在學林，利在生民。該書從經濟學的角度闡述儒學的精義──正心誠意、格物致知、修身、齊家、治國、天平下。作者牢牢把握經濟學的內核──

自然哲學秩序，認為它與儒家思想高度貼近，在儒家思想與經濟自由主義之間尋求契合點，力求彌補「看不見的手」的不足之處，避免市場失靈，激發菁英的道德意識，優化市場秩序，為儒學輸入新的生命基因。該書在儒學研究方面，獨樹一幟，影響深遠。中國經濟出版社二〇一六年一月出版。

陳壁生著《孝經學史》

史料翔實，理論精確。作為儒門新銳，作者致力於經學之重建，著述頗豐。該書論述先秦至晚清《孝經》學的發展歷程，剖析《孝經》今古文的文本流變，孝經學的研究史、經世致用史，對許多學術疑案做出論斷，為時下的經學史研究提供了豐富的素材。該書登堂入室，直中肯綮，用經學的話語研究經學史，勢必促成學風的轉變。華東師範大學出版社二〇一五年七月出版。

（二）對大眾通俗類十大好書的簡要評介

吳　鉤著《宋：現代的拂曉時辰》

榮登大眾類書籍榜首。作者別出心裁，解析大量的宋代繪畫和文獻，以生活、社會、經濟、法政作為維度，力求還原宋代的歷史原貌，將宋代定位為中國封建歷史上可能最為文明、現代且具有劃時代意義的時代。該書圖文並茂，觀點新穎，既可以作為學術研究資料，也適合大眾閱讀，非常值得推廣普及。廣西師範大學出版社二〇一五年九月出版。

鮑鵬山著《孔子如來》

深受讀者歡迎。作者體認孔子理想和情懷、人格與精神，從道德修養、社會政治理想、教育思想、孔門人物品藻、生死天命觀等方面，在「知識正確」和「價值觀正確」的基礎上，對孔子言論進行解讀，體悟孔子的思想智慧和正知正見，闡發孔子思想的現代價值，傳遞文化的涵養和力量。該書是一部闡發孔子思想現代價值的優秀讀本。嶽麓書社二〇一五年一月出版。

吳　飛著《現代生活的古代資源》

　　妙趣橫生，意境深遠。該書彙集作者近年來的十一篇文化隨筆。作者既反對盲目的復古主義，又反對對傳統思想的全面否定，主張在認同現代世界的基本價值的前提下，以古代文明的資源來平衡現代性的各種問題，從而使現代生活變得更加豐富，此書觀點溫和，針對兩種極端傾向，試圖開拓一條中間道路來，進而化解當下出現的許多問題。華東師範大學出版社二○一五年八月出版。

許石林著《桃花扇底看前朝》

　　是一部通俗有趣而不失深刻的歷史解讀著作。作者遊刃於歷史人物掌故之中，上到帝王，下至文官武將、黎民百姓，皆不在話下；小到個人慎獨功夫，大到家國天下，提筆即成；嬉笑怒罵間，三綱五常、社會情狀，躍然紙上。讀者可以涵泳其間，增長智慧。鷺江出版社二○一五年七月出版。

袁燦興著《中國鄉賢》

　　恰逢其時，不同凡響。作者在歷史長河中擇取太伯、張謇、李鼎銘等具有代表性的鄉賢人物，講述他們的故事，表彰他們的德業，展示他們在慈善、公益、文化、教育、治安、建設等領域的突出貢獻。讀者可以從中瞭解中國傳統社會生態，按圖索驥，學習傳統士紳努力造福鄉梓，澤被鄉鄰。該書能夠為現代現象建設美好鄉村提供參照和借鑑。新星出版社二○一五年十一月出版。

劉建華著《尼山書院的二十六堂國學課》

　　具有鮮明的時代特色。該書從「十三經」中提取二十六個主題詞，用二十六個專題解析中華傳統精神文化基因，有助於大眾正確認識自己與傳統文化內在關係。該書的二十六個主題詞，無一不是每一個當代中國人與生俱來的精神文化基因，讀者可以找到一條回歸自己精神文化基因的光明路徑。北京大學出版社二○一五年四月出版。

白　平著《儒學洗冤錄》

是一本為儒學正名的著作。鑒於當下盛行的對儒學的種種誤解，作者深入經典文本，準確把握儒學傳統，對「和」「忠」「禮」「中庸」「君君臣臣，父父子子」「存天理，滅人欲」等觀念進行全面解讀，從中找出符合主流價值觀的成分，推陳出新，綜合創新，有助於儒學重新回到民眾生活，重新發揮善世化俗的功用。商務印書館二〇一五年七月出版。

樂愛國著《儒學與科技文明》

是研究儒學與古代科技關係的著作。作者從中國古代科學家及其科學研究、科學思想與儒學的關係等方面，分析儒學對於中國古代科技發展產生的積極影響，發掘晚清儒家的科學救國思想，消除誤解，正本清源，有助於今人重新認識儒學，進而推進儒學的現代轉化。海天出版社二〇一五年七月出版。

胡暉瑩著《一體微行——知止堂義學五週年回眸》

感人至深，情理相容。作者是知止堂主事，致力於儒學傳承與普及，取得了令人稱道的成績。該書以女性的視角與思維，講述了江蘇南通兒童傳統文化公益學習機構知止堂五年來的成長故事，揭示了一條極具特色的兒童傳統文化推廣之路，值得社會各界借鑑和推廣。隨著知止堂日益成長，影響不斷擴大，此書探討的儒學教育方式必將贏得更多的認同。知識產權出版社二〇一五年三月出版。

陳赤著《浮生之根》

是一部深入淺出的大眾讀物。作者具有紮實的國學基礎，對《論語》有獨到的體悟，追根溯源，文章天成。該書緊扣現實，立足學術，以群眾喜聞樂見的形式闡釋《論語》，親切平實，妙語如珠，為國學愛好者大開方便之門。讀者能夠從中獲取立身處世、成就事業和提升境界的資糧。四川人民出版社二〇一五年二月出版。

　　以上著作之所以能夠脫穎而出，就在於它們揭示了儒學的固有精神、時代價值和社會功用，深受廣大讀者厚愛。儒家網因事而作。這個「事」就是儒學重新進入百姓生活日用，就是君子立德立功立言，就是中華民族偉大復興。儒家網的全體同仁是一群懷有拳拳之忠的義工，上不愧往聖前賢，中不負億兆黎民，下不欺暗室屋漏，不求榮耀，不問得失，惟願國家富強、生民安康。著書立說，傳承大道。我們期望儒家網乙未年（2015）年度十大好書能夠走入千家萬戶，成為讀者的良師益友。

儒家網

孔子二五六七年歲次丙申二月初九日

儒家網丙申（2016）年度十大好書揭曉

　　在總結前兩年十大好書評選的經驗基礎上，今年我們繼續評選儒家網年度十大好書。對二○一六年度出版的主要儒學著作，我們將之大致分為思想學術類和大眾通俗類，以供學者投票評選。

　　評選的基本原則是：所選圖書應持儒家立場，有思想創見，有學術新得；名著新版、文獻叢集和多人選集，以及境外出版的有關書籍，不參與評選；評委主要由儒家學者組成，通訊匿名投票，過程不公開。

　　現根據評委的投票結果並經儒家網編輯部綜合評議，儒家網丙申年（2016）年度十大好書評選結果最終揭曉，現特予公布。

（一）　思想學術類

一、陳　贇著《儒家思想與中國之道》

二、陳　暢著《自然與政教——劉宗周慎獨哲學研究》

三、戴景賢著《錢賓四先生與現代中國學術》

四、陳彥軍著《從祠廟到孔教》

五、張廣生著《返本開新：近世今文經與儒家政教》

六、平　飛著《漢代公羊家政治哲學探微》

七、貝淡寧著《賢能政治——為什麼尚賢制比選舉民主制更適合中國》

八、姚中秋著《堯舜之道：中國文明的誕生》

九、盧雪崑著《常道：回到孔子》

十、劉梁劍著《王船山哲學研究》

（二）大眾通俗類

一、余東海著《論語點睛》

二、時亮編著《〈朱子家訓朱子家禮〉讀本》

三、程學軒、樊麗娟著《一生有禮：圖解中華傳統禮儀（彩繪版）》

四、楊娜等編著《漢服歸來》

五、樓宇烈著《中國文化的根本精神》

六、彭　林著《禮樂文明與中國文化精神》

七、吳　鉤著《原來你是這樣的宋朝》

八、劉　強著《論語新識》

九、姜志勇、孔珍珠著《曾國藩家風》

十、王恩來著《走近孔子》

（一）思想學術類十大好書簡要評介

陳　贇著《儒家思想與中國之道》

本書以古今中西之爭為大背景，對儒家的精神氣質、思想架構、成人之道、政教體系等多方面的內容進行了深入的考察。作者從宋明儒佛之辨的梳理出發，引出在中西之爭的大時代情境中儒學的自我歸正問題，又從文明論高度思考儒家思想與中華民族復興、世界格局轉變之間的深刻關聯。本書不僅對古典儒學有深入而細緻的研究，而且，本著儒家的立場對時代問題做了獨特而富有深度的辨析，提供了一種立足於儒家思想而思考中國道路的可能性。浙江大學出版社二〇一六年九月出版。

陳　暢著《自然與政教——劉宗周慎獨哲學研究》

本書緊緊扣住宋明儒學的一個中心話題「如何才能更好地處理個人的主體性與禮法所要求的秩序的公共性二者的關係？」開展對劉宗周的討論。依本書的研究，劉宗周之學，毫無疑問是從陽明之「心學」出發的，然而不同之處在於，陽明子以無善無惡之「心」為形上本體，把有善有惡之「意」貶落為形下經驗性的心理態勢。劉宗周不然，他以「意」指「心」，把「意」本具的喜怒哀樂之「情」升格為本體，這一改變使心意更具活潑性與開放性，然卻又不至

於氾濫為感性情慾，由之，在宋明儒學發展的脈絡中，個人的主體性追求，與公共社會的秩序建構得到了巧妙的整合。宗周之學，正在這裡得以確立其在思想史上的獨特地位。本書之出版，可以為讀者提供晚明學術研究的若干新視角。上海人民出版社二〇一六年十一月出版。

戴景賢著《錢賓四先生與現代中國學術》

本書是研究錢穆學術之佳作，為錢穆弟子戴景賢教授所著。全書由《無錫錢穆賓四先生學述》、《錢賓四先生所關注之時代問題與其學術取徑》、《論錢賓四先生「中國文化特質說」之形成與其內涵》、《論錢賓四先生之義理立場與其儒學觀》、《錢賓四先生有關歷史與人性之理解及其學術意義》、《論錢賓四先生研究歷史之角度與其建構史觀之過程及方式》、《錢賓四先生學術思想之總評價》七篇論文組成，從不同角度深入論述了錢穆的學術及與現代中國學術之關係。書後附錄作者對從師錢穆二十二年的深情回憶、錢穆事略和錢穆著作版本目錄，也極富價值，值得治錢學者深入參考。東方出版社二〇一六年四月出版。

陳彥軍著《從祠廟到孔教》

本書既展示了作者本人體認儒學傳統的學思歷程，提供了一個當代儒學復興的鮮活案例，同時也是一部從儒教視野探討儒學實踐方式和中國人生活世界的古今變遷的學術論集。現代人文社會科學對中國傳統祠廟已做了諸多研討，本書則從朱子學發祥地泉州擇選蕭太傅信仰這樣一個民間信仰來考察宋明以來儒學實踐方式的變化，視角別具一格，並進而考察近代以來的孔教實踐，力求從祠廟到孔教的變遷中看到儒學實踐形式的現代改良。本書是《儒生文叢》第三輯之一，知識產權出版社二〇一六年九月出版。

張廣生著《返本開新：近世今文經與儒家政教》

從歷史文明意義上的「中心之國」到「列國爭衡」時代的「新中國」，中國經歷了漫長曲折的「日新」進程。本書集中關注的是，與這一進程相伴，儒家今文經學對中國秩序與意義重建問題的思考究竟為我們敞開了怎樣的政

教──文明視野？本書作者張廣生從儒學漢宋今古之辯出發，通過逐次梳理常州今文經學的經世觀念，章學誠以周公──孔子、文史關係之辯述說政治理想，龔自珍、康有為對「三世」「三統」說的再解釋，試圖闡發其中的幽微洞見，為中國當代政治文明尋求新的出路。其對中國政教傳統衰敗之憂思及復活之企盼與當代的政治關懷融為一體，使之有別於常規的儒學研究之作，頗具個人的創見。中國政法大學出版社二〇一六年五月出版。

平　飛著《漢代公羊家政治哲學探微》

漢代公羊家本著對春秋實史與《春秋》文史的沉思，在承繼先秦子學與經學資源的基礎上，形成了以原道、托王、宗經為表徵的獨特哲學思維方式，構建了由一統政治、名號政治、權道政治、災異政治合成的獨特王道政治哲學，凸顯了政治秩序性、政治倫理性、政治合法性、政治權變性、政治敬畏性、政治批判性等一系列政治應然性問題，伸張了儒家所反覆強調的「政治的善」與「善的政治」，具有政治理想主義色彩。跳出漢代公羊家對政治的哲學思考範式，在揭示其神祕的思維面紗與難免的時代侷限之後，其合理內核也可資鑑當代政治文明建設。中國社會科學出版社二〇一六年五月出版。

貝淡寧著《賢能政治──為什麼尚賢制比選舉民主制更適合中國》

本書一部系統闡釋政治尚賢制這一中國政治模式的開山之作，同時也是一部深入探索西方民主制之外的政治治理模式的著作。作者認為中國選賢任能的政治尚賢制有著深遠的歷史淵源，影響了過去幾十年的社會變革，也比較適合面臨複雜政治、社會和經濟問題的大國，認為政治尚賢制在中國是選舉民主制的一種替代選擇。不管同意還是反對作者的這些理論觀點，但他為我們思考中國問題，打開一扇不同的大門。中信出版集團二〇一六年九月出版，吳萬偉譯。

姚中秋著《堯舜之道：中國文明的誕生》

本書以《尚書・堯典・皋陶謨》為基礎，系統準確闡釋堯舜是如何肇始華夏，構造超大規模之文明共同體：華夏──中國，以此窺探中國文明誕生之過

程，且在中西文明源頭的對比中，講述堯舜是如何突破巫術的束縛，超過神教，從而確立中國人的真精神：敬天。中國文明，始自堯舜。在堯舜有效治理下，中國文明共同體的凝聚力不斷提升，範圍不斷擴大，從而成為今天之中國。堯舜之道，不僅構成了今後中國政府之範本，也成為普通人成長為聖人的典範。作者以《尚書》為底本，追溯華夏文明的起源、堯舜締造華夏過程，反思西方文明之敗落，可為當今時代治國理政和文化重建所借鑑。中國文聯出版社二〇一六年十月出版。

盧雪崑著《常道：回到孔子》

本書作者為牟宗三弟子盧雪崑先生，以康得觀照孔子，致力弘揚孔子哲學傳統。作者通過對孔子學說經典文本的解讀，論明現代化要走出日益危險的困局，首先是要端正人性之根，社會之本，全書共由《孔子哲學之繼往開來》《預告的人類史》《人的自我置定》《倫理共同體》《孔子言仁》《孔子言禮》等三十二課組成，講解作者長期研習而達至的領會和理解，圍繞經典文句進行講解，啟發每一位讀者運用自己的哲學思維。廣西師範大學出版社二〇一六年十月出版。

劉梁劍著《王船山哲學研究》

何謂人？人何為？哲學思考恐怕最終要指向這樣的問題，相應的回答反過來將構成思考其他問題的發端與本源。重返船山，再次深切地感受到，從「際」出發理解人在天地中的位置、理解天人共同體，其中的倫理學、政治哲學、語言哲學、情感哲學諸方面的意蘊有待、可待、亟待探索。《王船山哲學研究》是作者劉梁劍在博士論文《天・人・際：對王船山的形而上學闡明》基礎上進行的改寫，並進一步研究王船山思想的文章。該書由兩部分組成，第一部分是作者在博士論文《天・人・際：對王船山的形而上學闡明》基礎上進行的改寫，第二部分是作者進一步研究王船山思想的文章。兩部分在思想內涵和邏輯關係上存在遞進關係，是一個由淺入深的過程。上海人民出版社二〇一六年七月出版。

（二）大眾通俗類十大好書簡要評介

余東海著《論語點睛》

本書立足儒家中道立場，以儒家仁義為原則，為《論語》註釋、試譯和疏解，全面而正確地作現代解讀，深入體會儒家的精妙義理，以此闡明儒家真精神。本書註釋集朱熹《論語集注》、錢穆《論語新解》之長的同時，參考了《論語集釋》中的各家註釋，還參考了其他十餘種相關書籍及論文，或闡本義，或發議論，或臧否人物，新見迭出，精彩紛呈。本書不做繁瑣註疏，通俗易懂，簡潔明瞭地糾正對儒家的偏知偏見，是快速入門的大眾讀物。中國友誼出版公司二〇一六年十二月出版。

時　亮編著《〈朱子家訓朱子家禮〉讀本》

《朱子家訓》歷代相傳為南宋朱子所作。《朱子家禮》則是朱子參考古代禮制的規定，結合南宋時代的生活實際，所確定下來並予以推廣的一套日常禮儀規範，後世因而稱其為「朱子家禮」。而《朱子家訓》則堪稱是對《朱子家禮》之原則與精神的高度凝練，二者在後世的使用範圍極廣，影響亦極為深遠。本書不唯對原典義理之探幽發微明達通暢，白話文註解譯文亦誠懇乾淨、質樸生動，既能撥開歷史的深重迷霧，使先秦的思想明燈照亮歷史，又能使先秦至兩宋的文明光亮合力照亮當下現實，同時又以當下現實中尚存的傳統文化的微弱體溫，與古老的文化能量呼應。中國人民大學出版社二〇一六年八月出版。

程學軒、樊麗娟著《一生有禮：圖解中華傳統禮儀（彩繪版）》

傳統禮儀不單純是外在的約束和規定，而是根本於人心。本書準確地描述了古代貫穿人一生的禮儀，主要包括誕生禮、成童禮、拜師禮、成人禮、婚禮、相見禮、飲食禮、日常禮儀、祝壽禮、喪禮、葬禮、祭禮等，希望讀者能看到鮮活的、與每個人生命延展密切相關的傳統禮儀。該書作者程學軒、樊麗

娟，四川大學中國哲學專業儒家哲學方向碩士生，繪者羅慧琳，四川大學建築系畢業生，三人在欽明書院節文堂與師友共同致力於研讀禮文、演習古禮、體貼禮義、斟酌今禮的工作。中華書局二〇一六年七月出版。

楊　娜等編著《漢服歸來》

作為一名漢服運動的實踐者，作者不僅深深瞭解這場運動，更能以發展的眼光看待運動背後的深層脈絡。這本書不僅記錄著漢服愛好者所做的事情，也以學者的眼光，為這些淩亂瑣碎的事，構架起清晰的脈絡框架，並窺探其背後更為深層的理論體系。通過這本書，可以看到十幾年來圍繞漢服展開的思考、行動與紛爭，看到在這背後隱藏的激情、理念、利益以及由此而來的衝突，看到到傳統文化的頑強生命力和推陳出新的巨大潛力。中國人民大學出版社二〇一六年八月出版。

樓宇烈著《中國文化的根本精神》

在互聯網時代，如何重拾傳統文化的珍寶？國人怎樣才能更加自信地面對世界，面對未來？作者圍繞中國文化的精神，以及如果運用傳統文化的智慧提升中國的軟實力兩大主題，以睿智的哲思顛覆習慣性的思維方式，為復興傳統文化描繪了行動路線圖。本書以簡潔通俗的語言敘述了中國文化的精神，有較強的可讀性。中華書局二〇一六年七月版。

彭　林著《禮樂文明與中國文化精神》

二十一世紀東西方文化博弈的實質，說到底是中華民族能不能向人類社會提供一種不同於西方文化的社會發展模式。在這場博弈中，我們要想立於不敗之地，為人類做出更大的貢獻，基本的一點就是要瞭解我們的文化。基於此認識，本書闡明瞭作為中華文明核心的「禮」的文化內涵和現實意義。全書論理深入淺出，語言通俗活潑，舉例形象生動，讀後發人深省。中國人民大學出版社二〇一六年五月出版。

吳　鈞著《原來你是這樣的宋朝》

宋朝的繁華與有趣遠超出常人的理解。本書不從政治制度，軍事外交等宏觀角度入手，而是從百姓生活的各個微觀層面講述歷史上的宋朝，還原一個不一樣，更有人情味的宋朝，人讀完大有「原來你是這樣的宋朝」之感慨。作者用近100幅古畫以及正史史料還原一個妙趣橫生且大不一樣的大宋王朝。長江文藝出版社二〇一六年九月出版。

劉　強著《論語新識》

本書試圖追溯並還原《論語》時代的生命現場，勾勒並彰顯篇章編撰的次第結構與內在肌理，啟動並展現孔門師徒論道問學的真實語境與精神氣象，全面更新既往對《論語》經文的語義理解以及對夫子之道的整體把握。本書會通古今註疏，出入文史經傳，實現了義理、考據、辭章的有機融合。岳麓書社二〇一六年九月出版。

姜志勇、孔珍珠著《曾國藩家風》

曾國藩立德立功立言被認為是古代完人典範。本書通過對曾國藩家族家訓等資料的研究，從中提煉出了曾家的八大家風：書、勤、和、儉、省、恕、敬、健，並對其一一進行了詳細闡述，這八大家風也是曾國藩家族長盛不衰的奧秘所在。如果說「在一段時間內將注意力集中到一個有代表性的人物身上，將他看透研深，再由此一人而去領悟全體」是領略博大精深之中國文化的入門方法，曾國藩無疑是這樣的代表性人物，家法門風又是千萬為人父為人子的讀者們所關注所關涉的基本問題，本書可以說是這樣一條文化理解、文化傳承路線圖的最好嚮導。新華出版社二〇一六年九月出版。

王恩來著《走近孔子》

本書是一部力圖將歷史與當代接軌，立足於當下社會的現實和中西文化參照對比來解讀和還原孔子思想的哲思隨筆著作。作者以清新雋永而又飽含理性

情感與思辨精神的文字，對承載孔子的儒學思想的《論語》等著作進行探賾發微，對其所蘊含著的人生價值、生活哲理、社會倫理建設等方面進行探索。這部書既超越了心靈雞湯的層次，同時又不是高頭講章，而是一本難得的孔子思想的普及性讀物，真正打開了讀者「走近孔子」的「通道」，非常適合讀者作為入門書閱讀。現代出版社二〇一六年一月出版。

儒家網

孔子二五六八年暨耶穌二〇一七年二月二十日敬告

儒家網丁酉（2017）年度十大好書揭曉

　　儒家網年度十大好書評選的基本原則是：一、所選圖書應持儒家立場，要有擔當意識、價值關切和文化情懷，思想學術類的應該有思想創見、學術新得，大眾通俗類的應該持論中正、文辭優美。二、名著新版、修訂再版、文獻整理、典籍點校和多人選集，以及境外出版的圖書，不參與評選。三、評委由儒家學者組成，通訊匿名投票，過程不公開。根據評委的投票結果並經儒家網編輯部綜合評議，儒家網二○一七年度十大好書評選結果最終揭曉（大致分為思想學術類和大眾通俗類），現予公布，名單如下。

（一）思想學術類

　　一、張祥龍著《家與孝：從中西間視野看》

　　二、曾亦、郭曉東著《春秋公羊學史》

　　三、吳　飛著《人倫的「解體」：形質論傳統中的家國焦慮》

　　四、郭齊勇著《現當代新儒學思潮研究》

　　五、陳　暢著《理學道統的思想世界》

　　六、陳少明著《仁義之間──陳少明學術論集》

　　七、谷繼明著《周易正義讀》

　　八、丁四新著《周易溯源與早期易學考論》

　　九、曾海龍著《唯識與體用──熊十力哲學研究》

　　十、曾海軍著《諸子時代的秩序追尋》

（二）大眾通俗類

　　一、許石林著《清風明月舊襟懷》

　　二、楊朝明、宋立林主編《中華傳統八德詮解》（叢書）

　　三、姚中秋著《孝經大義》

四、吳笑非著《禮學拾級》

五、周北辰著《守望精神家園》

六、余東海著《儒家法眼》

七、錢穆講述、葉龍整理《中國通史》

八、韓　昇著《良訓傳家：中國文化的根基與傳承》

九、韓　星著《走進孔子：孔子思想的體系、命運與價值》

十、安魯東著《理學的脈絡》

儒家網編輯部敬告

西元二〇一八年一月十八日

（一）思想學術類十大好書簡要評介

張祥龍著《家與孝：從中西間視野看》

本書是作者近年有關「家與孝」的著述中，與西方哲學和文化有關，又有中西比較之趣的文章的結集。作者對西方晚近海德格爾等關於家的思想做了系統闡述，通過中西比較，揭示出中國傳統哲理的最為獨特之處，不僅在於家道，更在於其對「家」的理解是一種直接可經驗的親子一體的方式。作者認為，對孝現象和孝意識的體會，是理解家和人類獨特性的一個關鍵，也是認識儒家及其未來的一個要害。生活‧讀書‧新知三聯書店二〇一七年一月出版。

曾　亦、郭曉東著《春秋公羊學史》

本書卷帙浩繁，歷時七八年才得以完成。本書雖屬於通論性著作，但涉及許多重要人物和著作的研究，如何休、徐彥、劉逢祿、孔廣森、戴望、蘇與等人物，還有《公羊傳》、《春秋繁露》、《春秋公羊釋例》等著作，其專門性的研究，目前尚屬填補空白的工作，在許多內容方面都具有突破性。華東師範大學出版社二〇一七年三月出版。

吳　飛著《人倫的「解體」：形質論傳統中的家國焦慮》

　　一向被視為天經地義的人倫，在二十世紀中國遭遇了激烈批判；但常被忽略的是，此時西方學界也出現了對人倫的反省，創造了三個「學術神話」：母系社會、亂倫禁忌、弒父弒君，其中第一個還深深影響了現代中國思想。本書考察了這三個命題在西方古今形質論哲學傳統中的根源，尤其是西方人性自然與文明生活之間的張力關係，嘗試探索在中國文質論傳統中反思人倫問題的可能。生活・讀書・新知三聯書店二〇一七年四月出版。

郭齊勇著《現當代新儒學思潮研究》

　　本書從第一手資料出發，全面、系統地對現當代新儒學思潮的時代背景、發展過程、內在理路、學術內涵、主要論域與問題意識做出了深入探討，著重對梁漱溟、熊十力、馬一浮、錢穆、張君勱、馮友蘭、賀麟、方東美、唐君毅、牟宗三、徐復觀、杜維明、成中英、劉述先等代表人物的主要學術思想作個案與比較研究，創造性地討論了儒學的宗教性與超越性，本體論與道德形上學，政治哲學，與自由主義、社群主義的對話，儒家價值的現代意蘊及創造轉化，儒學與各文明的對話，全球倫理、環境倫理和「文化中國」，現代新儒學的易學觀，與宋明理學的關係等議題，並探討了我國現代化過程中的終極信念、族群認同與倫理共識的重建問題，肯定國族意識與中國精神，強調中國文化對現代性之負面的批判與超越。本書兼顧宏觀把握與微觀分析，既是對現當代新儒學思潮的回溯性研究，也是對儒學未來發展的前瞻性探討，是一部邏輯清晰、內容厚重、歷史感強、具有理論創新的論著。人民出版社二〇一七年九月出版。

陳　暢著《理學道統的思想世界》

　　本書通過深入辨析理學與宋明時代政教秩序建構之間的一體機制，還原理學的思想史面貌。作者指出，如何在平民化的郡縣制時代重建源自封建制（貴族制）的禮樂生活，是以朱子為代表的理學家思考的核心。本書從不同的角

度，包括通過梳理朱子道統論的思想史脈絡、藉助以禮化俗的視野分析理學家的家禮實踐、梳理《明儒學案》中的政教議題、考察理學諸家公共性（神聖性）的不同建構方式等，探討理學家群體對於其所處時代的社會政治難題的總體思考以及解決方案。由此，本書所呈現的宋明理學，不是現代人眼中侷限於「微觀內在」的哲學形上學，而是因應宋明時代政教難題而興起並具有深遠影響的思想運動與社會政治、文化塑造運動。上海書店出版社二〇一七年十二月出版。

陳少明著《仁義之間——陳少明學術論集》

本書以儒學為主題，主要包括以《論語》為中心的思想史考察、對儒家哲學的重構、有關道德心理經驗的探討、對歷史的哲學探討四個方面的內容。四個單元雖未構成系統論著，但在「即器言道」即揭示經驗生活的意義上，這些具體的意義卻能在實踐中融貫起來。本書有清晰的自我定位、自覺的論證說理意識、篤定的方法論主張，以及既投身經驗的洶湧中又能保證思想力量不減殺之「思想的勇氣」。孔學堂書局二〇一七年十一月出版。

谷繼明著《周易正義讀》

本書作者長期從事中國古代思想史研究，尤其專注於周易及其相關領域的研究。這本《周易正義讀》要旨在於，唐朝儒學宗師孔穎達所編撰的《周易正義》是十三經註疏中《周易》的正注正疏，對於瞭解作為經學的《周易》學，具有基礎意義。同時在漢晉到宋明的思想流變中，《周易正義》無疑亦具有重要的意義。本書略仿章太炎先生《春秋左傳讀》的體例，對《周易正義》在版本、訓詁、義理等方面的問題作瞭解讀和疏釋，發掘孔疏的用心，並就歷代圍繞《周易正義》的學術史問題也作了回應，力圖能賡續和發揚經學傳統。上海人民出版社二〇一七年四月出版。

丁四新著《周易溯源與早期易學考論》

本書是作者長期研究出土易學的成果集結。前兩章，分別討論了數字卦問

題，梳理了《說卦》三篇後得和汲塚竹書《易》等問題，解決了「《周易》卦爻畫的性質和來源是什麼」的重大疑難問題。中間五章，研究了馬王堆帛書《易傳》的文本和思想；從解《易》原則、陰陽說、乾坤說及今本、帛書之思想比較四個方面，全面概括和論述了帛書《易傳》哲學思想的基本要點及其學術價值，還論證了《繆和》《昭力》二篇的「子曰」和「孔子曰」的觀點。最後兩章，梳理和分析了《老子》《周易》這兩種經典的文本演變特徵及文本思想之相互作用的關係，並從出土易學材料的角度論述了《周易》經學的哲學解釋問題。中國人民大學出版社二〇一七年二月出版。

曾海龍著《唯識與體用 —— 熊十力哲學研究》

熊十力思想研究成果已可謂繁富，本書另闢蹊徑，以熊十力哲學中的心性（唯識）與體用為線索，梳理熊十力哲學，並揭示其價值及其遇到的困難。一方面，作者從現代哲學的視角指出熊十力的本體論與實體論無根本差別，且心體與易體並建之思路有「二重本體」的嫌疑。另一方面，作者又試圖以熊十力的新唯識論溝通康得乃至西方哲學，彰顯了熊十力哲學融匯中西哲學的哲學史意義。上海人民出版社二〇一七年十二月。

曾海軍著《諸子時代的秩序追尋》

在現代學人的眼中，諸子百家之間的紛爭是哲學思想繁榮的表現，但作者更願意視為是諸子於晚周亂世中尋求恢復天下秩序的思想表達。諸子時代的秩序追尋，雖說是本著對天下秩序共同的關懷，導向的卻是不一樣的思想旨趣。本書選取了十五篇研究晚周哲學的學術論文，既從多個方面展示出各不相同的思想旨趣，同時又立足於對秩序的共同關懷。本書的視野宏大，關懷深重，文章的寫作構思精巧，運思清晰，寫法活潑，是一本可讀性很強的學術著作。巴蜀書社二〇一七年十一月出版。

（二）大眾通俗類十大好書簡要評介

許石林著《清風明月舊襟懷》

作者以睿智機敏的視角，遊刃於歷史人物掌故之中，上到帝王，下至文官武將、黎民百姓，皆不在話下；小到個人慎獨功夫，大到社會建制，提筆即成；鉤沉綿密得當，語言敦厚詼諧，有《世說新語》的韻味。作者善從一字生發故事，勾連今昔，重新演繹舊事典故，令人耳目一新。字裡紙外，皆成妙談。鷺江出版社二〇一七年一月出版。

楊朝明、宋立林主編《中華傳統八德詮解叢書》

這是一套以闡釋中華傳統八德——孝悌忠信禮義廉恥為主要內容的通俗理論讀物，分為《孝德詮解》《悌德詮解》《忠德詮解》《信德詮解》《禮德詮解》《義德詮解》《廉德詮解》《恥德詮解》共8冊，分別闡釋了德目的起源、涵義和本質，論述了該德目與個人修養、社會和諧和國家治理的關係。深入淺出，通俗易懂，配有大量的歷史故事和現實事例，讀者可以在比較輕鬆的閱讀體驗中，吸取中華優秀傳統文化的營養，增強「孝悌忠信禮義廉恥」的榮辱觀念。另外，每本書附有一張該德目的「歷史演進圖」，這也是本叢書的一個亮點，可以幫助大家一圖讀懂每個德目的歷史源流和演進過程。中國方正出版社二〇一七年二月出版。

姚中秋著《孝經大義》

本書疏通《孝經》大義，以推明聖人立孝為教之大義。其間以西方神教、哲學相對照，以見聖人之教之易簡而廣大，無所不通，欲知人類普適的教化之道，其唯孝之教歟？書中敬錄《孝經》全文，夾注難讀字音及白話試譯，以供參考。本書解讀經義，本乎歷代註疏，逐章、分節疏解經義。書後摘錄經傳論孝篇章，俾便參讀。北宋畫家李公麟繪有《孝經圖》卷，至為珍貴，依次插入各章之前。書末附近世畫家陳少梅之《二十四孝圖》。中國文聯出版社二〇一

七年十一月出版。

吳笑非著《禮學拾級》

作者是民間儒生吳飛（字笑非，號太常），也是第一代網絡經學家的代表，「面對一個變化的時代，面對詭譎變幻的顯示器，一介寒士在紛然雜陳的意見網絡中搜尋永恆的經典、朋友和學生：這樣的情景既新鮮，又古老，而且還將以不可測度的變化形式反覆出現在未來。」柯小剛教授評曰：「太常先生此書，雖以禮經疏解、器物考訂、歷史辨析為主要內容，但決非餖飣之學，而是自始至終貫穿了時代弊病的憂慮和面向未來的心志。一篇篇原自古經的書寫，一點點朝向新生的希望，一字字落到實處的考訂，這是我讀太常先生書常有的感受。」陝西人民教育出版社二〇一七年二月出版。

周北辰著《守望精神家園》

儒家文化是中華文明的主流傳統，五千年來為我們提供了精神信仰、倫理道德和政治哲學，並因此建構了中國人的精神家園。本書為作者於儒學的學思小結，從生命信仰、倫理道德、社會政治等方面進行了深入思考，對建設良性的現代國家和長治久安的社會秩序，提供了有益的啟示。蔣慶先生評曰：「是書為孔子正名辯誣、論儒家人格禮樂、析孔門理財教育、揭儒家生死神靈、揚儒商精神及企管之道，儒家活潑潑之真精神，昭昭乎可見於其中也。」知識產權出版社二〇一七年十月出版。

余東海著《儒家法眼》

本書對諸子作出充分的肯定與批判，諸子百家無不源於儒家六經。於六經所堅持的中道，諸子百家都有不同程度的偏離和背離。本書根據中道立場、觀點和方法，分別對老子、管子、墨子、韓非、商鞅、荀子及《世說新語》中的魏晉名士等進行了如理如實的評判。作者對傳統各派，是者是之，非者非之，善者善之，惡者惡之。這既是儒家的文化責任，也是理之所當，禮之所然，是闡明儒家中道的必須。中國友誼出版公司二〇一七年一月出版。

錢穆講述、葉龍整理《中國通史》

　　本書以錢穆先生在香港新亞書院第三度講授「中國通史」的課堂記錄稿為底本，經錢穆先生弟子葉龍先生整理面世，是一份不可多得的珍貴史料。當時，一部《國史大綱》從傳統文化的演進中汲取民族復興和國家變革的精神力量，使無數國人深受激勵和鼓舞，進而尋求抗戰救亡之道；而今，這部《中國通史》以其歷史格局和文化情懷的雙重擔當，將給當下讀者以新的啟迪，為我們再次提供回望歷史、面對未來、重塑個人知識格局的可能。天地出版社二〇一七年三月出版。

韓　昇著《良訓傳家：中國文化的根基與傳承》

　　本書跳脫出以個別古代家訓為主的說教式或文字釋讀式的寫作方法，而將中國古代家訓中的精髓提煉出來，將重要的家訓內容與歷史人物、典故融為一體，點面結合、寓理於情。作者身為大學教授，長期關注我國的教育體制，他主張現代教育應從中國古代傳統文化，尤其要從家訓家教中獲得啟示，汲取古人的智慧，促進學生的健康成長，改進家庭教育與學校教育的思路與方法。生活‧讀書‧新知三聯書店二〇一七年六月出版。

韓　星著《走進孔子：孔子思想的體系、命運與價值》

　　本書以同情理解之態度，以崇敬仰慕之心情，以希賢希聖之志趣，帶領讀者走進孔子的思想世界、精神境界。全書圍繞孔子的思想學說與人格境界及其歷史命運與各種爭議，長時段、大跨度地展示了孔學的內涵、精髓與價值，注重孔子的思想與人格應對當今中國與世界的現實問題，是集學術性與思想性、歷史性與現實性、專業性與通俗性為一體的著作，對於弘揚中華優秀傳統文化，推動儒家傳統的現代轉換，建設中華民族共有精神家園，促進世界多元文明交流融合都有很好的參考價值。福建教育出版社二〇一七年七月出版。

安魯東著《理學的脈絡》

　　本書本著為儒學續統正源，使今人能夠正確認識儒學真精神的目的，沿著內聖、外王的兩條路向，分別介紹了儒學從孔子到王陽明的發展線索，並指出宋明理學發展到王陽明將內聖外王有效貫通，使理學形成一完整圓融的「閉環」。全書脈絡清晰、對理學發展的邏輯線索把握較為準確，能深入淺出的介紹宋明理學的重要旨趣，試圖用最簡單的文字，以梳理其源流的方式，將理學的思想路徑勾勒出來，以便讀者登堂入室，窺探儒家學說之奧妙。福建教育出版社二〇一七年三月出版。

儒家網戊戌（2018）年度十大好書揭曉

　　儒家網年度十大好書評選的基本原則是：一、所選圖書應持儒家立場，要有擔當意識、價值關切和文化情懷，思想學術類的應該有思想創見、學術新得，大眾通俗類的應該持論中正、文辭優美。二、名著新版、修訂再版、文獻整理、典籍點校和多人選集，以及境外出版的圖書，不參與評選。三、評委由儒家學者組成，通訊匿名投票，過程不公開。根據評委的投票結果並經儒家網編輯部綜合評議，儒家網二〇一八年度十大好書評選結果最終揭曉（大致分為思想學術類和大眾通俗類），現予公布，名單如下。

（一）思想學術類

　　一、曾　亦著《儒家倫理與中國社會》

　　二、趙金剛著《朱熹的歷史觀：天理視域下的歷史世界》

　　三、顧　濤著《漢唐禮制因革譜》

　　四、孫慶偉著《鼏宅禹跡：夏代信史的考古學重建》

　　五、吳　震著《朱子思想再讀》

　　六、徐洪興著《唐宋之際儒學轉型研究》

　　七、程蘇東著《從六藝到十三經：以經目演變為中心》

　　八、余治平著《周公〈酒誥〉訓：酒與周初政法德教祭祀的經學詮釋》

　　九、朱傑人著《朱子學論集》

　　十、邵秋豔著《早期儒家王霸之辨理論研究》

（二）大眾通俗類

　　一、曾海軍著、羅慧琳繪《諸子的生活世界》

　　二、李竟恆著《早期中國的龍鳳文化》

儒家網編輯部敬告

孔元二五七〇年暨耶元二〇一九年一月十二日

（一）思想學術類十大好書簡要評介

曾　亦著《儒家倫理與中國社會》

秦以後的中國社會，是由法家和儒家共同塑造的，簡而言之即儒家倫理與法家政治的結合。儒家倫理是構築傳統中國社會的基礎，對此關係的瞭解是理解「何為中國」的關鍵。作者從公羊學的進路出發，對周秦巨變前後的儒家倫理進行了深入、獨特的分析。全書旁徵博引，可見傳統經學功力之深，又廣涉比較宗教學、社會學、人類學等諸多研究成果。入古既深，又心繫當下，引領著讀者走入中國社會的內部結構。本書所揭示出來的諸多洞見，對於我們理解中國古代社會具有重要意義，值得學界高度重視。上海三聯書店二〇一八年九月出版。

趙金剛著《朱熹的歷史觀：天理視域下的歷史世界》

本書為近年朱子思想研究中的新銳之作，突破了傳統朱子學集中於理氣論

和心性論等範疇，將哲學與歷史的視界打通，從歷史哲學的角度重新理解朱熹的思想世界。本書在許多方面都實現了研究的突破和創新。一些思考和分析能發前人所未發；在材料的使用上，辨析的細密亦超過已有的相關研究；在觀念提煉和總結上，也較前人更為深入，體現出作者較強的創造性研究的能力和較高的學術水準。三聯書店二〇一八年四月出版。

顧　濤著《漢唐禮制因革譜》

中國禮治的生命力，蘊含在從《儀禮》第一座高峰到《大唐開元禮》第二座高峰這一制度的承襲流變過程中。作者的基本思路是將此時段各類史書所載禮制史料通盤彙輯，逐條縷析，將禮制因革回填入漢唐間禮典施行的時空背景中，予以繫年疏釋，編著成《漢唐禮制因革譜》，對中國禮制史（漢唐段）進行的首次全面史料梳理，具有開拓性學術價值。上海書店出版社二〇一八年十月出版。

孫慶偉著《鼏宅禹跡：夏代信史的考古學重建》

本書持旗幟鮮明的「信古」立場，是對「夏代信史」的考古學重建。作者採用「歷史語境下的考古學」研究方法，既從傳世文獻的角度詳細考察了夏代的王世、積年、都邑、族氏和重大史事，從而為探索夏文化提供了一個必要的歷史背景；又用「文化比較法」重點對黃河中下游地區的龍山時代諸遺存和二里頭文化進行了詳細梳理和科學細緻的分析。在此基礎上，作者對夏文化的開端和終結（即夏商分界）提出了自己的看法，認為夏文化應該包括河南龍山文化晚期和二裡頭文化的一至四期，並通過對夏代社會結構的研究，對相關考古學文化的屬性做出新的判斷，從而更為準確細緻地理解夏文化的內涵。三聯書店二〇一八年三月出版。

吳　震著《朱子思想再讀》

近些年來，陽明學研究如日中天，相比之下，朱子學研究卻略顯冷清。作為宋代新儒學的代表，朱子思想的豐富性仍有不斷解讀和展示的空間。面對當

下「朱子學再出發」的學術呼籲，這本書對朱子學進行了一次「重新解讀」，旨在通過哲學史和思想史的研究進路，從朱子文本中「重新解讀」出以往被忽略或被遮蔽的朱子哲學的意義。作者專門擷取了朱子「仁學」「心論」「敬論」「工夫論」「鬼神觀」等典型問題，進行了深入的專題史研究，以小見大，以點帶面，以重現朱子思想的整體性意義。三聯書店二〇一八年十二月出版。

徐洪興著《唐宋之際儒學轉型研究》

本書以哲學思想為研究進路，較全面地探討了唐宋之際儒學轉型這一歷史過程。書中具體分析論述了唐宋之際儒學轉型的思潮命名、任務主題、發展階段、思想代表、理論建構、演變走向等重要問題。其重大的思想史意義在於回應了外來思想文化的挑戰，從哲學上肯定了中國傳統文化價值理想，它既是傳統儒學轉型的成功，證明瞭中國傳統思想文化具有吸收、整合外來文化為我所用的能力，同時也是人類歷史上一個典型的文化交流及文明對話雙贏的例證。上海人民出版社二〇一八年十月出版。

程蘇東著《從六藝到十三經：以經目演變為中心》

本書提出並解釋了「經目」這一概念，並以歷代「經目」的演變為核心，在文化史的背景下展開從「六藝」到「十三經」的專題史研究。本書的研究建立在充分的文獻學基礎上，以文化史為背景，將經目的研究與政治史、制度史、社會史等相關研究結合起來，全面立體地考察經目這一歷史現像在傳統社會中的影響。同時，本書的研究也是在「當代史」的情景下展開的。北京大學出版社二〇一八年一月出版。

余治平著《周公〈酒誥〉訓：酒與周初政法德教祭祀的經學詮釋》

本書是首部探討〈酒誥〉的學術專著。〈酒誥〉記錄了攝政王周公對康叔、周族王室子孫及前殷遺臣戒酒、禁酒、止酒的嚴正訓令。本書藉助於歷代註疏、訓詁和義證之經學手法，通過紮實的文本解讀而展現周王對酒的審慎態度，凸顯出早期儒家對酒所完成的道德建構、禮法規約和價值賦予，闡明酒在

上古中國的政治禁忌。上海古籍出版社二〇一八年七月出版。

朱傑人著《朱子學論集》

作者作為古典文獻學、先秦及宋代文學研究領域的專家，本書是作者有關「朱子學」研究和組織實踐的集大成之作，比較全面而具體地記錄了作者一些頗具學術特色和學術影響的學術觀點，也比較立體地呈現出作者不斷思考和全力組織推廣朱子學的事功成就。北京大學出版社二〇一八年十一月出版。

邵秋艷著《早期儒家王霸之辨理論研究》

本書以理論架構而非歷史敘述的角度研究早期儒家的王霸之辨，總結王道霸道的主要內容，梳理王霸之辨所關注的思想主題，分析其思想邏輯架構，探究王霸之辨在中國傳統政治哲學及中國傳統社會中的影響和意義，並以現代政治哲學的視角分析其理論得失挖掘王霸之辨的積極意義，使其展現出思想的活力，以繼承中華優秀傳統政治智慧，借鑒於現代社會政治文明建設。中華書局二〇一八年十一月出版。

（二）大眾通俗類十大好書簡要評介

曾海軍著、羅慧琳繪《諸子的生活世界》

本書通過晚周時期的十八個典故，展示諸子的生活世界當中，那充滿睿智與高潔、溫情與正直、卓越與不朽，同時也不乏機辯與巧飾的真實經歷。這裡既有歷史的敘事，又有文學的意趣，還有哲學的深度。閱讀典故，品味思想，豐富人生。一則典故，就是一個世界。語言通俗，富有趣味。隨文配插圖。四川辭書出版社二〇一八年一月出版。

李競恆著《早期中國的龍鳳文化》

中國的龍鳳形象作為文化符號早已經滲透在中華文明這片神奇古老的土地

上，它們像中華悠久文明史中的一朵豔麗之花，綻放於世界幾乎每一個角落。本書從思想史角度考察了東周時代中國「軸心突破」大背景下龍鳳文化含義的變遷，最終從巫覡的世界觀中脫離而出，成為儒、道、墨等諸子人文觀念中的象徵符號。作者以其睿智獨到的眼光和精湛的專業知識，在書中系統而深刻地詮釋了中國早期龍鳳文化在數千年的漫長演繹過程。人民出版社二〇一八年十二月出版。

黃德海著《詩經消息》

現代以來，《詩經》主要被當作一部詩集，得到閱讀、研究，對它的體會、品味也常常從文學角度出發。本書通過對兩千多年來歷代解《詩經》之言說的解讀、辨析和揀擇，以此去探尋《詩經》產生時代的歷史圖景，以及後世著名解詩人的內心關切和用世情懷，揭示出《詩經》中的詩歌，為什麼歷代聖賢不將其僅僅作一般文學看待，而確信其中的「微言大義」從而被奉為「經」的道理所在。本書融入作者個人閱歷和西學功底，多角度摸索古人之意，竟有深刻的溝通，並用中正淳厚、嚴謹樸素又極富睿思的文字，詮釋一位當代青年學者對古人和世事人心的理解。最終，帶回了一部經典在今日依舊能夠對應世事、映照精神、安放靈魂的新鮮消息。作家出版社二〇一八年八月出版。

吳　鈞著《原來你是這樣的大俠：一部嚴肅的金庸社會史》

聰明俏麗的黃蓉會每天洗澡嗎？大俠楊過帶刀不犯法嗎？虛竹是不是一個奴隸主？江湖中有沒有同性之戀？鏢局是個什麼樣的組織？武俠世界的武功為什麼會越來越退化？讀金庸武俠小說時，你也許常常會有這樣的疑惑。本書正是從社會史的角度翻入金庸的武俠世界，借用金庸武俠小說中的一部分生動細節，進行社會生活史方面的考證，為讀者打開一扇觀察古人社會生活的視窗。東方出版社二〇一八年四月出版。

郭齊勇著《中國人的智慧》

中國哲學史是中國人重要的智庫，諸子百家、佛教禪宗與宋明理學是中國

主要的思想傳統。本書即以此為中心，展開對「中國人的智慧」的探討，涉及的主要代表人物包括：孔子、老子、墨子、孫子、孟子、莊子、惠施、公孫龍、荀子、商鞅、韓非、王弼、嵇康、慧能、馬祖、朱熹、王陽明等。從理解經典出發，對思想個案進行探討，體會先賢的問題意識、提問與思考方式、分析與解決問題的能力，以及面對理論與實際困境難題的應對方法。從中發掘豐富的人生、倫理、生態、管理等方面的智慧，進而走近古代大哲的心靈世界。中華書局二〇一八年八月出版。

杜車別著《元亨論：祛除中國人的思想自卑》

本書對傳統思想尤其是儒家思想做了正本清源的分析梳理，揭示了儒家體系固有的鋒芒銳氣。指出儒家核心理念不是壓制，而是張揚人的個性；不是保守僵化，而是推動變易革新。並在此基礎上，提出性論、由論、人的進步論。最後通過交易、交易成本等概念的分析和推廣，引入交易純粹度、交易控制度的概念，打破經濟問題上的一些成見。指明儒家體系在解決當今一些弊端問題上所具有的潛力，在推動現代社會進步方面所可能發揮的作用。對於祛除近代以來中國人思想深處的自卑，具有重要的理論價值和現實意義。世界知識出版社二〇一八年十月出版。

許石林著《故鄉是帶刺的花》

本書從現今的衣食住行等日常生活細節入手，透過談吃、說戲、引經典、評藝術、論讀書等，作者是傳統文化的研究者、傳承者、弘揚者，無論複雜如社會萬象，還是簡單如一碗麵條，他都能發現並深入淺出地向讀者介紹其中蘊含的傳統文明。其文情感敦厚，言語詼諧，文字恣肆而收放自如，出經入史、探究情理、打通古今，讀之給人頗多啟迪。海天出版社二〇一八年一月出版。

常　強著《孔子百問》

該書緊緊圍繞「孔子」這個軸心，以設問的形式，對孔子的家室、生活、事功、思想、榮譽、影響、人際等做了全面細緻的梳理和深入淺出的解讀，為

讀者全面瞭解活在歷史和時代中的「孔子」提供了難得平臺。書作堅持「守正創新、經世致用」的原則，考證嚴實，旁徵博引，評述理性，文筆順暢，集學術性、思想性、通俗性、趣味性於一體。山東畫報出版社二〇一八年十月出版。

余覺中著《萬世師表——孔子生平事蹟》

為了增強故事的完整性與生動性以及思想的全面性，該書採用以文為主、以畫為輔的編排方式，一方面對原《聖蹟圖》的故事作了增刪合併等處理，另一方面又從《孔子家語》《孔叢子》等書中選取了《在齊聞韶》《贊魯男子》《曾子耘瓜》等三十來個故事，盡量按原文直譯編入，試圖通過一百二十個故事片段，重塑還原一個既是聖又是人的孔子形象，一個能為不同境界的人所理解，也能為不同身份的人所效法的人道楷模。中國文聯出版社二〇一八年四月出版。

林義正著《公羊春秋九講》

著名儒者愛新覺羅・毓鋆（1906-2011）在臺灣逝世後，其門下弟子稟承師意成立中華奉元學會，弘揚夏學，傳承中國王道。作者受同門邀請，在學會中演講《公羊春秋義述》，其後在奉元書院、臺灣大學講授公羊春秋學。作者希望以淺白方式介紹孔子的《春秋》學，闡揚中國文化，於是將講授內容整理而書。書中所講不求詳盡，但綱領已具，尤其強調入門。作者通過三世、內外、五始、一統、居正、譏世卿、倫理、經權、災異等九講，講述孔子一生的志向所在。又從公羊學的經世角度入手，把《春秋》看作一本義書，詮釋春秋書法。九者，究也，於《易經》「乾元用九，乃見天則」，密符《春秋》大同之義，亦同時為作者研究《公羊》作一總結。九州出版社二〇一八年六月出版。

儒家網己亥（2019）年度十大好書揭曉

儒家網年度十大好書評選的基本原則是：一、所選圖書應持儒家立場，要有擔當意識、價值關切和文化情懷，思想學術類的應當有思想創見、學術新得，大眾通俗類的應當持論中正、文辭優美。二、名著新版、修訂再版、文獻整理、典籍點校和多人選集，以及境外（含臺港澳）出版的圖書，不參與評選。三、評委由儒家學者組成，通訊匿名投票，過程不公開。根據評委的投票結果並經儒家網編輯部綜合評議，儒家網二○一九年度十大好書評選結果最終揭曉（大致分為思想學術類和大眾通俗類），現予公布，名單如下（著者序齒排名）。

（一）思想學術類

一、陳　來著《儒學美德論》

二、吳　震著《孔教運動的觀念想像：中國政教問題再思》

三、干春松著《倫理與秩序：梁漱溟政治思想中的國家與社會》

四、陳立勝著《入聖之機：王陽明致良知工夫論研究》

五、孫向晨著《論家：個體與親親》

六、唐文明著《彝倫攸斁——中西古今張力中的儒家思想》

七、陳　贇著《周禮與「家天下」的王制：以〈殷周制度論〉為中心》

八、任　鋒著《立國思想家與治體代興》

九、殷　慧著《禮理雙彰：朱熹禮學思想探微》

十、董成龍著《武帝文教與史家筆法》

（二）大眾通俗類

一、周志文著《論語講析》

二、郭齊勇著《儒者的智慧》

三、楊朝明著《孔子的叮嚀》

四、許石林著《每個人的故鄉都是宇宙中心》

五、干春松著《儒學小史》

六、吳　鉤著《知宋：寫給女兒的大宋歷史》

七、李太僕著《四百年燈火闌珊》

八、張德付編著《中華日常禮儀基礎教程》

九、張甲子著《通識中國儒家》

十、金䰮／文、祁偉威／繪、肖建軍／書《手繪儒生：《儒林外史》的
二十種風雅》

儒家網編輯部敬告
孔子紀元二五七一年暨耶穌紀元二〇二〇年一月十三日

（一）思想學術類十大好書簡要評介

陳　來著《儒學美德論》

本書是作者有關儒家倫理與美德倫理的研究，也可以說是以追尋美德為中心的中國倫理研究。全書分為上下兩篇，上篇主要關注公德與私德問題，是美德研究在一個特定領域的討論，通過梳理近代以來公德──私德的起伏變化，揭示出中國當代道德困境的根源和出路。下篇主要關注美德倫理，從孔子、孟子、戰國早期一直到馮友蘭、馮契，作者檢視了儒家倫理與美德倫理的關係，辨析了兩者之間的異同。全書的核心關切是把握美德倫理研究中的中國問題，證明儒家倫理的現代意義，尋找中國道德思想的出路。生活‧讀書‧新知三聯書店二〇一九年五月出版。

吳　震著《孔教運動的觀念想像：中國政教問題再思》

儒教（孔教）是否是宗教？共和政體是否需要宗教意義上的儒教？但在此背後存在一個更為實質性的問題是：應如何處理「政教」問題以重新安排中國

社會政治秩序。本書通過對中國歷史上有關政教關係問題的考察，特別對朱子、章學誠等人的儒家政教觀進行了梳理和澄清，進而對康有為推動的孔教運動進行了批判性反思，揭示了儒家秩序理論的基本邏輯以及面對現代性挑戰所出現的矛盾和困境。復旦大學出版社二○一九年一月出版。

干春松著《倫理與秩序：梁漱溟政治思想中的國家與社會》

梁漱溟的政治關切在於如何建立一個新的國家，他基於對於中國社會的獨特的社會結構和思維模式的認識，認為中國只能走由鄉村起步的現代國家建構模式。本書通過對梁漱溟各個時期政治思想的梳理和分析，特別是對於其後期思想的研究，展現了這位哲學家和國學大師多路向的文化觀和在探索中國國家社會秩序建設之路方面富有啟發性的思考。商務印書館二○一九年五月出版。

陳立勝著《入聖之機：王陽明致良知工夫論研究》

近代以降，陽明學中的心性話語成為民族國家建構、革命運動開展、政黨政治運行的一個重要精神資源，陽明學的命運也由此更是潮落潮漲，極盡功罪褒貶之曲折。本書旨在跳出惟「成功」是瞻的現代價值視域，以「龍場悟道」「知行合一」「心外無物」「致良知」等陽明學著名論題為焦點，追本溯源，疑義與析，從修身工夫的向度體會陽明學的義理內涵，領略致良知教的本地風光，管窺陽明學精神的本來面目，重返「為己之學」這一傳統儒學的生命世界。生活・讀書・新知三聯書店二○一九年三月出版。

孫向晨著《論家：個體與親親》

在中國文化傳統中如此顯要的主題在近現代卻遲遲難以進入主流話語，五四新文化運動激進立場無疑產生了深遠的影響，「家」的價值觀被認為是中國人進入現代世界的巨大障礙。針對以往或「中體西用」或「西體中用」的偏頗，本書以「雙重本體」立意，堅持現代個體的自由，尊重傳統親親的價值，以此形成現代中國的「公民文教」體系。華東師範大學出版社二○一九年十一月出版。

唐文明著《彝倫攸斁──中西古今張力中的儒家思想》

　　本書以人倫問題為思考主軸，重新刻畫了中西問題、古今問題以及在中西古今的張力中展開的中國現代性的相關理念、主張與道路等思想界關注的熱點問題，清晰地呈現了儒教傳統在「三千年未有之大變局」中所遭遇的重大問題和巨大張力，詳細地分析了現代儒學的思想方向與理論困境。中國社會科學出版社二〇一九年五月出版。

陳　贇著《周禮與「家天下」的王制：以〈殷周制度論〉為中心》

　　王國維自視其《殷周制度論》為「經史二學的大文字」，但其「藏經學於史學」的進路一再被遮蔽。本書基於經史之學的進路，立足於儒家思想的大視野，對西周王制做了別開生面但又根植於經典的詮釋，尤其是對繼統法、宗法等進行了集大成性的研究，為《殷周制度論》與三代王制的理解，提供了新的可能進路，也為中國思想起源的研究提供了恢弘的視野。中國人民大學出版社二〇一九年一月出版。

任　鋒著《立國思想家與治體代興》

　　現代中國的國家建構需要正視悠久傳統的深層延續性。治體論在中國政治實踐中積累既久且深，最能體現傳統關於政治體系思索的意向和重心。本書聚焦傳統政治理論中的變革思維和立國思維，將之進行高度整合提煉的治體論，不僅是理解中國政治傳統的深刻創新，也是構建中國自主性話語體系的一次「歷史政治學」探索。中國社會科學出版社二〇一九年五月出版。

殷慧著《禮理雙彰：朱熹禮學思想探微》

　　本書從朱熹的三《禮》學思想入手，從學、理、用三個層面對朱熹禮學進行了系統論述，將文本分析與思想、社會、政治的互動結合起來，考察了朱熹禮學思想形成的背景、內容及其特點，對困惑學界多年的朱熹晚年思想轉型、朱熹為何要編撰《儀禮經傳通解》、朱熹如何處理禮學與理學的關係等重要學

術問題也作了進一步的探索。中華書局二○一九年三月出版。

董成龍著《武帝文教與史家筆法》

司馬遷繼《春秋》之志而作《史記》，中明周秦之變與秦漢之變，敘事貫穿立朝與立教兩大問題。本書力圖以司馬遷「成一家之言」的當代觀察貫通「天人之際」和「古今之變」的理解，基於對司馬遷《史記》的文本細讀，以「立朝」、「立教」為綱，張開史家「筆法」、「心法」之目，提供了《史記》的另一種閱讀方式和思考路徑。華東師範大學出版社二○一九年二月出版。

（二）大眾通俗類十大好書簡要評介

周志文著《論語講析》

本書是臺灣大學中文系退休教授周志文以自身數十年閱讀《論語》的工夫為根基，以多年講學積累為基礎完成的《論語》讀本。本書融匯文史，文質兼美，講解和分析同步進行，兼顧達意與傳神，不僅是一本積累多家觀點、義理詳實、考據充分的專業書，同時是一本具有個人氣質的人生故事書，書中流淌著一股一往無前的廣闊之氣。北京出版社二○一九年十月出版。

郭齊勇著《儒者的智慧》

本書是當代儒學大家郭齊勇先生的一部「叩其兩端」之作，既解讀了先秦儒家典籍《論語》《禮記》中經典命題的現代意義，又介紹了儒學歷史上轉型關鍵期的代表性人物王陽明、梁漱溟、熊十力、馬一浮的治學與用世。作者兼顧學術性與普及性，旁徵博引又娓娓道來，把專深的學術問題、學術觀點用通俗易懂的方式表達出來，真正做到了深入淺出，為讀者梳理出一條儒學精髓的「捷徑」。北京出版社二○一九年三月出版。

楊朝明著《孔子的叮嚀》

　　本書提煉出六十五個「關鍵詞」，如孝、忠、恕、義、德、知人、使民、善政、愛與敬等，用深入淺出的論述揭示了孔子思想義理，對孔子思想體系進行了創新性、貫通性的詮釋，嘗試用一種通俗易懂的語言，以引導人們發現「偉大導師」的「簡單」語言背後的「不簡單」。山東友誼出版社二〇一九年十月出版。

許石林著《每個人的故鄉都是宇宙中心》

　　作者以描寫作者熟悉的生長環境──陝西關中風土人情為內容，涉及山川地理、物產工藝、風俗禮儀、人物言語等內容，全書分為「風土」「禮俗」「人情」三個部分，「經史作骨、藝文為氣」，凡所描述，皆有根據，對司空見慣之事物人情、風俗禮儀等等，探幽發微，使人讀後有所啟發和收穫。海天出版社二〇一九年七月出版。

干春松著《儒學小史》

　　本書以歷時性結構組織全書章節，從儒家學派的特點開始著手，全面梳理儒學從先秦時期直至現代的發展歷史，探討分析不同時期「儒」的定位，概括提煉出不同歷史時期儒學發展的幾個關鍵問題，著重對現代新儒學之概念、儒學發展的新方向以及新儒學譜系進行了闡釋。全書結構簡潔，脈絡清晰，不僅全方位地描述了儒家思想的內涵，勾勒出一幅儒學生發、演變的歷史全景，更體現了作者對儒學分期的獨特思考與對儒學使命的殷切關注。上海人民出版社二〇一九年五月出版。

吳　鈞著《知宋：寫給女兒的大宋歷史》

　　本書作者通過給女兒講故事的形式，選取了二十五個極具代表性的歷史典故，溫情講述了宋朝的種種政治制度，包括仁祖之法、虛君共治、臺諫系統、文官制、公議、科舉制、封駁制、迴避制、獨立審判等，完整地呈現了大宋的

政治文明成就。通過分析宋朝權力的架構、制衡、運作和得失，作者為「宋朝何以如此繁榮」以及「後來如何走向沒落」提供了一個生動而形象的答案。廣西師範大學出版社二〇一九年三月出版。

李太僕著《四百年燈火闌珊》

本書以史籍為依據，主要遴選並解讀涉及兩漢儒家歷史的重要古文資料（經學），以各時期儒家代表人物為主線，包括董仲舒、班固、賈誼、揚雄、王充、鄭玄等人，也涉及受儒家影響頗深的政治人物，如漢武帝、光武帝、新帝等人，將古文經典的學習與學習歷史的探尋結合在一起，儒學在兩漢的歷史發展，在歷史故事中呈現出來。復旦大學出版社二〇一九年十一月出版。

張德付編著《中華日常禮儀基礎教程》

本書作者從事儒家經學研究，尤其萃心於三禮，以復興禮學為職志，潛心鑽研多年編寫出這套教材，分容禮、倫常、社交、燕飲、經禮五冊，由個人而人際，由家族而社會，具有很強的系統性。同時，教材在繼承傳統的基礎上，因應時代發展而變革損益，具備良好的實用性和操作性，非常符合當前社會和時代的需要。中華書局二〇一九年七月出版。

張甲子著《通識中國儒家》

本書採取專題問答的形式展現孔子思想與儒家學說的方方面面，重點放在儒學的歷史發展及世人關心的熱點和重點問題上，通過深入淺出的介紹，使更多的人瞭解儒學的重要概念、人物、典籍、事件，瞭解儒學的歷史淵源、奠基形成、內涵特徵、發展演變。陝西人民出版社二〇一九年八月出版。

金龠／文、祁偉威／繪、肖建軍／書《手繪儒生：《儒林外史》的二十種風雅》

本書以明清時期文學經典《儒林外史》為藍本，選取其中二十個片段，重新進行文學再創作，彙集成二十篇故事新編，配有二十幅原創國畫插圖，細緻

生動地刻畫了古代儒生的二十種風雅。二十篇故事既各自成篇，又藕斷絲連，情節更加豐滿，構思更加精巧，語言採用現代白話文風格，流暢活潑，兼具趣味性和可讀性。清華大學出版社二〇一九年四月出版。

儒生重現之文化、歷史意義

《儒生文叢》第一輯出版座談會發言記錄

《儒生文叢》由蔣慶、陳明、康曉光、余樟法、秋風任學術委員，蔣慶撰總序，彙集了中國大陸儒家近年來的思想探索及社會活動成果，乃當代儒家新銳對中國及人類命運的深入探討和最新看法。自《儒生文叢》第一輯三冊（書目為《儒教重建──主張與回應》，《儒學復興──繼絕與再生》，《儒家回歸──建言與聲辯》）出版後，引發各界高度關注。孔子二五六三年暨西曆二〇一二年十月二十九日，中國政法大學出版社在北京薊門橋主辦「儒生重現之文化、歷史意義暨『儒生文叢』出版座談會」，蔣慶、張祥龍、梁治平、陳明、康曉光、秋風、干春松、彭永捷、高超群、唐文明、溫厲、任鋒、林桂榛、陳壁生等學者出席會議。會議發言記錄經講者訂正，現予發表，以饗讀者。

致辭

李傳敢

　　首先，我代表中國政法大學出版社熱烈歡迎各位學者來參加今天的研討會。我和《儒生文叢》學術委員之一的蔣慶先生於一九九二年在深圳相識，所以他的很多情況我都瞭解。二〇〇五年還專門去了一趟陽明精舍，回來以後我經常跟別人說，不管現在的社會如何喧囂浮躁，總有潛心致力於學問的世外高人在，比如說蔣慶先生。在陽明精舍，蔣慶跟我詳細介紹了陽明精舍的發展情況，以及自己如何被選為村長等等，令人尋味。一直以來很多人都想見見蔣慶，今天他能前來是我們莫大的榮幸，因此我們特別對蔣慶先生參會表示熱烈的歡迎。

　　對於當今中國的學術出版來說，我覺得現在的氛圍不太好，很多人追求的已經不再是文化本質的東西。但是不管在什麼樣的環境下，總是有一些人在孜孜不倦的、全心全意的做學問。至少我感覺今天出席這個會議的人就是這樣一批人，而這正是學術希望之所在。在這樣的環境下，來做國學既是一件非常有意義的事情又是一件非常艱難的事情，但是好的東西是經得住歷史考驗的。對於傳統文化來說，我是一個外行，但是我也有我的觀察。很多時候看一件事情我不是看事情的本身，而是看做事情的人、哪些學者在做。我不看具體的東西，我看學者的品質。比如蔣慶，我到過陽明精舍、看到他的治學精神後，我就知道，這樣的學者做出來的事情絕對沒問題，這是我作為一個出版人的習慣和直覺。

　　我們在做傳統文化的時候，一定要把握住其精髓，把傳統文化的精髓展現給世人。我們不追求多，好比一個作家一年寫了一千萬字，那這個作品一定好不到哪裡去，因此一定要出精品。我們來做這套書很榮幸，也希望今後越做越好。

　　傳統文化我是門外漢，是來學習的，接下來就聽各位的高見了。謝謝大家！

今有《儒生文叢》，明有儒生重任

劉　　明

　　《儒生文叢》現在終於公開出版發行了，這是儒家文化復興的一件大事，也是當下中國思想文化建設的一件大事。筆者有幸擔任《儒生文叢》的主編之一，倍感任重而職榮。

　　《儒生文叢》第一輯三分冊，分別為「儒家回歸」、「儒學復興」、「儒教重建」。這樣的分類本身就很有代表性。中國要建設自己的主流精神文化，回歸儒家幾乎是一種宿命，這是因為中國的精神文化必須建立在自己的文明根性上。大前提確定了，但真正回歸儒家既有一個日漸進展的歷程，又有個回歸途徑的問題。「儒家回歸」分冊就記錄了近十年來儒家回歸中的一系列重大事件，以及社會各界對這些事件的評述與爭論。從回歸途徑上看，目前基本上是兩條大道，一條仍為傳統之「學」，另一條則為擬創之「教」。前者現就一直在推進，後者則處於探索設計中。這樣，「儒學復興」、「儒教重建」兩分冊就分別收載了近十多年來這兩個方面有代表性且分量很重的文章。可以說《儒生文叢》第一輯，是近年來儒家介入當代中國思想文化建設集大成式的思想理論寶庫。

　　今天，這樣的思想理論寶庫終於建成，接下來就應該發揮其重要作用了，至少不能讓其束之高閣。其實，發揮《儒生文叢》思想理論庫作用的過程，也是儒生群體型成的過程。中國的儒生在社會中的角色，相當於基督徒在西方社會中的角色，都是社會良知的寄託者，社會道義的承擔者，社會道德的守護者。因為西方有強大的獨立宗教，基督徒就不僅是以個人，更大程度上是以群體來發揮作用。在中國，當然早就有儒生群體擔當著這一使命，而儒生的形成在過去幾千年則是由國家體制引導，民間自發培養完成，這樣就不需要獨立教會，於是中國社會就沒有形成儒家的獨立教會。不幸的是，現在按照西方的社會治理模式，政教必須分離，「政」司社會物質秩序，「教」司社會精神秩序。

但現在，中國卻沒有與「政」分離的儒教。那麼建設獨立的儒教就是必須的。

當然，隨著中國國力的增強，現在國人和儒者還可以有另一條大道可以選擇，就是並不認為西方現代社會的治理模式是唯一普世的，從而走中國自己之路，即仍實行「政學一體」，由「學」來司社會精神秩序。但在現代教育體系下，國家包攬了大中小學教育，培養儒生的責任也只能由國家體制接過去，從大中小學的教育入手，來培養一批批儒生。如此，也可以不需要創立獨立儒教。

所以，《儒生文叢》這個思想理論庫的建成，將首先發揮儒家精神文化火種點燃儒家回歸事業火炬的作用，同時發揮為儒生群體型成的精神奠基作用，接著將發揮為中國思想文化建設提供帶著中國根性的方案的作用。鑒於此，筆者呼籲，凡自定為儒生身份、且對中國精神文化建設願負歷史使命的諸君，都應將《儒生文叢》放於案頭枕邊，讀之品之，則不僅是諸君自己之福，必也是儒家回歸事業之福。祈願！

劉明　西安企業家，《儒生文叢》出版資助人

儒生要為民族和人類帶來深層希望

張祥龍

　　《儒生文叢》出版，讓那些以各種方式認同儒家的當代士子，有了一個集中展示觀點、發出聲音的出版物，可謂及時之舉，可喜可賀。「儒生」之「生」，就其單字語義而言多矣，而在「儒生」聯讀裡，此「生」又似乎只意味著「知學之士」或「先生」（參《史記‧儒林列傳》注及《管子‧君臣》注）。我想講的是：儒生之生，既非雜陳而無統的芸芸眾生，亦非僅僅知學知義之先生，而應是由「生」之本義而生出的「生生」（《易‧繫上》），或「使之生」。因此它既是先生，亦是後生，更是浸入實際生活沸騰經驗之當下活生生。如果這麼看，儒生就應是能為當下、未來的民族乃至人類帶來深層希望和生存新境的人群，也就是讓生命能夠真正舒展其生發延續本性的生命體。

　　期待儒生帶來深層的新希望，已經包含著一個意思，即至今占據主流的思想和現實，給人群和人類沒有帶來這種希望。當它們剛出現時，多半有過輝煌的日出，或一個美好希望的構造；但後來它們的實現和再實現所帶來的，是深深的失望乃至絕望。比如，科學與民主是這樣，馬列主義和毛澤東思想亦是這樣；自由主義是這樣，國家主義亦是這樣。這個時代中，有許多願望的滿足，但缺少動人慰人的希望及其歷史實現。所以正在再臨的儒家，不應該依附於這類只是一種現實力量的框架，絕不認同它們包含的壓迫性力量和至盲性力量，而要發揮自己「看家」的思想特點，為人類萬物的生命困局找到出路或真實的生存自由。

　　儒生──儒之生生者──之所以有可能帶來真希望，是因為他／她們不以活生生的生命之外的意識構造物或意願構造物，比如獨一至上神、體制化力量、個人的超越主體性或物質對象，為人生和世界的基礎和歸宿，而是以生命的本源、也就是親子之家為根，而此親親之根的本性就是生生不已，所以全部

儒家學說和實踐都是此根的生發、舒展、開花和結果。這是儒家的獨得之秘，表面上平實簡單，百姓日用而不知，但裡面隱含著極其深邃、劇烈的發生機制，乃至浸透於這不確定的生生大潮中的危險、偏離、尋回、再生等多種可能。夫子之所以「罕言」於性命、仁、天道，而又極能感應性命、天道的仁意，多半就是他老人家深深體會到這親親之生生中難言的豐富、危急和生動，不可用「必」、「固」之言言之，而只能在孝悌與好學的「文章」生生化裡得其時中之至味。

當代現象學潮流中的海德格爾和萊維那斯都講到「家」（Heim，Heimat，home）。海德格爾將家看作是與存在本身一樣本原和根本的問題，當代人的「無家可歸」（Heimatlosigkeit）表示的就是「對存在的遺忘」（Seinsvergessenheit），是整個西方形而上學及高科技追求的歷史命運；而真正的思想者或詩人的天命就是「歸家」（Heimkunft），哲學和詩思的最深動機就是想家，找到一條返鄉之路（海德格爾：《荷爾德林頌詩〈伊斯特爾〉》、《論人道主義信》等）。萊維那斯則認為家居不是客觀對象中的一個，而是人獲得一整個客觀世界和使文明具身化的前提（《整體與無限》第二部分 D 章）。但是，他們講的家，雖然從哲理上突破了傳統的無性別、無家室的概念形而上學和個人主體性，但畢竟只是支起了一個家居的空間；儘管裡邊燃起了詩意的火焰，出現了倫理的面孔，但是沒有活生生的親親血脈和父母子女，沒有家的實際生活，更沒有這種生活的切身形態（Eigentlichkeit, authenticity）。他們避免涉入實際的親子關係和家庭及家族的實際生活，多半因為他們認定這種超個體的家居生活必會妨害和削平人的自由。但是，既然他們已經掙脫了個人的主體實在觀，甚至不以胡塞爾講的「主體間性」為滿足，那麼這主客打通了的自由之人及其生存方式能是什麼樣子的呢？所以後期海德格爾或者在荷爾德林的詩思之境中倘佯，或對老莊的道境出神，有家園，有居所，而沒有真活的家居與家室。

儒生可以藉助這種生活現象學的哲理之路，因為它是以當代人能夠心領神會的那種銳利的和時機化的方式破開了傳統西方思想中的個體與整體的二元論，讓哲生們真切地看到人的實際生活經驗是哪怕最抽象的哲理、最完備的體制和最有效的知識的不二源頭和韁繩，而且這種人類的實際生活經驗首先是家

的生活。下一步，儒生不僅可以利用這種思路，而且勢必要重造它和拯救它，不然這種沒有活生生血脈的家只能在「等待一個上帝」的詩吟中枯萎。孔孟給了我們這種可能，即在實際的家庭生活中找到並轉化出一個切身的真態生存境界（eigenlich Existenz ins Heim; authentic existence in home）。人類的家庭，尤其是儒家文明教化中的家庭，不只是生活的起點，從中走出讓其他宗教或意識形態去招募、去超拔的個體人，並在這個意義上獲得它永恆的世俗意義；它更是生命體在生活本身中的皈依過程和最終歸宿，在「耕讀傳家」的卓越努力中成為儒家或儒教的「教會」或「教堂」。換句話說，這家本身就含有超拔世俗、掙脫羈絆、贏得深層的人類自由、天地和諧乃至神性光輝的可能，可以在儒生的「親親而仁民，仁民而愛物」的生生大化努力中完成自身的轉化和昇華。儒家的獨特就在於此，就在這讓西方人和西方化的現代人百思不得其解的家奧秘之中。

當代人之所以會對廣義的左右路線有深層的焦慮和失望，是因為它們解決不了內外的終極問題，簡言之就是人與人的內在關係與人與自然的持久關係的問題。講得更具體，就是它們都找不到能夠有理、有效和兼顧義利地制約當代技術對於家庭和自然的毀壞的道路，無法從根基處破除高科技造就的全球化意識形態對於人類的控制和綁架。這種缺憾不會被一些表層慾望的滿足——不管是個人慾望上的物質滿足，還是體制層面上的力量感的滿足——而完全地、長期地掩蓋。在表面巨大進步的五光十色之下，是更多、更可怕的問題的滋生，就像建水庫、打農藥、豪華裝修和服用西藥常給我們帶來的問題，所以會在人的深層意識乃至隱意識中產生不安全感和絕望感——「什麼辦法都試了，還是不行！」像全球氣候問題，能讓那些生活在繁榮和安全的金字塔尖上的民族和國家也感受到這種內外之家的喪失。正是在這裡，或在這種最絕望處，儒家可能為當代和未來帶來真實的新希望。儒生要做的，就是緊貼住當代的問題裂縫，究天人乃至天倫之際，通古今之變，而成就那讓人情不自禁地要傾聽的一家之言。

壬辰深秋草

張祥龍　山東大學哲學和社會發展學院教授

儒生是中國文化最重要的創造者和傳承者

梁治平

首先，祝賀《儒生文叢》出版。

我注意到這套叢書的名稱，儒生，這個名稱富有深意。為什麼這麼講？今天，儒學、儒家，甚至儒教，這些概念常聽人講，但是儒生這個概念人們講得很少。為什麼講得少？原因很簡單，那就是，儒生這樣一個社會人群，或者叫社會階層、社會群體，在最近一百年已經從中國社會裡消失了。歷史上，儒生是這個社會的知識階層，也是中國文化最重要的創造者和傳承者之一，它的存在從來不是一個問題。正因為如此，它的存亡就成了一個，至少對中國人來說，天大的歷史文化事件。也是因為如此，一群可以稱之為「儒生」的人重新出現在這個社會裡，發出自己的聲音，就是一件非常值得關注的有意義的事情。

要瞭解這件事情的意義，先要瞭解中國社會近代以來所遭遇的危機。在我看來，這是一個空前的、整體性的文明危機。所謂文明，可以被理解為一整套認識、解釋世界的方法和應對世界的經驗，而在近代面對西方文化衝擊和挑戰的時候，中國人發現，自己那套過去屢試不爽的方法無效了，一個曾經是完整的經驗破碎了。這種危機的一個重要表現，就是中國人自己對包括儒學基本價值在內的傳統知識和信仰的徹底否棄，因為有這種否棄，過去曾經是中華文明核心部分的儒學、儒教、儒生，還有儒家基本價值本身，必然受到重創，甚至是滅頂之災。但是最近三十年，我們看到，一些體認、承擔、踐行儒家文化價值的人慢慢地出現了。他們開始時是零星的、分散的，後來慢慢走到一起，開始發出自己的聲音，表達他們對於世界的看法。這種表達和聲音逐漸多起來，引起更多的社會關注。今天擺在我們面前的這一套書，就可以被看成一系列相關事件中的一個。

　　當然，今天我們所講的儒生，不但人數少，力量小，影響力也十分有限，但從近百年來中國文化和社會變遷的角度看，卻有一種象徵意義。可以說，儒生的再現，代表了一個文明的自我反省，一種文化上的自覺，而所謂文化自覺，核心是文化認同問題。它要回答的問題是，中國人是什麼樣的人？中國人的文化、代代相傳的生活智慧、那套認識和對待世界的方法，今天還有沒有意義？中國人的未來應該是怎樣的？當然，並不是只有儒生面對這樣的問題。五四運動以後的主流意識形態，不管是自由主義的還是馬克思主義的，都回答了這些問題，但從儒生的立場看，說它們回答了這些問題，不如說取消了這些問題。因為它們的答案裡，儒家、儒學、儒教，甚至整個舊的文明，尤其是政治文明，都是沒有正當性的。其實，今天的中國社會，仍然受這類意識形態的支配。

　　今天一般知識人談到儒家，或者主要受儒家支配的中國古代政治文明，他們想到的，差不多都是負面的東西。折中的說法是，儒家傳統中糟粕多於精華，今人應當取其精華，去其糟粕。再積極一點，是主張發掘儒家傳統中可以和當今「主流價值」或說「普適價值」相結合的東西。用這類標準衡量，儒家傳統即使不是病態的、邪惡的，至少是殘缺不全的，不具有自主意味，更不是完整的和自足的。儒生的立場與此不同。儒生之為儒生，就是因為她們對儒家、儒學、儒教及其所護持的價值有堅定的信念，對儒家傳統的內在價值和生命力保有信心，他們的文化自覺建立在文化自信的基礎上。這就是儒生重現的歷史意義。

　　儒生這個群體在今天出現，無疑有很多機緣。退回到三十年前，更不用說五十年前，這件事是不可想像的。但我們要明白，儒生的重現，並不是過去已有事物的簡單再現，毋寧說，這是一種再造。就像儒教重建、儒學復興一樣，儒生也需要再造。這樣說的意思是，歷史上的儒生，雖然每一代有每一代的問題，但是除了晚清時期，基本上還是在一個穩定的傳統裡面活動。今天的儒生所面對的，卻是一個與過去相比完全不同的世界，他們要解決的問題更難，而且沒有現成的辦法可以用。大體上說，今天儒生必須面對的，至少有三個方面的挑戰。

　　第一個挑戰，是立場方面的。儒生以承擔和踐行儒家價值為己任，因此，無論其內部有怎樣的分歧，它保守和傳承儒家基本價值的立場是一致的。但是另一方面，這個世界已經不是過去的世界。在一個全球化的時代，文化的交流與融合是常態。事實上，中國社會比較過去已經發生了很大的變化，語言、行為、思想、觀念、服飾、風尚、社會組織、制度和社會結構，以及中國和外部世界的關係，都已經發生了深刻改變。在這樣一個時代和世界，開放成了一個不容迴避的問題。其實，儒家傳統中從來不缺乏變易的觀念、實踐和智慧。比如易，比如時，還有權，甚至義，這些主要概念都和改變、變易有關，也都和開放有關。就這一點來說，保守和開放，這兩種立場在儒家傳統中都具有正當性。問題只是這二者之間如何平衡。清末的時候張之洞講舊學為體、新學為用，簡單說就是「中體西用」，這是一種立場。李澤厚先生主張「西體中用」，這是另一種立場。今天的儒生，保守什麼，如何保守，特別是，如何在開放、改變的過程中守護某些基本價值，變而不失自我，這些首先是立場問題。採取的立場不同，遇到的問題就不同，儒家、儒教和儒生的命運也可能因此有所不同。所以，立場的重要性不言而喻。

　　第二個挑戰關乎理論。過去中國人講修身、齊家、治國、平天下，那還是一套普遍性的理論，至少，在中國人眼裡是普遍性的。但是到了清末，西學東漸，它變成了一種特殊主義的理論。放之四海而皆準的理論，具有普遍有效性的理論，都來自於西方。從那以後，要論述中國歷史文化經驗的合理性，往往取一種特殊主義的路徑。那麼這裡就有一個問題，那就是，儘管特殊主義的論述有其價值，但在面對普遍主義的時候，特殊主義的應對並不總是有效的。過去一個世紀中國兩大最有影響力的理論，馬克思主義和西方自由主義，都是以普遍主義的面貌出現的。因此，要在現代中國重建儒學，復興儒教，儒生就需要提出一套同樣具有普遍性的學說和理論。我最近在讀秋風討論華夏治理秩序的兩部大書，《天下》和《封建》，覺得蠻有意思。我在那裡看到一種普遍主義的解說。就是說，華夏治理秩序的經驗和理論既是中國的，同時也具有普遍意義。這個思路和嘗試非常重要。

　　【秋風：我插一句，其實我的這部《華夏治理秩序史》最初就沒有「華

夏」這兩個字，就叫《治理秩序史》。它就是普遍的，而不是中國的。它雖然發生在中國，但它的意義不僅限於中國。】

　　就像民主的理論和實踐，在美國和歐洲，還有世界上其他地方，有不同形態，既是特殊的，又是普遍的。所以可以比較和對話。文明的治理秩序也是如此。用這種方式來處理中國經驗，也是文化自覺的一個表現。總之，回應普遍主義的挑戰，是當代儒生面對的一個理論上的挑戰。

　　第三個挑戰，簡單說是實踐上的。一般都認為，傳統中國是一個儒家社會或者儒教社會，這種說法雖然有點簡單，但也不是全無根據。因為在傳統社會，儒家的道統是支配性的意識形態，儒家講求的政道，代表著統治的正當性。而在另一方面，儒家基本價值植根於家庭、教育和日常生活之中，表現為普遍的社會規範。但是今天，這種情況已經完全改變了。過去六十年來統治中國的，是奉馬克思－列寧主義為正溯的共產黨，過去，這個黨對儒家傳統採取敵視態度，現在開始利用它來為自己服務。在這種情況下，儒生應當如何應對？今天的儒生要為未來中國設計制度架構，這件事本身就極為艱難。在類似今天這樣的背景下，儒生是否涉入政治，如何涉入，涉入多深，這些都是問題，是過去所沒有的新問題。

　　至於儒生與社會間的關係，表面上看很清楚，實際上也有很大問題。儒生要修身、齊家，自然要從個人和社會入手。過去如此，如今尤甚。但問題是，人們今天所說的「家」，家的結構和形態，家在個人和社會生活中的位置，經過這一百年的政治改造和社會－經濟變遷，跟古人講的已經大不相同了。一方面有家庭的法權化、原子化，另一方面是家庭的空巢化，尤其在農村，與「三農」問題相伴，家庭大量破產。家庭如此，儒教何處安身？歷史上，儒學的社會學基礎除了家庭，還有教化和教育。教化依賴於士紳和尊長，教育更是儒家的長項。但是今天，士紳階層不存，尊長權威不再。民眾雖然還重視教育，但教育是被國家壟斷和支配的。這時候，儒生要讓儒家價值重新在社會裡面生根，並且依託社會健康成長，恐怕就需要根據今天的社會情態，調整自己的策略和方法，做一番艱苦的努力。

　　總之，在實踐的層面上，如何看待儒教與政權的關聯性，如何處理政道和

治道之間的關係，如何在家庭和教育等方面用力，培植適宜於儒家價值生長的社會土壤，如何在一個價值日益多元的社會裡找到儒家的位置，這些都是迫切需要在理論上思考和釐清、在實踐上展開和總結的問題。說到底，儒生是一個實踐的群體，它不但要想和說，還要去做。今天的和未來的儒生，只有成功地應對了這些挑戰，才可能有大的發展。

梁治平　中國藝術研究院中國文化研究所研究員

儒學還是要沿著康有為開創的道路前進

彭永捷

今天十分高興參加這個會議。這套叢書，我也瞭解一些情況，任重、達三他們編輯這套叢書，編好已經很長一段時間，但是一直沒能出版，因為這三本書分量很大，需要巨大的財力支援。他們以前多次跟我商討過這個事情。現在有劉明先生幫他們把這套書出版，我覺得是非常有意義的事情，我對劉明先生的義舉也是非常讚賞。我看到現在這套叢書和他們當時的原稿相比又做出一些調整，補充了一些新內容，進行了重新的編輯。

當然出版這樣的書也可能會面臨一些政治上的因素，像我們當時出版總結儒教十年的那本書，出版社也主動地拿去給新聞出版部門去審，裡面有些專訪，像曉光兄的，責任編輯也做了不少「技術處理」。但是審的結果還算愉快，說沒有任何問題，很快就放行了。我想政治上之所以有困難，還是目前政府和社會對儒學的態度，仍然需要有一個根本性的突破。

十七屆六中全會過後，北京市委講師團也找我去做文化宣講，講什麼呢，講傳統，講儒家文化，我說這個是好事兒。從十三大以來，每次都要提，而且一次比一次提得深，一次比一次提得高，到了十一屆六中全會，將執政黨定位為中華優秀傳統文化堅定傳承者和弘揚者。還講物質貧窮不是社會主義，精神貧窮也不是社會主義，還講要建立中華優秀傳統文化的傳承體系，這將繼承和弘揚優秀傳統文化，提到了很高的地步。弘揚優秀傳統文化，許多官方檔都提到，但是一個核心問題一直解決不了，我們總是講傳統文化，為什麼老是弘揚不了？

現在講國學進課堂，書法、繪畫、圍棋，都可以進課堂，唯獨儒家經典一進課堂，這個問題就很大。這就提出一個問題：我們繼承傳統文化，究竟繼承什麼文化？我們不繼承作為主流的、被我們視為民族瑰寶的儒家文化，那我們

弘揚什麼？弘揚佛教，我們都去吃齋唸佛？弘揚道家，我們都去養生？當然這也不是不好，但是作為支撐我們這個民族生存和發展的民族精神，反映我們生活常道的基本生活價值觀的、日常倫理的、以及我們民本政治精神的，還是儒家。不弘揚儒家文化，所謂弘揚傳統文化，我們無法很好地落實，所以我們會開玩笑說：不弘揚儒家文化，那所謂弘揚優秀傳統文化，究竟弘揚什麼？難道弘揚肉林酒池？（眾笑）這是一個需要解決的問題。現在中國政法大學出版社頂著壓力，又有劉明先生鼎立支持，合作出版這套叢書，我覺得是十分好的事情。

對於儒學的發展，我的看法是，我們還是要沿著康有為先生開創的道路前進。在儒學和現代社會遭遇到障礙的時候，特別是儒學迅速沒落的時候，康有為先生最早做了探索和嘗試，開拓了儒學的三個基本道路。這三個基本道路，至今依然值得我們繼續去探索，雖然不必完全去重複他的具體做法。

一個就是儒學的道路，康有為先生把它做成哲學。因為康有為先生是十分酷愛哲學的。在中國哲學這個學科體系內保存了儒學。現在國學院經學學科的復活，又為儒學的發展開闢了新的視窗。

另外一個是儒教。前面發言的同道提到了儒學發展既有上行的進路，又有下行的進路。儒學上可接國家體制，下可接民間社會的方方面面。而儒教是儒學落實於人們信仰、落實於人心的具體方式。

還有就是儒術。儒家在過去不止是一種學說，它在過去最主要的功能是要去組織人間社會。儒術就是廣義社會政治哲學，以儒學的方式去重新掌握大眾，成為組織社會的一種方式。

第三個話題，我想說一下儒家的復興。儒家的復興，第一個就是要自信。自信的原因是什麼呢，源自於儒學對古代優秀傳統文化的繼承，儒學很早就把握了歷史發展的基本規律、把握了政治的本質、把握了人間的常道。比如說，我們當代的意識形態是馬克思主義，但是現在我們都知道，理論和現實有了脫節。按照馬克思主義，我們應該去分析商品的祕密，去揭示剩餘價值，去組織工人反抗資本家的剝削，可是現在都不講了。反而當代政治中，那些最得人心的、最富有生命力的語彙，往往來自於儒家傳統。比如說惠民政策，比如說利

為民所謀、情為民所繫、權為民所用。當代政治生活中真正得人心的東西，講民心向背，包括論證中國共產黨執政合法性的東西，都來自於儒家。儒學是早熟的，很早就把握了歷史的規律。

通過歷史來看，儒家的破落，有比現在還嚴重的時期，儒家在歷史上一再地破落，但同時儒家一直有著強大的生命力，一再從衰敗中一次又一次地復興。為什麼，因為它是人間生活的常道，是離不開的。人們可以暫時地拋棄它，但總要回歸它。離開它，最終要出更大的問題，付出更大地代價。

在復興儒學的歷史過程中，唐宋儒學復興運動十分值得我們去借鑑。從隋末的王通開始，經過韓愈、到宋明理學，經過一個長期的過程，既回應了外來文化佛家的挑戰，又回應了當時唐宋之間長期社會戰亂、重新整合政治倫理、生活倫理的問題，去重新收拾人心。宋代的儒者花了大量時間，從民間社會做起，建立書院、精舍，使儒學重新成為社會的主流。他們的做法許多都值得我們去借鑑。

最後，我想表達一下我對《儒生文叢》中「儒生」的看法·朱熹的女婿黃幹，在體會道學的傳承、儒學的復興中，他講過一句感觸很深的話：道待人而後傳。儒學的傳承，是要有人去擔當的，儒生就是一個擔當儒學的群體。在孔子的時代，儒本來是擔當司禮的職業，但是他們處於禮崩樂壞的時代，這對於司禮的一群人來說是非常尷尬的。但是孔子強調，儒要在這種時代去擔當禮背後的精神。所以他告誡學生說「汝為君子儒，無為小人儒」，從他開始才有了儒家學派，特徵就在於更強調去擔當這種內在的精神。《論語》裡邊有很多類似的話，比如「禮云禮云，玉帛云乎哉？樂云樂云，鐘鼓云乎哉？」比如「人而不仁如禮何，人而不仁如樂何」。那麼儒家的「仁」到了宋代表述人天理，天理可以表述為仁理，「仁愛」的「仁」，也可以成為生理，「生生」的「生」，那麼他們把這個理學也稱為道學，講道理的學問，而這個道理就是儒家仁愛的學問。我想一個和諧的社會、一個真正符合人性的社會，一定是一個仁愛組織起來的社會，而不能是靠利益去整合的社會，也不能靠人的爭奪去組織的社會。確實像治平教授講的，儒學在當下是遭遇了不同的社會基礎和文化基礎，這個需要去探索儒家在當代復興的具體途徑。我個人的想法，儒生在過去代表

者一個知識階層，可以說在過去儒生這個群體就是公共知識分子，因為他代表的是最廣大人群的基本利益，站在一個民本的立場，去探究政治的常道。那麼在當代，因為我們的教育範圍遠遠擴大了，存在一個潛在的儒生群體。同時現在社會雖然不再是一個農業農村為主體的社會，但是現在社會有很多新的結構可以和儒學相結合，比如說現在是一個網絡的社會，儒學可以和網絡去結合；儒學和教育去結合，怎麼樣去擴大儒家的教育基礎，我想這是一個長期的過程。正像唐宋儒學也不是一天復興的，也經過漫長的過程。但是中國文化終歸是要回歸他的主流，儒生在這個過程中可以做一份自己的貢獻。

我們在這個時代儒家雖然也依然落沒，但是再落沒也不如孔子的時代更加落沒，以致於隱者勸孔子不如歸隱算了，「鳳兮鳳兮，何德之衰」，孔子的回答是「人不可以與鳥獸同群」。當時的人讚揚孔子說，「天下之無道也久矣，天將以夫子為木鐸」，夫子就像是木鐸去警醒世人．我們現在呢，我們看，至少我們開會還有這麼多人（眾笑），實際上每次到不同的場合，我們都可以遇到新的同道，我想儒家復興的勢頭是非常良好的。我們這代人應該把握住這個機遇，做好我們這代人應做的事情。

以上一些淺見，恭請各位同道賜教！

彭永捷　中國人民大學哲學院教授

中國未來的主導思想只能是儒家

康曉光

　　首先是感謝，感謝任重。這套書我看了一下，我覺得這套書選的文章很不錯。也就是任重，換誰也做不到這麼系統全面。任重有學術功底，而且這麼多年來一直在兢兢業業地、非常用心的關注這件事。他是國內唯一能編這套書的人，而且能編的這麼好。所以首先要感謝任重，感謝他為此付出了那麼多的心血。還要感謝出版社的朋友、劉明先生、秋風和達三，他們真是任勞任怨地做這件事。可惜今天任重沒有來，非常遺憾。【蔣慶先生插話：「這個也是儒生的悲劇，現在都是雙重人格啊。」康曉光：「對，精神分裂。」（眾笑）】。

　　今天可以做一個十年回顧。這十年一路走過來，回頭看看，我還是非常樂觀的。十年前設想的一些事情，實現的速度比當初設想的快得多。沒想到事態發展的這麼快。我記得二〇〇二年我把《文化民族主義論綱》交給《戰略管理》的時候，當時黃鐘和秦朝英他們倆還以為那個文章能引起激烈的爭論。結果那篇文章出來根本沒人理睬，大家覺得是笑話，什麼儒家文化復興啊，什麼立儒教為國教啊，通通是笑話。

　　但是，隨後的變化很快，變化之快我連做夢都不敢想。儘管今天我們對現狀還不滿意，但是十年前我們想像不到今天的樣子。我覺得這十年的變化還是非常大的。

　　我想舉幾個關鍵性事件。民間的就不說了。首先，二〇〇四年，政府開始公祭孔子，而且從二〇〇四年到二〇〇七年迅速升溫。要記住，共產黨曾經是反傳統的猛將，如今開始去祭祖，這是一個非常了不得的變化。還有，在全世界建孔子學院，這件事意義非常重大。再有，二〇〇八年奧運會的開幕式，主旋律就是儒家文化。還有，去年天安門廣場立孔子像事件，雖然最終搬走了，但是畢竟樹在那兒一百天，那也是非常了不得的。就像攻擊者說的那樣，這是

建國以來從來沒有的事情；天安門廣場，毛澤東只能掛畫像，孫中山畫像也只能在國慶節時擺兩天；樹一個像是建國以來從來沒有過的事，還要搞成個九五之尊，又配著劍站在那裡。這些變化我們應該看到，應該感到振奮，應該看到變化異乎尋常地迅速。無論是官方還是民間，這方面的發展都非常好。

我覺得在中國，無論是個人、還是民族、還是國家，你總要有些安身立命的東西，總要有些「定於一」的東西。這些東西，除了儒家，沒有別的可選。另外一個就是自由主義的資源，好多也是很有用的。其實，在中國真正大力推行自由主義的是中國政府，並不完全是西方帝國主義和平演變的結果。毛澤東時期他們也一直在搞和平演變，但是沒什麼效果；只有到了鄧小平時代，西方的和平演變才有了效果，這個跟鄧小平的努力是分不開的。

我想中國未來的主導思想，無論是民間的還是政府的，只能是儒家。看一看中共四代領導人給中國人描繪藍圖的時候就很明顯。毛澤東講「共產主義」、「世界革命」，這是馬克思主義的話語。鄧小平儘管也講「小康」，但他主要還是講「現代化」，這是西方右派的話語。他們還是用西方的話語講中國人的夢。但是，在江澤民卸任前夕的十六大報告裡就是「全面建設小康社會」，「小康」是我們中國人自己的概念。胡錦濤這屆政府就講「和諧社會」，這是儒家最核心的一個價值理念。所以執政黨在描繪中國人的理想藍圖的時候，實際上也在一步一步地回歸中國，開始用中國人的語言講中國人的夢，用中國人的語言來論證自己的這些方針制度的合理性，而且對外對內都是如此。

我經常打一個比喻，把國家的成長看作一個人的成長。我們這三十年，GDP 已經很大了，相當於這個人肌肉已經很發達。現在美國一些機構預測，中國的 GDP 超過美國，大概是三五年。這就是按購買力評價計算的。但是，儘管塊頭很大，骨骼還不是很堅固。比如說我們的自有知識產權、研發能力、對核心產業的控制、尖端軍事技術還不夠強。但是，這個東西，按照現有的路子走下去，二、三十年就可以解決，問題不大。所以，美國非常地緊張。我覺得中國最大的問題就是「沒心沒肺」，沒靈魂、沒大腦，這是最嚴重的問題。不僅是個人感到不幸福、焦慮、痛苦，整個國家也是如此。中國現在在國際上的影響可謂無所不在，經濟影響力非常大，廣泛地參與國際政治，軍事力量也

在成長。別人自然要問，你中國到國際上想幹什麼，你自己想得到什麼，你想給世界帶來什麼。對於這些問題，我們基本上說不清楚，回答不了。國家領導人也講不清楚。他不能說我來搞共產主義革命來了。這麼說也沒人信。中國現在就是一個資本主義極樂天堂，全世界的資本都往這兒跑，你還說搞什麼共產主義啊。你說搞自由民主，也沒人信。所以呢也沒什麼話可說。現在就是張口結舌、語無倫次的這麼一個狀態。所以復興儒家，重建文化，不僅僅是儒生的一個期待，也是整個中華民族發展的需要。在這樣一個叢林世界裡，中國要想立足，要想進一步發展，復興儒家是一個別無選擇的出路。

　　總的來看，現在自由主義還是占據優勢地位，但是儒家上升的姿態非常明顯。所以，從動態來看，我非常樂觀。我感覺眼下復興儒家文化的最大阻力不是來自政府，也不是來自國際社會，也不是來自自由主義，最主要的阻力還是這一個世紀妖魔化傳統的後遺症，還有一些特殊利益集團，僅僅是為了維護自身的既得利益而與孔夫子為敵。像孔子像立在天安門廣場這樣的事能夠發生，就表明中國的高層，不但很清醒，而且很堅定，而且願意冒險。所以，當下最緊迫的問題是怎麼讓更多的中國人接受傳統的思想。這是非常非常重要的。用葛蘭西的話來說就是，怎麼樣在市民社會中爭取更多的人對它的認同和支持，怎麼把這個陣地戰打贏，奪取文化領導權。在這方面，媒體、出版界都肩負著巨大的責任，所以這套書的發行，大家寫的很多文章，包括早年陳明做的《原道》這樣的努力，包括儒家的這些網站，都非常非常重要。中國政法大學出版社、李傳敢社長、還有編輯朋友願意出版這套書，劉明先生資助這套書，這些對整個儒家的復興、對整個中國的復興都是不可或缺的。大家都是一個戰壕裡的戰友，革命工作僅僅是分工不同，都非常非常的重要。

　　最後我想再次的感謝，感謝所有在座的朋友對這個事業的投入。謝謝大家！

康曉光　中國人民大學公共管理學院教授

儒學的復興需要儒生樹立新的人格典範

高超群

　　首先我要祝賀這套書的出版，我雖不是儒門中人，但是我很同情、支持儒學在當代中國的復興，所以非常高興看到這套叢書的出現。我認為儒學的復興，是當代中國思想史上最重大的事情之一，我是這樣理解儒學的復興，它是中國知識分子面對我們時代難題所做出的最具主體意識的反應。所謂時代難題，就是曉光兄剛才提到的中國人的文明觀、政治觀是什麼，如何表述屬於我們中國人的文明觀和政治觀，我們想要過什麼樣的生活，或者認為什麼樣的生活是上好的，什麼樣的秩序是正義的秩序，在中國人面對世界或面對自己的時候都變成一個令人焦慮的問題。當然，也不僅僅是儒門在回答這個問題，執政黨在想穿各種各樣的外衣，自由主義也在嘗試提供一些回答，但是儒學學者的回答，我覺得是最具中國人主體意識的一種反應。儒學的許多思考和回答在這套書中有比較多的體現。

　　從形式上看，儒學的這次復興給大家留下最深刻的影響是，它是以一種挑戰者、或者反對者、邊緣性的姿態出現的。剛才彭永捷教授講現在不算是儒學在歷史上最悲慘的時候，但自秦漢以後儒學在中國處於現在這樣的處境還是比較少見的。儒學處於這樣的處境其實是很容易理解的，它和近代中國所遭遇的挑戰有密切關係的。儒學雖然跟皇權所代表的中國政治傳統之間，有很大的張力，但它本身也是內嵌在中國傳統社會的政治經濟結構當中，因為近代中國所遭遇的挑戰，它不僅僅是在思想上、文明上對中國人造成沉重的打擊，而是徹底改變了整個中國社會的政治經濟結構，發生了天翻地覆的變化。士紳們賴以生活與生存的政治經濟結構和社會特權都消失了，所以儒學和儒生的邊緣化也就不難理解，這些問題剛才梁治平教授也提到了。所以儒學和儒生在現在的這種社會結構當中如何找到自己的位置和發揮自己的功能，其實是一個很嚴峻、

很現實的問題。干春松教授對這個問題也有很深入的思考。

因此，我覺得儒學的復興不僅僅在思想上或是研究上要付出巨大的努力，可能還更需要給儒生們在新的社會當中找到恰當的位置，或者說儒生需要為新的社會和新的政治結構做出貢獻，它才有可能復興。剛才梁治平先生也講到，因為我們不可能回到舊有的社會結構中去，原來儒生所依的種種特權也一去不復返了。因此在言說上，我覺得我們要在多大程度上將儒學與中國傳統政治的實踐捆綁在一起，或者剝離開來。或者怎麼樣捆綁或剝離開來，這其實很嚴肅的重大問題，而不僅是一個策略上問題。因為在當下的討論中，我覺得那種為了捍衛儒學，而對中國傳統政治實踐過多的甚至是毫無保留的進行讚美這其實在一定程度上會毀損壞儒學。因為即便在傳統社會當中，儒學和實踐當中的這種張力其實也是很巨大的，我們應該在實踐和義理之間、在常與變之間持什麼樣的態度是值得思考的。在進行這個思考時，我們一定要清醒地認識到，傳統中國並不是儒學理想中的社會和政治形態。

更重要的是儒學的復興需要儒生樹立新的人格典範，尤其是在實踐當中。在這方面，我比梁治平教授的要樂觀一點，從近代以來，中國人，不僅僅是儒學家們，在這方面做了很多的嘗試和努力，可能需要的只是總結。比如從梁漱溟先生到我之前研究過的盧作孚先生，他們無論是在鄉土建設還是在公司管理，無論是道德文章還是人格鍛造其實都有很多的實踐，儒學並不只是在家庭或者鄉村去發揮作用，它其實始終在面對新社會的時候，也在做著自己的努力，包括榮氏家族這樣的企業。在儒學內部，其實本身就有這樣的傳統，比如說實學，也就是大家講得多的經邦治國的實學，其實可能對今天更重要的是躬行踐履的實學，後者對我們這個時代來說更重要。剛才梁治平教授講到儒學所面臨的這些困難，其實我認為這些困難不僅僅是儒學要面對的，就是自由主義者、馬克思主義者他都面臨同樣的困境。這種言實不符，社會巨大的變化所造成的主張和現實之間的這種脫節，可能對每一種主張來說都是存在的。

但我覺得對於儒學來說這其實這是一個很好的的機會，因為儒學就是直指人心、面對個體，它能夠打通個體和社會公共領域之間的通道，而我們這個時代，其實就是人心無所依傍的時代，也是神學家和帝王們、商業巨頭束手無策

的時代。我們也都知道，無論是神道設教還是強制宣傳都無法收拾我們這個時代的人心，而儒學家和儒生可以通過他們這種直指人心的躬行踐履這樣的一些行為來塑造新的人格典範，可以在我們這個時代發揮更大的作用，而僅僅是著述，宣傳和辯論。可能我們需要見證當代大儒在我們這個時代如何處理利益問題，如何行為舉止，如何處理與國家團體之間的關係，如何面對各種法律經濟問題，他們的這種行為比言論更有意義，更持久的多。因為在這樣眾生喧嘩的時代，這種主義之爭，各種論辯很難不流於形式化，虛偽化。誠心正意正是我們這個時代最稀缺的但是也最有力量的價值。所以我也認為通過強調實踐，強調直指人心的方式，儒學可以更為有力介入當代人的生活，也可以使儒生們在當代中國的這種結構當中找到自己的位置，發揮自己的作用。其實，宋明以後的儒生就是通過這樣的方式來贏得民眾的。

　　想要通過政治神學的論述，描繪政治理想的作法，獲得成功，需要時代、命運的機會，需要歷史的積累，除了個人的努力，更多地需要依靠天命。從某種意義上來說，得君行道的作法，可能已經不太可能在我們這個時代行得通。

　　正是因此，我很高興見到這套《儒生文叢》的出版，因為這套以儒生而不是儒學冠名的書本身就已經讓我們看到了希望，也非常值得期待，謝謝！

　　　　高超群　《文化縱橫》主編，中國社會科學院經濟研究所副研究員

儒生要從被動變為主動

唐文明

　　《儒生文叢》的出版很重要。幾年前任重兄就跟我說過這個事情，看來也是醞釀了很長時間。今天他沒來很遺憾。收到書後我看了一下主要的內容，感覺還是很有特點的，大概也是因為這幾年儒學的復興比較快，所以會有多個層面的展開。

　　關於儒生重現的文化歷史意義，我想談談我自己的一個敘述脈絡。簡單來說，首先它的出現，不是一個偶然現象，可以說近百年來，一直是「南夷與北狄交，中國不絕如線」的局面，其中一直有一種聲音在發出，借用日本學者的說法，晚清以來，一直有一種「執拗的低音」，現在這個聲音比以前高了，雖然還遠不到高音，但可能在接近中音。所以「執拗」還是需要的，因為環境還是很艱苦，需要這種執拗，才可能使這種聲音越來越大。

　　晚清我們跟西方接觸，開始的一個思路是聚焦於中西問題，即中國怎麼樣，西方怎麼樣，中國有什麼特點，西方有什麼特點，中國如何學習西方，是中體西用還是怎麼？這個問題的提法到了「五四」有了很大的轉變，就是中西問題讓位給古今問題，最典型的出現了馮友蘭先生講的「中西的差別其實不是類型的差別，而是時代的差別」的觀點。而後來牟宗三先生的做法，實際上是又把古今問題轉換成了中西問題，但這種轉換僅僅是形式上的。他試圖強調華夏文化的主體性，但他的基本觀念又來自西方，所以這裡的主體性只是形式的，甚或可以說是虛假的。所以我說「五四」是古今問題壓倒中西問題這樣一個過程的可觀察的轉折點。

　　九十年代以來思想界對現代性的反思打破了西方現代性的神話，因此我曾提出，目前我們的核心任務是如何重新提出中西問題，就像當年唐宋諸儒提出儒佛問題一樣。而儒生的出現正當其時。

關於儒生的概念，前面很多同道都已經說過。以前有些學者使用「儒生」的說法是貶義的，或是冷嘲或是熱諷。所以過去有一段時間，我聽到「儒生」這個詞會有一些彆扭，但是後來慢慢覺得這個詞很重要，即使有人施以嘲諷的姿態，我們也應該把它正當化。為什麼呢？一個比較明顯的問題是，我們有必要區分一般信仰儒教的和專門從事儒教、儒學事業的，即準備為儒門貢獻一生的。儒生用來指涉後一類是比較恰當的。所以儒生與一般的信徒不一樣，而是要去傳道、去講道、甚至去殉道的，這是我對儒生的定位的大概理解。

關於出版方面的具體意見，我覺得主編任重不在實在是遺憾，此前我在網上也曾和他交流過，就是《儒生文叢》怎麼來定位的問題。我覺得首先不要把它定位在學術研究上，或不以此為主。一個當然是因為學術研究有很多限制性因素，另外則是做儒學研究的大多在大學或研究機構，我們可以利用大學或研究機構的資源去開展與儒教、儒學有關的學術工作。《儒生文叢》的定位應當側重實踐層面，實踐當然並不是說跟理論沒有關係，而是說以實踐為側重或核心的地位。那麼在這個思路上，有幾個方面應當注意。一個是對儒學如何走向實踐的問題的理論探討。這個自然還是要調動學者的工作，比如在第一輯的三本裡收錄了很多近幾年與儒教或儒學有關的一些討論，這很好。不過關於這個問題，我一直有一點不滿意的，我曾跟陳明、干春松交流過，就是我們要設置議題。從近年來的討論看，儒家還是很被動的，很多討論來自應對，出來一個曲阜蓋教堂事件，我們反應一下，寫幾篇文章；出來一個國博門前立孔子像又撤走的事件，然後我們又反應一下，又寫幾篇文章。完全是一個被動的姿態，被大眾和其他力量牽著鼻子走。我們要從被動變為主動，就要設定議題，比如在公共領域，儒學或者儒教與公共領域的種種問題有什麼關聯，通過大家的努力，使之成為一個公共性的話題。當然，如果在需要設定議題的意識下產生某種討論機構，比如說一個委員會，或許也是可能的、可行的。

另外，理論方面，跟學術相關的部分我覺得應當向一些更年輕的學者傾斜，發展和發現一些更年輕的服膺儒家的學者，比如說一些博士生或剛畢業的博士。像我們這些已經在大學待了多年的學者，出版方面的資源也應該是很多的，而一些更年輕的學者或許處境會不一樣。

　　至於與具體實踐領域相關的問題，我簡單談我想到的兩點。一個是政府方面和民間方面的雙重重視。另一個是，在儒門事業方興未艾的時候，不要在具體實踐領域過分強調門戶，應該有容納多元的雅量，讓各種可能性都可能呈現，特別是不要內部先判教。

唐文明　清華大學哲學系副教授

儒生之德行、公共性和實踐性

任　鋒

　　首先是表達敬意吧，向推動叢書出版的眾多朋友、道友付出的辛苦致敬！這套叢書的出版可以說是最近一系列事件的一部分，比如弘道基金、弘道書院的成立等等事件。它們都屬於一個長期的過程，這個過程就是最近二十年來以儒學為主幹的傳統在現代中國的復興。我想這是一個貞下起元的過程，整個過程將會很長遠。所謂勝殘去殺者百年也，我們剛剛處在這個過程的開端。今天在座的朋友以及沒來的任重兄都是這個開端的先行者，所以說我首先要致敬。

　　我主要講三點意思：儒學首先是一個德性之學，這是第一點。第二點講一下它的公共性。第三點講一下它的實踐性。時間有限，我就強調這三點。

　　首先是德性之學，或者說德行之學。我想這不是一個簡單的內聖之學，而是一個在個人身體力行中落實的修身之學，然後放之於整體的共同體中成就為一種經世事功之學。我為什麼要強調這一點呢？與儒生這個叢書主題有關，也與我們遭遇的文明敗壞有關。

　　今天這個社會，特別是我們見證的公共領域，如果打個比方，它有點微博化了。就是說各種資訊、知識、思想蜂擁而至，以一種混戰式的、帶點娛樂化的形態呈現出來。人們在微博上爭吵攻擊，逞口舌之快。整個社會流行看客心態，鬧烘烘唱罷曲離散。而現實中各種敗德違道的現象屢屢挑戰人們的倫理底線，大家似乎又很無力。人們似乎很難很好地交流，很難形成文明的共識，較少見到躬行實踐的志士，更缺乏可以景從的權威或典範。政界、商界和知識界，莫不如此。但是一個真正的社會重建或者說共同體重建，究竟應該怎麼做呢？

　　從我們中華文明幾千年的經驗來看，儒家所提供的智慧恰恰是：從德性做起，以德行為根本，修身立己，然後逐漸擴展、演化，改進風俗、重鑄禮樂，

最後匯聚成政治社會變革。它的起點、它的根基在於德性德行。我想在這背後是中華文明關乎天人之際的一些真機願力，歸總離不開一個能近取譬的實踐踐履，最後形成一種氣象和人格的典範。從夫子溫良恭儉讓開始就是如此，所至之邦多喜聞其言。乃至於傳統中相當基層的鄉先生，維繫一方風教。這種德行機制是文明社會的根基，滋潤著整個人群機體。當下世界問題重重，大家卻往往樂於鬥智辨理，拉幫結派。儒生、儒者、士君子，這種強調德行踐履的公共角色無疑是急切需要的。在今後中國公共領域的言論與實踐空間中，我們應該繼承儒家傳統的優良稟性與智慧，以一種溫良、中道、宏毅的精神去對治當下中國的暴戾、褊狹和浮躁。公共治理的智慧與技藝就是在這種德行精神中逐漸生長的，此所謂「徒法不足以自行」也。我想這既是作為一個儒者的自勉和警醒，也是對於更廣泛意義上社會化和政治化過程的一個不可或缺的前提。這一點正是當前知識菁英、文化菁英、政治菁英最為缺乏的。

我現在因為一些特殊機緣，在北航和姚教授參與推動了一個通識教育的實驗。內容之一就是所有大一文科生必修《論語》。我上課的時候，向同學們建議練習一個禮儀，就是向夫子像行禮。我並不強迫每個人都參加。但是基本上，一個班從一開始就能有近三分之一的同學自願參與其中。我想經過這樣一個學期，大部分同學都能夠有機會行禮。這裡面蘊涵了一種對德性之學（踐履）的期待和重視。我想對九〇後或者是對未來更廣泛意義上的人群來說，讓他體驗敬畏、體會尊重、品味到德行信念在自己日常生活中的重要性，可能是比知識、比理性、比思辨更為重要的東西，一種或許為將來創造一種更好的公共氛圍、公共理則的實驗和探索。這是第一點。

第二點是儒家的公共性。其實我們儒家的傳統，在之前的故國文明中，雖然以一家面貌出現，實際上卻是承載了我們這個傳統、這個共同體的公共機制，發揮核心的公共機能。扼要來說，儒者有開放的心胸來消化吸收其他的學問、知識和思想，無論這些是佛老，還是法家墨家諸子百家。從知識上如此，在社會上也是如此。它提供了對於各種經濟菁英、文化菁英、政治菁英以及職業群體的一種凝聚、整合、鑄造的機制，這個機制也貫穿到地域、族群、信仰等等不同的層面。正是由此，才有「為生民請命」的宏願，才能不斷實現「舊

邦」與「新命」的結合轉換。無論漢儒、宋儒，還是明清儒者，都為這個公共性事業做出了自己的貢獻。

儒家在現代被意識形態化，或者被宗教化，這或許是現代轉換中難以避免的一個過程。然而，自其真機願力來說，大儒者應當再次弘揚儒家的公共品性，避免只是接受意識形態化或宗教式的處理。它必定還能在人心和公共治理機制上再度承載起凝聚共同體的重任，也就是再度完成「舊邦」與「新命」在現代中國的轉換結合。現代中國的立國之道，應當是在儒家為本的傳統基礎上中道地吸收西方文明的積極經驗，尤其是後者的現代轉型智慧。在這個意義上，我不斷重申儒家與自由主義、社會主義的會通，提倡儒家與自由主義的憲制會話。憲制構造的現代奠定仍然是一個未決之解。從儒家來說，現代中國的立國本就是吾儒事業的新命，繼三代理想、漢宋立國之後的又一次挑戰。在這個意義上應當重視我所謂「憲政儒學」的傳統啟示。從自由主義來說，應當認識到儒家關於憲政傳統的豐富智慧，在此基礎上接通西來視野，予以落實提升。當下的儒家憲政主義能夠為現代中國的立國之道提供深遠的動力激勵機制，為政治轉型提供德行、智慧和技藝的保障。

要實現這個使命，儒家要將道統理念落實為現代中國的公共信仰，為各種意識形態和宗教論述提供一個更為宏闊廣遠的框架背景，凝聚現代國人的公是公非。儒家的自由主義、儒家的社會主義、儒家的宗教信徒能夠共用這一公共信仰（「大經大法」）。此外，在學統上一方面重建經世之學、義理、辭章之學的規模，另一方面積極融會現代西方傳來的各種學科知識，尤其是政治學、社會學、法學與經濟學等，促成其本土化，為中國轉型提供更為貼合的解釋與實踐謀劃。

第三點就是儒家的實踐性。歷史上儒家之所以生機不斷，在於道學代續，更在於知行合一。這一點我非常贊同剛才文明兄所講的一定要有「議程設置」的能力。不僅是發聲，不僅是主動的發聲，而且是要做事，就是曾文正公一樣的做事之人。這一點要比知識、理性、信念更難，真正考驗我們的信念願力與智慧謀略。比如最近我們設計一個社學社約的實驗，想在城市社區推動文化建設基礎上的社會自治。就需要各個層面上的人才，與地方官員、商人、普通百

姓打交道。你的理念和道學如何能真正發揮影響力，最後帶動社會社團的良性
運作。這方面單純的學院心智或者理想的儒生信仰都不足以支撐。推而廣之，
還是如《大學》所言，修齊治平，這是一套實踐的技藝，包括制度、謀略以及
道學，都是儒者德行之義。今天的政治文化菁英，尤其是知識分子，應當思考
如何真正地內在於民情民風，予以改進提升，發現問題，發現解決之道。對於
社會公眾來說，應當促成一種儒家公民的公共品質或公共人格。做到道器兼
修，不僅在各自的職業社會領域成器成才，也能夠發展出優良的公共素養，和
而不流，爭以射禮。這是對於士君子傳統的光大和轉換。儒者、儒生，應為此
表率。

　　總而言之，德行之學、公共性和實踐性，是值此儒生再現之際我想表達的
三點意思。希望與大家一起努力，為中國為天下恪盡我們的天職天命。

　　　　　　任　鋒　中國人民大學國際關係學院政治學系副教授

儒生要有憂患意識與緊迫感

溫 厲

　　我首先要給大家道個歉，我稍微來晚了點。《儒生文叢》我前兩天拿到了，它可能是基本體現了這幾年儒家復興的一種狀況。這裡確實要感謝任重兄，他今天沒有來，不僅僅是編這套書吧，本書中所體現的一些事件，他都是幕後的參與者，甚至是組織者。

　　我發言主要想談三點，第一點是儒生的名義問題。我記得前幾年我們討論干春松先生一篇文章的時候，也提到了儒生這個概念的使用問題。大家好像對此還有一點非議，覺得「儒生」是不是把儒家講低了。儒生在明代就是指生員，縣學等各級官學的生員。我們今天的用法更多地承用了漢人的講法，張祥龍先生剛才引司馬遷之語並給他作了一個精彩的界定，儒生就是知學知義之士，這非常好，讓我們對它有了一個基本的瞭解。儒生所指稱的範圍，應該說與傳統所謂「士」是相合的，我覺得可能用「儒生」這個詞更有親和力，不像「士」，顯得可望不可及。所以儒家如果以一個群體面貌出現在現世，還是用儒生更有親和力吧。

　　第二點講一講儒生的消亡與重生，我們今天的題目也是「儒生重現之歷史意義」。提到這個問題，我想起了余英時先生借用的一個很形象的比喻，他用「丸之走盤」來形容儒家或者士這樣的群體，在科舉制廢止之後就消失了。就是說就傳統來講，士在各個歷史時期有一些不斷的變化，不斷地斷裂與延續這樣的形態，丸終究不曾越出於盤。但是余先生他認為這可能是學界的一個共識吧，大家都認為科舉制消亡了以後，士依託的制度土壤就不復存在了，所以他提到了士到知識分子、知識人的這樣一個轉型。余先生這樣講，所呈現的既是一個歷史事實，它同時也包含了一種斷語，就是士向知識人的轉換。其實，如余先生曾經指出了，這兩者之間不能劃等號，因為士或者儒生，無論我們用

「知學知義」來界定他，還是用「志於道」來言說他，其中都有一個價值信仰在其中，他是以如此之價值信仰為依託的一個群體。「知識人」則是一個中性的詞彙，雖然事實上「知識人」背後均有其價值依託，形形色色的價值依託，但兩者絕對不能劃等號。在今天我們儒生群體的重新出現，從歷史意義來講我覺得非常重要。首先它打破了儒家伴隨科舉制的消亡而消亡這樣一個被學界所「公認」的歷史事實的判定，同時也為大家展現了不同於「知識人」的儒生群體。雖然在座的或文叢中文章的作者，其身份也同時多是「知識人」，但不能以「知識人」概括其志業，他們是儒家價值為信仰為依託的一個群體，參與當下社會方方面面的建制，這個意義是非常重大的。

　　第三點我想講的是儒生所應有的憂患意識或緊迫感。這裡的憂患不是說今天儒生所處的環境或者說生態如何如何惡劣，其實，這二三十年來，儒家傳統價值觀念在社會與民間層面的復興可以說更早，它是先行一步的。就是說中國人經歷了這麼多年風風雨雨，百年風風雨雨的折騰，但是他的這套核心價值理念，其實並沒有變化，還是中國人的那個樣子。當箍在他身上的外界強力減弱的時候，它的價值重生不可遏制，而儒生的重現，相對而言可以說是滯後的。這應該是一種正常的歷史現象，它體現了儒家作為一個文明體，一種強大的生命力，儒家價值即植根於廣土眾民之中。所以，我這裡講的儒生憂患意識與緊迫感，就是指儒生儘快地融入到這樣一種社會文化、生活之中，回歸生活，就像傳統儒生所擔當的角色一樣。「人能弘道」，如果說儒生的重現，使儒家從遊魂無寄的狀態找到其體之所托，雖然尚顯羸弱。而儒生之融入社會生活，方能使儒家在現代世界最終落地生根。當然，這裡確實有很多問題，前面幾位先生已經講到了，我們現在面對的社會形態確實發生了很大的變化，這是擺在儒生面前的一個很重要的課題，比如說家庭形態變化、城市化等等問題，這些都是儒生融入生活所要解決的重要課題。

　　我就講這麼幾點，謝謝大家！

　　溫　厲　孔子2000網主編，北京青年政治學院東方道德研究所副研究員

儒學的要義或精髓在「禮樂刑政」

林桂榛

　　感謝主持人秋風老師，感謝在座諸位。前些天我來北京的中國音樂學院參加一次音樂考古學研討會，剛好通過任重先生等知道最近北京有若干儒學討論活動。前天旁觀了一下北大哲學系建系一百週年慶典，昨天在清華旁聽了一下「全國政治儒學與現代世界研討會」，今天有這麼一個「儒生重現之文化、歷史意義暨《儒生文叢》出版座談會」，任重先生一通知，我也很樂意，就來參加了。我想談談兩三點感受，一是崇敬，二是共鳴，三是展望。

　　第一，是崇敬。為什麼呢？因為剛才好多老師都已經談到出版《儒生文叢》這套書的確非常不容易，而且這套書有非常特別的價值。這種價值在於品牌的價值，不在於說它一定有多麼創新性學術或思想。作為一個品牌，作為一個群體，尤其是對於儒生這個群體來說，自命「儒生」的出版物非常有涵義，也出版非常艱難。所以要感謝中國政法大學出版社李傳敢社長，感謝劉明老師，感謝任重兄（雖然他今天有事沒來），包括在座的一些作者，包括策劃、編輯這部叢書的其他同仁。這部叢書，已出版的或策劃或規劃要出版的書，來得非常不容易。剛才諸位老師也談到這意味著「儒生」這個自覺的群體重新出現或再現，在反文滅儒歷史線索下，這確是非常了不起的事。所以我想對出版方、主編方及資助人等表示我的崇敬，崇高的崇，敬意的敬，這是第一點。

　　第二，是共鳴。我對剛才諸位老師所談到的內容有共鳴，有同感。網上流傳柴契爾夫人在香港回歸中國大陸前說過這麼一句話：「你們根本不用擔心中國，因為中國在未來幾十年，甚至一百年內，無法給世界提供任何新思想。」這話是否真出現過，是否真是柴契爾夫人說的，我不得而知。但說世界不用懼怕中國，因為中國無法給世界提供思想，提供思想創造、思想貢獻，卻真是個理。我覺得剛才很多老師所談到的也是這樣一個問題，就是說我們當下中國的

社會生活裡沒有思想的問題，甚至說我們解決不了我們自己的問題。那麼，作為中國歷史上一個文化主流、主幹的儒家或儒學，是否應該「推陳出新」出思想，是否能夠「與時偕行」理論上、思想上解決我們中國自己的問題，這方面我與大家非常有共鳴，有同感。

這種問題，出路在張岱年先生提過的「創造性轉化」，這是唯一的出路。十月中旬邯鄲有個研討會，研究荀子的，在座的干春松老師也參加了，荀子會上我提到一個文獻，張申府的，張申府就是張岱年的胞兄。張申府一九三〇年代說過這麼一句話，我復讀一下：「現在中國，需要種種。而其中之一必是中國的哲學家。所謂中國哲學家者，一不是中國哲學史家。二也不是住在中國的治西洋哲學的人。三更不是抱殘守缺食古不化之倫。今日中國所最需要的中國的哲學家，必乃是有最新最切實的知識，認識中國哲學的特色精義，而發揚之，而踐履之，而參照中國的哲學，而指出中國未來應走之路者。」這句話出自張申府《續所思》，今見《張申府文集》第三卷第一八〇頁。

張申府認為中國最需要的不是純學究式研究中西哲學或哲學史的「學家」而是能融會貫通中西古今並能為中國未來指出光明道路的學者型思想家或思想家型學者。其實胡適談張申府、張岱年說的問題還要早，胡適一九二三至一九二五年所作《戴東原的哲學》其末段說：「我們關心中國思想的前途的人，今日已到了歧路之上，不能不有一個抉擇了。我們走哪條路呢？我們還是『好高而就易』，甘心用『內心生活』、『精神文明』一類的揣度影響之談來自欺欺人呢？還是決心不怕艱難，選擇那純粹理智態度的崎嶇山路，繼續九百年來致知窮理的遺風，用科學的方法來修正考證學派的方法，用科學的知識來修正顏元、戴震的結論，而努力改造一種科學的致知窮理的中國哲學呢？我們究竟決心走哪一條路呢？」

王國維一九〇五年說學問在「償我知識上之要求而慰我懷疑之苦痛」。戴震年輕時就說：「余嘗謂學之患二：曰私，曰蔽。世之欣於祿位從乎鄙心生者，不必掛語。若所謂事業顯當世及文學道藝垂千古慕而企之，從乎私己之心生者也。儒者之學，將以解蔽而已矣。解蔽斯能盡我生，盡我生斯欲盡夫義命之不可已，欲盡夫義命之不可已而不吾慊志也。吾之行己要為引而極之當世與

千古而無所增，窮居一室而無所損。然則退之（韓愈）稱合於天云者，猶私之也。」荀子說「不學問，無正義，以富利為隆」的是「俗人」，「逢衣淺帶，解果其冠，略法先王而足亂世術，繆學雜舉，不知法後王而一制度，不知隆禮義而殺詩書，其衣冠行偽已同於世俗矣然而不知惡者，其言議談說已無所以異於墨子矣然而明不能分別，呼先王以欺愚者而求衣食焉得委積足以掩其口則揚揚如也，隨其長子事其便辟舉其上客億然若終身之虜而不敢有他志」等的是「俗儒」，大罵賤儒、陋儒、散儒、俗儒等，大講「解蔽」、「正名」等。

去蔽與去私，那我們現在與未來的光明道路究竟在哪裡？光明的前途在哪裡？道路或前途靠自覺探索，所以我欽佩蔣慶老師的努力，他在理論上將傳統儒學也就是通常說的宋明理學轉向了政治儒學，作了「心性儒學」與「政治儒學」的分判及「政治儒學」的標舉或高揚，這的確回到了儒學的要脈上。大小戴《禮記》和《孔子家語》等記載孔子說：「人道政為大。」就我們當下這樣的中國生活而言，實際上最大的問題是「政」問題，是政治問題。剛才康曉光老師，還有很多老師，都談到「政」這個問題，「政」這個層面，我非常有共鳴。的確，人間最大的問題是政治問題，「人道政為大」，孔夫子說得很在理。那麼，蔣老師把這個儒學理論轉到政治儒學上，實際上抓住了孔子「人道政為大」的思想努力與人生努力。包括秋風老師的《華夏治理秩序史》這樣的書，干春松老師《重回王道：儒家與世界秩序》這樣的書，范瑞平老師等《儒家憲政與中國未來》這樣的書，這樣的問題層面或思想領域的關注，都抓住了這一點。當然，蔣慶老師、康曉光老師等的儒學創見及儒政構想是否恰當或合理，是否有現實的生命力，這個可另外討論或保留意見，但「人道政為大」的儒家精神或孔子旨趣，卻是真實地把握和繼承了，這就是我的「共鳴」，這是第二點。

第三，是展望。儒家和自由主義者都關心人道之大，關心政治，但儒家、儒學和所謂的自由主義並不矛盾，至少我理解的孔子和自由主義並不矛盾。我是儒家立場，也是自由主義立場，而且是鐵桿的自由主義者，「自由」的言說是有領域或對象的，不是一切。丹尼爾‧貝爾《資本主義文化矛盾》說：「本人在經濟領域是社會主義者，在政治上是自由主義者，而在文化方面是保守主

義者。」三領域三主義沒有矛盾，完全可以兼通。《論語》裡孔子說「三軍可奪帥，匹夫不可奪志」，《禮記》裡孔子說「儒有上不臣天子，下不事諸侯」，加之儒家的仁慈及寬容，儒家的責任與道義，真正的儒學就與自由主義天然同體。小處言之，個體的思想自由不為強力或強者所折服；大處言之，個體的人格獨立不為政權或權勢所屈服；自由主義的人權向度、人品向度也是如此。

　　「人道政為大」，我以為最能繼承和發展孔子政治儒學的是荀子，能夠很好地溝通現代問題尤其是現代政治問題並提供合理思路或方向的是荀子思想。《荀子‧大略》說：「天之生民非為君也，天之立君以為民也，故古者裂地建國非以貴諸侯而已，列官職差爵祿非以尊大夫而已。」這話很好地闡釋了政府或官府的權力來源，也很好地闡釋了政府或官府的架設目的，這是先秦儒學理論上「民主」轉換的支點。荀子又反覆強調治世需要「禮義法度」及「仁義法正」，強調「之所以為布陳於國家刑法者則舉義法」（〈王霸〉）、「不知法之義而正法之數者雖博臨事必亂」（〈君道〉），這也是「法治」轉換的支點。這個「民主」轉換是《尚書》「民主」（作民主）與現代「民主」（民作主）的轉換，也即是「君主」宰製到「民主」宰製的轉換，是「官吏」本位到「民人」本位的轉換，而這個「法治」轉換是牧民性法治論到民主性法治論的轉換，這是荀子講「君」與「法」的最可貴之處。荀子「生民非為君，立君以為民」這話也被董仲舒、劉向等繼承和徵引過。《呂氏春秋》上也說「天下非一人之天下也，天下之天下也」，這也或與荀子民主思想有關，《呂氏春秋》有些內容出自荀子後學，這個清代人包世臣已經說了，《史記》說呂不韋時「諸侯多辯士，如荀卿之徒著書布天下」，馬積高《荀學源流》也談及，有部分的道理。

　　儒學的要義是什麼？我以為《樂記》說的「禮樂刑政」四字最能概括，最能統攝。無論所謂的宋明心性儒學還是蔣慶老師近幾年標舉的政治儒學，都在「禮樂刑政」四字範圍內而且不如「禮樂刑政」全體而精當。《樂記》主體出自荀子後學，出自荀子思想體系或荀子思想脈絡，這個肯定沒有問題。《樂記》說：「禮以道其志，樂以和其聲，政以一其行，刑以防其奸，禮樂刑政其極一也，所以同民心而出治道也。」又說：「禮節民心，樂和民聲，政以行之，刑以防之，禮樂刑政四達而不悖，則王道備矣。」發展儒學或儒家，要走

荀子的道路，一要繼承和發展「禮樂刑政」的「刑政儒學」，二要繼承和發展「禮樂刑政」的「禮樂儒學」。

　　「禮樂刑政」的「刑」字本從「井」從「刂（刀）」，是井刂 xíng 而非开刂 xíng。开刂 xíng 僅是刀戮，僅是刑法；井刂 xíng 是法律，是制度，「井」關涉秩序、條理，「刂」關涉禁限、處罰，井刂 xíng 包括了开刂 xíng 的刑罰性之刑法，但又不等於、等同开刀 xíng 的刑法。「禮樂刑政」的「政」，則包括經濟政策、經濟管理，首要就是民生事務，「足食，足兵，民信之矣」是「政」，「富之教之」也是「政」，《荀子・富國》曰：「足國之道，節用裕民而善臧其餘。節用以禮，裕民以政，彼裕民，故多餘，裕民則民富……輕田野之賦，平關市之征，省商賈之數，罕興力役，無奪農時，如是則國富矣。夫是之謂以政裕民。」又說：「故明主必謹養其和，節其流，開其源，而時斟酌焉……必將修禮以齊朝，正法以齊官，平政以齊民，然後節奏齊於朝，百事齊於官，眾庶齊於下。」

　　創造性發展「刑政儒學」，要契入的是荀子的民主思想或民主理論，要「法後王」，法當今全球或古來世界的政治「後王」，擇善而從，不要盲目復古，不要抱殘守缺、食古不化地盲目「法先王」。創造性發展「禮樂儒學」，是要「因革損益」地建設、營造中國的禮樂生活或禮樂生活的中國，就是要重視中國人生活的禮樂文明問題。漢孔安國注《尚書》說：「冕服華章曰華，大國曰大。」唐孔穎達注《左傳》說：「中國有禮儀之大故稱夏，有服章之美謂之華，華、夏一也。」禮樂是生活方式，是心靈安養，也是基礎秩序，是日常生活的文明；刑政是社會制度，是高層架構，是種政治運行、國體運行的文明。前面有些老師也談到中國禮樂重建的問題，我很贊同。「禮樂刑政」四維中，如果「刑政」最具政治性或官府性，最具道義性或公義性；那麼「禮樂」就最具生活性或民間性，也最具神性、靈性及靈俗雜處的世俗性。「禮樂」能夠統攝諸心性與諸宗教，能夠統攝神祕主義生活，能夠統攝心靈超越之領域。「寬容比自由更重要」，更基礎性；生活方式是多樣的，首先尊重對方而不侵犯對方，這本是自由主義的首義。而標舉「禮樂儒學」，就無論祭祀祖先、聖賢、先烈以及基督教、佛教或其他宗教生活、神靈崇拜，都在「禮樂」的統攝範圍

內，都能被原始儒學理論、原始儒學思想所統攝。統攝宗教或神祕主義，這是「禮樂」之大！

　　荀子說「君子以為文而百姓以為神，以為文則吉，以為神則凶也」，「聖人明知之，士君子安行之，官人以為守，百姓以成俗，其在君子以為人道，其在百姓以為鬼事」。儒學或儒家要而且也能統攝基督教、佛教等，不過是「君子以為文百姓以為神」，「君子以為人道百姓以為鬼事」而已。因為能超越神靈宗教，所以能統攝神靈宗教，無論這種神靈宗教是什麼神靈或什麼形態，只要它是正常的，尊重人權的，都尊重和統攝，都寬容和包容，「君子以為文百姓以為神」嘛，當文化文明看，當生活方式看！「禮樂儒學」不僅能統攝宗教，而且能統攝非宗教形態但又涉及神祕體驗、超越體驗的傳統心性儒學。凱西爾《人論》說：「無論從歷史上說還是從心理學上說，宗教的儀式先於教義，這看來已是現在公認的準則。」此即《禮記》孔子所謂「誦詩三百不足以一獻，一獻之禮不足以大饗」，所謂「爾愛其羊，我愛其禮」、「君子無敢輕議於禮」等。當然，禮樂是有差異的，不同的地域文明、歷史文明、民俗文明有不同的禮樂，甚至有不同的具體精神指向，但精神尤其超越性精神都須依賴禮樂以維繫，以生養。

　　「興於詩，立於禮，成於樂。」心性須由乎禮樂，離乎禮樂的心性儒學則是類似禪宗化、道家化、墨家化的心性，是禪宗化、道家化、墨家化的儒學。禪宗佛教、基督教、道教的引入或感召魅力其實也首先靠其禮樂，靠宗教生活的禮樂儀式，教義、理論或許還是退而其次，凱西爾說的就是這意思吧？孟子的心性儒學有神祕主義，講心性天命講精神超越又不重禮教樂教；墨子講兼愛心性又非禮非樂，講天志明鬼又非禮非樂。這就難免意高教浮、苗而不秀或玄虛無徑甚至南轅北轍，荀子所謂「猶欲之楚而北求之也」。孟子受當時黃老思潮、墨家思潮影響，是戰國新儒學，打個比方或修辭，禪宗是思孟化的「佛學」，思孟則有「禪宗化的儒學」的味道，思維骨子都是本土的，古老的；理學是儒家化加黃老化（也就是道家化）再加禪宗佛學化的「道學」，理論骨幹是道家；港臺新儒學（所謂「現代新儒學」、「第三期儒學」）是西方哲學化、西方本體論／形上論化的「儒家哲學」，理論主幹是形而上學。他們都自命

「道統」，但理論上、學統上與孔子相比卻都很不道地，很怪！孟子想發展儒學，想解決時世問題，但不重視具體禮樂路徑或禮樂教養，也不重視具體的法度或政制建構，只一味想通過善意念式心性來解決社會刑政問題，解決求社會太平問題，這是他的短處，這個康有為早講了；當然神祕體驗似的心性天道或心性天道推崇又是孟子思想理論的長處，這個宋儒繼承和發展了，「第三期儒學」又繼承和發展了。孟子的禮樂刑政思想遠不如荀子周全和深刻、透徹，宋儒或所謂「道學先生」也是如此。心性論不基於禮樂教養、禮樂門徑則必入遊談玄想（史上如孔子一樣精通禮樂之術的大儒十分稀少），刑政論又缺乏民主建制之原則或方向，缺乏具體制度設置、制度創新（史上如鄭玄一樣精通法律之學的大儒就希罕至極），如此則其儒學弊病一目了然。

　　孟子或宋儒也不是不談禮樂或要反對禮樂，但犯了「立乎大」的意念毛病（意念上打轉，圖其意念上落實或落實意念），在儒學具體理論、具體傳播上缺乏孔子一樣的禮樂論建樹或禮樂建樹，也遠不如荀子高明、紮實及弘廓、系統。古人所謂的「禮」本來就具有制度性，即使是民間的禮俗也具有西方法學所謂的「自然法」的地位或價值，最重要的人間「自然法」就是禮俗習慣嘛，就是民俗倫理等嘛。這個問題，梁治平老師最有研究，他已經有事先離席了，但我敬佩他的見地和研究。《管子》說：「法出於禮，禮出於治。」《荀子》說：「禮者，法之大分，類之綱紀也。」《禮記》又說：「凡治人之道，莫急於禮。」禮樂的生活性、教養性、行為性、德性性不言而喻，故古人說「禮者養也」、「禮者履也」，以禮教心，以履養性。

　　古典儒學的要義或精髓在「禮樂刑政」，儒學現代化或回應現代生活的要路或門徑也在「禮樂刑政」。蔣慶老師分儒學為心性儒學、政治儒學，但十七八世紀的日本古學派就早於戴震地系統性澄清了原始儒學或完成了對盛行的宋道學之儒學的批判瓦解，比如荻生徂徠曾力辨儒家聖道、先王之道、孔子之道不過是「禮樂刑政」四維而已，徂徠《辨道》就說「非離禮樂刑政別有所謂道者也」。這就明確恢復了原始儒學、孔子儒學的真相，也明確將漢、唐、宋、明等皴染、敘述、刻畫的孔子儒學予以撥亂反正、正本清源了，不再在孔子遠之而不言或罕言的玄乎超越中自作聰明地求什麼「道」，求什麼「聖」，求什麼

孔子，而在世俗生活中求道，求治道，求孔子智慧。張申府說「打倒孔家店，救出孔夫子」，李大釗、陳獨秀等說反對「傀儡孔子」，正本清源很難，但很必要，如此孔子、孔子思想才能復活。

清理掩埋歷史的塵土或沙子，或清除塗抹歷史的墨水或水彩，或掀去傀儡或偽裝，要回到的是真孔子，要回到的是真孔子之道，孔子之道即「禮樂刑政」之道。「禮樂刑政」才是儒學、儒家最根本的東西，「禮樂刑政」理論、「禮樂刑政」思想才是儒家最根本最地道的理論、思想。中國需要重建「禮樂」之道，也需要再造「刑政」之道，不能再任其沉淪或荒廢。當然這個重建或再造不是一味的原始復古，而是吸古更新又吐故納新，注入新的元素損益更化，正本清源、返本開新獲得新的思想生命力、理論生命力。至於要注入什麼該新強調的元素，比如刑政儒學的民主性、公義性原則，比如禮樂儒學的儀式性、精神性原則，其實這都並非是含渾不清的，於此不過是「唯上智下愚不移」而已。

一個光明的禮樂中國需要儒家貢獻智慧，一個光明的刑政中國需要儒生貢獻力量。柏拉圖《理想國》末段說：「讓我們永遠堅持走向上的路，追求正義和智慧。這樣我們才可以得到我們自己的和神的愛，無論是今世活在這裡還是在我們死後得到報償的時候。」我不信創世遊魂之鬼神，也不信形上論的什麼超絕本體，但我相信堅持上行腳步而追求正義和智慧的就是儒者，就是真儒。「人能弘道，非道弘人。」只要正義者、智慧者努力，張申府說的「中國未來應走之路」遲早會實現。中國志士仁人能正義而智慧地解決中國的問題，這就是為東方創造思想，也是為世界創造思想，這是於儒學的展望，也是於儒家的願望。

就說這麼幾點，供大家參考和批評，謝謝大家！

林桂榛　江蘇師範大學副教授

附語

　　儒學所關注、關懷、討論的問題向有廣泛性和深刻性。儒學在宇宙領域、人類生活領域以及人類生活領域內的思想精神領域這三大構成上享有它廣泛而深刻的「世界性」（普遍性），並且兩千餘年的歷史發展中，它的空間傳播和生活滲透也的確是「世界性」的。如何回應全球浪潮（全球化）和生活方式的轉變（城市化），已經是儒學現代轉生的根本困境；而「因革損益」地發展儒學和「舊邦新命」地振興儒學文化已是儒學和儒學文化的基本使命。故置身於世界與投身於生活的儒學，對傳統菁華的傳承與海外思想文明的汲取並轉換成自我話語（消化之），是儒學發展的當務之急。

——《儒學的世界性與世界性的儒學》摘要，全文見：

2004年11月16日孔子2000.com網

2004年12月28日《光明日報》第八版

2005年第七屆當代新儒學國際學術研討會

2012年11月12日林桂榛文集

《人文論叢》2006年卷

成立儒家社會組織的必要性

干春松

　　聽了前面這麼多人的說法，我今天就說說關於成立儒家社會組織必要性的問題。傳統的儒家瀰散於社會組織之中，但是近代以來儒家跟社會制度剝離以後，出現了一個很大的危機，所以康有為就想要建立孔教會和其他的一些組織性的機構。目的很明確：是要應對在新的社會形勢下，儒家組織缺乏所導致儒家在現實中存在和發展的障礙問題，所以他設想中孔教會，既是一個教會，也是一個準政黨性的組織。這在他和陳煥章的信中就有一個明確的說法。

　　今天，我們說要建立起儒家的組織，也是基於現實的需要。當下學術性的儒家組織已經很多了，比如人民大學也有孔子研究院，也有國際儒聯，我自己也參與中華孔子學會的工作。從實際的效果看，這樣的一些組織，在學術上發揮的作用還是可以的。但是其實它基本上不能參與到真正的儒生事業的復興。

　　我現在提出組織建設的必要性，主要是從兩個角度，一個是自建組織，可以是個 NGO，可以是儒教協會。我覺得宗教身份的存在，是一個很有必要的或者說甚至是最先實現的一個可能性存在，當然 NGO 也是完全可能的。但是，到底是宗教的方式還是別的方式，協會也好，不能把它變成又一個新的學術組織。既然儒生已經重現了，有一個組織的話會更有利於擴大，這是自建的組織。第二就是藉助別的組織。我覺得在現有的組織內尋求一種存在的可能性，是一個特別值得思考的問題，這中間空間很大。

干春松　中國人民大學哲學院教授

培養實踐主體，構建儒家式社會秩序

姚中秋

　　這次會議的主題「儒生重現之文化、歷史意義」，最初是我確定的。儒生的重現，剛才各位都談到了它的歷史性意義。我覺得非常重要的是，儒生重現，確實在中國社會塑造了一個文化政治的主體。也就是說，一個現代的儒家社會秩序的建設事業已經開始了，因為，我們現在找到了一個實踐的、行動的主體，讓儒家具有了實踐的、行動的能力。

　　我認為，這就是我們跟港臺新儒家很大的不同。這些先賢當然做出了非常偉大的貢獻，延續了中華文明的文脈。但是，他們主要還是從知識上努力，從信念和價值上守護了儒家文明、中國文明。知識就是他們的實踐，他們在社會、政治等領域中，基本上沒有實踐。比如，他們沒有參與八十年代以來臺灣的轉型。也正因為這個原因，學院化的儒學在臺灣逐漸邊緣化了。

　　最近大陸這一撥的儒家復興或者是說興起，更多的是實踐性力量、實踐性主體的重建。這一點，蔣慶先生居功至偉。他提出的儒教思想、政治儒學思想，直接就是把儒生綿延了幾千年的實踐意識喚醒了。因此，大陸這一波儒家，與港臺新儒家的氣質完全不同，理論範式也大不相同。

　　當然，當代大陸儒家之實踐形態是多種多樣的。現在我們也都看得非常清楚，有教育領域的實踐，有基層社會建設的實踐，還有政治的實踐，至少是有這方面的努力。當然，還有非常重要的商業領域的實踐。有很多商人去拜訪蔣先生，他們其實也不懂政治儒學，但是，他們看到了一種令人感動的儒家的精神，他們也隱約看到，這種精神對中國社會秩序的構建是非常重要的力量。

　　在這種情況下，我們需要更深入地思考、更準確地界定自己的身份。接下來還面臨一個問題，這樣一個有非常強烈的儒家信仰的群體，跟普通的現代社會的其他成員之間，又是一個什麼樣的關係？我們如何去處理這樣的關係？這

個問題是我們現在需要考慮的，我們強化自己的角色認同的同時，也要思考如何去教化如何去重建整體的社會秩序，這是一個問題的兩個方面，我們必須都同時考慮。

最近我對後面一個問題有所考慮，簡單地跟大家匯報一下。我們用一個什麼樣的詞來描述我們自己，這首先就是一個問題。這套叢書用的「儒生」之名，我一般現在對別人自稱「儒者」。當然，還有社團叫「儒士社」。有些朋友自稱「儒教徒」。這些說法並存，有它的理由。也許，通過干春松教授所說的成立組織的方式，逐漸分出類別，每個人都可以戴上一個合適的帽子，形成一個系統。這還是有一定的必要性的。安上一個名字本身並不是為了一個名字，而是我們究竟採取什麼樣的方式來重建一個現代的儒家社會秩序。

我自己最近一直在想，我們現在的處境或者說我們現在所面臨的使命，跟董仲舒、跟二程、朱子完全是一樣的：都經歷了一次大的禮崩樂壞，秩序崩潰之後要重建秩序。而且，我堅信，中國未來的良好的秩序一定是儒家的秩序，不可能是任何其他秩序。當然，與以前的儒家社會秩序相比，會有很大的變化，我們將要建立起來的這樣一個儒家秩序，跟漢儒曾經建立起來的漢晉秩序會有所不同，跟程朱建立起來的宋明秩序也會有所不同，它會是一個現代的秩序，同時一定是一個儒家的秩序。

問題就來了，這個秩序究竟是什麼，需要我們做一個非常深入的思想上的努力。蔣先生帶了頭，我們大家都在跟進，做這樣的工作。這是學術上的工作和挑戰，不知道蔣先生有沒有計畫，系統地解經？

接下來，我覺得最為重要的還是實踐，我們如何去實踐。現代社會確實和漢代和宋代社會都有很大的不同，最大的區別是剛才大家都談到的城市化。所以，最近兩年，我在思考儒家的實踐問題，基本上已放棄思考農村。在農村重建儒家秩序，當然有效果，但必然事倍功半。因為，目前中國已經有一半人生活在城市，再過二十年，中國人百分之八十都會在城市居住。所以，我們這一輪的儒家社會秩序重建，根本在城市，而這是以前的儒家從來沒有遇到的。人們以前都是在鄉村社會生活，儒家重建秩序的著眼點都在鄉村社會。那麼，在一個城市社會如何建立一個儒家式的現代社會秩序，這是一個非常大的挑戰。

　　我也堅信，城市社會要建立的秩序也一定是儒家秩序，它必然是這樣的。最近我們做了一些事情，接觸了一些基層社會的管理者，還有居民，他們確實都有非常強烈的需求，比如說一些街道辦的負責人說，這個社會全壞了、全亂了，其他什麼辦法都不行，居民一讀《弟子規》，就好一點。他覺得，這確實有效果。這就要求我們現在要思考一個非常重大的問題：儒家如何進入基層，尤其是進入城市的基層社區。這是一個特別重要的問題。當然，要進入，就需要一批行動者，這也是現在困擾我們的一個問題，我們如何找到這麼一批行動者。

　　回到我關於儒生這個概念的理解，中國社會現在需要一個儒生群體或者說儒士群體。這個群體有不同的層次，以前傳統中國儒家社會秩序也是以多層次的儒生群體作為其骨幹的。最高的一個層次，比如說蔣先生，是賢人。他有一些弟子，或許可以叫做士君子，那是比較高級的，他要傳承學問，指導這個社會，他是這個社會精神的象徵。中間有一個層次非常重要，也即紳士群體，他是在社會的現場的治理者，他可能是商人、教師，或者甚至是官員。他們並沒有系統儒家學理上的訓練，也不研究經學、儒學，但具有一定的儒家信仰，信奉儒家價值。現在重建儒家社會秩序，核心是培養這樣一群人。因為，我們這些人沒有辦法直接跟販夫走卒打交道，你講的話語體系，他們聽不懂。所以，我們現在考慮的重點，是養成儒家價值滲透到社會中的中介群體，也即紳士群體。他們比較自覺地接受儒家價值，轉身來在自己的社會治理實踐中，教化普通民眾。應該說，這個信奉儒家價值的紳士群體正在慢慢形成，其實已經有相當的規模，在各地都能看到，大學裡面、研究機構都能看到。

　　我覺得應當加大這方面的力度。當代儒家的使命是重建儒家式社會秩序。這一使命所決定的核心議題就是培養一群在社會治理現場的紳士，教化企業家、政府的官員尤其是退休的官員，成為信奉儒家價值的紳士。在社區裡，在企業中，在各級政府，他們按照儒家價值進行社會治理。如果有這麼一個機制，這們一樣人越來越多，由他們來以身作則或者進行教化，進行社會治理，那麼，一個儒家式的現代社會秩序就有可能慢慢形成。

　　　　　　　　　　　姚中秋　北京航空航天大學教授

儒生對當下的問題要有準確的把握

陳　明

很高興參加今天的討論會，我主要想談五方面問題。

第一，復興儒家的意義。簡單講，一是儒家思想在歷史上地位重要，已經深深滲透到國人的日常生活。現在影響式微不絕如線，固然有時代變遷思想與現實互動性下降有關，同時意識形態打壓和認識存在誤區也有一定關係。現在社會空間擴展活力恢復，儒家的許多意義價值被重新發現，呼籲復興，實際是要求恢復某種常態。再一個，全球化時代在經濟一體化的同時，文化認同的問題也變得突出，於是復興儒教應對文明衝突的主張也就應運而生。儒教與民族建構、儒教與國家建構的問題都是大問題，但我們應該開放的建設性的去理解，因為今天這些問題在條件和內涵以及目標上都與以往有了相當大的不同。05年我在社科院辦儒教研究中心的時候就說儒教需要的是重建而不是復興。重建意味著沒有範本可供仿照，意味著較多的反思與調整。這實際更難也更重要。

第二，儒家思想的普及狀況。有評論者認為，「在中國傳統社會中，歷代識字率都非常低下，遠不如當今，而且孔子也說『禮不下庶人』，可見普通人懂得儒家的不多。而在當今中小學教材中就有儒家的文章，從這個角度講，當今社會的人更多知道儒家的」，他們由此認為今天儒家思想比傳統社會更加普及。在我看來，禮不下庶人就意味著普通人不懂儒學？儒學講的都是倫常日用之道，愚夫愚婦都不言而喻。普及不普及，不是一個知識論問題，懂不懂與信不信、行不行不是一回事。儒家思想是文化，是要認同和實踐，要內化於心落實於行才能充實生活滋養生命。聖賢不我欺，試著做一點，定會有收穫，或多或少。評論者這段話邏輯和知識上都問題多多，叫人沒法看懂。現在批儒家的人多半都是這種情況，不值一提。

第三，儒家對於中國的意義。蔣慶先生在《儒生文叢》總序中寫道：「中國

五千年之大變局，未有甚於中國之無儒生也！中國之無儒生，非特儒家價值無擔當，且中國國性不復存；中國國性不復存，中國淪為非驢非馬之國矣；中國淪為非驢非馬之國，中國之慧命又何所寄乎！」漢族之為漢族，與漢朝聯繫在一起，是對戰國七雄的齊人、楚人、秦人的替代。所以，漢族在當時具有國族的意義，而不只是一個 ethnic 概念——今天它與藏族、回族等概念並列是另一回事。漢朝的特徵是霸王道雜之。有霸道才有中國的統一，有王道才有社會的整合，而王道的主要內容就是儒家思想的制度化和教化。所以，儒家對於中國的國家建構與國族建構是有很大影響的。在今天，在現代性語境和多元族群環境裡我們同樣面臨著國家建構和國族建構的問題，儒家仍然無法成為旁觀者而必須有所承擔。但簡單回到古人那裡顯然是不行的。文叢中的這段話點出了儒生的重要性，但對儒生應該如何面對如何承擔卻沒有述及。就我個人來說，這裡的國性問題就需要好好斟酌。雖然有儒教中國之說，但在現代語境裡，政教分離，宗教平等，以儒教為中國這個多元族群國家的國性，是會有很大問題的。

這方面外界比較熟悉的是蔣慶、康曉光的觀點。主編任重這裡似乎也是以此為論據。國性問題必須首先與法律和政治制度聯繫起來談，與公民社會的建設結合起來談。周公制禮作樂首先是一種政治性的制度安排。既然從制度角度談儒家禮樂那就要回到政治的平臺和邏輯，就要折中於正義的原則與現實力量—利益的平衡點。儒家文化應該也可以為當代中國政治制度的建設發揮較多作用，但這並不意味著作為一個文化系統的儒家就應該享有特殊的法律地位，就像漢族並不因為其擁有較大規模就可以壟斷中華民族之名。中國性固然要反映歷史，但更要反映現實，表達願景。

第四，儒家在歷史上的變遷。有學者認為，孔孟的儒家是思想的儒家，學術上的儒學，後來的儒學是政治儒學，我不太同意這種觀點。作為影響中國兩千多年的最重要的思想，儒家六經乃先王政典。世衰道微禮崩樂壞，孔孟周遊列國希望使動盪的社會恢復秩序但勢莫能挽，於是只能將先王的理念自己的理想加以整理書於竹帛傳諸門人以俟來者。顯然這不是學術儒學一詞可以概括描述的。漢武帝意識到馬上打天下不能馬上治天下，於是只有與社會和解、與儒家合作，在霸道的制度結構中引入王道因素，是施政趨於合理社會走向和諧而

成就有漢的文治武功奠定中國的基本格局。可見儒家思想一直是實踐性很強的。而它之所以能夠發揮這種作用獲得這種地位，並不是因為帝王對它有什麼偏好甚至也不能簡單說它就是真理，而是因為它是社會認可的價值是社會意志的表達者。

儒學儒家在歷史上的變遷也需要從它與社會的內在勾連、從社會與朝廷（王權）的互動關係出發才可以解釋清楚。例如魏晉玄學就是因為王權在內部和外部的動盪中被削弱，由世家大族成為支撐社會的主導力量，於是主張「貴無」、「獨化」而表現出與漢代經學「屈民以伸君」完全不同的政治風格。宋代，太祖立下不殺士大夫、與士大夫共治天下的祖制，儒士大夫的地位得到保障，儒家的政治關注集中到行政事務和帝王人格教導上，於是孟子升格，心性之學大盛。近代，變法維新以應對西方衝擊，創製立法的今文經學成為主流，等等等等。

今天的儒學會如何變？變得好不好？要看今天的儒生對當下的問題是否有準確的把握？是否有恰當的應對之方。

第五，儒學對於當下生活的適用。儒學誕生於農業文明時代，而當今社會，人們的生活環境和生存狀態發生了變化，我們需要思考，儒學如何對當下的生活起作用？儒學在今天，是否仍舊適用？又或者有什麼樣的變化？在我看來，堅持思想價值的普遍性、絕對性是有必要的。但是，基於這些思想價值做出的問題解決方案卻是歷史性的，屬於所謂因病立方，這卻不必也不能照方抓藥生吞活剝。孔子本人就被譽為「聖之時者」。例如他講為政的最高境界是博施廣濟，這是仁是聖，但如何博施如何廣濟卻沒有執著沒有定於一。

由農業社會到工業社會，生產工業化、生活都市化、思維理性化，這意味著儒家的很多命題觀念都會失效，需要法聖人之所以為法重新製作。儒學發展的每一新階段都與一些大師的努力分不開，董仲舒、王弼、朱熹、康有為都是這樣的人物。從文叢的記錄來看，主要的聲音還是復興，重建與再造的意識還不明顯。但我相信不久的將來一定會出現。

陳　明　《原道》主編，首都師範大學儒教研究中心主任

儒生歸來

蔣　慶

　　非常遺憾，這套叢書的實際編輯者和功勞最大的人沒有來，這套叢書的出版要感謝任重君，他是這套叢書的實際主編，還要感謝為這套叢書出了力的許多朋友們，當然，也要感謝傅敢兄、感謝中國政法大學出版社，出了這樣一套好書。

　　我們這個座談會的主題是：儒生重現之文化歷史意義，我想這是一百年來中國第一次有生命力的一個詞——「儒生」——現在正式出現公開的出版物中，並且在北京為這個詞的出現召開學術會議。這是一百年來第一次！這一百年來儒家的命運，剛才大家都講了，是全方位崩潰，儒家全方位崩潰的一個特點就是「儒生」這個承載儒家價值的群體消失了。我們知道：儒家價值是靠人來擔當的，先儒所謂「道由人傳」即是此義。中國百年來承載儒家價值的群體都消失了，信奉儒家價值的人都沒有了，社會上哪裡還有人來承擔「往聖之道」呢？所以，我們說「儒生」重現的歷史文化意義是一百年來「儒生」第一次通過這套《儒生文叢》的方式集體地向社會展示：中國現在重新出現了一群活著的信奉儒家價值的「儒生」，他們的思想、他們的訴求就展現在這套叢書的中。這是「儒生」這一儒家群體在中國消失一百年後的第一次重現！所以說，「儒生」在當今中國重新出現有力地說明瞭儒家在當今中國並沒有死，當今中國通過「儒生」群體的出現證明瞭儒家開始獲得了新生。

　　陳明剛才講到了美國漢學家艾愷寫了一本《梁漱溟傳》，副標題是「最後的儒家」，現在看來這個副標題要改寫了，因為儒家通過「儒生」群體的重現獲得了新生。今天我們追昔撫今，心中充滿無限的感慨！徐復觀先生晚年時弟子問他，你這一輩子做的是什麼事，他說他一輩子做的事就是給孔子披麻戴孝，為孔子守靈。他們當時身處天崩地裂的反儒時代，心境無限的悲涼，因為

儒家在中國他們看不到任何希望。時至今日，看到「儒生」重現於中國大地，使我想到「儒生」在全盤反傳統時代的生存狀況。康有為晚年，大概民國十幾年，在上海辦天遊學院，他有一個學生叫俞偉臣，是浙江上虞人，跟他學了兩年儒家。俞偉臣當時寫了本名為《六期政策》的小冊子，認為中國不治，在孔道式微；欲救中國，必倡孔教。後來康有為去世，全中國反孔廢儒日愈激烈，俞偉臣看不到任何希望，天昏地暗，舉國病狂，非聖無法，於是悲憤至極，抱著孔子的牌位跳東海自盡，為儒家獻出了自己年輕的生命。他才二十二歲啊！每次一想到這件事我心裡就很難受……很不舒服……（數度哽咽），現在我們「儒生」這個群體出現了，回想當年為儒家獻出生命的年輕「儒生」，我們感慨萬千！現在看來，俞偉臣是「儒生」殉教的最年輕的烈士，是「儒生」守死善道的人格榜樣，如果以後我們恢復了儒家的文廟祭祀系統，康有為的這個學生一定要納進去配祀孔孟！這一百年來我們只看到梁巨川、王國維這樣一些儒家殉教者，沒有看到年輕的儒家殉教者，俞偉臣殉教的材料我是最近才發現的。

　　時至今日，我們感到很欣慰，這二十年來我們「儒生」的群體慢慢出現，不光在學術界，在社會上「儒生」群體也在逐漸形成。比如儒士社，他們多是二十幾歲的年輕人，也都慢慢成長起來，以群體的方式來表達自己的儒家訴求。我想如果康有為九泉有知，俞偉臣九泉有知，他們一定會感到欣慰的，因為在他們那個時代儒家儒教全盤崩潰，「儒生」群體徹底消失，而今天儒家儒教正在中國逐漸復興，「儒生」群體已經在中華大地上在重新出現了。

　　至於「儒生」重現的歷史文化意義，當然現在評價還為時太早，但是，我相信二十年五十年以後來評價這套《儒生文叢》的話，它是一百年來第一次以「儒生」名義出版的叢書。這套叢書標誌著「儒生」群體在當今中國正式出場，並且向社會展示了「儒生」以群體的方式出現的重大時代意義。也就是說，《儒生文叢》的出版向中國社會表明：作為一個有生命力的「儒生」群體並沒有死，儒家既不是遊魂也不是孤魂，而是湧現在中國社會中的活生生的儒家價值信奉群體！那種認為儒家是遊魂或孤魂的說法已經退出了歷史舞臺，即儒家儒教在當今中國沒有死，已經再生復活！其實大家不知道我當初建陽明精舍就是要證明儒家沒有死，因為當時中國許多研究儒家的學人都認為儒家在中

國大陸已經死了。當時我很不服氣，我相信只要中國大陸還有一個人信奉儒家，儒家在中國大陸就沒有死。我認為我是信奉儒家的，所以儒家在中國大陸沒有死。那時候我還不知道在座的各位，我想我還活著，儒家就沒有死。如果中國沒有一個人信奉儒家了，那儒家就真死了。現在看來，儒家沒有死，儒家又再生了，因為「儒生」群體已經重新出現在中國大地上了。所以，艾愷說梁漱溟先生是最後一個儒家，這個評價已經過時了，現在信奉儒家價值的「儒生」不僅不是一個，而是越來越多，形成了一個群體，這套《儒生文叢》就是當今中國「儒生」群體重現的見證。正是從這個意義上講，《儒生文叢》出版的歷史文化意義很大。

　　儘管如此，當今中國「儒生」群體仍然面臨著一個問題，那就是現在中國「儒生」的存在狀況是「瀰散性儒生」，這些「儒生」沒有團體組織的存在方式，各自在大學裡教書研究，各自在社會上從事活動，各自在網絡上溝通交流，大家只是偶然開會時才聚一聚。剛才大家講到只以這種瀰散性的方式結合不夠，這種瀰散性的方式展示不出「儒生」這個群體的組織性的存在力量與強有力的存在方式，所以我想中國除了需要「瀰散性儒生」外，還需要「組織化儒生」，有了「組織化儒生」，才會如秋風剛才所說的「儒生」群體才會具有改造社會的強大力量，分散的個人再多也難以形成合力改造社會。剛才大家也講到，我們這個社會變遷了，科舉制度沒有了，家族制度沒有了，鄉紳制度沒有了，「儒生」的組織化必須尋求新的方式，這種新的組織化方式就是法律化的存在方式。還有，現代性的制度和傳統制度不一樣，傳統的君主制度，相對來說還具有某種開放性，孔孟可以去遊說諸侯，文中子的弟子可以輔助君王從事政治實踐，而現在的體制相對說來封閉性較大，作為分散的個人，儒家價值很難進入到社會和政治裡面去。所以，「組織化儒生」就非常重要。現代社會是法律的社會，中國也是這樣，所有的團體都必須以法律的形式出現才能獲得存在資格，「儒生」團體也不能例外。「組織化儒生」的存在團體無非就是三種：社會團體、宗教團體與政治團體，不管這三種團體的內容有何不同，都必須是法律形式的存在方式。現代社會是法律化的社會，沒有辦法，今後只能通過法律的形式來形成「組織化的儒生」。或許再隔五年、十年，再編輯一套儒家叢

書的時候，可能就不是「瀰散性儒生」在從事編輯工作，而是「組織化儒生」在從事編輯工作了。也就是說，不是像任重這樣一個人利用業餘時間來從事編輯工作，而是靠一個合法的儒家團體來從事專職的編輯工作了。這樣效率就會高得多，當然，這就以後努力的事了。今天開會聽到大家都意識到儒家組織化問題的重要性，不滿足於現在這種「瀰散性儒生」狀態，都講到儒家要建立自己合法的社會團體與儒教團體，我覺得這很重要，中國大陸的「瀰散性儒生」已經達成了建立「組織化儒生」的共識了，下一步就是怎樣具體落實了。

　　今天為會議做服務工作的是青年儒家組織「儒士社」，「儒士社」是一個「組織化儒生」的雛形，雖然現在還處於非常艱難的初創階段，但我相信以後會慢慢發展壯大。現在儒家的事業是在新的歷史條件下來做，孔孟的理想要靠信奉儒家價值的人來實踐，這些信奉儒家價值的人就是現代「儒生」，而現代「儒生」不能只停留在「瀰散性儒生」階段，必須進入到「組織化儒生」階段，現在大家在這一點上已達成了共識，我相信今後中國大陸進入「組織化儒生」的發展階段已經為時不遠了。

　　　　　　　　　　　　　　　　　　　蔣　慶　陽明精舍山長

附錄：儒生，一個有真誠信仰的群體正在形成
——《儒生文叢》出版北京學術座談會側記

　　日前由任重與筆者主編的《儒生文叢》出版了，在京的儒家朋友商議召開個小型學術座談會。其實，這樣的儒學會議一直很多，筆者也時不時地參加一下，有時還參與、主持這樣的會議，而因筆者的一本儒學著述所舉行的兩次研討會上，筆者還成為這樣的會議的主角。但是，當筆者參加完這一次會議後，卻深感這次與以往大不相同，至少與筆者曾參加過的那些儒學會議不同。當然，不同首先在這一次會議，大陸儒家的知名學者到了不少，如蔣慶、張祥龍、陳明、康曉光、梁治平、秋風、干春松、彭永捷、林桂榛、溫厲等，還有近幾年湧現出來的一些儒家新秀，如達三、任重、唐文明等。這個學者群體，某種程度上代表了當今中國儒家學者的基本陣容。

　　但是，最大的不同卻在於這是一個有著儒家信仰的群體舉行的儒學學術會議。有信仰與無信仰會有許多區別。從最表層的衣著上看，本次與會者不約而同，大家全都沒有穿西服，而在筆者過去參加的所有儒學會議上，幾乎是青一色的西裝革履。當然，本次與會者西服以外的衣著是各式各樣的，而以蔣慶、秋風、張祥龍為代表的主流款式是中式對襟上衣，布藝軟紐扣。特別是蔣慶先生，身著皮革外衣，也是中式對襟，布藝軟紐扣。筆者去京時也想到了這點，於是著中山裝前往。中山裝不算傳統服飾，但至少是中國的。不要小看服飾，俗話說：「人是衣服馬是鞍」，人與人的不同當然在內外許多方面，但服飾具有重要的外在規定性。身著中式服裝就將自己自覺地規定為「中國人」，下來討論中國的主流精神文化問題才比較方便得體。

　　中國社會現在遭遇的最大問題是「禮崩樂壞」，「禮」在這裡指秩序。當下中國社會的「禮」基本由「利」來主導，「上下交征利」，秩序就成了「利」的奴婢，連天賦的倫常秩序都亂了套（如莫言寫亂倫舉國卻追捧），更不要說人與人後天約定俗成的道義與公正秩序了。「樂」在這裡指精神，當下中國社會的精神就一個字：「亂」。過去幾十年引自西方的左派民粹精神已經破產崩離，本來中國精神應該自然回歸儒家，但同樣來自西方的右派菁英精神卻試圖「鳩

占鵲巢」。奇了怪的是左民粹與右菁英在各個方面現已形同仇寇，但在阻撓儒家回歸方面卻邪氣相投。於是，回歸儒家的正道上仍是障礙重重。

面對這一切，回歸儒家的努力就異常的艱巨。回歸儒家當然主要是精神回歸，但從「禮」的層面，從外在規定性方面進行密切配合則是必須的。作為儒家陣營的代表，本次與會者似乎完全明白這一點，大家都自覺地遵守了一個共同的行範。這表明，他們是一個有著中國根性和儒家信仰的群體。

當然，衣著雖有相當的規定性，但畢竟是外在的，而內在的精神心理情感無疑更為重要。

筆者對本次會議的最大感受是「真誠」二字：與會者之間的真誠，與會者對自己所服膺的儒家精神文化的真誠。

秋風是當今中國思想文化界的熱點人物，他原本是自由派的重量級大員，更在今年還擔任了自由派學者大本營「天則研究所」的理事長，但他自轉向儒家後，不僅為儒家復興從理論上多有建樹，而且也以儒家觀點積極參與社會熱點討論，在實踐上更是推波助瀾。前一陣他在山東帶頭跪拜孔子，就是一個儒生的至真至誠的表現。儒門因他而不斷風生水起。這次會議，秋風又充當了召集人的角色。由於儒家現在沒有社團組織，他便沒有任何專職助手，在繁忙的籌備會議中，他還堅持要親自前往車站開車接送筆者。在筆者離京而他要上課不能抽身的情況下，他又派其內弟專車送筆者至車站。

張祥龍先生是北京大學裡少有的一位儒家學者，在北大這個反儒非儒的百年老店裡，張先生不僅以研究儒學而聲名遠播，同時也以信奉儒家而特立獨行。他蓄著銀灰黑交雜的大鬍鬚，身著對襟布藝軟扣外衫，對人非常謙和低調，他是學院派，學術會上的發言是他的一篇最新的儒學論文。

康曉光先生是在當代中國最早提出「儒教國教化」的著名人物，他的著述或言論不斷在中國思想界激起波瀾。這次學術會議上，康曉光先生早到一會，筆者走進會場剛一落座，曉光就特意搬離開一排排椅子很不方便地走過來，把他的名片遞到筆者手裡，筆者這才知道他就是那位大名鼎鼎的國教論「小康」（國教論「老康」是康有為）。他的發言果然是入木三分，箭箭中的。干春松和彭永捷先生這些年在儒學研究方面碩果纍纍，尤其是為儒家辯汙方面功力厚

重，筆者經常瀏覽他們兩位的文章，當彭先生知道筆者寫的那本儒家書籍時，散會後立即堵住筆者，要走了僅帶京的那一本書。

陳明是當代中國儒家的代表人物之一，但他卻非常低調謙虛，不僅發言很有分寸，不過分強調自己的觀點，就連會後大家合影時他也有意把中心位置留給別人，自己只站在一邊，聚餐時他又把中上席留給別人，自己仍坐在不起眼的地方，如不留意，誰也想不到他就是那位著名的儒家代表人物，「南蔣北陳」的陳明。

這次學術會議上，最讓人震撼的是蔣慶先生的發言，由於他的思想理論早已公布於天下，他在會上便不再重複自己的觀點，卻講了一件具體事例：自己在踏訪近世儒家學者的歷史足跡時，知道了一件埋沒至今的悲壯事件：幾十年前，某一位著名儒家人物的關門弟子在老師被迫害至死後，自己端著老師的遺像和孔子的牌位蹈海赴死了！說到這裡，蔣慶先生突然情不自禁地哽咽抽泣起來，並且淚流滿面。會場上頓時肅然，大家都低下頭陷入沉默。片刻，蔣慶先生才回過神來，用仍帶哽咽的語調說：我舉這個例子是想表達，我們一定要永遠記住這些先賢，他們為了保存中華民族的精神火種而能那樣赴湯蹈火，將來儒家復興了一定要把他們的牌位立在合適的地方。

蔣慶現在應該是中國最著名的儒家代表人物之一了，包括筆者在內，許多人瞭解的主要還是他的思想理論，而這一次筆者卻那麼近距離地感受到了他那對儒家深切的信愛與真誠。會後，筆者又多次接觸了蔣慶先生，他為人真誠樸素謙恭。在京會議結束後並沒有馬上南下，而是連續幾天抽時間給北京的一群小青年講普及性的儒家經典課。按他這樣的「大腕級」收費行情，講一場不定會要多少出場費的，但他卻是分文不取。他告訴筆者，其實這幾天自己身體很不舒服，但這群小青年也不簡單，他們在中學時就組織了儒士社，上了大學分散到全國，又把種子播種在所在的大學，現在大學畢業了，又聚在一起讀經修身。蔣先生說，他們面對滾滾紅塵十年如一日不改初衷，真的很不容易，儒家的事業今後有賴於他們。自己也只不過是辛苦這幾天而已。蔣慶先生的愛才惜才由此可見一斑。

其實，蔣慶對儒家的真誠也正代表著本次全體與會者對儒家的真誠。由任重和筆者主編的《儒生文叢》第一輯中，收載了近年來關於儒學儒教復興的大

量重頭文章，不要說非儒家學者的觀點多有衝突了，就連不少儒家學者的觀點也存在著分歧，互相辯駁的地方也很多。筆者參會前曾有所擔心，恐他們在會上爭論起來，影響到會議氣氛與個人關係。事實上，筆者的擔心是多餘的。一次正會與多次副會，大家雖有不同觀點的展開，但明顯的是自動地求同存異。與會者相處的整個氣氛就是那種大家庭兄弟姊妹間的融洽與溫情，這自然是儒家精神對儒生的人格氣象影響的結果，由此筆者推而廣之，如果儒家真的全面復興，我們的社會不正是這樣的謙謙君子國嗎？那裡會有現在如此嚴重的社會問題呢？會議其間，北京儒士社的青年們適時穿插進一些儒家的禮儀活動，結果就營造出一種跨越學術而追求共同信仰的超凡脫俗氣氛。這種氣氛顯然感染了許多與會者，有一會老先生在會議結束時激動地說，他在八九年退出了一個有信仰的組織，此後一直在尋找新的信仰，現在他終於找到了。他的表態讓大家都十分感動。

是啊，這一次會議不正是在價值層面討論《儒生文叢》嗎？討論者不正是一個有著自己真誠信仰的群體嗎？這個群體不正是以「儒生」來自我定位嗎？雖然這個群體目前還很弱小，但他們出於對中華歷史文化的深入研究與深刻理解，出於對現今世界與中國情勢的全面分析與透徹把握，他們對自己的儒家信仰充滿了自信，所以他們對自己的信仰深懷著信愛與真誠。遍觀現今中國思想文化流派，不論是左還是右，他們的代表性人物那一個能對自己鼓吹的東西有這樣的自信與真誠呢？

所以，這樣的自信與真誠必將感染更多的國人，使無數的同胞加入到「儒生」的行列，為復興中華主流精神文化而擔起一份自己的責任。

《儒生文叢》面世了，儒生群體正在形成。他們可以一無所有，他們可以弱小卑微，但他們必將以真誠的信仰贏得未來！

作者：劉明（西安獨立學者）

西曆二○一二年十一月三日

會議記錄全文原刊於任重主編：《儒生》第三卷，北京市：光明日報出版社，二○一四年版。

儒家與當代中國思想之創生

《儒生文叢》第二輯出版座談會發言記錄

孔子二五六四年暨耶穌二〇一三年十一月二十四日下午，儒家與當代中國思想之創生暨《儒生文叢》第二輯出版座談會在北京舉行。會議由弘道書院主辦，弘道書院學術部主任、中國人民大學政治學系任鋒副教授召集並主持。本次會議採取了對話方式，一方是許章潤、高全喜、任劍濤、胡水君、程農、張旭、張龑等來自政治學、法學和哲學等學科的學者，一方是陳明、姚中秋、梁濤、唐文明、慕朵生、任鋒等北京儒家學者以及張晚林、林桂榛和陳喬見三位《儒生文叢》第二輯的作者代表，雙方圍繞儒家與當代中國思想之創生會議主題，在跨學科、論辯式的討論中展開激烈的思想交鋒，新見迭出，精彩紛呈。經與會者訂正，現將會議發言記錄公開發表，以饗讀者。

《儒生文叢》是儒家思想在當代中國思想場域登場的標誌

——在儒家與當代中國思想之創生暨《儒生文叢》第二輯出版座談會上的致辭

姚中秋

各位下午好！首先歡迎各位朋友。

我們今天舉辦會議的契機是今年剛剛出版的《儒生文叢》第二輯。去年，《儒生文叢》第一輯組編出版，是三本關於當代儒家、儒學、儒教的爭論集，分別是《儒家回歸——建言與聲辯》、《儒學復興——繼絕與再生》、《儒教重建——主張與回應》。今年的第二輯本來有十本，但有三本因為政治原因出不了，所以就只有七本。最奇怪的是我的一本書竟然出版了，而且是作為第一本，也就是大家看到的《儒家憲政主義傳統》。我交出版費的時候問編輯，這本書能出版嗎？那時是七月份，正是反憲政高潮期。編輯說，沒問題。這書就出版了。這書能夠出版，還引起了賀衛方先生的嫉妒呢。

說到這套書的出版，特別感謝任重先生。任重先生在繁忙的工作之餘，利用業餘時間組織編輯這套書，組稿，籌備出版經費，很辛苦，非常艱難。今天非常遺憾，因為他在外地出差，不能參加這個會議。但是，我想，我們應該向任重先生表達一下敬意。確實不容易，因為這是純粹學術著作，而且註定是小眾學術著作。

今天來了三位作者，一直致力於恢復儒教和弘揚儒學。在喧囂時代，他們寫了很多文字，而著作的出版，可能遇到一些問題。在任重先生努力下，最後他們的書能夠出版。祝賀他們。

現在兩輯加起來，《儒生文叢》一共十本，犖犖大觀。這套叢書出版，標誌著儒家思想在當代中國思想場域中登場了，雖然步履蹣跚，但是還是堅定地

登場了。這是一個非常重要的思想史事件。

現在看起來，儒家思想的力量並不是很強大，但我認為，它會由溪流變成洪流。所以我們決定組織這次出版座談會時，想把這套書的出版，放到一個更為廣闊的視野中討論。所以我擬定的題目是：儒家與當代中國思想之創生。今年北航思想年會的主題也是當代思想之創發，今天的討論算是一個預演吧。

我的基本看法是，當代中國面臨著一個思想主體性確立的大問題。我們正處在對於中國、對於人類來說均非常重要的一刻，就像去年在北航思想年會提出的，世界歷史的中國時刻。中國思想該如何面對這樣的時刻？我想，作為讀書人、作為自詡為思想者的人士，不能不面對這個大問題。

借此叢書出版之際，我想把這個問題提出來，請大家圍繞儒家在當代中國思想之創生過程中所能發揮的作用，來探討中國思想創生的問題。請大家從這個角度進行探討，並不是要每個人都做儒家，只不過希望大家從一個中國自身文明演進或重生的角度思考我們自己的思想生長之方式。這個題目看起來有點大，因為是個大問題，所以請大家從自己的立場暢所欲言。

【許章潤：如果儒家不談大問題的話，難道讓刑法學家談？】

沒錯，今天參加會議的朋友也是多樣的，有踐行的儒者，有研究儒家的學者，最重要的是，有幾位研究法學、哲學的朋友。這些年來，我組織儒家的會議，都希望這幾撥朋友聚在一起討論。具有不同知識背景的朋友相互刺激，思想相互碰撞，我以為，這就是中國思想生產的一種重要機制。因為在以前，我們各方隔絕得太嚴重了，現在到了中國思想生產的時刻，需要消除隔閡，需要對話、會通。

我大概說這麼多，期待聽到大家精彩的發言。再次謝謝大家！

姚中秋　弘道書院山長，北京航空航天大學人文與社會科學高等研究院教授

作為儒教的儒學有利於儒學之推行

張晚林

《儒生文叢》第二輯收錄了在下的一本專著《赫日自當中：一個儒生的時代悲情》，非常榮幸，也非常感謝弘道基金能夠給我提供這樣的機會來跟各位先進一起切磋、一起學習。特別是我在任重先生主辦的「儒家中國」網站和《儒家郵報》裡面，像任鋒老師、任劍濤老師，經常看到他們的文章，但是今天還是第一次見面，非常高興。儒家的機緣使我們走到了一起，我雖然站在邊緣的地區，但是跟很多老師因「儒緣」而非常熟悉，甚至見過面。因為今天發言時間有限，我說三個意思：

第一個意思是關於《儒生文叢》第二輯這套書。就我自身的書來說，寫的質量怎麼樣，這個不好評價。但是因為我的正式身份是湖南科技大學哲學系的老師，我還是湖南湘潭傳統文化的副會長，是湘潭傳統文化研究會知行國學講堂的首席講師，所以當我把這個書送給我們的會長，他看了以後，覺得很好，於是，我們傳統文化研究會骨幹成員一共買了二十本，每個人送了一本。所以，我覺得這個反響還是可以，因此，這套書我覺得可以繼續往前推，因為底層那些人一般對太深的東西看不太懂，但是太通俗的東西覺得不夠，我們這個書比較適度一點。這是說到書的問題。

第二個意思是匯報一下我這些年來做的工作，我的正式身份是湖南科技大學哲學系的老師，上課一般教「中國哲學」和「中國哲學原著選讀」的課程，上課都是一些程式性的東西，沒什麼好說的。平時在上課之外組織學生讀經，從〇九年到這個星期五已經組織一百六十一次讀經活動。每次兩個半小時，我們跟大學生一起進行讀經，幾年來我們把四書讀完了一遍，現在進行第二遍的閱讀，我們是一字不落地閱讀，不是選讀而是每個字都要精讀，並且以學生為主講，老師只是不懂的地方進行講解或疏通。這個在我們學校的話也是小有影

響，可以說惠及一些學生對中國傳統文化有了正面的看法，這是一個方面。

另外，我還是湘潭傳統文化研究會副會長，每個星期六到我們知行國學講堂講經，跟老百姓進行國學的講授，我也把《論語》給他們講一遍，現在正在講《孝經》。

這是在推行國學的時候做的兩個事情。

但是這裡面有一個困惑，大家可以探討這個問題，一方面我們這些學者，可以說在座的都是受過正規學術訓練的人。我有一個觀點，儒學復興不能寄希望於大學教授，不知道大家同不同意這個說法。因為大學教授研究很深，但好像力行不夠，但是我在跟百姓講的時候，他們就是要力行，不要講太多的理論，講太多的理論他們不願接受，也不懂。我應該怎麼做的更好？這是我遇到一個困惑。我們三個人都是武漢大學哲學系畢業，也是正規學術訓練出來的。我們一開講就要比較規範、比較學術化一點，但是老百姓不願意聽，他要踐行。這是一個困惑，我們如何來做這個問題？我們如何推行國學？使它真正成為我們生命中的一種力量和老百姓生活一部分，而不是純粹學術研究。

第三，聯繫到這個問題，我就想提出第三個問題想跟大家討教一下，也是我跟秋風老師意見不一樣的地方。秋風老師說儒家不是宗教，我說儒家應該成為宗教，因為不成為宗教在老百姓中很難推行。上個星期在深圳大學開新儒學的國際會議，也是有人說儒學不是宗教，我反問他，如果儒學不是宗教，這麼多文廟幹什麼？文廟是好玩嗎？怎麼解釋文廟的問題？當時，來自臺灣的林安梧教授，當我問這個問題的時候，他就跟我說，儒學首先要上升到宗教的高度，然後儒學才不是宗教，儘管我們之所以說儒學不是宗教並不是貶低儒學，而是儒學比宗教更高的意思，這個意思也是挺好。但是他說儒學還是首先要上升到宗教，然後才不是宗教，不能一開始就否定其為宗教，這不利於儒學的推行。他給我舉一個例子，他說人分為男人和女人，男人和女人是人之二種，是平等的，他說在英文裡面男人是 man，女人是 woman，上面人是什麼呢？也是 man。這樣，man 一方面是人的一種，即男人，另一方面不屬於人的一種，它高於男人或女人。他說儒教應該這樣才行。一方面儒教跟佛教、基督教平行的，不然儒家很難推行，另一方面，我們再說它不是宗教，即它高於一般的宗

教。儒學如果僅僅作為一種文化或者人格教育，我覺得這個有點困難，不易推行。所以我在我們學校裡也有一個外號叫「教主」，這個是好的意思，也是壞的意思。好的意思是得到了儒學之真義；壞的意思，別人認為這樣比較專制。但他們所認為的專制這裡因時間關係不能展開，但有一點可以肯定，古典文化，無論中西，都比較專制，因為它們要求人們成為聖賢，而不是一般的守法的人。要求一高，就顯得比較專制。

我們學校的許多老師和同學對我很有意見，把儒學講成宗教，好像不能反對、不能質疑，但是他們從思想自由的角度思考這個問題，明顯看出來他們這些人只把儒學當成了知識或理論，儘管他們也看儒家的書、也讀儒家的經典，但是自己不信，不力行，這樣有什麼推動的力量呢？我們說中國夢，我寫過一篇文章叫《「中國夢」釋義》，中國連一個宗教都確立不起來，怎麼復興？怎麼表現其「中國性」呢？

今天在座的很多人說要有開放的心態，把儒學看成儒教是看小了儒學，大概是說宗教都有排他性，而儒學的胸懷不具排他性。但我還是贊成首先把儒學上升宗教高度，再說儒學不是宗教，這個思路才是對的，這裡應該有一個正反合的過程，也就是否定之否定的過程。如果直接講儒學不是宗教，而沒有這個正反合的過程，那是對儒學的事實的貶低。牟宗三說儒學是人文教，不是正式的宗教形態，這似乎是一否定，但最後他依然說儒學是至大中正之圓滿之教，即圓教。所以，牟氏通過正反合最後還是肯定了儒學為宗教，且是最高的宗教。現在社會就只講一個理念──開放和自由，你可以信儒教也可以不信儒教。我一直有這個觀點，只有一個沒有任何信仰的人才講信仰是自由的，一個真正有信仰的人不講信仰自由，在任何宗教聖經裡都不會講信仰自由，任何宗教也不會鼓吹信仰自由，只是在諸如「宗教學」的教科書裡才講信仰自由，但教科書不是宣揚宗教的，它是關於宗教的常識與理論。

這個意思我寫過一篇文章，《為什麼宣揚儒教而不是基督教》，有一個學生問我，張老師你總是說儒教好，難道基督教不好？答曰：從教的角度看不能說它不好，因為基督教的歷史也很悠久。但是即使如此，我還是要宣揚儒教，他問為什麼？我給你打一個比方，中餐和西餐，你說西餐不好吃，西方吃了那麼

多年還在吃，並且西餐也傳到中國來，中國人也偶爾吃一次西餐，麥當勞、比薩都偶爾吃一吃，但是你永遠不可能讓所有中國人全部吃西餐，即使有人偶爾吃一吃，但不可能所有中國人都吃西餐，為什麼不可能？事實就是這樣，這要問上帝了。我作為一個老師，我不能宣揚個別的東西，如果你信仰基督教信得誠，也非常不錯，但是我作為一個老師依然要宣揚普遍性，讓所有中國人都可以接受，儒教基本是所有中國人接受的東西，所以我說我要宣揚儒教而不是基督教。當然，這裡還涉及到民族感情問題，這裡不必深講。

總之，把儒學作為宗教確實有利於儒學的推行，學者通過學術或許可以養心乃至安頓生命，但一般百姓卻需要宗教。豈不聞，當康得要否定上帝的存在時，其僕人老南佩滿臉淚水，極度不安，因為他需要上帝，因此，康得覺得，宗教不能否定。所以，儒學如果不只是一種學術，而是一種生活，那麼，它一定以宗教形態存在最容易推行。

「親親相隱」問題的研究
與禮樂刑政的儒學道路

林桂榛

我大概講三點：

　　第一，非常感謝任重先生、弘道基金、弘道書院還有在座的各位同仁，尤其我在網上熟悉、景仰的一些政治學家、法學家，尤其許章潤教授。任重先生編這套書不容易，很艱辛，很辛苦，非常感謝他。

　　第二，談一下專業問題。我的《「親親相隱」問題研究及其他》這一小冊子有幸列入本輯《儒生文叢》，我這個集子主要是討論「親親相隱」問題的。「親親相隱」這個問題在法學界早有討論，法學界的老師都知道俞榮根、范忠信老師討論過這個問題。在哲學界，甚至在史學界，都有專家在討論這個問題。尤其討論最激烈的是劉清平、鄧曉芒教授和郭齊勇教授等。最近梁濤老師、廖名春老師又和郭齊勇老師耗上了，又在辯，刊物級別很高的。

　　我做問題研究的方式是考證，首先求思想史、制度史真相，以求釐清這個話語或話題本身。爬梳文獻史料研究這個問題很費勁，花費的時間要很長。我也收集了不少批判儒家的「文革」時代書，很有趣，我給大家讀一個材料，一九七四年人民出版社出的北大哲學系72級工農兵學員寫的《孔孟之道名詞簡釋》一書，在第八十六頁處，詞條「父為子隱，子為父隱」說：「『父為子隱，子為父隱』，出自《論語・子路》。意思是說，父親做了壞事，兒子要隱瞞；兒子做了壞事，父親要隱瞞。」說「要隱瞞」的「要」字，或許就是「必須」的義務意，這是否符合孔子的意思暫不論；但這裡解「隱」倒是對的，此「隱」是「瞞」的意思，瞞不是騙，也不是包括窩藏、藏匿等在內的籠統的「包庇」。部分法學詞典解「相隱」詞條的「隱」為「隱瞞」也是正確的，解為籠

統的「包庇」則是錯誤的。

　　但這北京大學哲學系工農兵學員解「「父為子隱，子為父隱」詞條接著又說：「（孔丘）他說：『父為子隱，子為父隱，直在其中矣。』就是說，父子做了壞事，應該相互包庇，這才是正直的人。孔丘企圖用這種說法，鞏固奴隸制的宗法關係，防止人們『犯上作亂』。這充分暴露了孔老二是一個兩面三刀、慣於說假話的政治騙子。孔丘鼓吹的『父為子隱，子為父隱』，為歷代反動階級所繼承，成了一切反動派大搞宗派、結黨營私、互相包庇、狼狽為奸的信條。」──好傢夥！我怎麼也在劉清平、鄧曉芒批判儒家「親親相隱」的大作裡讀到了這種款式的詞語和煙火啊，工農兵學員水準？哈哈……

　　我研究「親親相隱」問題堅持獨立原則，不盲從任何人，一切都從自己的考證所得而來。我認為郭齊勇老師所編集子《儒家倫理爭鳴集》等裡頭的一些辯論是有問題的，贊成「親親相隱」立場者跟劉清平、鄧曉芒等的辯論也有問題。所有參加辯論的人，無論正反方，除了我，對「隱」的理解都是曖昧的，含糊的，都理解為包含窩藏等積極行為的籠統的「包庇」等。所謂「父為子隱，子為父隱，直在其中矣」的「直」，也多被望文生義地理解為「正直」、「率直」，包括最近梁濤老師的辯論文章。我通過文字學研究，通過字源和字義考察，已解決了這個問題：經學裡的「父子相為隱」即「相為對方隱」的「隱」，律典裡「同居相為隱」、「親屬相為容隱」、「親屬得相容隱」的「隱」，這「隱」是「瞞」的意思，是言語上「不說」的意思。「直」則是「看」、「視」的意思，尤其是「明辨是非」的意思，《說文》所謂「直，正見也」，《荀子》說「是謂是，非謂非，曰直」，帛書《五行》曰「中心辯而正行之，直也」。這個問題，我《何謂「隱」與「直」？──〈論語〉「父子相為隱」章考》一文說得最清楚。

　　最近廖名春老師說《論語》「父子相為隱」的「隱」字是《荀子》說的矯正彎木的「檃栝烝矯」的「檃」字的意思。這個解法，王弘治早說了，見《浙江學刊》二〇〇七年第一期，而且王四達早駁斥了此說，見《齊魯學刊》二〇〇八年第五期。用《荀子》「檃栝」的「檃」來解釋《論語》「相為隱」的「隱」當然是不成立的，這完全是捨近求遠、捨本逐末的解經路數。解經要首

先用內證，外證是不能作為基點的，否則離譜解法可敷衍、發表的太多了，貌似有道理，還旁徵博引樣，實則不可靠，甚至往往謬以千里。

解《論語》「父子相為隱」的「隱」字，不能跳牆式甚至跨時代式，否則對古書往往是「強姦文義」還自命真相或真理。我們應首先考察《論語》同書裡的「隱」字用法或字義，這才是內證法。《論語》該「隱」是什麼意思？《論語‧季氏》有句話說：「言未及之而言謂之躁，言及之而不言謂之隱，未見顏色而言謂之瞽。」所謂「言及之而不言謂之隱」，就是知情但不說叫「隱」。孔夫子的定義很清楚，為什麼要理解為窩藏包庇呢？為什麼要把「父子相為隱」而為（wèi）對方隱理解為「父子相把隱」而把對方隱、將（jiāng）對方隱呢？這種望文生義的證據何在呢？古書字義難道可以妄度瞎猜嗎？

這些個字怎麼個來龍去脈，我做了非常詳細的考證，考證的結果就是這個小冊子收集的我相關論文。我認為我的這個考證別人駁不倒，目前沒有誰可以駁倒我這些窮本極源的文字訓解。以《論語》本身的文字或定義來解《論語》「父子相為隱」章的「隱」，據我所知今人中首見於我碩士導師陳瑛先生，他以筆名秋陽發表在《道德與文明》二〇〇三年第二期的《從孔夫子的「直」說到「作證豁免權」》一文就簡單提及此。我在中國社會科學院碩士畢業後，到杭州呆了幾年，收集了大量的文字學文獻，我贊同經學家「由字通經，由經通道」的致思道路，先把字搞清楚，別望文生義搞笑話或當笑料。後來有些學者寫文章說「父子相為隱」、「親親相為隱」的「隱」是「知而不言」的隱瞞義，其實都後見於我考證性的文章。

鄧曉芒這個人很搞笑，他說：「（林桂榛）他堆積如山的考證卻被我三言兩語就摧毀了……他本以為我會和他一起糾纏到那些煩瑣的史料中去，他就是不相信邏輯的力量。」他「三言兩語就摧毀了」我的考證？他有「邏輯的力量」或大砲？哈哈。他鄧曉芒邏輯學水準、邏輯能力怎麼樣先不論，但邏輯是邏輯，歷史是歷史，歷史否定不了邏輯，邏輯也否定不了歷史，此二者根本就是「八竿子打不著」。維根斯坦《邏輯哲學論》說：「邏輯命題不僅不應該被任何可能的經驗所否定，而且它也不應該被任何可能的經驗所證實。」「顯然的是

邏輯對於下列這個問題沒有任何關係：我們的事實上是否如此？」邏輯是邏輯，歷史事實是歷史事實，哲學專家陳康說不要「混邏輯與歷史為一談」，羅素說不要「混自然與價值為一談」，周毅城說形式邏輯「對任何事物都沒有主張」、「對於事物自身並沒有增加什麼說明或解釋」，但鄧曉芒不懂這個。

　　關於我的文字考證，我認為我的證據是可靠的，觀點是成立的，但「信不信由你」，我只能借這個俏皮話來說這個意思。「父為子隱，子為父隱」的「隱」就是知情不說的意思，這可以連接到古代的「親屬得相容隱」法律、法典問題上。中南財經政法大學范忠信教授對中國古代「親屬容隱法」很有研究，他文章發在《中國社會科學》上，書也出了相關的一兩本，他後來去了我離開的杭州師範學院，現在叫杭州師範大學，給他特級教授待遇，他去了。他解「親親相隱」法制史也是有錯誤的，他也不明白這個「隱」是什麼意思。從唐律「同居相為隱」到明清律「親屬相為容隱」，這些容許親屬「相為隱」的律條說的都是親屬對某親屬犯案而知情不說可免罪，甚至走漏消息也可減免罪責，當然前提是某些案、某些罪除外，所謂「不用此律」。有一個北京大學法學博士後跟我辯，他把「親親相隱」理解為「強調親屬間隱匿犯罪證據的義務」，我說你竟然把中國容隱律理解為「義務」，你還好意思當北京大學法學博士後？我說得比較「囂張」，但大概就是這個意思，他根本就不懂這個問題，也是事實。

　　理解為「隱匿」尤其是通俗說的「藏匿」，更是有問題。「父為子隱，子為父隱」解為「父親為涉案兒子藏匿兒子，兒子為涉案父親藏匿父親」還是「父親為涉案兒子藏匿父親，兒子為涉案父親藏匿兒子」呢？不犯罪的父親藏匿父親自身，兒子藏匿兒子自身，不是什麼「窩藏犯人」吧。至於「父為兒藏兒，子為父藏父」，漢語語法上就狗屁不通，要說這種意思必說成「父隱子，子隱父」六字簡單了事，而非說成「父為子隱，子為父隱」八字這麼囉嗦，即「隱」是個及物動詞，可說「父隱子，子隱父」。「父為子隱，子為父隱」的「隱」，明顯是個不及物動詞的用法和語義，「父子相為隱」說的是自己隱，而不是隱非自身的親屬等，否則不會有介詞性質的「為」（wèi）字在。自己隱什麼，自己隱言行尤其言，即不作為尤其言的不作為，故孔子自定義說「言及之

而不言謂之隱」，如此而已，此「隱」就是「不顯現」、「不張揚」的意思。

知情「告奸」是人類的普遍倫理義務甚至是法律義務，這是懲惡揚善的方向。韓非曰「設告相坐而責其實」，李斯曰「見知不舉者與同罪」，《漢書》曰「知而不舉告與同罪」，舉告義務甚至發展為《鹽鐵論》所說的「親戚相坐」，親屬無舉告之功則坐收或坐誅。知情、告發一般的他人倒好說，但所知、所告是親屬尤其是近親屬就複雜了。知悉親屬涉案，自己於之是隱默不舉告還是不隱默而告，還是其他，這是個棘手的倫理難題；若積極行為地幫助逃匿或幫助湮滅證據等，則有別於消極不作為性質的沉默不告了，其倫理是非、法律是非問題比沉默不說更複雜、更嚴重。《左傳》裡孔子對叔向「不隱於親」贊為義直，《論語》裡孔子對攘羊事「父為子隱、子為父隱」贊為有直，此可見要據親屬案件輕重情況及正義情況等酌情處理，就言說與否方面，或告或隱，當謹慎區分處理，把握分寸，以求中道，斯所謂「是謂是非謂非曰直」。

《論語》「父子相為隱」章裡說的「攘羊」不等於偷羊，不等於今天我們說的「盜竊」。馬融曰「往盜曰竊」，陸德明《經典釋文》曰「因來而取曰攘」，趙岐曰「攘，取也，取自來之物也」，高誘曰「凡六畜自來而取之曰攘也」。「攘羊」是對誤入自家羊圈或羊群的羊不驅逐、不聲張，順便占為己有，而非進入別人領地盜竊或搶奪。「攘羊」性質，當然沒盜羊、竊羊這麼嚴重。於親屬「攘羊」，勸諫親屬終止該行為及補救之，或自己行動把該羊放出或送還，這是正路；若自告奮勇式首先向外人或失主告發和宣揚父親或兒子盜羊了，這就有過分或過急了，不告之「隱」及其他補救措施才合理嘛，看情況嘛。

第三，就是剛才張晚林老師講的儒家與儒教的問題。「儒」這個名號很複雜，很龐大，儒有宗教關懷、宗教形式也是歷史事實；說儒家要成為宗教，想必是為瞭解決體驗人、情感人的精神安頓的問題。

《樂記》有一句話大家應該重視，它說：「明則有禮樂，幽則有鬼神。」儒家是不是宗教不重要，儒家要不要建成宗教也不重要，蘿蔔青菜各有所愛，隨大家的便。我當文明來拜孔子、祖先、山川，你當鬼神來拜孔子、祖先、山川，這都無所謂，荀子說的「君子以為文，百姓以為神」、「其在君子以為人道，其在百姓以為鬼事」嘛。重要的是禮樂形式、禮樂文明、禮樂建制及禮樂

實行不能沒有，這才是儒教存在或儒教功能、儒教作用存在的關鍵處。儒家解決個體體驗性的精神、情感的問題，主要靠禮樂，靠禮樂來養性涵心，這個禮樂可以是鬼神向度的，也可以是藝術美向度的，參與者可以自己發揮和選擇，餘地很大。基督教也主要是靠儀式，凱西爾《人論》說了這個。禮樂儀式能統攝心靈、鬼神、超越甚至是美與藝術，周穀城評蔡元培「以美育代宗教」論時說如果美育代鬼神信仰，「代」是不可能的；如果是要代儀式或生活方式，則宗教儀式或宗教生活方式它本身很美，根本用不著代了。禮樂是明的，是確定的，鬼神是幽的，是不確定的。鬼神或美，與參與者個性體驗有關，說有就有。所以「幽」的起點或基礎是禮樂活動或禮樂形式，方向或去處則是開放的，是玄遠的，是無窮盡的，上天入地，比皇齊帝，隨體驗者自便吧。

　　另外我比較重視《樂記》講「王道備矣」的「禮樂刑政」四字。《樂記》說：「禮以道其志，樂以和其聲〔性〕，政以一其行，刑以防其奸，禮樂刑政其極一也，所以同民心而出治道也。」又說：「禮節民心，樂和民聲〔性〕，政以行之，刑以防之，禮樂刑政四達而不悖，則王道備矣。」禮樂與刑政在社會治道上相關，但又有別，各有側重和路徑。可能秋風老師及在座的其他法學家更多的是在重視和發揮「刑政」問題，也就是法律與政治問題。而在座的張晚林、慕朵生老師則比較關注禮樂與心性問題或禮樂與心性路徑，所以倡導儒家宗教或儒教。教化、精神當然要寓教於禮樂尤其祀禮等，但刑政卻不是禮樂所能處理或對付得了的，禮樂和刑政各有自己領域和功效，彼此替代、覆蓋不了。不要以「禮樂」價值、路徑來否定「刑政」價值、路徑，也不要以「刑政」價值、路徑來否定「禮樂」價值、路徑，應該「禮樂刑政四達而不悖」，這樣才是「同民心而出治道」，這樣各個方面才都有「安頓」。心靈安頓是安頓，秩序安頓也是安頓，總言之是《樂記》說的「治道」吧，這樣看儒家才全面，才真實！

　　我也感覺一些法學家對儒家思想有比較到位的理解，理解「禮樂」，也理解儒家於「刑政」的追求，能全面理解「治道」問題。「禮樂刑政」的「刑」本來從「井」從「刂」，就是「法」的意思，從井是秩序、條理，井井有條是秩序。荀子說「禮者，法之大分、類之綱紀也」，「禮」本來就是自然法、習慣

法，「法」是「禮」的延伸，正義之「法」當合符「禮」；「禮」則反映道理的「理」，反映道義的「義」，荀子和《樂記》說「禮也者，理之不可易者也」，《禮運》則說「禮也者義之實也，協諸義而協，則禮雖先王未之有，可以義起也。」法若協諸義，也是「雖先王未之有，可以義起也」，這就是禮法的因革損益問題。儒家講禮與法的關係，講禮法與理義的關係，不正是羅馬人、西方人說的「法律是善良與公正的藝術」嗎？《論語》說斷獄、司法也是「如得其情，則哀矜而勿喜」，荀子說「故公平者，聽之衡也；中和者，聽之繩也」。如此等等，這都是法律或司法的善良與公正問題。

儒家認為「人道政為大」，講「刑政」是現實主義──不能無政府主義，也不能超政府主義，家庭之外的大社群、超級社群需要政府管理存在，但現實主義講「刑政」也非要法西斯主義，因為真正的儒家要「治道」之效率與正義相容並舉。禮法及法的理義問題，荀子有很多闡釋，荀子說「禮義法度」、「仁義法正」、「師法之化，禮義之導」，說「之所以為布陳於國家刑法者則舉義法也，主之所極然帥群臣而首鄉之者則舉義志也」。又說：「有法者以法行，無法者以類舉。以其本知其末，以其左知其右，凡百事異理而相守也。慶賞刑罰，通類而後應；政教習俗，相順而後行。」

荀子的思想是政治家型的思想，不同於思孟宗教心性一派的思想。荀子思考社會、政治又比孔子大大推進了一步，應該值得法學家、政治學家重視。求「治道」的智慧應該向荀子靠攏或討教，兩三千年的儒家思想史裡，荀子才是「陳王道善易行，疾世莫能用其言」，荀子才是講「生民非為君，立君以為民」的民主政府論。時間關係，就說到這裡，謝謝大家！

※※※※※※

謝謝大家的批評，但是從我個人的角度，我覺得有些批評，其批判的對象不是這樣，事實不是這樣。譬如，某老師說《儒生文叢》這個書是力行派而沒有什麼「學理」，我看未必。我的書全是考證為主，你沒看我的書就發表評議，這一點我要回應一下。其次，新儒學是否在固守自己立場而沒有回到現代情景尤其現代民主政治大道上，如高全喜老師所說的，我看也未必吧。我就不

是這樣，自由、民主、憲政我都贊成，看我的書就知道了。

　　不要用自己籠統印象中的東西來充當自己批評、批判的對象，要具體而言。無論對儒家還是對儒生，有些人說的只是自己印象中的儒家、儒生，說「親親相隱」也是印象中的「親親相隱」，對很多東西都是印象中的而已，事實是不是他印象中的那樣，不一定！所以，要具體、深入地考察清楚對象再來作評價，所以一定要具體地談，要具體化去研究對象，否則籠統發言沒有意義，胡亂批判更是惡劣。我胡說八道了，抱歉，謝謝！

林桂榛　江蘇師範大學政法學院副教授

反儒者思維和文風是典型的文革式

陳喬見

　　首先感謝《儒生文叢》的主編任重先生，以及弘道書院的秋風先生，使得我有機會來參加這個座談會。除哲學外，我最有興趣的就是法學，我文章中也經常涉及法學問題，今天這裡有很多法學界的先進，非常開心，相信能獲益良多。

　　拙稿忝列儒生文叢，實在有些惶恐。需要糾正的是，書名《聞先賢之道》，本應該為《聞先聖之道》，出錯之由，是我把「聖賢」二字一併打出，把需要的「聖」字不小心刪掉，而留下了不要的「賢」字，等發現時，因涉及書號問題，已經來不及改正。所幸尚成文義，只是把孔孟由聖降格為賢，實屬有罪。

　　下面我就簡單介紹下這本書的內容吧。任重發短信讓我主要講講與鄧曉芒先生的論戰。這本書有四篇文章是與鄧先生的商榷性文章。我覺得鄧是他那一代人乃至現在整個中國學界一個「凡儒必反」的代表性人物，跟他論辯，澄清一些事實、觀念和思維方式，具有普遍的意義。我在來京的高鐵上，手機上網查看了最近鄧批評劉小楓先生之「學理」的一篇文章，看了不到幾行，實在看不下去。倒是再三品讀了劉對鄧的不是回應的回應，甚有趣。其中，劉說他想來想去，鄧批評他的一個理由是，因為鄧認為他從來不是一個基督徒，而是一個儒家士大夫。可見，只要是跟儒家掛上鉤，鄧就批。呵呵。在鄧的許多文章中，他一直標舉「理性」、「邏輯」、「學理」的旗號來批駁別人。我的文章中，除了澄清一些事實和觀念外，最著意的就是揭示其「理性」、「邏輯」和「學理」的虛妄性。劉給鄧的回信中有這麼一句話：「你的學理水準和言辭品質如何，明眼人都知道。」我在拙文中也表達過類似的意思。我很欣慰，學界從來不乏明眼人，只不過許多人懶得出來講。鄧之前謂我等為儒家辯護，是要為文革重演恢復意識形態基礎；最近他說劉小楓必然走向納粹主義──「文革」、

「納粹」，多麼可怕的大帽子，這就是鄧所自詡的「學理」。這樣一頂大帽子扣
下，你哪有喘歇的餘地，百口莫辯。鄧很擅長這一套。鄧每每標舉反思文革這
樣政治正確的事，其思維和文風卻是典型的文革式的。當然，我有時候也反唇
相譏，言辭頗為激烈，之前也有幾位師長建議我刪去一些，這次出版我刪掉了
一些，但還是保留了一些。我覺得之所以有必要保留，主要有三個理由：首先
是拜對方所賜；其次是借用蘇格拉底的反諷，既然你標榜如何如何，我就要向
讀者展示其實並非如此；最後是儒家所說的「以直報怨」；如果「以德報怨」，
那麼我們「何以報德」呢。

　　一般認為儒家公私不分，家國不別，情理不辨。根據我的研究，儒家實際
上對公與私、家與國、情與理的區分有非常明確的意識。儒家說「門內之治恩
掩義，門外之治義斷恩」，家庭家族之內的管理（齊家）主要以恩情為主；家
族以外的公共領域，比如社會領域和政治領的治理，就應該根據公義公正的原
則，而且要斬斷情感的牽絆。不是說儒家注重家庭情感和血緣關係，就一定支
持社會和官場上的裙帶關係。這是兩碼事，沒有必然聯繫。我看到過秋風老師
的一些文章，他對社會上對儒家的一些流俗之見，做了很多撥亂反正的工作。
我的很多觀點與他很接近，比如說儒家是不是集體主義，義利之辨到底在辨什
麼等等。我覺得，儒家需要更多像秋風老師這樣的學者，寫一些通俗的文章，
來糾正人們對儒家的一些根深柢固的偏見和成見。

　　回到「親親相隱」的問題，我覺得法學界人士對此問題理解很到位，對於
「親親相隱」的合理性及其法律制度安排，沒有什麼分歧。我曾引用過一位法
學學者王怡講憲政主義的一本書，他說，以今日標準看，全世界的憲政民主國
家，無一例外地會支持孔子「親親互隱」這一判決。

　　講到儒教的問題，有一次我給任重回信說：「重建儒教，既無必要，亦無
可能」。但我絕不會否認儒家具有宗教性，而且我也贊同應該儘快恢覆文廟、
書院等制度。沒有實體性的建制，儒家的影響不可能發揮太大的功用。「儒
教」的旗號太大，容易招致攻擊。

陳喬見　華東師範大學哲學系副教授

儒生事業，家國天下

許章潤

　　剛才聽了《儒生文叢》第二輯作者代表張晚林、林桂榛、陳喬見三位哲學家正面闡釋，此刻由我和胡水君、張龑三位，法學者，側面回應。此情此景，使得法學家們彷彿一開始便處於不利位置，正所謂實踐理性之於純粹理性多半理屈詞窮也。置此語境，略作六點陳述。

　　第一，從一個名詞講起。這個名詞不是別的，就是「儒者」。這幾年，秋風教授無論到哪裡開會，開口閉口，輒言「我作為一個儒者」如何如何。區區側耳，頗不以為然。你怎麼是儒者呢，你就是一介儒生嘛！一字之差，境界有別。但凡讀儒家書、習儒家典籍、按儒家典範做人，就是儒生。而儒者，在我以為，則需達到一定境界，而且，其境其界，低了不行。不僅正心誠意，而且，具備人格氣象，反映出內心的良知良能。到了這般境界，才能說是儒者，而且，自己不能說，乃口碑也。以梁漱溟先生為例，梁公是儒者，大儒，外表柔弱，而性格剛強，危難時刻拍案而起，體現著儒者的剛健風骨。所以，你自號儒者不恰當。今天刊行的這套著述題為《儒生文叢》，定位準，志趣高遠，也就是儒家學統語境中書生事業的意思。希望下次你跟我們見面時，最好自我介紹「我作為一介儒生」如何如何，好歹順耳。在下教書謀生，也以教書為業，在知識分子的傳統語義上，也可以說「一介儒生」也。

　　說到梁公，有件事頗能說明其學思人格。對於法制、民主和憲政，梁公早年、中年和晚年，理解和態度並不完全一致，蓋因時代有別，而「中國問題」所呈現不同，所需因對不同。梁公晚年目睹極權專制為禍慘烈，挺身疾呼法制民主。實際上，一九七五年，撰有「英國憲政之妙」一文，喟言單純依靠人是有指望而無把握的事，非得靠法治，冷冰冰的法治不可。這是他晚年的想法，雖說跟一九三〇年代時的立場有別，但本於「中國問題」的理路，則一般無

二。還有，他從事「鄉建」並非意味著反政治，毋寧，恰恰是一種基於政治的政制。梁先生說中國問題的最大毛病是政治不上軌道，現在憲政玩不出來，說明這個路線走不通，蓋因憲政建立在社會發育的基礎上，而中國社會是鄉民社會，無此基礎。故爾，首要花大力氣，把社會搞起來，然後在此基礎上，憲政不請自來。此非革命進路，恰恰是常態政治的路子，怎麼能說是反政治呢！

第二，剛才秋風開場致辭，其中一句話，大意是《儒生文叢》的出版標誌著「儒家思想登場」，太謙虛了。在我看來，儒家思想在中國思想場域中從來就不曾退場。過去有儒學三期說，說明儒學沒有退場，相反，卻在持續精進。即便「十年浩劫」，儒家也沒有退場，因為儒家作為「反面教材」，歷遭歪曲醜化，卻始終「在場」。像我們這批一九六○年代初出生的人，小學時趕上「批林批孔」，方知吾國文教之初，有一種讀書人儒家，而孔子是民辦教師，以求知問道為職志。「真理的聲音常常藉助魔鬼的翅膀而翱翔」。證諸吾儕幼年之開蒙睜眼知道儒家儒學，乃至於通過「大批判」的方式親炙儒門原典，進而對於中華文教的質樸、雄厚與博大，多少有所感受，真是一點不假。所以說，儒家從未退場，相反，經過百年文化衝擊，新文化運動的批判，特別是後來的浩劫，迄而至今，其實，死而後生，而發揚光大，格局泱泱矣！

從億萬芸芸眾生的生活經驗層面來看，儒家無論作為全體中國人的生活方式，尤其是鄉民社會的生活方式，也從來沒有從中國人的灑掃應對言談舉止中退出。吾父吾母，吾兄吾弟，在我觀察，基本做人的一面，循沿的還是儒家的路子。畢竟，講究寬厚待人，與人為善，向上心強，這些都是儒門千年教化的結晶。進而，即便是在中國政治結構和思想層面，儒義也從來沒有退出過。恰恰相反，不論是救亡圖存，還是「五四」新文化運動和後來彷彿西學一統的格局下，「天下興亡，匹夫有責」的士君子擔當，「明道救世」的儒義風骨，是鼓舞萬千士人奮起救國救民、傳播新思想新文化的道義源泉。時至今日，到了將儒義儒學發揚光宏之際了，假以時日，好自為之，或許有一個「新儒生時代」者也。

第三，如果說在相當長的時期內，我們主要是通過西學視角，尤其是自由主義與共和主義，特別是政治自由主義來批判中國傳統資源包括儒家資源的

話，那麼，最近十來年，隨著中國製度主體性之日益凸顯，從思想主體性之儒學傳統思想資源出發，反過來剖析、反思、反撥西方晚近以來的主流文明，可能，時機已到。是的，不僅「地中海文明」以來的現代文明本身存在著巨大的緊張，因此，它的可持續性到今天來看依然存在著深重的問題，而且，從「地中海文明」到「大西洋文明」以來，尤其最近三十多年，這一套價值理念和生活方式，尤其是資本主義生產關係所表現出來的貪婪與無恥，華爾街式的巧取豪奪，真可謂登峰造極。包括西方高等教育在內，其近年來的墮落是令人驚訝的。諸位看看，刻下英美大學的教授數量不比中國大學少，其世俗化與勢利性亦且強化，工具主義盛行，可堪訝異者也！置此情形下，如何從中國文明包括儒家文明的原道原旨出發，於批判這一波西方文明中抉發新機，從而有可能找出更具可持續性、切合當下人心的中庸中道的文明路線，實為時不我待。換言之，在發掘和提供中國的生存智慧的同時，發現分享的普遍真理，是儒學的當代使命之一。

　　比如，剛才講到的幾個問題中，「親親相隱」為一端。其實，這是一個普世做法。以美國的一些州立法為例，夫妻雙方得免於當庭指證對方為罪的義務，精神實質概莫如此。前一段秋風在北大做講座，談到民本與人民主權等問題，涉及政治上的第一立法者究竟為何這一問題，由此牽扯天命與正當性，天人、神俗之間經由「德」而上傳下達諸題。所以，以德配天、法天配地這樣的思想，與現代自由主義政治正當性理論，基本上可說同理而異名。在此情形下，比如剛才講到的「家國」概念，就需重予梳理，而見其精髓。在下愈加揣摩，愈發感到「家國天下」，實在是漢語文明留給我們後世子民的絕佳修辭，既把家、國、天下有效分離，同時又作有層次的勾連，形成了由近而遠、及遠及近的境界。如此一來，則華夏大地，齊煙九點，蔚為我們億萬子民詩意地棲居的公共領域，而有效解決了共和主義和社群主義意圖解決的國家、社會與家庭的集體認同，同時又秉具自由主義的個體意識，更為難能可貴的是，它展現了中國傳統文明極其高蹈的超越性。總之，這是一個極其高妙的修辭，多少意蘊盡可於此生發、延伸和演繹出來呀！

　　由此伸展開來，所謂「正名」非常重要。既然各位以天下為己任，道統意

識又如此強烈，則「正名」確實也是一種理路，一種方法。所以，如何在代際思想傳承之間，通過每個人對於當下生活困境的體認，對於時代和大眾苦楚的感受，而匯聚於新的闡釋，這思想更新和文化更新不二法門，所謂「正名」的方法和程式，則中國思想之發揚光弘，不愁無路無力也！畢竟，對於傳統的任何解釋，反映的總是當下的焦慮，而恰恰接濟現實生活以精神的活水源頭。

第四，關於儒學表徵中國文化主權的問題。從地中海文明到大西洋文明，再到眼前可能有的太平洋文明，這四、五百年間，「雙元革命」迭發，導致其為現代和現代秩序生發的連續的過程。所謂「雙元革命」，是指「民族國家－文化立國」與「民主國家－政治立國」這兩大問題，由此造成民主國家和民族國家之二元一體，政治立國和文化建國之並行不悖。具體到近代中國，則「中國」作為「民族國家－文化中國」和作為「民主國家－政治中國」之二元一體，形成了現代中國的政法骨幹。這裡不可避免地牽扯到主權問題。所謂主權，在國家政治和國家間政治兩端，表現為人民主權、國家主權和歷史文化主權三端。除開國家主權和人民主權，秉具世俗理性主義和超越性的雙重性格，統攝上述雙元而構成其精神的，概為歷史文化主權。歷史文化主權標準文化中國和文明政治，應當是開放的體系，但作為中國文明的底色和最為雄厚的傳統的儒學和儒家文明，應當佔有重要的，甚至最為顯赫的地位，則毫無疑問。在此意義上，如何力使儒家、儒學擔當起表徵文化主權這一作用，這是需要幾代人用功的事業，各位新儒家可能所擔尤重。

第五，雖說儒義儒學是中國文化中最具深厚功力的課業，但在當今中國思想場域，多元一體，儒學也只是其中之一也。蓋因今日中國既有晚近舶來，某種程度上已然中國化的自由主義，也有百年以來在中國被人們遵奉的共和主義，當然還有其他的，包括共產主義。既然如此，則如何通過思想市場，使儒學與其他思想陣線多元對話，作為多元一體之意象存在，而展現思想解釋力量與文化傳承力量，從而確立平等的真理觀，比強調儒學是宗教，可能更現實，也更容易為人們所接受，從而，更有利於儒學的普及，進而，發揚壯大，最終，沾溉億萬華夏子民大的心田。

在此情形下，比方說剛才張晚林教授講到，「君子以為文，百姓以為神」，

道出了菁英文化和草根文化的分野，今天實在不可不察。士大夫主要回應制度難題，若要踐履，落實為生活實踐，把制度轉型、文化創新表達為生活方式，例屬另外一個方面。而「多元一體」與「平等的真理觀」，則為另一個方向。

第六，三位教授展示了儒生意氣，儒生氣象，尤其是對於鄧曉芒教授的批評，尤見生氣。但似乎溫柔敦厚不夠，而躁切有餘也。

以上是對三位《儒生文叢》作者代表發言的評議，下面，對在座的其他儒家學者的觀點，同樣講六點看法。

第一，秋風教授過去屬於比較激進甚至原教旨主義的自由主義者，後來轉為激進的文化保守主義者，開口閉口「俺是一個儒者」。但據剛才你的發言來看，立場似有變化，變得比較中道、比較平和，也比較開放、比較包容。嘻，不讓你自詡儒者而叫你儒生，可能稍有警醒之效，亦未可知。

第二，過去三代新儒家，面臨國破家亡，中國文明花果飄零之頹勢，感時傷世，悲情太重。其間，多有文化自辨和文明捍衛的激切而急切之論，打動了億萬萬的心。他們為了證明中國文明的正當性，時常比附西學，而無法脫離文明比較與文化論戰的語境。時至今日，三十年河東又河西，時代文化悲情可以休矣，但我講我的，正面闡釋無妨也。

第三，在下同意這一觀點，即把儒家當作宗教，實際是把它做小了。中國文明從來是一種世界文明、天下文明，具有普世文明的品格。儘管中國文明近代慘遭打壓，尤其為「五四」新文化所鞭撻，但是，其世界文明、天下文明的性格未變。——如華夏神州這樣的大國文明，其文明若非「世界文明」，才怪了。對此世界文明，卻委屈成一種宗教，這不是把它做小了，又是什麼。

第四，諸位伸言現代社會學方法、社會學理論來創造性闡釋儒義儒學，在下極表贊同。在此，修辭實在太重要了。此刻我們運用的現代社會科學術語，多半舶自西方，如何使中國本土術語在社會科學的營造下煥發新意，這才是換湯換藥，否則，就是換湯不換藥。

第五，將來儒義儒學的全面復興，不是指儒學作為一個學科之建制化。——那樣做，其實是把它博物館化了，又把它做小了。毋寧，儒義儒學貫通延伸於每一個現代學科，而於其理論和思想闡說中顯聖顯靈。比如法哲學中關於正當

性的問題，憲政討論中的主權問題，凡此種種，都牽扯儒學解釋。總之，將儒學儒義滲透於每一個學科，恐怕是今日開始的未來中國學術的發展方向。

　　第六，陳明，你說我不時透露「嬉皮」，卻不知此為在下所秉持的古典態度。無他，無他，「君子游於藝」也。

　　　　　　　　　　　　　　　　　　許章潤　清華大學法學院教授

重啟道體，再造文明

胡水君

　　儒家，在我的印象裡，大多是正人君子，甚至是明道的高人。我今天來其實主要是想聽一聽，看一看。座談會在議程中安排了我發言，我在此不得不說幾句。我談三點粗淺看法。

　　第一，對於中國乃至世界的發展，中國傳統文化非常重要。我主要從事法理學研究，在儒學方面只是一個外行，但我對中國傳統文化有一種特別的業餘喜好。在這幾年的研究中，我發現法理學有一個中國傳統學術路向。法理學，按照西方的講法，通常包括法律科學和法律哲學。不管是科學還是哲學，都不必以道德理論為前提。但中國傳統學術，就其主流而言，一定以道德理論為前提，有道德的根源。所以，沿著中國傳統學術路徑看，法律哲學和法律科學可能還蓋不住法理學的範圍。傳統中國有「理學」這種學術形式，我覺得，法理學在中國也可能成為「法律理學」。其實，政治研究領域也出現了「政治儒學」的講法，這在很大程度上彌補了政治科學和政治哲學兩分的不足。作為「大學」的儒學，主要是養大體、成聖賢的學問，它與一般的知識門類不太一樣。現時代，時常被中國近代知識分子稱為與春秋戰國遙相呼應的「新戰國時代」。這是一個可能產生新法家、新儒家、新孔孟、具有特殊歷史意義的年代。而「冷戰」結束後的近二十年，是中國近代以來少有的一段相對持續平穩發展的歷史時期。在此時期，中國日漸呈現出一種文化復興的態勢，一種所謂的「中國模式」或「中國道路」也備受矚目。目前中國各方面仍處在發展過程中，很難說已固定化或模式化，但中國的發展一直給人以特別印象，也確實表現出中國的因素。這種因素值得審慎琢磨。至少，在文化方面，它包含有不同於西方文化的內容。中國應該努力把、努力讓這些文化因素重新生發出來乃至推向世界，特別是其中為中國傳統學術所承載的普遍文化因素。看到《儒生文

叢》中有一些學者在自覺地朝這一方向努力，我覺得很好。

　　第二，儒學在現時代尋求發展仍然面臨著很多問題。就傳統社會來說，不是所有的中國傳統形式或民族形式都是好的。事實上，諸如綱常、禮教、裹足、娶妾等舊的形式，時常使得儒學在現代的生發遭受猛烈批判和抵制。即使到現在，很多學者也明顯表現出對儒學的隔膜和排斥，更不要說對古典文獻的自覺開發和利用。現時代有一個比較普遍的現象，看古書，文字可能認識，但意思究竟是什麼很難懂。而且，在難以精準理解傳統文獻的情況下，現代學者容易以現代思維曲解或誤讀古人，甚至採取一種不知而以為知、以現代理解代替原初認知的態度。有一次，在書店看到一本書，封面寫著「去聖乃得真孔子」。孔孟自古被視為中國的聖人，但到現代人這裡，理解那種明瞭心性和生死的聖人似乎是越來越難了。像《論語》，黑格爾、韋伯這些外國學者讀起來覺得很淺顯瑣碎，形而上學味道不夠。讀懂《論語》，可能需要先讀通《大學》、《中庸》和《孟子》，明瞭儒家的道德心性系統。例如，《論語》何以以「學」字開頭？「學」的是什麼？「學」究竟是「大學」還是「小學」？「學」何以成為一種樂趣？編者何以將在現代人讀來可能覺得邏輯聯繫不是很緊密的三句話放在開篇？開篇三句話究竟何以一以貫之？這些問題，可能需要切身通曉了《大學》中的「明德」、《孟子》中的「大體」，才能解決。這樣一個道德心性系統若是不能打通，儒學在現代的生發終會受到一定限制。

　　第三，以現代學術和認知方式推動儒學發展在現時代固然需要，但就儒學的長遠存續和全球推廣而言，道德形而上學的開通和維護仍是根本。我個人理解，中國文化通常包含有三個層面。一是心體。這是「體」，也被稱作道體。所謂「道統」、「明德」、「大體」，所指向的就是這個「體」。儒家十六字真言「人心惟危，道心惟微，惟精唯一，允執其中」中的「道心」、「一」、「中」，也指向這個「體」。在這個「體」上，儒釋道可謂同源相通。二是德教。這是「用」。《中庸》開篇「天命之謂性，率性之謂道，修道之謂教」，指出了從「性與天道」向德教的轉向。與德教相聯繫的主要是道德律或善惡法則，也就是所謂的「積善之家，必有餘慶」。西方古代的「自然法」與此相通。三是知識。這也是「用」，但直接用以解決政治、國家、社會、家庭層面的問題。人

的直觀經驗和抽象理性都處於這一層面。將人的經驗和理性作為權衡標準的現代人文浪潮，主要流於這一知識層面，而且以此對德教和心體形成衝擊。現代社會其實也具有一定的道德特徵，但它主要在經驗和理性基礎上展開。這特別表現在西方自然法從以自然正當為核心的古代自然法，向以自然權利為核心的近代自然法的轉向上。中國傳統的法家，很明顯地流於知識層面，而在認知管道和知識範圍上割捨了德教和心體。儒學在現代的發展，不應僅流於第三個層面，而應努力提升到心體和德教層面。這是儒學值得在現代生發、向世界推廣的兩個根本、獨到而普遍的層面。

胡水君　中國社會科學院法學研究所研究員

當今中國法律體系應該以家為基礎

張　龑

　　首先非常榮幸受邀參加這樣一個從未參與過的學術圈。但是，儒家或者傳統文化，我想對於每一個中國讀書人來說，都是你自身存在的合法性，是一種常識，不需要論證。我們需要問的只有一件事情，你有沒有足夠的能力把這樣一種存在重新活出來，如果沒有能力把自己生活方式活出來，那就不如去一個空氣好、環境好的外國某個地方，安安生生、孤獨地過一生也挺好。中國現在進入移民時代，移民時代已經不把生養自己的這片土地當成值得眷戀的祖國，其實這是從最近幾十年開始的，而之前無論去哪裡，中國人還都有家園故國情懷，到今天這種感覺沒有了。讓我回到法律論題上。說起來，講傳統我們這一代幾乎已經失去運用優美、半文言的語言講中國問題的話語能力，所以只能用大白話講一下。

　　剛才許章潤老師講了很多有意思的話題，我嘗試在此基礎上做一個解讀。我們的過去，從法律人的視角來講，我們歷史很短，從一九四九年開始，最多追溯到一九一一年。從我們的眼光來看，中國這一百多年，所謂人民出場，實際上換成許章潤老師話說就是文化人民出場，或者換成今天主題當代中國思想之創生就是儒家出場，換成政治法學術語就是主權人民必得出場。那麼，人民究竟是什麼人民呢？人民其實是腦子裡頭虛構出的一個意向，這個意向是因為上帝觀念整體失去合法性，我們要有一個填補。可是，用人民來填補到最後並不知道你這個人民是什麼人民，歐洲人當他們講人民主權落實為日常生活人民的時候，他們過於簡單，德國人直接落實為血緣人民、種族人民，直接從天上到地上墜落，之所以稱為墜落，中間失去任何的文化阻攔，沒有能力從天到地提供一個中間環節。這個中間環節如果用文化一詞，我覺得還是一個比較抽象的詞，我們講文化不能說歐洲沒有文化、不能說羅馬是一種文化，也不能說希

臘不是一種文化。我們今天講文化、講文明,問題是你的文化是指什麼文化?你只需要直接講一個具象就好,對中國人來講就是具有多重內涵的儒家文化,我們的儒家文明這個時候能不能在我們的政治和法律生活裡出場?一旦在政治和法律生活中出場,是否意味著它進入我們生活裡邊本身就暗含了一些法則,而這些法則可能就是我們法律必須應該加以規定的行為規範。

如果我們從這個角度去想的話,讓我們觀察日常生活,不管中國這三十年法律進步多快,它最典型的特徵我們稱之為法律移植,特別是從一九九四年到二○一一年,史稱法律大躍進,每年出臺若干部到十幾部法律,所有的法律主要都是從西方移植而來,幾乎不考慮中國人自己的生活,那些文化的、文明的生活,或者說傳承了幾千年中國人的生活。法律上能看到的人民就是一個空洞、抽象的人民,沒有任何的文化內涵。當我們看生活實踐發現這些法律不太起作用,我們日常生活展示出自身特有的法律,無論潛規則還是日常生活中的習慣和倫理。真正的潛規則並不應是價值上被否定的東西,只是表明,現有法律制度尚沒有能力挖掘出其價值上的好。

我們再看立法對於生活秩序的影響,一方面它並沒有發揮多大作用,另一方面給日常生活帶來很大困擾,移植來的法律制度嚴重破壞既有生活的安定,引發很多衝突,這些衝突使我們感覺到立法越多越是擾民。當我們看到立法實踐對日常生活並沒有產生有效的規範治理,我們就要想想,傳統裡邊的合法性究竟在哪裡?這個時候涉及到一點,我們有沒有能力,還是一個能力問題,而非願望問題,你有沒有能力把中國傳統,如許章潤老師講的家國天下,背後真正具有普遍性的東西揭示出來。我們可以這麼講,如果儒家文化具有生命力,那麼它就不應該是一種單純的地方文化,而還具有一種普遍性,只不過這種普遍性在不同國家展示的面貌略有差別,一定對特定人群、不同人群之間的生活都有其作用力,只不過文化差異、各種文化面貌顯示不一樣而已。中國文化所展示的這個面貌能不能通過剔除一點經驗性、屬於特殊性東西,從而可以找到具有普遍性的東西。

我們看到家國文化裡邊或者中國儒家文化能不能提煉一個字,或者基本的、用今天話說概念性的東西。我辦過一次工作坊,請過張祥龍先生、旅美學

者楊笑斯，最後討論結果，兩千年儒家文化一言以蔽之，就是一個「家」文化。用家這個詞可以充分揭示儒家思想及其制度最內核的東西。我們看家國天下如何貫通起來？其實就是一個家，怎麼個家？祖國之家，我們天下、我們天地都是陰陽創生的天地，我們所謂的天，一種解釋就是，天是我們祖宗、祖先的名字，我們都是天子之子，天就是天子的父親，他是我們祖先，我們都是天子之子，從天子之子到家國就是祖國，一直到個人的小家庭，這樣，就發現了內在很核心、講得通的一以貫之的道理。只不過孔子講的時候不是用這個詞，只是換別的詞來表達而已。

　　回到今天，相比起儒家思想中的各種關鍵詞，具有直觀感更好的詞其實就是家。家表達的是中國古代社會的制度原理和基石。我們要問，家在今天生活裡邊是不是還是一個必要的概念或者還具有普遍性，基本上還是能夠發現它的基本價值。我還是沿著許章潤老師的思路講，因為許章潤老師總體上概括出了法學人觀察傳統文化、觀察儒家所思考出的一些基本要點。我們看西方最典型的真理觀，當我們把 truth 翻譯成為真理的時候，如果說對應 truth 的只是「真」的話，我們增加一個「理」字其實已經將 truth 這一個詞加以相對化和世俗化，以及儒家化。因為理是多元相對的東西，所以「真」一到我們中國文化裡，真就不是絕對的東西而是相對的東西。講完真理，我們就問自由。我們今天中國人，包括大部分法學者，那些在中國非常具有影響力、非常具有政治力量的群體，他們所講的都是自由秩序，那麼，自由是「真」的東西還只是一種理，我認為自由只是理而不是真的東西。康得把它放在實踐理性來探討，將其作為實踐理性的指引，給我們一個啟示，自由本身肯定是一種世俗化的表達，而不是基督教中上帝意志的表達。我們如果講要啟動儒家，首先要問，生活裡邊除了自由作為立法的基礎以外，還有沒有別的基礎在這裡？儒家給我們兩千年治理經驗裡邊，其背後真正具有法則性、原則性、基礎性的內涵，也就是能夠成為散漫、遊離、漂泊無根約束性的法則是什麼？康得哲學上的自由絕對是有法律的自由，有約束的自由，那麼我們中國人提供的約束實際上是怎樣的一種合理性呢？我們中國人提供的基礎性法則就是從家出發這個法則。這個時候，我認為如果在中國法律體系裡邊找到一個能夠讓自由變成一套合乎中國

人日常生活行為，合乎我們情感的一套法則的話，可能找到對他具有約束力，和自由具有共同作用、共生性的其實就是家，從「家」這裡我們看到了儒家秩序原理。

　　說實在的，我認為今日再用傳統儒家的話語講儒家已經沒有什麼生命力了，我們也很難具備足夠的能力去這麼講。所以，我只是從法學角度來觀察。我認為在當今中國法律體系裡邊，如何彰顯出以家為基礎，儒家這幾千年歷史帶來的基本的社會規範，給予這些規範以法律上的正當性和約束力，使它成為我們日常生活中實用的法律規則。這就是儒家思想在中國當代思想和實踐中呈現出的面貌，如果文化人民要在中國社會出場，這一人民意志作為立法意志就是體現為這樣的法則。我的講話完了，謝謝大家！

張　龑　中國人民大學法學院副教授

重建儒教也要有理性的態度和
科學的精神

陳　明

《儒生文叢》第二輯出版了，甚是感慨。任重不但主編《儒生文叢》，還主辦儒家中國網站。而且，《儒家郵報》主要是任重在編，我只是掛個名，雖然有時也提提意見、把把關。任重是為儒學復興默默工作的人，付出的精力和心血在當代儒門幾乎可以說是最多的一個。我經常提醒他多花點時間將自己的思考深化提純，現在，發現這些事務性工作居然如此辛苦艱難，真是不知說什麼才好！

今天的研討會，我應該是被視作儒家陣營代表出場的吧，因為在邀請通知上規定我有回應性發言。但是，當我聽到張龑和胡水君他們這些法學家的發言，真有點莫名驚詫——是不是秋風找來的托兒啊？遠比我還要儒家！

但這也僅僅是第一感覺。要是以前聽到你們這麼說，真的會要琢磨半天，他們是不是搞的什麼欲抑先揚的修辭，但是今天不會了。因為就在昨天，我在中國人民大學一個兩岸三地青年法學家論壇已經跟張龑他們一幫年輕的法學家們聚過了，可以說是喜出望外，因為法學家幾乎先天的就跟自由主義契合，他們學科的知識性質、社會中的菁英地位以及與制度環境的內在緊張都傾向於使他們選擇自由主義的思想立場。但實際上我看到的卻是，「這個自由主義的菁英群體實際很有家國情懷，對國家建構與國族建構問題不僅十分關注並且頗重視儒家立場與資源。這不僅預示著中國自由主義者的成熟，也預示著儒家思想層次的豐富」——這是我在微博上講的。甚至田飛龍，那個在「較量無聲」中影像清晰的年輕人居然說要重建家庭以重建儒學。他說的家庭可是帶有宗族性的大家庭。這在儒家內部也是一種激進或極端的觀點。我是不贊成的，因為我並不認為作為一種社會生態的家庭就是儒教構成的終極基礎。我是主張儒教

的，我認為「有天地然後有萬物，有萬物然後有男女，有男女然後有父子，有父子然後有君臣」，家國天下，都是天地所生，都是生生之德的產物，所以那個天才是終極存在才是最高位格。把家庭絕對化存在本末倒置的嫌疑。但是，飛龍，還有張龑都表現出了對自由主義原子個人作為思想起點和理想目標的質疑和超越性，這是叫我喜出望外的。

個體、家、國、天下都是真實的存在，在儒家的思想脈絡裡都有各自的位置，各有意義和價值，而與西方基於原子個體的契約組合完全不同。實際上西方社會理論也是多元的，希臘傳統與希伯來傳統都發揮著作用。中國出了問題，或者要解決問題，自由主義者總是從某種單一的思想邏輯出發做批評做方案。這如果不是態度上的不負責，就是心智上的不成熟。張龑在新的論域、新的立場基礎上討論祖國與主權國家的關係，民族與民主的關係，我看到的是思想上的深化，是作為此刻當下的中國人之存在之情懷的顯現發用。政治學甚至法學，應該都允許甚至需要這種歷史感和情懷存在發用的。與此相應的一點，就是儒家思想正式進入了他們的學術視野，不僅是作為知識資源加以利用，同時也是作為價值原則加以尊奉。那個會議上有個蘇州大學的女博士，她研究吳經熊，有很深的體會。有意思的是，她說自己認信皈依的是儒家、儒教！（許章潤先生插話：說明自由主義不能解決人生意義問題。）

但是，選擇基督教的還是更多。不過，在這裡我有觀察到另外一種現象，那就是，一些基督徒或者傾向於基督信仰的人，雖然把基督教作為個人生命問題的解決方案，但在公共領域，他們還是承認儒教能夠也應該發揮更大的影響作用。有一個北大社會學教授，屬於海歸吧。他就說宗教裡基督教是比較好的宗教，可是他給孩子讀的還是《三字經》、《弟子規》，認為在中國如果要是票選國教或者公民宗教的話，他會把票投給儒教。孫中山、蔣中正這些曾經做過國家領袖的人，當年就是這麼做的。這裡可以思考的地方很多。但卻說明一點，儒教或者說儒家的歷史價值和現實意義越來越得到尊重。

說了半天都是另一個會議的內容。這裡實際是有我的考慮的。我向來這樣，面對儒家的批評者，我總是為儒家辯護；面對儒家的信仰者，我總是提醒一種理性的態度、科學的方法。我覺得今天這幾本書的作者，不同程度的存在

這些問題。退一萬步講，儒家在歷史上的意義作用是居功甚偉不容抹殺的，但歷史的有效性不等於現實的有效性；現實的有效性是需要證明的，由可能到現實是需要做工作的，既包括實踐的工作，也包括理論的工作。這裡就包含對現實的觀察，現代性、全球化，多元性等等等等，是古聖先賢所未曾遇到經歷的情境，因此他們的思考必然有它的歷史性，需要發展反思。從政治哲學角度講，孔子生活的周代是分封國家形態，他堅持的是周公的政治理念。後來董仲舒與漢武帝合作，就已經做出了巨大調整。宋代太祖立有祖制，士大夫參政獲得保障，道德心性成為問題關鍵，於是形成了宋明理學。今天，我們弘揚儒教，首先要對現實的問題有真切把握，對歷史文獻做準確定位，就是在情懷和立場之外，也要有理性的態度和科學的精神。近代的「中體西用」很多人批評保守，實際他也被儒門保守派批評為魯莽滅裂離經叛道。現在看這還是一條正道，是儒家的正脈。我希望我們大家把自己的譜系接到曾國藩、張之洞、梁啟超包括康有為這個正脈上。我的即用見體實際就是給這一命題做發揮。剛才許章潤教授也談到這點，可謂所見略同。它的後勁，將來大家會看得到。但是，在今天的幾本書上，這點還不太明顯。

我覺得儒家內部的反思有兩點要注意：第一，講中體西用的道路時，在它表現出於自由主義的張力的時候，表現出與主流意識形態論述的某種親和性的時候，儒者要清醒，這裡面其實存在基礎和本質上的區別；第二點，儒家傳統，不管它是一種思想或一種宗教信仰，它在為今天的國家建構、國族建構謀劃建言有所承擔有所期許的時候，要有責任倫理，要注意後果的不可預知性。太平怎麼開？民命怎麼立？自身應該做什麼調整？實踐應該以什麼為形式？都需要保持清醒。我們很多儒生在這方面理性不足，並且認為好像中國復興，只要一信儒家就靈似的，把問題簡單化了。

在這個過程中間，是志在取代主流自己作意識形態還是在一個抽象的政治法律平臺上以多元之一元去競爭讓人們選擇讓歷史選擇讓社會選擇來達到這一點，這也是很重要的問題。今天的自由主義者對儒家很友善，我就向儒家內部開炮，把他們想說又不好意思說的東西替他們說出來。我可以對兩方面的發言作回應！

陳　　明　弘道基金理事長，首都師範大學儒教研究中心主任

在中西相互闡釋中發展和擴展儒學

姚中秋

聽了剛才幾位的發言，我的感受與陳明兄一樣，我們今天邀請的法政學者，似乎都是托兒啊，大家跟儒生群體的理念非常接近，我覺得，從今天開始，你們都可以自稱儒生了。我覺得，這是一個非常可喜的現象，也是一個非常重要的文化現象。我現在經常跟別人說，中國過去十年發生的最重要的事情是儒家的復興。這是具有世界歷史意義的事件，因為它會改變中國，進而會改變世界。

我們從學界這些年的變化，都可以看到這樣的大趨勢。陳明會有很深的感觸，我們明顯感受到學界對於儒家的態度，對於儒家的立場，在過去十年來，發生非常巨大的變化。想來也不奇怪，這就中國人的一種自然反應，我們每一個中國學者都是在中國文化的環境中、在中國的大地上成長起來的。很自然地，當我們遵循生命的意義、遵循個體生命、文化生命的意義生活的時候，很自然地就回到了儒家。或者換句話說，其實我們從現在學界的這一動向中可以看到中國思想界或學界的文化自覺。前年曾寫過一篇文章，其中說過這樣一句話：也許再過若干年，中國的思想爭論會在儒家內部展開。我們現在看到儒家在和其他各家爭論，而隨著思想界的儒家化，未來過一段時間，思想爭論將是儒家左派和儒家右派的爭論。現在已有一定的端倪，很多左派把自己說成儒家，還有我這個自由主義打入儒家，這就是中國思想、文化演進之大勢。

這個時候，我則願意討論另外一個問題：作為一個儒生，我接受章潤兄的封號，作為一個儒生，如何應對這樣的局面？從儒生立場上如何使儒家復興在更廣泛的領域中、以更健全的方式來展開？

首先，我們看看儒家在中國歷史上所發揮的作用，簡單地說在兩個層次上，剛才章潤兄講到，文化有士大夫菁英的文化、有普通的販夫走卒的文化。

如果放在底層文化的層面上，也許，關於儒家是不是宗教的爭論，不是那麼重要。事實上，對普通老百姓來講，儒家經常以宗教的方式發揮作用。但我想強調，這不等於儒家變成了宗教，以宗教的形態教化民眾，而是儒家藉助其他宗教發揮作用。我在同濟學報上發表一篇文章，明確提出《儒家非宗教論》，之後又寫了一篇文章《一個文教，多種宗教》，試圖揭示中國文明非常重要的特點，這個特點也是中國文明能夠成為普遍的世界文明之要害所在。這個特點就是，儒家不是一個宗教，儒家是一套價值體系。而恰恰因為儒家不是宗教，所以它的價值可以滲透到所有宗教中。所以我們看到，在中國，所有宗教都會有一定儒家化的過程。這樣一個文教、多種宗教的架構、機制，使中國文明始終保有宗教寬容。我覺得，這一點對於儒家的前景、對於中國文明的前景，都是非常重要的。這時，如果我們儒生一定要讓儒家本身成為一種宗教，那實際上是把儒家做小了。

比如我們看看現在的臺灣，傳播儒家的主體是誰？是人間佛教，他們運用建制化的力量傳播儒家所守護的價值，並不主要是儒生在傳播儒家的價值。所以，儒生們需要對儒家存在的社會形態有一個更理性的看法。

那麼，儒家的核心價值由誰來守護、來闡明，尤其在一個大變動時代，怎麼向民間、向這些宗教滲透、灌注儒家的價值？要靠士人，靠儒家菁英。這就是當代儒學必須承擔的任務。當然儒家需要承擔儒之教化，但是，對普通民眾的教化也許並不是儒教所能完成的，而需要藉助其他更為成熟、影響極大的宗教完成。在我們這樣一個時代，儒生主要的工作其實是發展儒學，用儒學回應我們這個時代的大問題，不僅僅是中國人的問題，而是整個人類的問題。從這個意義上說，儒學在這個時代面臨的挑戰是非常巨大的。

而根據我的觀察，我們儒學還沒有做好這個準備，因而尚沒有這個能力。問題在哪兒？問題就在於儒學的視野和知識結構本身存在很大的問題。我們的抱負、我們的視野沒有達到普遍主義的程度，我們仍然是把儒家或者把儒學義理視為地方性知識，我們自己限制自己，包括以封閉的態度去對待現有的知識，以對抗的心態對待其他文明和它的價值。我想這樣的心態會嚴重妨礙儒學在這樣一個時代創生、擴展，應對中國和人類的大問題。

我自己一直想解決這個問題，所以，這些年，我組織學術活動，就像今天這樣，都是把從事儒學研究的學者，把儒生，把從事各種人文社會科學研究的學者聚集在一起，讓大家對話，相互分享、相互刺激，也許，我們最終能夠共同生產一個普遍性的知識。我自己認為，這是我們這個時代儒學以及整個知識群體或者菁英群體回應中國人天命的唯一可取的心態。

簡單地說，儒學如果要有效地回應時代之議題，就需要以開放的心態，進行中西的相互闡釋，不管從價值還是從知識的層面上，都需要雙向的闡釋。當然，雙向闡釋也有一個主體性自覺的問題，也就是說，對我們自身文明的自覺，包括逐漸喚醒漢語的思想表達能力，喚醒紮根於中國文明的思考方式。但是，你在立定主體性的同時，也許要以開放心態，展開雙向闡釋。否則，所謂主體性也是站不住腳的。剛才胡水君教授講到，現在拿《論語》、四書五經，字似乎全都認識，卻不一定理解其意義。我相信，這是個問題，如果我們把自己封閉起來，是無法解決的。坦率地說，如果你不藉助現代社會科學知識，我不認為你能把經解通。要解通經，需要智力達到最銳利的程度，而我們現在接受的教育都是西式人文與社會科學教育，所以我們智力最銳利的程度，在很大程度上在你對西學掌握最銳利的時候。事情變得非常有趣了。當你特別深入掌握西學思考方式的時候，你大概才能理解我們自己的經典最根本的含義。

有朋友可能擔心，你這個理解，跟孔子的用意、跟孟子的思想一致嗎？我說，肯定有不一致的地方，但是我相信，這樣的解釋，孔子、孟子也會贊成的。對於普遍性，是可以進行獨特的闡釋的。這種闡釋中，自有普遍性在。我們要對自身經典的普遍性具有堅定的信念，對於基於自己立場所做出的闡釋之普遍性，也需要具有一定信念。而這樣的雙向闡釋，恰恰可能擴張孔子、孟子思想、價值之普遍性。我們進行雙向闡釋，就在更大範圍內把中國經典、把中國精神、中國價值引入世界文明、世界知識之場域中，從而探索真正人類意義上的普遍性。

我們時代的儒生應當具有這樣的抱負。經歷二十世紀太多的挫折、太多的負面事件之外，我們儒生群體中難免有太多防衛性、防禦性的反應和心態。我覺得，這可以理解，但並不健全。我們要改變自己的立足點，不只是為自己辯

護，而是積極地闡明自己，闡明我們是什麼，在想什麼？闡明的過程一定需要藉助開放的知識體系，才能完成。我們考察歷代經學之演變，它是怎麼演變的？為什麼漢儒的解釋和戰國時代的儒者不同？為什麼宋代儒者和漢儒不一樣？因為，時代變了，問題意識變了，知識環境也變了。孔子之道就是學，儒生是最好學的，學習各種知識。今天，我們需要一種知識的開放態度，主動地從事中西之相互闡釋，其技術表現就是儒學與現代人文科學之間的雙向闡釋與互動。

我參與過若干次儒學圈內的會議，有一個深刻的感受，知識太封閉。即使有此生產出一些知識，恐怕也沒有多大意義。如此封閉的儒學不能幫助人們理解我們這個時代，也不能參與這個時代的創製立法。在現代知識體系中，儒學是特別的，儒學是邊緣的。真正有影響的是政治學、法學等。儒學必須深入這個學科領域，發展這些領域緊迫需要的東西。今天胡水君、張龑、許章潤等各位先生都講到了一個非常重要的問題，這些學科內部其實都有強烈的知識需求。以法理學為例，不少學者已經感受到，現在的中國法理學實際上是無源之水，是建築在沙灘上的大廈。因為，當代法理學的核心概念跟我們的文明、跟中國人的生活、中國的價值、信念之間，沒有任何關聯，由此發展出來的法律概念、法律推理方式，其實很難被中國人能夠理解和接受，以這樣的法理為根基的法律體系，不可能被中國人信仰，中國人都看不懂，還怎麼信仰？

其實，現代諸多人文與社會科學是需要儒學提供一些基本預設，提出一些基本思維方式的。這就需要儒學做出回應。儒學需要進入這些知識體系中。那麼反過來，這些知識也會進入儒學體系中，儒學可由此豐富自己。也就是說，在我看來，中西相互闡釋的具體形態就是儒學與當下各種人文、社會科學的相互滲透、會通。也許，當儒學真正實現復興的時候，就是儒學不復單獨存在的時候。它無所不在，所有學者都是儒生。到了這個時候，中國思想、學術之主體性，才算確立。

姚中秋　弘道書院山長，北京航空航天大學人文與社會科學高等研究院教授

我為什麼要參與「親親相隱」問題的討論

梁　濤

　　前兩天任鋒打電話，邀請我參加本次活動，請我談談「親親相隱」的問題，但我覺得這個問題沒什麼好談的，故打算講儒學復興中的經學研究問題，正好最近出版一本小冊子，是講「新道統」和「新四書」的問題。不過剛才林桂榛、陳喬見都提到「親親相隱」的問題，我也談一些看法吧。

　　「親親相隱」的爭論，剛開始我並不是十分關注，後來有一次在中國社科院宗教所開宗教論壇，很多人提出你作為儒家有必要對這個問題做出回應，於是我就比較仔細地查閱了相關的討論，結果發現其中的確有很大問題，尤其是他們的論證方式。劉清平對於儒學的批評固然是簡單、外在的，但儒家學者對「親親相隱」的辯護方式並不足以說服對儒學不瞭解的人，另外，雙方在作為討論基礎的文字方面下的功夫也不夠，對很多作為討論前提的字詞、字義的理解並不是很準確。比如說「隱」字，什麼是「隱」？剛才有討論說「隱」是知情不說，那麼隱瞞也可以是知情不說，還有更激進的包庇，採取行動，這樣的行為算不算是「隱」？還有就是「證」字。「證」是主動告發的意思，這和官府來詢問，我如實回答的情形又有所不同，程度顯然不一樣。

　　當然，核心的問題並不在這裡，而在夫子「父為子隱，子為父隱，直在其中矣」這句話。劉清平認為「直」是「普遍正直的原則」，他認為儒家突出血緣親情，將其置於社會道義之上，其根據就在這裡。在這一點上，郭齊勇先生的理解與劉清平差不多，他是把「直」理解為正義、誠實、公正。這樣，在認為突出血緣親情，將其置於社會道義上，二人的認識是一致的，所不同的是，一個認為很好，一個認為很壞，這是事實判斷是一樣的，而價值判斷不一致。這樣大家就陷入到立場之爭，你可以講你的道理，我可以講我的道理，誰也無

法說服對方。這裡有一個問題：作為一個儒家，一旦他的親人做了什麼不好的事情，他在為親屬隱瞞之後是否可以心安理得、內心沒有焦慮、衝突？顯然不是的。從《論語》、《左傳》以及新出土文獻中我們可以看得很清楚，儒家不是這個態度，所以「父為子隱，子為父隱，直在其中矣」的那個「直」字只能理解為「直情」。

在《論語》裡，孔子提到「直」的地方有二十二處，其中有的地方講的就是「直情」，有的地方講的「直行」，而作為孔子理想中的「直道」就是把兩者統一起來，既有率真之情，又有正直之理，這是最理想的直道。「直情」意義上的「直」，《論語》中出現了兩次，顯然「直情」就是人的率真感，是人的真實感情。孔子所謂「父子相隱」是針對「其子證之」說的，兒子去告發父親顯然不合適，在這裡互相隱瞞才是真情流露。不過除此之外，還有一個問題，就是孔子對於「其父攘羊」應該如何回應？事實上，孔子主張兒子要勸告父親。既然如此，如果孔子認為「其父攘羊」是絕對合理、公正、正義的行為，那為什麼還勸他？道理上講不通。首先要向父母進諫，那麼父母不聽怎麼辦？所以我在一篇文章裡面就根據出土文獻指出孔子實際上主張一旦兒子勸諫無效，就應當「隱而任之」，主動把父親的過錯承擔起來，這樣既照顧了親情，又維護了普遍正義，這種兼顧情理的中道立場可能更符合儒家的真實態度。我文章出來認可我的很多，關鍵儒家認可、自由派認可，當然也有部分儒家同仁不是很認可。

這裡邊還有一個問題，我這個文章出來以後，引起對「親親相隱」問題討論的一個轉向，大家認為可能以前理解錯了，都是想往「隱」字上做文章，比如廖名春教授把隱解釋成「糾正」，他也認為郭齊勇先生對《論語・子路》章的認識實際與劉清平是一致的。又比如臺灣中央大學的岑溢誠教授把「隱」解釋成「隱痛」，父親為兒子感覺到心痛、兒子為父親感覺到心痛，「直在其中矣」。還有更新的說法，這些說法我認為都不準確。但是這裡邊至少反映了一個問題，即對這個問題的認識發生了一些變化，大家開始注意到認為我們可能沒有真正理解《論語》中孔子那句話的內涵。郭齊勇先生主張將「親親相隱」寫入刑法，這個我也是認可的，沒有問題。但是這裡面有一個問題，任何民族

都承認親親相隱有普遍價值，但我們也不能忽略另一方面，其實很多國家也認可親屬作證的義務，也有這方面，我們仔細看刑法也有很多規定，沒有說父母不可以作證，包庇窩藏也沒有把親人排除在外，這裡邊其實還是一個中道原則。你認為合理就出現問題，比如親人一方做嚴重危害社會安全的事情，比如像天安門爆炸這樣的事情，作為親人你如果事先知道，是一定知情不報，還是有責任和義務來承擔起你的社會責任？如果認為凡是與親情有關就應當隱瞞不報，道理上講不通，你把社會道義放哪裡去？我不是法律專家，我請教過很多搞法律的人，很多國家法律都有這樣的規定，一定二者之間保持中道，這是我講的立場。

現在我們來看孔子就是這樣的態度，以後古代刑法也是這樣，犯了謀反、謀逆之類的大罪，如果知情不報一樣會受到嚴懲，事實上今天刑法也是這樣規定的。把「親親相隱」寫進刑法我認可，但我們需要搞清楚它背後的理據是什麼？是出於對人類天然情感的保護，還是認定「親親相隱」作為一種正義、正直、誠實的行為而具有絕對的合理性？正如孔子所說，「直」是一種真情流露，對源自天然的親情予以適當保護是必要的，但不能絕對化，這才是儒家的態度。有關「親親相隱」的長期討論解決了不少問題，確實很有價值，但是一個最核心的前提上，大家其實並沒有什麼差別，無非是價值判斷截然相反，你找一個理由我再找一個理由，這樣可以無窮辯論下去，但是解決不了問題。

梁　濤　中國人民大學國學院教授

推動儒學復興，凝聚儒門力量

唐文明

　　我只講一講對《儒生文叢》這套叢書出版方面的一些意見。特別遺憾的是這套叢書及《儒生》的主編任重兄沒有來。首先，我要向叢書的幾位作者和主編表達我衷心的祝賀！這套叢書的意義我在去年《儒生文叢》第一輯出版座談時也說過，最基本的是兩個方面：一是反映儒學復興的狀況以及與儒學復興相關的一些思考；二是通過叢書出版這件事，凝聚儒門的人氣和力量。

　　這一輯的形式基本是個人文集，裡邊的很多內容非常有意思，反映了當下中國社會關於儒學復興的很多有現實意義的話題，可以說現實感很強。不過，我還是覺得有一些方面有繼續改進的餘地。

　　首先，《儒生》和《儒生文叢》的定位似乎還是不夠清晰。上次我已經講我的意見表達得非常充分了，就是說，我覺得儒生書系應該定位在民間，而不應定位在學術界，或者說，定位在儒家復興的實踐領域。這有兩方面考慮。一個方面，儒家學者身處學術界，可以充分利用學術界的資源，特別是個人文集的出版，完全可以利用學術界的資源。另一個方面，從目前的情況來看，如果《儒生文叢》定位在學術界，那麼，第一很難反映學術界的新成果，第二反而使這套叢書變得不重要，因為儒家復興這個主題和大學人文學科的研究狀況可以說在很大程度上是非常不同步的。在這方面，學術界是走在了民間的後面而不是前面。所以我覺得，《儒生文叢》接下來如果要再做的話，一定要使自己的定位更加明確。我知道這套叢書過去做得非常艱難，特別是主編任重兄，非常不容易。現在既然有弘道基金支援，相信以後會得到更多的支持，應該更正規一些了。定位明確在民間還可能釋放出一些力量，比如這一輯有一部分古文寫作的內容，就非常值得嘗試和鼓勵，這是不需要考慮現代大學人文學科的限制的。

　　其次，《儒生文叢》的策劃還可以更加主動、更加有力。上次我也講過，一定要設定議題，這才符合策劃之名。把中國社會裡與儒學復興有關的重要議題提出來，把相關的思考、特別是前沿性的思考呈現出來，《儒生文叢》就能夠取得更大的成功。如果只是採集式的組稿模式，就比較被動，難以發揮更大的作用。關於這一點，我還是要建議，《儒生文叢》盡量不要出個人文集，最好是以專題為主。

　　第三，編輯把關還是要更嚴格、更嚴謹一點，標準也不能太低。

　　總之，希望這套叢書能夠越辦越好！

　　　　　　　　　　　　　　　　　　　　唐文明　清華大學哲學系教授

大陸儒家的價值自覺與積極應對

任劍濤

今天的發言安排上有點怪，讓人憋得難受。主要是許章潤坐在旁邊，我一直搶不到發言機會。我覺得奇怪的還不僅僅是這點，這一發言單元，由家國天下變成校園文化，發言者全都是中國人民大學的；第二比較奇怪的是，主持人任鋒明顯想搞成兩派對立，自由派和儒家派，我對外說自己是儒家學者，結果被剝奪資格，被歸入自由派陣營。第三就是感覺失語，秋風今天發言的表態，表得比較好，把「火」滅了，而我想表揚秋風的話，也被許章潤說了。

我的評議，想說的東西，就不得不換一些詞兒說。我想將我的發言簡單歸納為六個字。

第一，從「主題」上看，《儒生文叢》究竟想做什麼？這套叢書的重要標誌，就是特別強調價值認同，這是《儒生文叢》跟此前包括陳明所編的原道叢書定位，一個很大不同的標誌，不談價值或者侈談價值的時代，怎樣定位著作者的鮮明價值偏好，是很重要的。因為大家都以為，價值多元就是價值混亂。其實這是錯的。所謂多元，就在於各個有價值偏好的人，站在自己價值立場上，能夠把自己的看法談得清楚。在一個完成價值重建的時代，儒家中人與儒生的任務，就是明白曉暢地申述自己的價值偏好。就此而言，《儒生文叢》算是價值自覺的產物。在主題來講，不管力行派還是書齋派，這套文叢表明，儒學在主題意識有一個轉向，儒家不再隱諱表達自己的某種價值立場，或者擔憂表達這個立場就被社會所拒斥。像陳明當年在中國社科院受到打擊，可以說以這套叢書的出版為標誌，一去不復返了。這是一個重大的轉變。

在主題上看，因為儒家要參與當代中國思想創生，要闡明其中的關鍵問題，因此應該學理回應和社會回應雙重意識確立起來。儘管當代儒學的生態，明顯是力行派壓倒學理派，但我認為，大陸儒學首先應把港臺儒家學理承接過

來。港臺儒家做了非常了不起的事情，因為他們面對西學壓力和西力壓力，自覺承擔起了應對學理壓力的責任。需要強調，現代儒學面對的不是一重壓力，而是兩重壓力。假如儒家在現代學理上不立起來，就無法成功回應西學壓力，一切言述，就是自言自語。至於儒家力行派怎麼有效地行？我以為也應該多元應對。譬如成立從省到縣的儒家學會、建立書院、組織論壇、介入社會活動等等。但毫無疑問的是，儒家的重建，應當從實踐和理論兩個方面回應外部壓力。我覺得，《儒生文叢》對當代中國思想創生、雙重壓力的應對，都有積極表現。但叢書作者代表的發言，基本屬於書齋派言論，儘管張晚林在湖南有力行的嘗試，但畢竟你還是大學教授，社會影響有限。儒生怎麼做到對西方的理論和實踐共同回應，還是一個問題。當年在世界歷史上出現所謂德國時刻的時候，德國古典哲學對之的理論回應，是真正世界級的回應，產生了世界性的反響。可見理論建構是非常關鍵的，沒有這個東西不行。另一方面，浪漫派的回應也是不行的，儘管不能說浪漫派的主張導致了德國納粹，但要避免相關走向。肯定《儒生文叢》出版具有鮮明的時代意義，但我們這個時代不是滿足於時代回應的時候了，需要突破時代的侷限，超越時代的回應，才是對各位更有挑戰性的期待。我相信儒家的回應，可以呈現普遍性和特殊性同具的卓越性。我歷來反對把儒家特殊化。

　　第二，從儒學「譜系」上看，《儒生文叢》的出版是一個很大變化的標誌。今天作為作者代表發言的三位，是儒生的中堅力量，將會在儒家當代譜系中佔有位置。一九四九年以來大陸的當代儒學，經過了三次轉化，出現了三代學者。第一代人可以稱為「紅儒」，最重要的代表當然是李澤厚和龐樸，張岱年、方克立也是紅儒。紅儒一代的理論標誌，是以馬克思主義的辯證唯物主義和歷史唯物主義作為理論支撐，並用以解釋儒家學說。第二代可以叫「粉紅儒」，代表人物就是三位發言人的導師郭齊勇、陳來、李宗桂這一批六十多歲的學者。所謂粉紅儒，一指他們受教於紅儒，二指他們立學初期的價值根底，三指他們與國家的親和性。粉紅儒的出現，是八九事件的後果。八九事件以後，中國學術界沒有辦法再凝聚成一個陣營，官方沒有辦法重組意識形態權威，於是道術分裂，各自尋找價值信念，這一方面驅使知識界自我尋找價值標

準，另一方面確立新的價值信念。目前走得最遠的應該是郭齊勇兄。我認為，今天發言的諸位，已經進入大陸儒學發展的第三代。這一是從輩分講的，二是從主張上講的。以你們出版《儒生文叢》為一個標誌，一種比較鮮明的儒家立場建立起來了。雖然你們的這種儒家情懷將來會怎麼樣？知識建構的成就會怎麼樣？對來自不同價值立場的人、甚至來自儒學內部的人都還有不同看法，但說秉持儒家立場的學者出現了，還是能夠成立的：今天儒家有獨立的價值主張，有知識自覺的承擔。《儒生文叢》出版討論會，應該作為思想史事件記錄下來。

第三，在「問題」意識上，今天所討論的問題，非常豐富，層次非常鮮明。儒家學術圈內部，從微觀的文字、詞章到巨集觀的義理，都有討論。在現場，林桂榛和梁濤就「親親相隱」有互動，陳明與秋風就儒家是不是宗教也有不同看法。這證明儒家內部是有張力的。我覺得這種張力是好的。晚明儒學內部是缺少張力的，只有一些儒家學者像李贄，是沒有辦法解決儒學現實介入問題的。以現實生活方式反抗政治壓力，結果連自己都犧牲掉了。如果儒學內部沒有張力，理論闡釋就沒有活力。儒學積極應對外部挑戰，需要剛烈的理論性格。但僅僅是金剛怒目的感覺，雖然可以被表揚為有儒生氣象，但是像孟夫子一樣，凌厲氣有餘，敦厚象不足。

整個說來，在儒學發展問題上，今天有一個重要的進展，就是把問題的擴展，從家、國、天下宏觀統納。但在邏輯上講，理論的自洽性還不夠。家、國、天下的分別呈現是自足的，但由家而國的邏輯還需要推敲。至於國家情懷，還是過強，儒家建構與國家意志聯繫得還過緊。這時，一個問題便凸顯出來，超國家意識怎麼辦？亞洲怎麼辦？天下怎麼辦？如果將天下、國家向家庭遞歸，家本身如何化解「濃情化不開」的親情血緣關係？其對社會建構會不會有負面影響？這都是需要進一步考慮的問題。儘管對之可以正面闡釋，但負面的難題不能迴避：今天中國困於血緣關係，是不是跟儒家太過重視家庭價值有關？比如太子黨的問題，就是因為困於家庭關係，很難建立抽象規則。人們可以把家庭談得抽象，處理得非常棒，但家庭血緣關係與人的家園感不是一回事。從家到國家再到天下，遞歸性的解釋需要自洽，不要把家說成一朵花，這

樣的話，儒家的邏輯自洽性會有問題。不是說這些問題會顛覆儒家立論，但需要儒家給出更有公共說服力的論證。

任劍濤　中國人民大學政治學系教授

文字背後的使命感與政治倫理關懷

程　農

　　我不敢以儒生自居，但是從九十年代到今天，作為讀書人我還是從整個儒學復興中獲益。我是學史出生，一開始完全是從歷史的角度看待儒學，將儒學理解為歷史的現象。然後從新儒學那裡知道要從內在的理路看儒學，不過重點侷限在心性儒學。一直到一九九五年看到蔣慶先生的《公羊學引論》，才開始意識到政治儒學的問題，才去看了公羊傳，翻了康有為的《託古改制考》。所以我對儒學理解的進展是直接受益於儒學複習的。

　　但是為什麼我不敢講自己是儒生？我完全找不到信仰的感覺，儘管斷斷續續一直接觸這個東西，我想我現在可能更像史特勞斯所描述那個狀態，即復活古今之爭，問題被復活了，原來只是當作歷史知識的那些思想，有可能有真正的智慧或者真理成分在裡邊，我現在要認真對待他們，努力體會他們。但同時我對其他非儒家的重要思想也同樣要認真對待。

　　我能感受到談儒學復興的熱情。我看了秋風兄的《儒家憲政主義傳統》，其他幾本書挑的翻一下。從我學史的背景，以及描述的那個狀態，很容易感受到任劍濤說的學理要深入的問題。學理上挑剌是很容易的，同時我又意識到，這樣挑剌似乎沒有意義，你們文字是使命感的文字，是一鍋開水滾的東西，學理上挑剌有意義嗎？但畢竟準備說這個，我就簡單說吧。

　　第一個是看秋風兄關於《儒家憲政主義傳統》一些文字，也補充看了蔣慶先生的《政治儒學》。我強烈感覺到不同的路數攪在一起，作為讀者有彆扭感。比如，你們說儒家思想意圖抑制君權，或者抑制絕對君權，這個表述把儒家思想從倫理談問題的路數，與現代談制度約束權力的路數攪在一塊說。權力根本上是一個現代概念，是在現代思想語境裡和在現代社會科學語境裡的概念。當然，我們可以運用現代社會科學的概念來分析古代的事情，但這是從外

面來分析，是將古代的事情客觀化為對象來分析。但如果談論儒家思想，是從內在理路上談問題。這兩個路數攪在一塊就會產生彆扭感。收在《儒生文叢》第二輯的張晚林著作《赫日自當中：一個儒生的時代悲情》，書裡有一篇評論說明三綱五常倫理的正面意義。他的觀點是認為不能用權力和服從這樣的概念來理解三綱五常，綱常倫理談的是道德之理。這個我們同意。但這個例子與君主問題的例子正好可以構成對照。談論儒家的君主理解或者封建理想，也同樣不能隨意使用現代的權力與專制的概念。我舉一個例子，張載《經學理窟》談封建，他設想先弄井田，井田制度的基層管理人員叫田大夫，其中挑賢者就可以予以封建，為什麼封建？因為事情簡單就好治理，但他緊接著說如果有周公這樣的大才，能夠「攬天下而治之精」，就可以不封建。可見他講封建不是為了什麼限制絕對權力。一人統治的制度本身不是問題，關鍵是什麼樣的人統治。

再比如蔣慶先生政治儒學講的三個合法性，前面兩個沒有問題，第三個談儒家能夠給政治秩序提供歷史文化的基礎，裡面一邊說儒家是天地之常經，古今之通誼，一邊說是儒家是中國民族的歷史文化。這是兩種表述攪在一起說。典型的文化概念、民族概念、社會概念都是十八世紀的產物。文化概念牽涉到現代的歷史主義，相對主義，民族國家等問題。這樣兩個路數不應該就這麼合併到一起，而應該對它們的關係有一個處理和討論。

第二個談談秋風兄書的最後兩篇文章，就是以張君勱為主要案例，想論證真正的儒家與現代憲政存在某種內在的聯繫，或者說真正的儒家在近代中國反而最能堅持對憲政的追求。近代政治思想裡能避免激進和非政治的選擇，而比較中道追求憲政路數的人，典型地你會發現他實際具有儒家精神或者儒家思想背景，你大概想證明這麼一個邏輯。但從史實上說，要證明這個看法，必須高度選擇性地使用材料，對不太協調的內容都置之不顧。比如說你在論證的時候引用徐復觀一段話，因為徐復觀把儒生區分三大類，其中儒林傳統是最理想的，最貼近所謂儒家整體規劃傳統，但是你引徐復觀的一段話，說近代特定情形下，有儒林傳統的心態者在不能適當運用其理性的情況下，反而可能轉向共產黨的激進主義。（姚中秋插話：沒有吧？）也許我理解得不對，但原文似乎是這樣的。第二個例子因為你論證現代新儒家能夠以政治的方式追求憲政，而

這種政治性與儒家傳統直接有關。所依據的是張君勱與梁漱溟兩個典型例子。但梁漱溟的救國方案在整個現代中國思想裡不僅典型地非政治，甚至反政治。他說無論國民黨還是共產黨的實踐都證明，直接從政治上想走通救國之路沒有前途，必須從基層鄉村建設做起。梁漱溟後來參加民盟等政治活動，是策略性的，因為無論日本人入侵、還是內戰使得他的根本解決辦法缺乏起碼的實施前提。

秋風兄說張君勱等的政治性，主要指關懷根本政治制度和結社行動的那種政治性，但這個問題繼續展開，會涉及到更根本的政治性問題。即在現代中國動亂無序的狀態裡，追求憲政的政治活動難以直接進行，實際需要更根本的前提條件才有可能。自由主義者在三十年代的「民主與獨裁」的論戰裡辯論建國與憲政的關係，直接觸及這個問題。自由主義在原理上具有非政治的品格，認為社會有自組織的功能，有限政府只是維護規則的守夜人。但也許恰恰是從這樣的非政治式的立場，自由主義者們才在三十年代內外危機的形勢下，比其他派別更能敏感到那個更根本的政治性問題。

秋風兄文章最後說的近代思想史能看出來總是一波激進之後就有保守但建設性的思想的興起，辛亥革命之後，國民革命之後，最後是中共革命到今天，都是這樣。秋風兄的原意是激進之後才回到正道，但是我們也許可以問，在激進的建國政治與隨後憲政式的努力之間是否存在更積極的關係，因而對儒家與政治性的關係存在著其他方面的問題。

我充分意識到你們文字背後的使命感與政治倫理關懷。說這些問題只是期待在觀點上你們可以更有力，更能正視各種差異與緊張的表達。

程　農　中國人民大學政治學系副教授

政治儒學的新方向

張　旭

　　《儒生文叢》兩輯我拿到之後拜讀了一遍，令我比較感興趣的是第一輯中的《儒教重建》和第二輯中的《政治儒學評論集》。從這兩本書來看，整個《儒生文叢》的立場基本上是圍繞蔣慶的「政治儒學」來組織的。不過在我們這次會上，我卻感覺到蔣慶的政治儒學後來那種日趨閉塞的原教旨主義的取向並不被大多數學者所接受。今天在座的幾位學者許章潤、任劍濤、姚中秋、陳明等所表達的立場，都是比較開放和開明的立場，這也糾正了我對一些政治儒學學者從文字中得到的模糊印象。

　　我首先要談的一個問題是政治儒學中出現的兩種取向，一種取向是「學院派」，另一種取向就是「力行派」。當然，這兩個概念可能並不妥當，我權且簡單地借用這種區分，好接著前面秋風的講法繼續講。「力行派」的立場可能出於很多重因素，有的出於儒教的宣講傳教的立場，有的出於走向社會儒學或民間儒學的實行行道的立場。我看到，很多政治儒學學者都傾向於「力行派」立場，認為在大學裡搞儒家的「學院派」在政治儒學上那是沒有指望的，他們不能理解政治儒學的抱負。政治儒學的生長點實際上在大學的學院之外，在民間，在社會中。這種講法可以理解，但很成問題。前面秋風講，儒家的根本還是在「儒學」，這個講法與他自己在書中的一些表述還是有很大的不同的。講儒家的根本在「儒學」，而不在於「儒教」或「力行」，並不是否定政治儒學在社會實踐中的意義。的確，「力行派」可以糾正「學院派」過於哲學化和學科化的傾向，在社會實踐中，同時也在個人的實行體悟中，去深入理解儒家學說的工夫與實踐因素以及儒家學說的社會政治因素。但是，儒家的核心畢竟是「儒學」，是對儒家經典與儒家文化的傳承與創造性轉化，是嘗試從儒家的教誨和立場以及儒家文明的視角去思考我們今天遇到的問題。儒家不是對神聖啟

示救贖原罪的信仰，也不能提供什麼「靈性復興運動」的資源，儒家的工夫與實行和宗教的信仰與傳教有著本質的不同。儒家的根本和生命力在於「儒學」，在於士大夫或者有傳統士大夫情懷的人們對社會責任和文化使命的承擔，而不在於所謂的「儒教」及其宗教活動。沒有「儒學」的復興與開拓，沒有「大儒」或儒家學者群體的興起，「力行」是沒有方向行之不遠的。儒家的復興主要還在於「儒學」，在於能不能把儒家在政治哲學上「極高明」的東西講出來，講得比較令人信服，講得比西學的東西更切合現代中國人的生活處境和現實處境，甚至講得比西學的東西更深刻。不能用「反正我信了，你信不信由你」的態度自欺欺人。如果儒學講不出來什麼高明的東西，講得也不能令人信服，光靠對儒教的信仰或文化自覺或「力行」實踐是不夠的。文化的自信力不是單憑對文化的信仰和良好願望就能確立起來的。儒家的根本還是在於「儒學」，當然，其中的政治儒學是儒學中最有活力的部分，而首先不在於「力行」或推行「儒教」信仰。這是關於政治儒學的一個基本問題。

其次，我想要談的是政治儒學中的開放與保守的心態問題。所謂的「心態問題」，一方面是隨著儒學和西學在學問和體認上的常年積累，逐漸產生了中西學問力量對比情勢上的變化，一方面是時代變遷的風雲際會，還有一個方面就是政治哲學場域中各種立場分化日趨明朗所導致的態度和心態的變化。前面的幾位朋友也講過，從上個世紀九十年代以來，經過二十多年的歷練，「大陸新儒家」已經慢慢擺脫了上個世紀八十年代對「港臺新儒家」的學習和依賴，從無到有，從一兩個人發展到幾個群體。這期間最重要的變化還是心態上的變化。港臺新儒家及其學說都充滿了「悲情」的心態，這一方面由於他們痛失大陸的文化神州有關，另一方面和他們的「內聖開出新外王」的綱領有關。所謂「內聖開出新外王」的綱領實際上是繼承了五四運動的基本取向，承認西方科學民主的新外王的優先性，要讓儒家在這個「新外王」的歷史挑戰面前證明自己能與新外王相容。正是這種委曲求全的取向導致了港臺新儒家在中西衝突中的「悲情」心態，不管如何奮起努力，心中實際早已全盤接受了儒家在西方現代性衝擊下全面潰敗的前提。「大陸新儒家」的興起最重要的一個事件就是上個世紀九十年代蔣慶以公羊學的「政治儒學」批判牟宗三的「心性儒學」，起

到了對港臺新儒家進行清算的作用。沒有蔣慶提出的「政治儒學」的轉向，「大陸新儒家」恐怕一時還不能擺脫對港臺新儒家的依賴，找不到自己的方向和信心。今天「政治儒學」在大陸新儒家這裡已經發展得蔚為大觀，蔣慶當初所做的工作居功至偉。

然而令人頗感遺憾的是，蔣慶本人的「政治儒學」後來發展到以建立「儒教」、設計「三院制」、推動「王道政治」為主的方向上去了。這個取向在當下現實的語境中無疑是非常非常激進的。也正是這種激進主義的實質，使得蔣慶的學說遭到了全面的抵制，響應者寥寥。在《政治儒學評論集》中我們可以看到來自儒學內部和外部以及中立立場三個方面對他的批判。對蔣慶的學說的抵制在很大程度上是人們不願意接受蔣慶那種激進主義的烏托邦。這種烏托邦背後多少仍然未能擺脫一種儒家處在末法時代的悲情心態。此外，這種不切實際的儒教重建和王道政治將很多同情儒家的人擋在門外，一方面他的學說不能以理服人，一方面他的立場心態又陷入到一種自說自話的閉塞狀態之中，全然不管儒學在面對現實問題與面對各種學科知識的研究中所遭遇種種困難。這些困難既有學理和話語上的困難，還有處理現代社會各種現實問題的困難。如果政治儒家能深切體會到儒學在自我表述和以理服人上所遇到的各種困難，如果政治儒學學者能有一個中道的、自信的、對左右兩派開放的心態，而不必採取像蔣慶那種既極端保守與又極端激進的姿態，或許對儒家事業的開展會更有利一些。蔣慶曾經推動了大陸新儒家的興起，但是現在看來，他不再能推動政治儒學的健康發展了，他已成為一個必然要被超越的「路標」。

我接下來要談的第三個問題就是，政治儒學現在出現了超越蔣慶的政治儒學方案的新方向。剛才任劍濤講大陸新儒家已經經歷了三代人，我覺得這個講法中落下了一代，那就是比你更年輕的少壯派一代。這一代人現在做得風生水起的要數來自上海的一群學者，我們可以把他們稱作「海上新儒家」。目前這一「海上新儒家」群體看起來代表了政治儒學的新方向，蔣慶的「儒教憲政」或者其他人的「儒家憲政」相比之下就像是一套過時的方案了。在「海上新儒家」群體中，又以深受蔣慶的公羊學影響的曾亦和郭曉東為代表，他們的政治儒學是更有代表性的一種發展方向。

　　曾亦等「海上新儒家」的政治儒學與蔣慶的政治儒學的根本區別何在呢？首先，他們在經學的大方向上推進了蔣慶的公羊學的研究，但他們的經學研究的路數又不侷限於公羊學，他們也會旁及三禮之學以及經學的其他門類。蔣慶在《公羊學引論》之後在經學研究上就沒有什麼實質性的進展了，其結果就是，據稱是得到了「公羊學的精神」，其實並不一定符合公羊學的義理。此外，儘管他們的側重點在公羊學上，但是他們並不認同簡單將「政治儒學」就等同於公羊學一脈正統單傳。顯然，蔣慶當初在「心性儒學」和「政治儒學」之間做出區分時，並未充分考慮到這種政治儒學的觀念是否以及在何種程度上已經限制住了和扭曲了儒家的政治哲學傳統。儒家的政治哲學或政治儒學不可能僅僅侷限於公羊學一統獨尊。如果按照那種原教旨主義的政治儒學，恐怕連余英時的《朱熹的歷史世界》都不能被當作政治儒學之作了，它不過是一種北宋政治文化史的實證研究之作而已。

　　其次，他們對儒家在制度建設上的理念與蔣慶的政治儒學的理解與闡釋模式有很大的不同，這一方面涉及對儒教的態度，另一方面涉及儒家制度建設的理念與方案。我先講蔣慶的政治儒學的制度設計的爭議性，然後再談曾亦等人的新思路。

　　蔣慶的政治儒學有一個根本性的焦慮，也就是所謂的「制度性焦慮」。就像余英時以及我的同事干春松的研究所顯示的那樣，「制度化的儒家」以及儒家所依託的政治制度與文教制度，統統都解體了；儒家的主要承載者的儒生和士大夫，作為一個階級也已經解體了。而且，在現代社會的衝擊之下，儒家的解體比任何的宗教都更徹底。「制度化的儒家」已成了博物館的化石了，現在寄託在學院中的儒家成了不絕如線的一縷「遊魂」。儒家要想復興，就要尋求制度性依託，這是大陸新儒家興起以來最焦慮的事情。然而，最值得疑問的是，儒家的制度性支撐是否需要一種宗教的建制，即儒教；是否需要一種新的載體，即儒教徒或儒教士，甚至還要賦予給這個尚不存在的虛擬群體以拯救儒家甚至是拯救儒家文明的使命。儒家的儒教化能否為儒家找到制度性支持呢？人們不禁還要問，這套制度設計在何種程度還是「儒家」的？可以說，最早提出這套設計方案的是康有為，他試圖效仿路德的宗教改革的壯舉，建立儒教來

實現保國保種保教的目標。蔣慶試圖重建儒教的動機也與此相似。因此，我們可以將蔣慶的儒教重建的路數稱為「新康有為主義」。

我們且不談康有為本人創設儒教的問題，這方面曾亦、唐文明、干春松等人的爭論已經把問題展開得相當充分了。蔣慶的「新康有為主義」其實是一套非常西方化的方案。從根本上來說，蔣慶的「儒教憲政」無論如何都擺脫不了對「基督教憲政」的效響。然而，「基督教憲政」這個一度在中國學界非常流行的概念，是對西方政治思想一知半解空想的產物，因此「儒教憲政」就顯得加倍的狂想了。第一，蔣慶的政治神學的思路是非常「不儒家」的。蔣慶早年曾受劉小楓之邀翻譯了一本基督教政治神學，這可能是他的政治神學隱秘的思想淵源。儒家會像西方那樣單獨提出一種神聖的合法性的維度嗎？如果有天命所歸，那也是天子或君。至少儒家不會講政治的神聖合法性的承擔者是儒生。第二，蔣慶的三院制的設計也是非常「不儒家」的。這可能與蔣慶仍未擺脫其早年某種根深柢固的自由主義理念有關。儒教憲政的三院制設計堪稱是古今中外未曾一見的「理論怪胎」。試想，基督教教會會希望自己成為議會建制中獨立的一院嗎？再試想，儒家傳統政治制度及其理念中何曾有過這種如此荒唐的制度設計呢？這種深受基督教政治神學與西方自由憲政影響的「理論怪胎」，我們翻遍《通典》，查遍公羊家著述，包括廖平和康有為的著述，恐怕都找不到。第三，蔣慶的「儒教憲政」方案的前提還是「儒家的宗教化」，這條「新康有為主義」路線也是深受基督教影響的。它一方面以基督教作為假像敵人，一方面為了與這個假想敵人針鋒相對又不得不以基督教的教會制度作為自己的範本。基督教的教會在西方存在近兩千年了，而儒教自古以來就不曾有類似西方教會式的建制，現在想要完全憑藉人力去建設一種本是自發而非人力所能為的「宗教」，其癡心妄想的程度可想而知。

像唐文明等人可能會說，儒家的宗教將不同於基督教的宗教，儒教本來就有自己的教，它的原則是「敷教在寬」等等。但是，這種觀點的「新康有為主義」立場與蔣慶基本上是一致的，那就是認為儒家應對的主要挑戰不是來自以科學與民主為核心的現代西方文明而是來自基督教，儒家的復興在於儒教而非儒學。前面秋風也講過，他非常不同意把儒家進行儒教化，他認為將儒家變成

「儒教」，變成我們現有的五大宗教之外的「第六大宗教」，那不是把儒家發揚了，而是把儒家畫地為牢地「做小」了。把儒家進行儒教化那是一種「小人儒」的儒家而非「君子儒」的儒家。搞不好把儒家弄成一種烏煙瘴氣的半民間宗教和半官方宗教的雜交，或者弄出一個不中不西、不古不今、非驢非馬的東西，恐怕到時候那些「新康有為主義者」就成了儒家的罪人而不是儒家的功臣了。新康有為主義者，就像康有為當年一樣，可能心裡面極其羨慕基督教在西方社會中或在現代性建設中的重要角色，另一方面又對儒家在傳統中國中那種文化整合的強大功能不能忘懷，因此就有了他們的刻舟求劍的「儒教憲政」或儒家的儒教化的狂想。

實際上我們仔細考察一下就會發現，秋風的「儒家憲政主義」與陳明的「儒家公民宗教說」都明確抵制蔣慶的「儒教憲政」方案。我們可以把秋風近兩年在做的「儒家憲政主義」稱之為「新梁啟超主義」，以與蔣慶的「新康有為主義」路數相比照。不過在此我不想對它做進一步的討論。我還是回到曾亦與郭曉東等人的政治儒學的取向，他們與新康有為主義的「儒教憲政」或新梁啟超主義的「儒家憲政」的取向都不同，顯然，無論是新康有為主義，還是新梁啟超主義，這兩種「憲政化」的路數都太西方化了，都是以西方的制度為範本，都不是從儒家自己的政教制度和政治觀念的傳統資源出發，探討當下語境中儒家的政治性關切。他們都是為了「憲政化」而犧牲了儒家自己的政治觀念和政治制度的傳統。在《何謂普世？誰之價值？》一書中，曾亦和郭曉東等人是從書院制、科舉制、宗族和家庭等角度探討儒家的制度建設問題，而根本沒討論「儒家憲政」或「儒教憲政」的問題。一言以蔽之，憲政的觀念本質上是以公民個體為本位的，也就是以個人自由為本位，這是儒家的政治傳統中很難與它接合之處。在他們看來，「儒家憲政」或「儒教憲政」這套路數，一方面對西方政治制度和觀念的弊端估計不足，另一方面對自己傳統的價值認識不夠。因此曾亦在《君主與共和》中提出，「人類社會就其理想而言，必須限制自由，以便為自然留下地盤」。

什麼是曾亦所講的「自然」呢？曾亦在書中從兩個方面討論了儒家政治中的「自然性」：一個是君主制，一個是宗族自治。這兩種在現代社會中根本不

可能再恢復的制度，實際上是儒家的政治觀念的體現和載體，也曾在很大的程度上體現了某種人類社會普適的政治價值。最近的確有一些學者，比如北大的海裔，頗為中國在晚清民國之際錯失君主立憲制的機會而無限惋惜。不過，曾亦並不認為恢復君主立憲制還有任何可能。當然，重建宗族自治還是有一些指望的。他想要做的主要在於，通過君主制與共和制之爭以及宗族自治，來指出儒家的政治觀念是什麼，它的合理性、普適性，或者用他的話說，它的「自然性」是什麼，我們在現代社會的建設中應該如何限制自由以便為這些「自然」的要素留出足夠的地盤。正是基於這種考慮，曾亦等人並不熱衷憲政化的方案，也沒有提出像蔣慶的新康有為主義那種激進主義的烏托邦設想，儘管看起來君主制與宗族自治也已經是歷史了。

　　不過，曾亦等人在「夷夏之辯」的問題上倒是與蔣慶有一脈相承的淵源，這一點能看出來他們深受蔣慶所推崇的公羊學的影響。曾亦等人不再糾纏於「中體西用」或「西體中用」或「互為體用」問題，也不接受看起來較為現實的「馬克思主義的儒家化」方案，而是直接提出要「辟異端，除雜草」。這裡所說的「異端」，不僅是自由派和新左派這左右兩派的異端，而且還有「港臺新儒家」的異端。這個立場倒是一反過去一個世紀以來儒家那種防禦性的甚至是怨恨性的保守主義姿態，搖身一變而成為一種「戰鬥的文化保守主義」。這種「戰鬥的文化保守主義」不僅是一種政治儒學的新姿態，而且也極有可能會成為未來政治儒學的新方向，成為「儒家與當代中國思想的創生」的一個生長點。

　　　　　　　　張　　旭　　中國人民大學哲學院副教授

儒家與自由主義大同多於小異

高全喜

　　我覺得這個會名為「儒家與當代中國思想之創生」，很有意思，因為我們北京航空航天大學人文與社會科學高等研究院下個月召開第二屆思想年會，題目是「中國時刻的思想創發」，秋風（姚中秋）在此之前特意先搞這個「儒家與當代中國思想之創生」，並結合《儒生文叢》第二輯出版，一起討論，別有深意，我表示支持。我認為，當代儒家、儒學、儒生在中國社會的大變革時期，扮演什麼角色、發揮什麼作用、擔負何種使命，值得在理論上深入探討，在實踐上銳意履行。下面我談幾點體會：

　　第一，我本來想說，剛才張旭已經說了，我認同這個看法，即現今一波的中國新儒學，應該改變學風和心態，或者說要樹立更加高遠的學風和氣象。因為此前的儒學，無論是李澤厚時代還是蔣慶時代，在當時的社會大背景和意識形態之下，確實是處於被打壓的境況，十分凋弊，由此表現出悲憤乃至偏執的激進心態是可以理解的。但是，經過二三十年的社會演化、文明化育，現今的儒學乃至儒家文明，社會層面已經被基本認同，儒家倡導的價值和禮儀，已經成為中國人的共識，甚至成為執政黨的某些復興話語的依據，在此情況下我覺得儒家或儒學應該展示寬容和開放的心態，在這點上，我要對秋風先生的某些言辭有所批評，有時不像儒家。在中華文明的演進中，儒家並不是被生硬地鑲嵌在裡頭的，而是活出來的，以中庸的態度來積極建設，要與時俱進，在現代社會的文明肌理中把握與儒家的契合之道，而不是用儒家覆蓋、化約現代之價值與義理。

　　第二，我想談一下學理上的看法。你們這一波以秋風為代表的儒家，大力倡導讀經的重要，注重經學在儒家傳統乃至中國文明的根本性地位，我是贊同的。但是，我要提醒的是，中國文明歷來是經史互動，歷史的重要性也不能忽

視，如果不重視史，會把人讀死的。古人云：讀經曰剛，讀史曰柔。剛柔具備，才是正道。說到讀史，就不能六經注我，尤其是關於中國近現代文明史，還要有一個世界的視野。秋風的《國史綱目》寫得很好，但某種意義還是經學的寫法，不是真正的史。讀經以儒家為主體沒有問題，如果讀史，古代有儒法之爭，近現代有共和創製以及兩個黨國歷史，儒家的理論與實踐在這裡頭到底處於什麼位置，值得好好檢討與反思。

　　第三，我一直認為，儒家的基本價值，與自由主義是有非常大的相關性的，儒家和自由主義無論在制度層面和價值層面，都能夠找到很多的共同之處，尤其是在社會轉型過程中，他們之間的大同多於小異。所以，希望兩派，多在大是大非上求同，而不是雞毛蒜皮上扯淡，在這點上，當然自由派應該檢討，儒家也應該檢討。因為中國社會在近代以來所面對的根本問題是制約政治專制的問題，對於不講理的權力框架，無論自由主義還是儒家思想，都要與之講理，以理服人而不是以力服人，這就是大是大非問題的共同點。此外，儒家希望中國的轉型是和平的，不希望採用大砍大殺的暴力轉型，尋求循序漸進、改良更化的路徑。自由主義從本質上也是訴求這個轉型的途徑。所以，以講理對不講理、以改良、和平轉型對暴力壓迫和蠻橫專斷，追求一個公正、有尊嚴的社會生活，我覺得至少上述三點，兩派是完全可以相通相容的。

　　　　　高全喜　北京航空航天大學人文與社會科學高等研究院教授

儒家：不主流，毋寧死！

慕朵生

今天，參加《儒生文叢》第二輯出版座談會，很高興有這麼一個向各位師長朋友學習的機會，但很抱歉我事先沒有做好發言的準備，因為中午才得知任重兄無法參加。我和他是十六年的老朋友了，平時見面也很多，所以緊急趕來，以便把座談會現場的情況轉達給他。

首先祝賀我的四位老朋友，秋風兄、晚林兄、桂榛兄、訥言（陳喬見）兄大著出版。秋風兄《儒家憲政主義傳統》一書，還給儒家帶來一些猜疑。好像是賀衛方，說現在局勢是「反憲政」，你儒家關於憲政的書咋還能出版呢？是不是其中有什麼貓膩啊？你看看，這就是典型的「以小人之心度君子之腹」！當然，我寧願賀衛方說的是戲謔之言！

晚林兄、桂榛兄、訥言兄的一個共同點，就是皆為郭齊勇先生的高足——晚林兄雖不及門，但至少也算半個弟子！剛才，任劍濤老師說郭先生是「粉紅色儒家」，我不同意。我認為郭先生是一位非常純正的儒家，培養的數十位弟子幾乎都是堅定的儒生，在座三位就是其中的佼佼者。荀子說，大儒「在朝則美政，在下位則美俗」，我續一句，「在學則教儒」，以自己的人格和學問，影響和塑造弟子為儒生，使中國文化「代有儒生傳道統」。大學中做儒學研究的教師，都能像郭先生一樣，儒學何愁不復興？

同時，儘管任重兄不在場，我也要祝賀他主編的《儒生文叢》第二輯出版！「江水冷暖，寒鴨自知。」任重兄真是不容易！到處化緣募捐！好像還向佛教的一個基金會申請過資助，最後沒成，但兩位僧人過意不去，就以個人名義各捐了一千元錢——這事是訥言兄聯繫的吧？（陳喬見：是。）我覺得，《儒生文叢》的出版，是中國儒生的集體亮相和公開表態，標誌著中國大陸文化復興由「國學」到「儒學」、由「知識」到「信仰」的方向性轉變。文武之

政，布在方策；道不苟行，待乎其人。有了儒生儒者，才會有真正的儒學儒教，才會有真正的文化中國、儒家中國！

下面，我結合剛才諸位師長朋友講到的內容，談三點不太成熟的看法，僅供各位參考：

第一，儒家，復興儒學，抑或重建儒教？作為中國儒教網站長，我是一個鐵桿儒教徒。但在這裡，我並不想為儒教的合法性進行辯護。因為宗教從不是靠防禦性辯護建立起來的，而是靠守死善道、篤學力行建立起來的──儒教重建尤其如此。剛才許章潤老師、秋風兄都提到，把儒家視為或做成宗教，是看小或貶低了儒家。我覺得，這可能是儒家內部的「儒學派」對「儒教派」的一種誤讀，因為兩派使用的「儒教」一詞的內涵和外延，可能是不一樣的。比如，蔣慶先生，傾向於把儒教等同於中華文明體，因而儒學只是其義理或學理部分。但是，很多儒者，是以儒學涵蓋儒教，把儒教視為儒學的教化部分，或認為儒學只是具有某些宗教性的功能，但不是宗教。比如錢穆、徐復觀、牟宗三、唐君毅諸先生，就都把儒家視為一種「人文教」。就此而言，秋風兄中國「一種文教，多種宗教」的提法，既淵源有自，又開拓創新，是一種值得期待繼續生成的論述。我看到秋風兄有關文章時，是很開心的。因為，儘管在對儒家的整體性描述上，秋風兄「一種文教，多種宗教」的論說值得商榷，特別是儒學藉助其他宗教發揮自己宗教功能的提法，我很擔心──如果中國變成了一個「耶教國家」，恐怕就很難再看到儒家文化的色彩了。但至少在策略上，秋風兄的這一論說是積極的、可行的。否則，儒家變成（耶教模式的）宗教，「四書五經」就不好進入國民教育體系，進入大中小學課堂了吧！如果諸位都聲稱自己是儒教徒，像今天這樣坐在一起開會，就會引起警惕了。

總之，作為「儒教派」，我尊重、歡迎來自儒門內外的各種批評意見。不過，我也歡迎，尤其是歡迎儒門內部對「儒教派」的言說和訴求，持一種包容和尊重的態度。不管是「儒學派」還是「儒教派」，我想，我們大體都認同這樣一種觀點，即儒家文化在古代是一種發揮多種功能的文化生命有機體，其在當下的展開也必然是多維度、多路徑的。我非常贊同剛才任劍濤老師所說，即儒門內部的分歧，是儒門張力或者生命力的體現，表明了儒門的博大精深和氣

象萬千。儒門之大，就大在能「一分為八」，但又都能「宗歸孔聖」。因此，儒者在不能證成自己的言說是完美無憾和唯一可行的情況下，寧可對他者尤其是儒門內部的言說，採取一種包容和尊重的態度。剛才很多人，提到要吸納接受、融鑄創新自由主義、西方文化云云，我發現大家對他者是很包容和尊重的，怎麼說到「儒教派」的主張，就是看小或貶低了儒家呢？我建議，適當時機，可召開一個儒門內部會議，請蔣慶、陳明、康曉光等「儒教派」代表人物，講一講他們所說的「儒教」和「儒學派」所說的「儒教」，到底有何異同？

第二，儒家，寧為「怨婦」，不為「娼婦」！今天下午，聆聽諸位師長朋友發言後，我最大的一個體會是，大家都對儒家儒學儒教復興表現出一種前所未有、未見、未聞的熱情和樂觀。的確，近年來儒家境遇有所改善，特別是「道在我身」，且立乎其大，其小固不能奪，儒家必須有這種「家國天下」不出我範圍的自信和決心──這是儒家老祖宗留給我們的氣概和使命。因此，我非常贊同各位提到的，現在的儒家不能自艾自憐，不能怨天尤人，而是應該奮發進取，勇往直前。但是，我也不同意有人把儒家近代以來的恥辱感、憂患感、悲苦感，視為「怨婦心態」。坦率地講，用「怨婦」形容近代以來儒家的心態，這是個很糟糕的做法！別人「打倒孔家店」，破壞孔廟，挖掘孔林，騎在儒家脖子上屙屎拉尿，人近禽獸而國近夷狄，中華道統不絕如線，儒家咋就不能埋怨幾句？叫罵幾句？反正是我沒有那麼高的修養，不會如此的寬容。相反，「來而不往非禮也」，「以德報德，以直報怨」，該叫罵就叫罵，該開打就開打！

關鍵的問題是，我覺得大家對儒家的生存境遇有些太樂觀了──如果不是盲目樂觀的話，至少是對儒家文化作為一種文明體復興的整體性訴求看小、看低了，同時也對儒家復興面臨的嚴峻挑戰認識不足。我前面提到，近年來儒家的確出現一些復甦的苗頭。但是，儒家這種上升的趨勢，遠遠不及「西方化」或說「現代性」上升得更快──西方化和現代性已經成為一種不言自明的精神預設和價值預設，深入到每個中國人的骨髓。一九三五年，王新命等十教授就在《中國本位的文化建設宣言》一文中，開門見山就說：「在文化的領域中，我們看不見現在的中國了。」我覺得，目前中國的中國性，或者儒家的色彩，

遠沒有八十年前的中國厚重！因此，我非常贊同康曉光老師的一個觀點，即儒家要做好打「持久戰」、「陣地戰」的準備，要一個個村莊、一個個城池、一個個企業地收復失地！

在這裡，我想就中國政治文化領域出現的一些新變化多說幾句。近段時間，從擬將中國教師節改在孔子誕辰日，到在中學試點推廣臺灣版「中華文化教材」，特別是到官方「中華優秀傳統文化是中華民族的突出優勢，是我們最深厚的文化軟實力」的提法，貌似中國政治文化開始回歸「中華道統」，許多人，包括一些儒者，對此是予以肯定的。的確，這是一個值得歡迎的變化，畢竟，「與其進也，不與其退也，唯何甚？人潔己以進，與其潔也，不保其往也。」但是，這些現象是不是就意味著官方會真心接受和主動回歸儒家？政治是在「儒家化」還是要「化儒家」，即政治是要為儒家所利用還是要利用儒家？如何判斷這些問題，對儒家是一大考驗。根據我個人的觀察，當前中國出現「經濟向右，政治向左」的趨勢，如果儒家不能成為其中制約、平衡、中和的關鍵因素，不能化解「政治的暴戾」和「經濟的慾望」，極有可能會被綁架在現實政治的戰車上，成為其工具甚至是犧牲品，成為各種思潮的反對面和眾矢之的，從而給儒家復興帶來更大的阻力。因此，儒者可肯定和歡迎中國政治、社會、文化的最新變化，甚至可採取「曲通之術」來「誘君入道」，但更應保持清醒的頭腦，保持儒家的獨立性和批判性，堅持「儒化政治」的大方向，避免發生「與狼共舞」的可悲局面。事實上，因為當下政治文化的上述新變化，以及一些傳統文化愛好者對這種變化的盲目喝采，都給儒家帶來一些猜忌和傷害。總之，我的一個觀點是，在政治面前，儒家寧可做「怨婦」，不能做「娼婦」！

第三，儒家，不與政治，難成主流！剛才我所說，並不是反對儒家參與政治。根據我個人的理解，儒教在義理和訴求上有三大特徵，即天人合一、知行合一、政教合一。當然，「政教合一」的說法可能並不精確，因為儒教自創始以來，就是以教為政、以政為教、政教一體的，不像耶教等其他宗教，與政治的關係是分分合合，分也好，合也罷，都不傷害其為宗教，且離開政治照樣不失為宗教。章實齋早就說過，秦代雖然是暴政，但其「以吏為師」的做法，即

「以政為教」的做法很接近三代之治。總之，儒家有個很重要的傳統，就是「政為大」，政治是「家國天下」運轉的中樞和制高點，不參與政治，就不成為儒家。所以，我主張，儒家不僅要論述政治，談政治哲學、政治儒學，談仁政王道、儒教憲政，而且要參與政治，儒化政治，成為一支政治性的力量。

就我個人讀書體會，儒家參與政治、儒化政治的途徑有三種，都是西漢初期提供的案例。一種是叔孫通的途徑，通過為漢家制定儀法而使儒家在政治中小露頭角；一種是公孫弘的途徑，通過飽讀儒家經典、蔚為布衣卿相，開創儒生儒士實際參與政治風氣；一種是賈誼、董仲舒的途徑，通過闡釋義理和恢弘大道，為儒化政治做好充分的思想準備。對這三種方式，史書和儒家的評價不一，認為其中有高低優劣是非之分，比如認為叔孫通是媚政，而公孫弘則表裡不一，最優的是賈誼、董仲舒復古更化的方案，但也被認為是與政治相妥協的結果。我在這裡想說的是，實際上這三種途徑都很重要，體現的都是一種實際參與政治的能力和水準。現在的儒家，多數來自書齋和象牙塔，最缺的就是這種實際參與政治的能力，這對儒家而言是一個很大的短板。

現在的大形勢，逼迫著儒家提高實際參與政治的能力。當前，政權合法性遭遇極大危機，只能靠粗放的 GDP 增長模式和粗暴的維穩方式來維持。我們常說「當事者迷，旁觀者清」，實際上它對自身合法性危機的認識，要遠比旁觀者更清楚，並因此試圖對其歷史合法性、文化合法性、政治合法性作出調整。其可藉助的資源，無非是左中右或說中西馬，這對三大思潮都是一大機遇，同時也是一大挑戰。儒家的挑戰就在於沒有實際操作政治的能力，相反左右兩派無論是在歷史上還是現實中，都有豐富的經驗和可循的案例。所以，儒家不僅要突出議政的能力和水準，更要強化實際參與政治的能力，否則儒家復興就是一句空話。

當然，我們反對曲意迎合權力、媚俗政治。「曲通之術」或「誘君入道」的做法，需要特別謹慎！但有一點需要有個共識，即儒家議政參政的立足點，不是解決特定的黨派或政權的政治合法性危機，而是解決整個國家的政治合法性危機。在這種情況下，任何政治勢力，都是儒家面向的一種可能！一句話，就是儒家要「化政治」，而不是「政治化」。沒有政教合一，儒家也好，儒學也

罷，抑或是儒教，都不會成為主流，都會失去自我，走向死亡！

　　最後，感謝弘道書院及秋風兄、任鋒兄組織了一個如此精彩的座談會，法學界諸位師長朋友的發言尤其精彩！

　　　　　　　　　　　慕朵生　中國儒教網主編，儒教復興論壇總版主

會議記錄全文原刊於任重主編：《儒生》第四卷，北京市：知識產權出版社，二○一五年版。

《儒生》發刊詞

任重

　　儒家思想曾經是中華文化的主流。可是，出於歷史和現實的原因，時至今日世人對儒學和儒家的誤解和偏見仍然根深柢固。隨著中國大陸經濟的發展和社會環境的日益寬鬆，思想言論的空間也逐漸自由，各界對中國傳統文化和儒學的態度也開始發生變化，儒家思想伴隨著「文化熱」、「國學熱」得以重新傳播。就學界而言，關於儒家思想研究的論著和刊物雖然甚多，但絕大部分都是外部視角切入，將儒學視為一個與當下社會無關、與自己生命無涉的純學術研究對象，從而將其「古董化」、「博物館化」。來自各方對歷史上和現時代儒學的批評，大多仍然囿於五四以來的舊有觀點，要麼是以指桑罵槐的策略「荊軻刺孔」，要麼是出於無知和偏見上綱上線。有鑒於此，從儒家內部視角以及「瞭解之同情」（陳寅恪）、「溫情的敬意」（錢穆）的態度對當代儒家的思想和活動予以表述和評論，既是自省砥礪、納取諍言，也是主動向世人的自我說明。

　　本刊秉持公益性、獨立性、民間性，既是儒門同道思想交流的平臺，也是各界朋友認識當代儒家的視窗。儒家立場，儒學理念，儒教事業，是本刊的宗旨。

　　人能弘道，非道弘人。我們將以先賢為榜樣，以蒼生為念，承續儒家文明，光大儒教事業，以天下為己任，為萬世開太平。

　　今天，我們追求的目標是：祖國更加繁榮強大，人民更加自由幸福。在這一目標實現的那一天，世界萬國將會更加協和，普天民眾將會更加和睦。我們堅信這一點。

　　有朋自遠方來，不亦樂乎？期待大家的參與、支持和批評。

西曆二○○九年九月二十八日於北京

《儒生》（第一卷）跋

　　本卷是創刊號，主要選輯近些年「大陸新儒家」內部爭論以及外部對之評論。之所以以此為本輯的主要內容，考慮有二：一是雖然儒家群體在中國內地逐漸浮現，但聲音還是很微弱，學界和社會各界對之知之甚少，誤解也甚多，故集中向世人闡述自己主張，很有必要；二是之前雖有專門評論「大陸新儒家」的論集出版，代表者如張世保先生編輯的《大陸新儒學評論》，但其標榜的「為了使讀者更好的理解大陸新儒學的實質及其發展的歷史，也為了讓人們對大陸新儒學家的思想有進一步的瞭解和研究，希望對關注中國文化發展的朋友有所助益」之目的，我們不能苟同，故覺得有必要予以回應——感興趣的朋友可以將本輯與之對讀，或許更有裨益。

　　編者自西曆一九九九年在北京攻讀博士學位時，始服膺儒學、步入儒門。親歷親為許多活動和事件後，彙編這個文集的心願尤為迫切。但因閱讀範圍和學識有限，選輯的文章難免掛一漏萬，故請讀者不吝指正。

　　當然，本刊第一卷能得以出版，要感謝武漢大學胡治洪教授的熱心引薦，以及責任編輯李是先生的辛勤勞動。

　　歡迎各界朋友惠賜作品，以助下一卷的編輯。投稿郵箱：rujiarz@126.com

任重

二〇〇九年九月二十八日於北京

本文原刊於任重主編：《儒生》第一卷，北京市：中國社會科學出版社，二〇一一年十月。

「儒生」歸來

——《儒生》創刊有感

陳彥軍

　　去年歲末，任重兄主編的《儒生》集刊在中國內地創刊並公開出版格外招引目光。眾所周知，晚清新政後科舉廢，民國肇造後讀經廢，五四新文化後孔教廢，三廢之餘，「儒生」這個秦政一統時出現並伴隨中華帝國始末的名號，實質性內涵已然被掏空，其群體也基本上在中國消失。當然，在今天即使偶有人用，也無非是泛指書生之意。但儒生並不等於書生，除了讀什麼書的區別外，更重要的是儒生自覺地歸屬於一個文化-政治集團，他們都「祖述堯舜，憲章文武，宗師仲尼」，有了他們的存在，中國才成其為一個儒教社會。沒有了儒生的中國，似乎更精彩，政治革命，文化革命，經濟革命，革命一個接著一個，並匯成了某種有著世界意義的中國道路。但這個中國道路，有人稱之為「儒家社會主義」，而道路中也的確正走出一群儒生，他們秉持儒家立場，堅守儒學理念，光大儒教事業，不期然間慢慢壯大，辦刊名號《儒生》，所標榜的目標是「祖國更加繁榮強大，人民更加自由幸福。在這一目標實現的那一天，世界萬國將會更加協和，普天民眾將會更加和睦」。看到如此自信的自我展示和自我說明，再聯想九十年間儒生歸去又歸來的歷史，不能不讓人唏噓感慨。

　　儒生歸去，是自己歸去，這一點一如戰國。

　　《史記‧儒林列傳》記孔子沒後，「七十子之徒散游諸侯，大者為師傅卿相，小者友教士大夫，或隱而不見」。在七十子一代，儒門還是奉孔子教，且擴大了孔子學術的傳播的，但後一代就變化紛紜了，如子夏的弟子吳起顯名於兵家，李悝成名於法家。戰國時儒術承傳，只在齊魯之間，孟荀之徒，靠學

問，靠持禮，堅守於世。但就是荀子之徒，如李斯、韓非輩，也以法家名世。當然，錢穆先生說：「法家乃是從儒家出來的。儒家在初時只講禮，只講政治活動，到後來曾子等人卻退化來講儀文小節。但傳到魏國去的一派卻仍然從事政治活動，遂把儒家原來的宗旨發揚光大。通常總認曾子、孟子一派為後來儒家的正宗，其實就儒家的本旨論，法家毋寧算是儒家的正宗，曾子孟子等在魯國的一支反而是別派。古代貴族的禮一變成了儒家的士禮，再變成了墨家的墨禮，三變便成了法家的法。」這樣說，可以幫助打開我們認識儒家的維度，重新識辨「七十子喪而大義乖」時代的儒學的面相。但戰國儒生歸去而侷促一隅，直到秦皇一統時以變秦救世而重新歸來的事實盡如太史公所述，孔子沒後，儒學的重振不在孟荀所在的戰國，而在歸來儒生前僕後繼而加以矯正的漢代，這也是不爭的事實。

儒在孔子之前就出現，官失其守，貴族沒落，以知識和術數謀生，被人訕笑為儒。孔子少從鄙事，中年挺立文化精神，為君子儒，演成儒家，數百年間孔學成為顯學，影響齊魯大地，不降王侯，不從流俗，但其中也參差不齊。至秦漢，有城破仍絃歌不絕的鄒魯之士，有抱禮器而從陳王的孔甲，有傳經的伏生，抗禮的轅固生，也有背師為吏的李斯、公孫弘，鑽營的酈食其、叔孫通，方士化的儒生，等等，為人不值。所以獨尊儒術之時，董仲舒就為儒定了義，能通一經曰儒生，博覽群書號曰洪儒。儒生，相當於人文社會科學統治知識領域時代的知識分子。揚雄後來更進一步，通天地人為儒。這等於是把一些自稱為儒，但只是以儒謀生的俗儒排除在儒之外。章太炎分儒為達類私三科，說「以傳經為儒，以私名則異，以達名類名則偏。要之題號由古今異，儒猶道矣，儒之名於古通為術士，於今專為師氏之守」，揭示了這種同名異實的現象，也明確了孔子之後，真正的儒就是傳經。

晚清以來的中國所面臨的世界形勢，儼然如戰國，儒生歸去，正是一代儒者參與共謀的結果。革命是晚清以來中國的關鍵詞，儒教中國的逝去，儒生的歸去，正是中國革命的直接後果之一，但不能就此簡單地認為近代儒家處在革命的對立面。曾經的儒生洪秀全掀起了太平天國運動，一代鴻儒康有為發動了維新變法，這些都直接拉開了中國革命進程的序幕。梁漱溟、熊十力這代革命

浪潮中仍自稱堅持儒家立場的儒者，有著某種關於社會主義與儒學的親緣性關係的共識。既然親緣，爭說社會主義之實就行了，儒之名不說也罷，儒生從此在大陸消隱。退到臺灣的牟宗三、徐復觀、唐君毅等爭訟儒名而崛起，論證方式一如梁熊，只是共識變成了自由民主。社會主義中國作為儒教中國之後的一個中華民族的存在樣式是繞不過的，確立價值立場而抗拒虛無主義並不意味著一味批判，而是要在歷史維度上保持延續，在現實維度上保持張力，在未來維度上保持希望。

通觀《儒生》創刊號，尤其是從蔣慶、陳明、康曉光、張祥龍、盛洪等人的傳記中，可以看到大陸新儒家是怎麼產生的。他們沒有師承，幾乎都經歷了短暫的出入中西，皆是經生命體證而終歸宗儒家，而且直面的是中國和世界問題，使儒家站在一個更高的時代平臺來展開自己的新論述。可以說，這是具有特殊歷史背景和時代特色的必然產物。近代以來，逐步形成一種體制，那就是體制內的文與史。這種局面的形成，是奉主義治國的結果，治國需要筆頭，需養的文人產生。改革中出現了體制外的知識分子，進而出現儒生。儒生因何而生？秦漢的儒生，是先秦官失其守，流落民間，興私學，則有通一術者為儒。民初儒學掃地，科學興起，所謂還原歷史，就是剝去儒學的神聖光環，古人一枝一葉的論述加上唯物主義的眼光，終於匯成了儒生的所謂客觀歷史，儒生被還原為知識分子。隨著對西學的模仿和傳承，知識分子慢慢斷奶，尤其是斷了傳統的奶。傳統的傳承靠什麼？無非是自由之私學。蔣慶先生私淑康有為做公羊學，臺灣的公羊學傳人竟以為大陸康學有傳承，特派人來接引。只要有文獻在，就有儒生在，關鍵是文獻儒怎麼成為儒生。看董仲舒和司馬遷所述，儒生有著很強的政治意識，要重回王官學。儒生今日歸來，是政治儒學的回歸，是文化儒學的復興，是仁政的要求，是儒教的重建，此乃《儒生》創刊詞「將以先賢為榜樣，以蒼生為念，承續儒家文明，光大儒教事業，以天下為己任，為萬世開太平」之謂也。

康有為以來的儒家，他們的儒生身份歸去，變身為政治家、哲學家、社科學者、科學家、工程師甚至工人、農民，等等，一如戰國儒家化入百家，最終消融之而至漢代匯成儒學之大一統。今天的儒生，也應學習前輩先賢，在中西

交通的新時代與各路理論與實踐交鋒、互融，為迎接一個新的儒學重振時代的
到來建構基礎。

本文原刊於北京市：《社區》雜誌二〇一二年第八期。

儒生應該扮演何種角色

——《儒生》（第一卷）讀後

陳喬見[*]

　　近年來，隨著儒學研究氛圍的好轉，出現了不少儒學研究刊物，任重先生主編的《儒生》集刊（二○一一年十月出版）則是最新近的一種。

　　《儒生》（第一卷）主題是近些年來被稱為「大陸新儒家」卻並不怎麼被學院派所認可的三位人物：蔣慶、康曉光、陳明。究其原因，蓋有以也。如所周知，一百多年來，中國思想界雖說形成了自由主義、馬克思主義和保守主義三足鼎立之勢；但實際上，三足並不平衡，馬克思主義自解放後成了官方的意識形態，自由主義則在近三十年成為主導社會發展的實際上的意識形態——雖然中國的自由主義者總喜歡把自己打扮成一副被官方壓制的形象；相對而言，儒學則一直在左右夾擊中艱難生存。時至今日，源自歐美的自由主義實際上一家獨大，「民主政治」與「市場經濟」已然被國人認為是包治百病的靈丹妙藥，即其顯例。在此背景下，蔣、康、陳敢於基於儒學的立場和資源，面向中國現實問題建言，蔣、康甚至冒天下之大不韙，挑戰民主的「神聖性」，這確屬難能可貴，體現了思想的獨立和勇氣。或許正是這一點，頗為符合《儒生》集刊從現實問題入手，發掘儒學之思想資源的立場和關懷。

　　蔣慶闡發「政治儒學」，康曉光鼓吹「現代仁政」，陳明論述「文化儒學」，所有這些命題都不是發思古之幽情，而是試圖為中國當代政治與社會生

---

[*]　作者按：認識任重兄，已有多年，深知其服膺儒學，頗熱心儒家文化的公益事業，他一手主編《儒家郵報》，已五年有餘，至今已達一百七十餘期。現在出版的《儒生》（第一卷），即是在此基礎上精選出來的若干文章。《儒生》集刊不依託任何研究機構，純為任重一介書生主持，其秉持的是「公益性、獨立性、民間性」，然而，其宗旨卻頗為宏大——「儒家立場，儒學理念，儒教事業」。可謂立場鮮明，擲地有聲，令人肅然起敬。

活立大經大法。三家的相關理論設想，都有專著表達。該書所收錄的是「大陸新儒家」的內部爭論以及外部各界對之的評論。就內部爭論而言，有陳明對蔣、康及他本人的分析與比較。據陳明，蔣關注「中國性」的喪失與重建，康關注的是「民族復興」，陳關注的是儒學在當今如何才能有效，由是而各自發展不同的理論構想及其實現其目標的方案，蔣、康主張「儒教國教化」，陳主張「公民宗教」。陳明自謂蔣、陳、康約略體現了儒學的正統派、保守派和改革派。再者，有蔣慶對康曉光《仁政》一書的評論，謂此書洞悉中國國情，既有韓非子的滔滔雄辯，又有馬基雅維利的冷酷無情，但背後卻藏著一位儒者的仁愛之心；又謂康的這種基於事實的理性分析來論述儒學的時代課題，較之他本人的「形而上」的論述，似更能讓當代中國人理解今日重建儒教的意義。言辭之中，不難看出蔣對康的惺惺相惜。

　　該書收錄更多的是外界對大陸新儒家的評論。就外部對三儒的評價而言，尤其值得一提的是冼岩對康曉光「新保守主義」的長篇評論，題為《二十一世紀來自中國的理性聲音》。是文分析了康曉光「新保守主義」的形成經歷及其核心的命題，諸如「政績合法性困局」、「行政吸納政治」、「合作主義國家」、「文化民主主義」、「中國特殊論」、「仁政」與「權威政治」等，庶幾可一覽康氏保守主義的大體。作者還分析了對康氏的幾種批評及其康氏與左右兩派及其保守主義內部的比較，同時也提出了自己的一些異議，真可謂康氏「新保守主義」之知己與諍友。再者是余樟法對蔣、陳的評論，據筆者寡聞，余氏早先為自由主義中人，後乃服膺儒學尤其是陽明的良知學，為闡發儒學甚至不惜與原先同道論戰。余氏自謂十分欽佩蔣、陳二人，但對「蔣家儒學」批判最嚴厲的卻莫過於他，謂蔣氏對自由主義和民主政治的理解存在著諸多誤區。至於其對陳明的批判，則多是借題發揮自己的思想，這倒可以讓我們看到一個自由主義者對儒學的理解。長期以來，中國有很大一部分所謂的自由主義者，只會栽贓、謾罵和誣枉儒學，卻疏於對自由主義理論本身的研究，因而往往犯有雙重錯誤。職是之故，余樟法的文章，值得一讀。秋風也同時信奉自由主義和儒學，惜該書只收錄了他對保守主義的一個簡評，以後或可彌補他本人之思想闡發的文章。

　　儒學在當下應該承擔什麼樣的功能，扮演什麼樣的角色，這是《儒生》所要追問的問題，這個問題也有人在不同場合再三向我問及，我姑借此機會略表己意。儒學乃「為己之學」，「為己」與「為人」相對，強調的是自得和受用，也可以理解為人們通常所說的安身立命、心靈安頓等，這是任何時空的人都會碰到的問題，儒學在此方面也頗有智慧。比如，我個人非常欣賞《中庸》「素位而行」一段：「君子素其位而行，不願乎其外。素富貴行乎富貴，素貧賤行乎貧賤，素夷狄行乎夷狄，素患難行乎患難，君子無入而不自得焉。在上位不陵下，在下位不援上，正己而不求於人則無怨。上不怨天，下不尤人。故君子居易以俟命，小人行險以徼幸。」我常跟學生講，儒家講孔顏樂處，安貧樂道，並不是鼓勵人們去「炫窮」，我們可以想像，一個人若不能「安貧」，又焉能「安富」？現代許多「富二代」、「暴發戶」、「北京磅」的行為，不就是最好的證明麼？說到底就是缺乏教養，缺乏包括儒學在內的人文學的薰陶。這是個體身心修養的一個例子。

　　如果談得大一點，如「大陸新儒家」所關注的政治問題，竊以為，儒學應該基本認可諸如自由、人權、公正、法治、平等、民主等基本價值理念，而且，據筆者的研究，儒學跟這些理念也並非背道而馳。我們姑且不談儒學能不能「內在地」開出「新外王」這個老問題，因為已經不可能有未來的經驗給予證明；但是，近一百年來的儒家不斷接納自由、人權、民主的事實是否可以說明，儒學最終可以開出「新外王」。即是說，把自由、人權和民主等價值理念納入自己體系中的新儒學已然成為儒學傳統的一枝。從儒家義理來說，儒學的很多觀念也與所謂現代的價值理念相契，比如孟子所謂「行一不義，殺一不辜，而得天下，皆不為也」，實質上也蘊含了自由主義所謂個體權利優先性的觀念。再如儒家所謂「門內之治恩掩義，門外之治義斷恩」的表述，也蘊含了公共領域與私人領域分而治之的觀念。筆者以為，在所有的傳統資源中，儒學既可順利接納自由主義的自由、人權、法治等基本理念，亦可接納社會主義的公正、平等等基本理念。這當然不是高攀自由主義等理論來自抬身價，而是我相信，人類在處理人與人的關係時，確有「人同此心，心同此理」；而且自由主義等理論本身存在諸多問題，不需要藉它們自抬身價。

　　總之，筆者以為，儒學當今的課題，實際上就是一百多年來儒家追求的目標，即如何吸納自由、人權、公正、平等、法治、民主等基本價值觀念的同時，也保留儒學傳統的教化與仁政理念，在此基礎上發展出一套不同於西方政黨政治的政治模式。源自西方的左、右兩派都安於各自的「絕對真理」和「普世價值」而不可能有什麼思想創新，所以「可大可久」、「因時損益」的儒學應可有所作為。基於以上看法，我在一定程度上肯定「大陸新儒家」的思想嘗試，但對其反自由民主的論說和所謂的「中國特殊論」，則持謹慎的保留態度。我們應當承認，自由和民主在某種程度上確為「共法」，但我也十分反感以「自由」和「民主」之名號來說事，這是「以理殺人」，自由民主的理念一定要容許反自由反民主的聲音，就此而言，中國的自由主義學者必須反思。此外，我雖不讚同康曉光所謂的「中國特殊論」，但卻十分欣賞他從中國現實問題來研究思想學術，而不是拿一些概念來反套中國問題，概念當然有規範的功能，但不能本末倒置。

　　當然，義理歸義理，我猜想《儒生》更為關注的恐怕是操作性的問題，即到底如何做，儒學在當今到底扮演一個什麼樣的角色？就此而言，我認為最重要的就是教育，儘可能擴大儒學的教育。可是這也有問題。現在一些學者動輒即言推廣「四書五經」，那是不知者之言，即便是一個儒學的專業研究者，吃透「四書五經」，那恐怕也是一輩子的事，所以一定要精選，朱熹《四書章句集注》之所以在歷史上獲得巨大成功，原因蓋在於此。個體行為與文化模式之間的關係非常複雜，就個體而言，我當然不會幼稚地認為凡是接受儒家教育的就會變成一個好人，但是從總體上來講，我絕對相信，儒學的推廣有利於促使整體國民素質的提升。

　　其二，由於閱讀有限，我不知道蔣慶和康曉光主張的「儒教國教化」中的「儒教」何指？我基本贊同這樣一種觀點，儒學雖具有「宗教性」，具有部分宗教的功能，但卻不是宗教。不過，儒學可以模彷佛、道、耶、伊那樣建立一些廟宇，作為大眾觸摸儒學、祭拜孔子的公共場所，同時成立法人社團，接受社會的捐贈，用於公益活動。也可向耶、伊兩教那樣，每週由學者定期向公眾「講經說法」，聽眾免費自願；至於學者報酬則可從社會接受來的捐贈中支

出。這其中，起初需要有官方的扶持，但更多的則應依靠民間的力量。我覺得臺灣的「人間佛教」是個成功的案例，儒家在此方面可以好好學習。至於「儒教國教化」，似既無可能，亦無必要。雖然如此，我仍主張各方面都有人去嘗試，去論說，「人能弘道，非道弘人」，這比較符合儒家「和而不同」、「道並行而不悖」的理念，這也是我在一定程度上同情「大陸新儒家」所作的嘗試的理由之一。

回到《儒生》，總體上看，該刊有以下幾個特點：首先，就其內容而言，現實性強，主編不滿於一種旁觀者式的儒學研究，倡導儒學切入現實問題，在時代課題的討論中發展儒學的生命力。這也是該書最為鮮明的特色。相信主編以後還會延續這樣的編輯思路。這就引出第二點，以當今的儒學運動和論辯為研討中心，「大陸新儒家」是首卷討論的重頭戲，主題鮮明，閱過此書，對「大陸新儒家」的方方面面，庶乎可以知其大概。第三，就其形式而言，不受「核心期刊」字數規範等限制，文章風格多樣，可長可短，作者似更能暢所欲言，自由表達思想。因此，許多文章讀後，頗能發現諸多思想的亮點。當然，特點亦往往蘊含了短處：其一，過分強調了儒學直接介入現實問題尤其是政治，這對儒學的發展不一定有利，此非三言兩語能言也。其二，對當代儒學的討論，似乎也不必侷限於所謂的「大陸新儒家」幾位。其三，所選文章雖然對「大陸新儒家」有同情者有批判者，但總體上看，幾乎都是同道中人，因此，其批判的意義自然會有所減弱。總體而言，筆者的淺見是，在堅持現實性的基礎上（這是區別於眾多儒學刊物的特色，應堅持），以後可適當收錄儒家義理本身的研究文章，對當代儒學思潮的選取也可放寬，這樣更能讓讀者瞭解當今儒學之全貌。

儒生在歷史上是什麼角色，在今天是什麼角色，應該扮演何種角色？——這確實是值得每一位儒者深思的一個問題。相信《儒生》會走出自己的一條獨特之路，願以此與編者共勉——士不可以不弘毅，任重而道遠。

本文原刊於北京市：《博覽群書》雜誌二〇一二年第六期。

《儒生文叢》[*]總序

蔣　慶

　　儒生者，信奉儒家價值之讀書人也。《儒生文叢》者，儒家讀書人之心聲見於言說者也。近世以降，斯文掃地；禮崩樂壞，學絕道喪。國人等儒學於土苴，士夫視孔道為寇仇，遂使五千年堯舜故國不復有儒家讀書人，億萬萬中華神胄不復有儒生也！然則，所謂儒生者，儒家價值之擔當者也；儒家價值者，神州中國之托命者也；中國不復有儒生，是儒家價值無擔當，中國之命無所托也。悲乎！中國五千年之大變局，未有甚於中國之無儒生也！中國之無儒生，非特儒家價值無擔當，且中國國性不復存；中國國性不復存，中國淪為非驢非馬之國矣；中國淪為非驢非馬之國，中國之慧命又何所寄乎！嗚呼，痛矣！寅恪翁之言也！

　　所幸天運往還，儒道再興，儒生之見於神州大地，數十載於茲矣。今日中國文化之復興，端賴今日儒生之努力，而儒家價值之擔當與夫中國慧命之所托，亦端賴今日儒生之興起也。歸來乎，儒生！未來中國之所望也！

　　《儒生文叢》主編任重君，儒生也。傾一己之力，編輯《儒生文叢》，欲使國人知曉數十年來儒家回歸、儒教重建與儒學復興之歷程，進而欲使今日之中國知曉當今儒生之心聲。故《儒生文叢》之刊出，不特有助於中國文化之復興，於當今中國之世道人心，亦大有補益也。

　　壬辰夏，余山居，任重君索序於余，余樂為之序云。

盤山叟蔣慶
序於龍場陽明精舍俟聖園之無悶居

---

[*] 任重、劉明主編：《儒生文叢》第一輯（北京市：中國政法大學出版社，二〇一二年九月出版）收錄：《儒教重建——主張與回應》、《儒學復興——繼絕與再生》、《儒家回歸——建言與聲辯》

《儒生文叢》第一輯之
《儒教重建——主張與回應》跋

任重

　　對儒教重建的關注，是當代「大陸新儒家」的一大突出特點。中國今天雖然已無亡國、亡種之憂，但亡教的危險依然存在。從歷史來看，中國文化遭受過兩次外來文化的全面侵襲和挑戰。第一次是在南北朝及隋唐時期，外來的佛教對中國本土文化帶來嚴重衝擊，但儒生奮起反抗，努力以儒化佛，最終使佛教中國化，形成了儒釋道和諧並存的中華文化格局。

　　第二次是近代以來西方文化強力進入中國，亦使中國處於三千年未有之大變局。這次較之佛教進入中國最大的不同是「聖經伴著軍艦走」，即基督教背後有著一個比中國更強大的政治實體，並且其對宗教文化的輸出有著明確的政治意圖，給予了強大的經濟和軍事支持。所以，這較之第一次的危局更為嚴重，已不僅僅是單純的文化交流。中國這次能否以儒化耶，不容樂觀。

　　毋庸置疑，受西風長期侵襲，中國文化價值觀自近代以來就處於混亂狀態。儘管中國曾經是聞名於世的文化大國，可惜自近代以來，伴隨著國勢衰微，並在一波又一波的文化激進思潮的衝擊下，中國文化受到整體性破壞，長期處於「花果飄零」的慘澹境地。今日中國經濟實力大大增強，但國家文化實力與之並不匹配，整個社會亦無一個明確而有力的文化價值體系。文化的迷失必然導致道德混亂。於是，為官者不顧廉恥，為商者不守誠信，為富者不講仁義，為民者不懂禮儀，這不是危言聳聽，而已成為目前世風的真實寫照。

　　文化價值的混亂必然影響到文化認同，文化認同則又與政治認同緊密關聯。今天的中國各界之所以久久未能在政治認同上達成一致，其中一個重要原

因就是在文化價值上各行其是，沒有形成文化認同。如何實現重建文化認同這個目標，竊以為至關重要者是重建儒教。

文化是民族的魂魄，宗教是文化的核心。幾千年來，中國人深受儒教的影響，耳聞目染，潛移默化，儒家文化所提供的價值觀念和生活方式已經深深內化於自身心理和人格結構中，安身立命，日用而不知。中國人之所以是中國人，就是因為以儒教之。如蔣慶先生所言：「儒教就是中國文化和中華文明的載體，是中華民族道德精神與生命信仰的體現，儒教與中華民族、中國國家的命運緊密相連。」故此，欲收拾人心，解決當今中國人的身心安頓問題，挽救道德淪喪的世風，抵禦外來宗教肆無忌憚的入侵以及各種邪教的猖狂蔓延，除了重建儒教，力挺中華文化的主體性，別無選擇。我們若能在文化建設上賡續道統，繼承如毛澤東所言的「從孔夫子到孫中山」這一偉大傳統，必能以文化認同促進民族融合，從而為國家的政治統一和民族的偉大復興建立萬世功業。

需要強調的是，在重建儒教上，不能糾纏於儒教是否宗教這一學術偽問題，必須跳出舊有的儒教是不是宗教的二元對抗思維。在歷史上，儒、釋、道三教並稱，而儒教居首，此乃公認的事實。如陳明先生所指出，今天我們思考的問題應該由「儒教是不是宗教」向「儒教是怎樣一種宗教」轉換。至於儒教在今天應該是何種形態，則需要不斷探索。儒教是什麼樣的，不是說出來的，而是做出來的——這就是本書選輯有關儒教內容的原因，儘管可能有人認為這些內容與儒教無關。

當然，目前我們做的還很不夠，需要繼續加倍努力。

任重

二〇一二於北京

任重、劉明主編：《儒教重建——主張與回應》，北京市：中國政法大學出版社，二〇一二年。

《儒生文叢》第一輯之
《儒學復興──繼絕與再生》跋

任重

　　儒學是治世之學，自然會吸引憂世者的關注。十年前，在下亦是心憂家國天下，對許多問題苦思不解，遂對一向傾慕的西學漸生懷疑，將目光投向了中國文化經典。涉獵儒、道、墨、法諸家之後，終被儒家折服。我相信，很多朋友也是跟我有著同樣的心路歷程，是帶著問題皈依儒門的。儒門中人學習、研究、弘揚儒學，有著明顯的問題意識和現實感。而且，與一般的儒學研究者不同的是，儒者（儒生）對於儒學，不僅在理念上自覺認同，有明確的身份意識，而且還有著強烈的歷史擔當感，立足當下，直面現實，絕不是為了學術而學術。故此，我在編選本輯《儒生文叢》時，著重於當代儒生參與社會文化活動及思想探索，根據主題依次名集為《儒教重建──主張與回應》、《儒家回歸──建言與聲辯》、《儒學復興──繼絕與再生》。

　　自近代以來，國運多舛，道統中斷，儒家學統亦遭滅頂之災。儘管自改革開放以來，隨著文化熱、國學熱，儒學也逐漸復起，但很多儒學研究者不但不認同儒學，而且對當代儒者（儒生）是思想探索不甚重視，並且以所謂的「學術規範」予以苛責和簡單否定，有失尊敬。沒有儒者，何來儒學？沒有儒學，何來儒學研究者？如此簡單的邏輯關係，有些人要麼是想不明白，要麼是故意視而不見，可悲可嘆。職是之故，本輯所選編的當代大陸儒者的思想探索成果，是「為往聖繼絕學」，而非純學術之作，望識者鑑之。

因為，我們不是儒學研究者，而是被研究的對象。

任重

二〇一二年於北京

任重、劉明主編：《儒學復興——繼絕與再生》，北京市：中國政法大學出版社，二〇一二年。

《儒生文叢》第一輯之
《儒家回歸——建言與聲辯》跋

任重

　　自皈依儒門以來，我們一直為弘揚儒學盡量去做一些力所能及的事情。本卷所集錄的一些活動記錄，就是我們參與其中所做工作的點滴凝結。將《那些讀書吹劍的日子》一文附錄為背景材料，或許能讓大家看得更明白些。十年前，我們弘揚儒學，沒有人指導，也沒有經驗，完全靠自覺、責任和熱情。時至今日，最大感受是：只要將其當成自己的事情，不求名利，不圖回報，自然而然就會內化於自己的生命，其樂無窮——誠如陳明先生在我於儒學聯合論壇上發的《那些讀書吹劍的日子》一文後面跟帖所言：「當時只道是尋常，卻自有一股內力充盈其間，那是青春脈搏與文化生命的雙重變奏。感謝時代，感謝夫子開創的傳統，使生活有方向生命有意義。」於我心有戚戚焉。

　　同時，南水（蕭自強）兄亦在《那些讀書吹劍的日子》一文後面跟帖道：「這幾年在儒家判別和正名上我有趨嚴的變化，但在行動上一向很寬，有時甚至懸置判別和正名，因為實踐的後果往往出人所料，無論是一場名義上的行動，還是一場魚龍混雜的行動，如果從沒有這個名義轉到了有這個名義，這本身就是一種大轉折。有了名義及其合法性，循名責實也就有了堅實的名義基礎。在這一點上，我和唐文明兄一直有共識，即首先要有人至少在名義上認為自己是儒家，才有討論何為儒家的基礎。如果沒有人認為自己是儒家，關於何為儒家的討論恐怕連所謂的學術價值也都沒有。可以說這十多年裡，吹劍兄及其朋友、及其同仁最大的意義便在於越來越多的人站出來說：我是儒家。儒家不再是一個汙名。」的確如此，吾與南水兄。

　　另有的深刻感受是，做事不同於做學問，不可求完美，但求能盡己所能；也無一定之規，從身邊的事情做起，儘力去做適合自己的事情──即使在網上轉發一篇文章，在網站論壇回覆一個帖子，也是弘道。個人的力量如涓涓細流，但若大家的力量彙集在一起，則成大江大河。

　　令人欣慰的是，儒學在當代中國日益復興，儒家已呈回歸之勢，這在我們十年前投身儒門時簡直是難以想像，真可謂天不喪斯文也！今天，將我們的觀點和行動向世人予以集中說明，既是總結，也是對下一個階段的期待。

　　最後需要說明的是，本書收錄的許多文章來自網絡，故不能一一與作者取得聯繫，希望各位同道和朋友予以諒解，也希望能與我們主動聯繫，以便呈送樣刊。聯繫方式：rujiarz@126.com

任重

二〇一二年於北京

任重、劉明主編：《儒家回歸──建言與聲辯》，北京市：中國政法大學出版社，二〇一二年。

陳明專訪：《儒生文叢》在京出版，記錄近十年儒家復興之路

周懷宗[*]

　　二〇一二年十月，三卷本《儒生文叢》在京出版，這部由當代新儒家代表人物蔣慶、陳明、康曉光、余樟法、秋風任學術委員，儒家學者任重和劉明主編的文叢，彙集了當代眾多儒家學者論文以及中國大陸儒家近年來的思想探索及社會活動成果，出版後引起了很多關注。

　　這套文叢分為《儒家回歸》、《儒教重建》、《儒學復興》三冊，記錄了改革開放三十年來中國儒家思想重新復興的道路。為此，本報採訪了《文叢》的學術顧問、新儒家代表人物、首都師範大學儒教中心主任陳明，他說，「儒學的復興已經跌跌撞撞地走過了三十年，近十年儒學復興之路無疑有其自己的特點，那就是不再只是停留在書齋裡以純粹學術研究的方式進行，而是表現出一種實踐性、現實性，作為一種思想、一種價值、一種社會力量在對現實問題的參與中、與其他各種文化價值和思想立場的互動對話中表達自己、砥礪自己、豐富和發展自己。」

新儒家的新

晨報[**]：今天的儒家學者，常常被稱為「新儒家」，在這部文叢中也適用了這一概念，為什麼會有「新儒家」這麼一個名稱呢？它和傳統的儒家有什麼不同？

---

[*]　北京晨報記者。
[**]　晨報，即北京晨報，以下簡稱晨報。

陳明：廣義地講新儒家一詞主要指近代以來認同儒家文化價值從事儒家思想論
　　　證闡發的人。熊十力、梁漱溟、錢穆、馮友蘭、賀麟以及徐復觀、張君
　　　勱、唐君毅等等都被劃歸這一範疇。狹義的新儒家則指這一群體中由熊
　　　十力及其弟子組成的學派。他們以哲學為論證表述儒家思想的話語方
　　　式，以宋明儒心性之學作為儒家主幹，致力其與現代學術和價值的銜接
　　　溝通從而論證儒家文化的現代價值。

晨報：那麼，新儒家的「新」是否在於具備了現代性？

陳明：所謂的新首先應該是一個時間上的概念，因為一八四○年開始就被劃歸
　　　近現代了。與此相應，相對傳統儒家這些新儒家們是在一個進入了世界
　　　史進程在中西互動的語境中工作，所以在問題意識、觀念意識和話語形
　　　式上都與古代儒家有所不同，譬如都有現代學術意識，都把民主、科學
　　　以及其他一些具有現代性色彩的社會問題作為自己思考的對象和範圍。

儒學重建正在路上

晨報：為什麼要做《儒生文叢》這樣一部文叢呢？

陳明：我不是文叢主編，只能從學術顧問的角度談談自己的理解。從上個世紀
　　　八十年代重新評價孔子開始，儒學的復興已經跌跌撞撞地走過了三十
　　　年。而近十年來，儒學的復興之路無疑也有它自己的特點，那就是不再
　　　只是停留在書齋裡以純粹學術研究的方式進行，而是表現出一種實踐
　　　性、現實性，作為一種思想、一種價值、一種社會力量在對現實問題的
　　　參與中、與其他各種文化價值和思想立場的互動對話中表達自己、砥礪
　　　自己、豐富和發展自己。這既是其走向復興的必由之路也是其有效存在
　　　的主要標誌，因為儒家對自己的期許就是為天地立心為生民立命。雖然
　　　還只能說是在路上，但是把那些多少有些倉促的文字多少有些匆忙的身
　　　影記錄下來，不僅可以幫助儒門整理自己的思考，也可以為我們這個轉

型期的國度留下一段思想的記憶。費孝通說我們的時代跟戰國有點相似，百花齊放百家爭鳴是遲早的事。我希望各種思想流派都能有這樣的歷史意識。

晨報：您覺得這部叢書的價值何在？又有什麼特點？

陳明：文化價值需要通過人的思想行為來做見證，只有經典沒有人，那只是一種博物館式的存在。編這麼一套書，促進儒生群體的復活重生不僅對儒門自身有積極意義，對於我們整個思想界的生態平衡健康發展也大有好處。上個世紀八十年代艾愷的書說梁漱溟是最後的儒家，這讓我們大陸人知道儒家還可以用來稱讚一個人。近十年來，基於儒家立場的文章漸漸多起來，但儒生的自覺還需要有人出來捅破窗戶紙，使這樣一群人由自為走向自覺，由樸素的基於情感的認同走向深入的理性思考——明確自己究竟處在什麼一個位置處在怎樣一種狀態對於儒生群體的發育來說是非常必要的。

另外，我認為文叢的特點主要體現為全面、客觀，分類清晰。如果再有個學術研究的存目，把學術界的思想貢獻做一個記錄就更好了。一切都還只是初級階段。

儒學關係文化認同

晨報：儒學的復興，不僅僅是書齋裡的研究和文章，儒學也不僅僅是一種單純的哲學。對此您的看法如何？

陳明：現在社會空間擴展活力恢復，儒家的許多意義價值被重新發現，呼籲復興，實際是要求恢復某種常態。再一個，在全球化時代和經濟一體化的同時，文化認同的問題也變得突出，於是復興儒教應對文明衝突的主張也就應運而生。

儒不僅是知更是行

晨報：一直以來許多學者呼籲復興儒家，可到底為什麼要復興儒家呢？

陳明：這個問題在好多場合都回答過了。簡單講，一是儒家思想在歷史上地位
　　　重要，已經深深滲透到國人的日常生活。現在影響式微不絕如線，固然
　　　有時代變遷思想與現實互動性下降有關，同時與意識形態方面和認識存
　　　在誤區也有一定關係。現在社會空間擴展活力恢復，儒家的許多意義價
　　　值被重新發現，呼籲復興，實際是要求恢復某種常態。再一個，全球化
　　　時代在經濟一體化的同時，文化認同的問題也變得突出，於是復興儒教
　　　應對文明衝突的主張也就應運而生。儒教與民族建構、儒教與國家建構
　　　的問題都是大問題，但我們應該開放地建設性地去理解，因為今天這些
　　　問題在條件和內涵以及目標上都與以往有了相當大的不同。二〇〇五年
　　　我在社科院辦儒教研究中心的時候就說儒教需要的是重建而不是復興。
　　　重建意味著沒有範本可供仿照，意味著較多的反思與調整。這實際更難
　　　也更重要。

晨報：有評論者認為，「傳統社會知識普及率非常低，而且講究禮不下庶人，
　　　相對來說，今天認識和知道儒家的人更多」，是否說明今天的儒家思想
　　　比傳統社會更加普及呢？

陳明：禮不下庶人就意味著普通人不懂儒學？儒學講的都是倫常日用之道，愚
　　　夫愚婦都不言而喻，普及不普及，不是一個知識論問題，懂不懂與信不
　　　信、行不行不是一回事。儒家思想是文化，是要認同和實踐，要內化於
　　　心、落實於行才能充實生活滋養生命。聖賢不我欺，試著做一點，定會
　　　有收穫，或多或少。評論者這段話邏輯和知識上都問題多多，叫人沒法
　　　看懂。現在批儒家的人多半都是這種情況，不值一提。

儒家不僅是歷史也是現實

晨報：在《文叢》的跋中有一句：「中國五千年之大變局，未有甚於中國之無
　　　儒生也！中國之無儒生，非特儒家價值無擔當，且中國國性不復存；中
　　　國國性不復存，中國淪為非驢非馬之國矣；中國淪為非驢非馬之國，中
　　　國之慧命又何所寄乎！」為什麼這麼說？儒家對於中國的意義在哪裡？

陳明：漢朝的特徵是霸王道雜之。有霸道才有中國的統一，有王道才有社會的
　　　整合，而王道的主要內容就是儒家思想的制度化和教化。所以，儒家對
　　　於中國的國家建構與國族建構是有很大影響的。在今天，在現代性語境
　　　和多元族群環境裡我們同樣面臨著國家建構和國族建構的問題，儒家仍
　　　然無法成為旁觀者而必須有所承擔。但簡單回到古人那裡顯然是不行
　　　的。文叢中的這段話點出了儒生的重要性，但對儒生應該如何面對如何
　　　承擔卻沒有述及。就我個人來說，這裡的國性問題就需要好好斟酌。雖
　　　然有儒教中國之說，可在現代語境裡，政教分離、宗教平等，以儒教為
　　　中國這個多元族群國家的國性，是會有很大問題的。

北京晨報：那麼，您是怎麼理解國性問題的？

陳明：這方面外界比較熟悉的是蔣慶、康曉光的觀點，主編任重這裡似乎也是
　　　以此為論據。在今天討論國性問題，首先必須與法律和政治制度聯繫起
　　　來談；還必須與公民社會的建設結合起來談。周公制禮作樂首先是一種
　　　政治性的制度安排。既然從制度角度談儒家禮樂那就要回到政治的平臺
　　　和邏輯，就要折衷於正義的原則與現實力量——利益的平衡點，不能簡
　　　單地把政治和文化混同。儒家文化應該也可以為當代中國政治制度的建
　　　設發揮較多作用，但這並不意味著作為一個文化系統的儒家就應該享有
　　　特殊的法律地位，就像漢族並不因為其擁有較大規模就可以壟斷中華民
　　　族之名。中國性固然要反映歷史，但更要反映現實、表達願景。

儒學需要恰當的應對之方

晨報：有學者認為，孔孟的儒家是思想的儒家，學術上的儒學，後來的儒學是政治儒學，對此您怎麼看？

陳明：六經乃先王政典。世衰道微禮崩樂壞，孔孟周遊列國希望使動盪的社會恢復秩序但勢莫能挽，於是只能將先王的理念自己的理想加以整理書於竹帛傳諸門人以俟來者。顯然這不是學術儒學一詞可以概括描述的。漢武帝意識到馬上打天下不能馬上治天下，於是只有與社會和解、與儒家合作，在霸道的制度結構中引入王道因素，是施政趨於合理社會走向和諧而成就有漢的文治武功奠定中國的基本格局。可見儒家思想一直是實踐性很強的。而它之所以能夠發揮這種作用獲得這種地位，並不是因為帝王對它有什麼偏好甚至也不能簡單說它就是真理，而是因為它是社會認可的價值，是社會意志的表達者。

晨報：儒學在歷史上歷經變遷，在今天是否也會有新的內容？

陳明：儒學儒家在歷史上的變遷也需要從它與社會的內在勾連、從社會與朝廷（王權）的互動關係出發才可以解釋清楚。例如魏晉玄學就是因為王權在內部和外部的動盪中被削弱，由世家大族成為支撐社會的主導力量，於是主張「貴無」、「獨化」而表現出與漢代經學「屈民以伸君」完全不同的政治風格。宋代太祖立下不殺士大夫、與士大夫共治天下的祖制，儒士大夫的地位得到保障，儒家的政治關注集中到行政事務和帝王人格教導上，於是孟子升格，心性之學大盛。近代，變法維新以應對西方衝擊，創製立法的今文經學成為主流等等。今天的儒學會如何變？變得好不好？要看今天的儒生對當下的問題是否有準確的把握？是否有恰當的應對之方。

儒學的現代化

晨報：儒學誕生於農業文明時代，而當今社會人們的生活環境和生存狀態發生
　　　了變化，儒學如何對當下的生活起作用？儒學在今天是否仍舊適用？

陳明：堅持思想價值的普遍性、絕對性是有必要的。但是基於這些思想價值做
　　　出的問題解決方案卻是歷史性的，屬於所謂因病立方，這卻不必也不能
　　　照方抓藥生吞活剝。孔子本人就被譽為「聖之時者」。例如他講為政的
　　　最高境界是博施廣濟，這是仁是聖，但如何博施如何廣濟卻沒有執著沒
　　　有定於一。

晨報：那儒學在今天應該有怎樣的變化呢？

陳明：由農業社會到工業社會，生產工業化、生活都市化、思維理性化，這意
　　　味著儒家的很多命題觀念都會失效，需要法聖人之所以為法重新製作。
　　　儒學發展的每一新階段都與一些大師的努力分不開，董仲舒、王弼、朱
　　　熹、康有為都是這樣的人物。從文叢的記錄來看，主要的聲音還是復
　　　興，重建與再造的意識還不明顯。但我相信不久的將來一定會出現。

本文原刊於北京晨報，二○一二年十一月六日。

遊魂的復歸

──《儒生文叢》（第一輯）讀後

王正

　　余英時先生對近現代以來的儒家有一個形象而經典的描述──「遊魂」。在我看來，對遊魂說可以從兩方面解讀：一方面它反映了隨著傳統儒家所擁有的制度建構的喪失，儒家在近代以來所呈現的淒涼景象；另一方面，這其中又有一個深層的問題，即當中國放逐了它一以貫之的靈魂為遊魂後，這個共同體建設的困難和艱辛。一方是沒有肉體的靈魂，一方是沒了靈魂的肉體，兩者原本應當是努力來重新結合的，但是卻在相當程度上發生了衝突，這就是近現代以來，儒家和中國的雙重悲劇。

　　儒家是中國、中國人之所以為中國、中國人的重要原因，無論是從「文化─心理結構」（李澤厚語）還是從國家和社會建構來講，都是如此。但近現代以來的中國，卻努力想要剔除儒家的影響，從五四運動到批林批孔再到一九八〇年代的文化熱，莫不如此。這是因為中國因著近代以來對富強的狂熱要求，以及對西方掩蓋在進化論下的西方中心論的吸納，錯誤的將中國近代被動挨打的原因歸結到傳統文化上，結果日漸喪失其主體性和價值觀。而儒家也因為這一現實的壓力，被迫剔除掉自己的政治理念和外王追求，結果越來越收縮到狹小的心性理論空間中去，而失去了對民眾、對社會、對國家的意義。

　　目前，儒家呈現出較過去一個世紀遠為喜人的面貌，既有很多學者從理論上來研究儒家、發現儒家，也有很多民間人士從行動上去實行儒家、踐履儒家。社會上雖然還有沉渣不斷泛起，但是，尊重儒家的聲音越來越大、越來越多。這表明，人們越來越認識到，這個遊魂對中國和中國人還是非常重要的。面對肉體的召喚，遊魂也做出了回應，這個回應，就是儒家對當下中國和中國

人之意義的發現。

儒家在當代所需要證成和實踐的，有四個方向：個人的、社會的、國家的、世界的，即個體人生的意義何在，社群如何建設、社會如何和諧，國家的建構和發展走向，世界的秩序和未來趨勢。在當今這個為古今中西問題所糾纏的時代，儒家需要在這四個方面，去證成中國和中國人的意義；中國和中國人也需要重新從儒家出發，來思考以上四個方面的問題。只有這樣，我們才能立足於自身，開創出中國和中國人的未來；也才能進而以中國和中國人的身份，面向和貢獻於這個世界。

儒家對於個體人生的意義，在於其所提供的「天行健，君子以自強不息」，「地勢坤，君子以厚德載物」的精神（張岱年先生以此兩者為中國文化之精神）。在一種對生生不息之天道的體認下，儒家對生死予以一種安然的處理，並進而以剛毅的精神對待人生的困苦與艱難，以忠恕的心態對待其他人事物。所以，儒家是一種具有宗教功能而又和西方宗教模式不同的文化－心理結構。在當下中國，這一思想的重要性，不在於其作為某一宗教或某一思想流派去吸引信徒，而在於為整個中國的公共領域之建構提供一套大家共同認可的公共信念，比如：仁愛精神、道德誠信。目前眾多的儒教說，正是基於此而立論的，但有的提得過強，且路線選擇值得反思，如蔣慶；有的雖理性而開放，但用語等處值得商榷，如陳明。事實上，儘管儒家一貫強調名正言順，但是對於當下儒家的功能來講，卻並不一定要確定在一個名稱下，國教也好，公民宗教也罷，作為一個理論名詞可以，但如果要以此來規定儒家，則恰恰是顛倒了本末。所以，更多的從功能的角度，去闡釋儒家，更為重要。儒家對於當下的個體，要指點良知，恢復本心，使芸芸眾生從功利和物質的迷霧中清醒過來，重新發現人生和生活的意義。

對一個社會傷害最大的思想，無疑是虛無主義，所謂虛無主義，就是認為人世的價值、道德乃至生命，都是虛假的、無意義的。由此，人們或者把生活放低到聲色犬馬的享樂主義中去，或者寄託到彼岸的未來世界而丟棄當下人生的責任。無論哪種虛無主義，最終都會導致人們思想的極端和行為的偏頗，都會造成對他人的傷害，只不過享樂主義侵害的是他人的經濟權利，而寄託彼岸

則是形成心靈的排他性從而造成社群間的斷裂。所以要抵抗虛無主義，就要重新發現人生和生活的意義，認可人生中價值、道德等的真實意義，並由此形成一系列民眾心靈共同認可的公共信念，從而建構起一個個開放而信任度高的社群，進而實現一個和諧和睦的社會。在儒家一貫認可的「存有的連續性」（杜維明語）之基礎上，藉助人生意義的重新發現和肯定，參照呂大臨、朱熹、王陽明等古代先賢所建設的鄉約、保甲、社倉等互助組織，結合當代的公共領域理論和社區建設實踐，一個個健康、誠信而又自由、開放的社群將可出現在中國，這樣，社會和諧、人民幸福的目標才可能真正實現。

儒家對於當代中國這個國家來說，其意義在於提供政治正義的價值取向和族群團結的理論基礎。就此來講，秋風近來提出的儒家憲政理論，雖然有一定程度對傳統的過度美化，但其理論之標的，則並不出圈。儒家政治理論最重要的是兩點：一為民本，一為崇德。民本可以通向民主和寬容，崇德則通向政治的合法性與合理性。就當前中國來講，逐漸實現了「非常政治」向「日常政治」（高全喜語）的轉變，所以在憲政的大框架下，推動民主、改善民生和加強多元一體國家的凝聚力，是中國未來發展的方向。於是，始終堅持民為邦本的儒家，當然會以開放的心態融納憲政理論、自由思想、民主制度，因為這些是目前為止看來對於真正實現民本最為可能和最可操作的；而在崇尚道德的儒家看來，中國歷史上多民族國家的統一，從來都不是因為武力的強迫和挾持，而是因著對共同道德與文明的認可和對共同幸福與發展的追求而形成的，這一觀點在當下看來，仍然是加強我國多元一體國家之凝聚力的不二法門。

傳統儒家對世界稱之為天下，所以其世界觀也叫作天下觀，對於傳統的天下觀念，趙汀陽、干春松等多有論述。應當承認，中國的天下觀念對於世界秩序的確有其重要意義，但顯然，現在還沒到其發生作用的時候。因為，唯實力論的世界觀仍大行其道，而信仰這一理論的西方國家，更加認可的是文明衝突、宗教對抗、利益爭奪、國家競爭等。所以，中國傳統的萬邦協和的世界觀，顯得過於超前了。但其實，就聯合國的建立及其最終意義來說，正是要實現萬邦協和的世界，只不過，在目前一元獨大的情勢下，這一目標根本無法實現。但也正是由於唯實力論的世界觀，導致作為當今霸主的美國在應對伊斯蘭

問題和東亞問題時，始終進退失據。這樣看來，世界如果真的要想實現「永久
和平」（康得語），必須在世界觀上有一個哥白尼革命般的轉變，即由國家間的
實力競爭變成國家間的合作共生，也即由由自身國家出發轉變為由整個世界出
發。這個轉變顯然還需要一個漫長的過程，而儒家超前的天下觀念，雖然現在
可能影響還不是很大，但其作為具有先知性、預見性的理念，必將會成為處在
全球化問題困擾中的人們所希求的良方。

　　任重，是當下青年儒者群體中的一位突出人物，他不僅有思想，更能辦
事，是儒門中不可多得的一位幹才。繼推出《儒生》輯刊後，他又推出了《儒
生文叢》系列叢書的第一輯，這一輯共三冊：《儒教重建──主張與回應》，收
集了當代眾多儒者對儒教有關問題的深入討論和最新看法，學術價值、理論價
值很高；《儒學復興──繼絕與再生》，匯聚了眾多儒者對當代中國面臨的諸多
問題的精彩解答，雖非「純學術」之作，但卻正是儒家本色；《儒家回歸──
建言與聲辯》則是一冊重要的文獻彙編，它將近年來大陸儒者所參與的眾多事
件（如讀經大討論、曲阜大教堂事件等）的相關材料匯為一編，具有重要的史
料價值。

　　由這套書，我們看以發現當前儒者對個體、社會、國家、世界的眾多思
考，以及試圖做出的貢獻。當然，這其中很多的看法仍有這樣那樣的問題，如
上文所提示。但是，無論如何，經歷了上個世紀各種激進主義思潮的衝擊而
「花果飄零」（唐君毅語）的儒家，終於有了還魂的趨勢。肉體的中國和中國
人更多的意識到靈魂的重要性，因為沒有靈魂的人，將只具有物質性與毀滅
性，而無法具有精神性和建設性，這樣的國家也將始終無法實現它所追求的和
諧與發展。這正是目前社會上出現為儒家招魂的思潮和人們呼籲儒家遊魂歸來
的最重要原因。而任重君所編的這套《儒生文叢》，正是在這一現實脈絡中，
對曾經的真實記錄，對當下的深刻反思，對未來的殷切期望，它不僅屬於儒家
和儒者，更屬於我們的中國和每一個中國人。

本文原刊於北京市：《博覽群書》雜誌二○一三年第二期。

《儒生》（第二卷）跋

任重

　　儒學自古至今一直是一個總全的概念，絕非只關涉某一學科某一領域。儒學既非僅僅是哲學、倫理學、史學，也絕非僅僅是狹義上的「宗教」（信仰）。在學科日益分化的今天，尤其要避免把儒學學科化。儒學在今天既要為一切或左或右的思想理論提供最基本的原則，也要為社會提供切實可行的制度設計，同時也要為現實生活提供具體的指導原則。也就是說，儒學既關注思想創造，同時也要致力於制度建設和心靈信仰。

　　既然我們不能對儒學進行學科化理解，那麼信奉儒學的所謂「儒生」，也要盡量避免學究化。雖然我們的主旨是「儒學」，但學術問題不是憑空產生的，而是來源於社會和生活。學術絕非呆板且了無生趣的，而是活潑潑氣昂昂的。凡是對現實社會生活中一切重要問題以儒家的立場和觀點進行研究和解答的，就是學術探索——政治、經濟、社會、文化、文學、藝術、宗教、教育、軍事等等，都應該是儒生的視野。

　　實際上，孔子早就為我們提供了榜樣。《論語》中孔子與門人弟子關心、討論的那些問題，也就是儒生所應該關注的範圍。夫子曰：「人道，政為大。」那麼，對儒家（儒教）憲政的思考及其推進乃是當代儒生的首要之義。故本卷首選了當代儒生對憲政問題及政治哲學探索成果，希望能為中國的前途能夠提供另一種思路。

任重

二〇一二年，於北京

任重主編：《儒生》第二卷，北京市：中國社會科學出版社，二〇一二年版。

《儒生》（第三卷）跋

任重

　　自《儒生》創辦之日起，編者便開始思考本書的學術和社會定位。第一卷、第二卷的相繼出版，引發了社會各界的廣泛關注，亦得到儒門同道的充分肯定和鼓勵以及許多珠玉良言。今日，對儒家學理的研究不斷走向深入，相關學術刊物和專著亦紛紛面世，但仍未能走出書齋、走向生活，於社會建設而言，影響甚微，建樹不豐，實際成就乏善可陳。基於此種現狀，若要復興儒學，則必須打通學術與社會之間的隔閡，使二者彼此交流、活潑互動，唯此方能促使儒家重新煥發活力。故從本卷起，編者即有意識地進行此方面的努力，著意於當代儒生的社會實踐活動，或赤誠諫議，或親躬參與，或正心修行，既向讀者全方位展現當代儒家風貌，亦為參與社會實踐的儒者提供一個展示自我、相互交流的平臺。

　　儘管從事儒家弘道事業多年，從主持儒學聯合論壇到創辦《儒家郵報》，再至創辦「儒家中國」網站、《儒生》並主編《儒生文叢》，這諸多事業均進行於繁忙的公務之餘，如本卷的欄目設置及文章擇選，亦是編者在每天上下班擠坐地鐵途中思考完成的。雖說如此，並不敢容心潦草，而是戰戰兢兢，如履薄冰。當然，每天置身於擁擠喧鬧、行色匆匆的人群中，也使自己的思考更活潑、更貼近現實和大眾。

　　本卷終得付梓，並計畫實施向高校國學類社團以及民間儒家社團贈書項目，以擴大受眾、傳播儒道、豐富社會的精神資糧，為文化重建盡一己之力。這一切，都要歸功於很多未曾謀面、不留姓名的網友，他們與編者一樣，一心向道，胸懷家國天下，不侷限於一己之得失。正是他們的慷慨解囊、無私相助，促成了這些美業。同時，也感謝互聯網，感謝網站論壇，感謝微博，它們

不但為編者提供了與各地儒友相互交流、彼此溝通的便利途徑，也為編者拓展了籌募出版資助和贈閱圖書項目經費更為廣泛的管道。

　　人能弘道，非道弘人。希望更多的朋友參與進來，讓我們一路同行。

任重
二〇一三年於北京

任重主編：《儒生》第三卷，北京市：光明日報出版社，二〇一四年版。

《儒生》（第四卷）跋

任重

　　萬未料想，編輯出版儒生書系會如此艱難。箇中滋味，非親歷則難知矣。除卻聯繫出版過程中之各種曲折反覆外，首要困難當屬出版籌資問題，以及坐而論道之外缺乏真打實幹之做事者的問題。

　　前年冬天，與神交已久之邸繼文兄相會於京，並與王達三等人餐聚，相談甚歡。繼文兄提前悄然結賬，且當場捐助人民幣三千元以資《儒生》出版之用。其後，繼文兄又提出要捐兩千元資助《儒生》，因其亦為工薪族，並非大富，我再三推辭，但他一再堅持要盡心意，並云「為儒門做點事是我們共同的心願」。盛情難卻，惴惴接納，主要用於資助《儒生》出版和向高校青年儒家社團贈閱書籍。繼文兄在山西朔州積極弘揚儒學，身體力行，創造出卓有成效之「朔州模式」，讓人好生感佩！《儒生》及《儒生文叢》之面世，即得益於繼文兄這般民間儒友之傾力支持，比如西安劉明，南寧謝建雄，貴陽白敏，上海爾雅臺，北京林先生、蘇女士、黃先生、明夷，南昌弘毅，蘇州陳光榮，湖州蘇醒，石家莊承馮志，常州孔祥東，深圳周北辰，亦有佛門朋友濟南如是平，上海計善、計因等等，多感這些赤忱友人之鼎立襄助，方披荊斬棘走至今日。

　　三年前，在《儒生文叢》第一輯組編完畢後，經朋友介紹，有出版社表示願意上報選題。我在欣喜之餘，卻又開始發愁出版資金問題。無奈四處募捐，有友人曰：「（獲得資助）有難度，須是很喜歡這些的人，又有些錢，才有可能。」我曰：「現在暴發戶太多，儒商太少。有錢人非紳士，是中國目前最大的悲哀！」友曰：「所以中國沒有上流社會嘛！」於此心生感慨，遂將交流內容發至微博，隨後引來秋風兄等諸多儒友之討論與共鳴，亦因此催生後來成立之「弘道基金」。

　　目前中國，儒家雖已顯一陽來復之勢，但仍步履蹣跚，長路漫漫。多年前跟陳明老師一同做事之時，他便常說「現在儒家顏回太多，要做子貢！」跟秋風諸師友小聚商議「弘道基金」成立問題時，秋風兄亦感嘆「儒門不缺讀書人，缺的是做事者。」儒家強調知行合一，推崇德功言並立，先師孔子曰：「我欲載之空言，不如見之行事之深切著明也。」此之謂也！

　　在傳統社會，珍視儒家價值理想之紳士，乃地方自治領袖。在中國傳統農業社會，主體即是鄉紳。在現代工商業社會，積極參與推動社會自治、經濟發展、政治建設之商業菁英，恪守「仁者以財發身，不仁者以身發財」之信念者，即為商紳。簡言之，商紳非為謀利而謀利者，而是深具社會責任感與歷史文化意識之商人。今日之時勢下或可曰，商紳不現，則中國不興。

　　謹與諸師友共勉。

任重

二〇一五年八月，落筆於北京

任重主編：《儒生》第四卷，北京市：知識產權出版社，二〇一五年版。

《大陸新儒家文叢》總序

陳　明

　　大陸新儒家的名字已經漸漸熟悉，其思想輪廓卻似乎依然模糊不清。但是，參照唐君毅、牟宗三、徐復觀等所謂現代新儒家或港臺新儒家，還是可以對其思想學術上的特點做出一些勾勒。

　　問題意識上，屬於後五四時代的前輩們主要是在中西關係語境裡工作，面對攜政治、經濟、軍事之威勢而來的文化壓力，帶著悲情為傳統文化和儒家做知識和價值上的合法性論證，但是所採用的學術話語和價值標準卻基本上都是來自西方。大陸新儒家屬於全球化背景下、改革開放後的時代，所面對的是轉型期的政治經濟和文化問題，其工作起點和目標是希望對這些問題的有效解決和承擔來實現傳統延續民族的復興。

　　要做到這一點，僅僅把儒家文化視為一個知識的系統是不夠的。於是，與現代新儒家多採用哲學話語形式對儒家經典加以闡釋梳理不同，他們主要選擇了宗教的學科框架，從這樣一種人類生活的精神維度、一種人文和意義的視角去理解儒家思想系統在歷史上的地位作用、把握其與生命生活的互動聯繫、描述建構其在當代社會的地位功能。牟宗三等也有以教化、人文教詮解儒家經典的情形，但這並不足以否定、替代對儒家文化進行宗教把握的正當性與必要性。人文教只是強調了其相對於神本宗教的某種特徵，而教化本身是一個動詞，即依據某某（對人）進行教育，並不涉及「某某」的內在屬性，如基於道德的教化是一種教化，基於宗教的教化也是一種教化。

　　視東西方文化為不同文明類型既是近代學界的某種共同認知，也是現代新儒家進行自我辯護的某種策略選擇。在這一前提下，他們將思想的重點集中在心性之學以彰顯其不可替代的特殊性與優越性，認為問題只在於如何由此內聖

開出新外王即現代自然科學和民主制度，其左衝右突曲為之說過程十分艱難效果卻差強人意。而大陸新儒家從宗教入手，不僅上遂天道奠立根本，重歸《尚書》、《詩經》和《周易》的上古傳統（宋儒偏重四書。現代新儒家心性至上，有現代宋明理學之稱），同時也方便直接地切入現實問題，在對國家建構與國族建構的論述中將論域由形上學及道德和倫理學向法學、社會學、民族學和政治哲學等開拓延展。

凡此種種，應該可以將大陸新儒學與現代新儒學或港臺新儒學的思想風格粗步而明確地做出一些分判了吧？當然，這只是自其異者觀之而已。從歷史看儒家傳統生生不息變動不居，從現實看它也同樣光譜豐富精彩紛呈，但其作為中華民族精神存在之重要維度所具有的基本性格卻是一以貫之的。

「大陸新儒家」的概念從一位旁觀者口中道出具有相當的偶然性，但它卻使那群認同儒家的學者實現了由自在到自為的轉變。這是必然的。雖然堪稱經典的作品尚有待時日，但新的發展方向與趨勢已是隱隱然確立成型。我們和東方出版社合作推出「大陸新儒家文叢」正是要記錄和推動這一思想的律動和創生。我們相信這對儒家和傳統、中國和世界都是具有重要意義的。

陳明

作於二〇一四年五月

陳明、任重主編：《當代大陸新儒家文叢》，北京市：東方出版社，二〇一四年版。收錄：《廣論政治儒學》（蔣慶著），《儒教與公民社會》（陳明著），《復見天地心——儒家再臨的蘊意與道路》（張祥龍著）。

《中國儒學年度熱點（2015）》序

劉百淞

　　曾幾何時，有些人誤以為儒學就是博物館中陳列的服飾器皿、歷史書上記載的嘉言懿行或者社會生活中的道德說教，與現時代的實際狀況沒有太大關聯。其實，這是對儒學的誤讀、偏見和扭曲。即便遭遇「三千年未有之大變局」，儒家也沒有放棄「顯諸仁，藏諸用」的務實精神。

　　有的儒者捨生取義，殺身成仁；有的儒者與時偕行，經綸世務；有的儒者獨善其身，退藏於密。儒門廣大，各人的抉擇自然有所不同。無論立德、立功，還是立言，都要立足具體的歷史階段，做到「敬以直內，義以方外」，而不是巧言令色、曲意逢迎。前賢有言：「天下事皆吾儒分內之事。」這是何等的氣魄！

　　本來，儒家並沒有新舊之分，只不過是針對新問題提出了新的解決方案，形成了新的理論架構，開創了新的學術派別，這才引發了一系列的爭論。歷史上，以韓愈、李翱為首的儒者對佛老之學展開全方位的研究，開啟了一支新的儒學力量。它立足華夏世界的文化傳統，有鑑別地吸收域外文化的合理之處，推陳出新，最終匯聚為宋明道學。無論學界對宋明道學進行理學、心學、氣學或其他方式的解讀，都無法迴避它的共通之處。後來有學者將宋明道學稱為「新儒學」，藉以區別韓愈、李翱之前的儒學派別。

　　二十世紀以來，儒家必須全面回應「現代化」的挑戰。這是無可否認的事實。新文化運動是儒家浴火重生的重大機遇。無論是作為「新文化運動的右翼」重要人物梁漱溟，還是主張「打倒孔家店，救出孔夫子」的張申府，以及其他或左或右的學者文人，都在一定程度上繼承了儒家的歷史遺產。

　　二〇一五年，學界對新文化運動的看法可謂仁智互見。有的學者認為它不

是啟蒙運動，有的學者認為它為新中國提供了奠基石，有的學者認為檢驗了
「新傳統主義」和「反傳統主義」的實力，有的學者希望以此作為契機「重建
孔家店」，還有學者從「個人自由」和「家庭價值」的人為割裂入手反思新文
化運動。凡此種種，不一而足。

　　我們今天所要做的就是如何更加客觀地評價新文化運動，為儒學復興提供
有力支援。有時候，刻板的學術研究會對學者之間的身份認同構成干擾。現代
新儒家內部的諸多分歧也源於此。從話語範式、方法論和理論導向等方面來
看，海外新儒家有其創新之處。但是，他們的創新並不能成為評判一切的準
繩。大陸新儒家有其生存空間、生活樣態和實踐方式，所要解決的具體問題遠
非海外新儒家所能完全理解。

　　二〇一五年，關於「大陸新儒家」的身份認同引發了一場空前的辯論。我
們不能因為大陸新儒家沒有援引海外的儒家學者慣用的西方價值體系，就質疑
其儒家身份的合法性；我們更不能因為大陸新儒家啟動諸如「王道政治」等古
老觀念，就質疑其應對「現代化」挑戰的能力。舊的「冷戰」已經過去，歷史
並沒有終結，文明衝突此起彼伏，「新冷戰」初見端倪。

　　大陸新儒家以「常道」應對「變化」，視野開闊，志向遠大，既要消除
「亡國」的危機，又要杜絕「亡天下」的隱患，因而能夠有效維護中華民族的
文化安全。儒家講求「合內外之道」，貫通天道、心性和禮樂，能夠不失時機
地推進「內聖外王」的事業。如果說「生生之德」是對「仁」的精準詮釋，那
麼「時止則止，時行則行，動靜不失其時」則是對儒家實踐智慧的高度概括。

　　經濟全球化時代為我們提供了廣闊的舞臺，「地球村」的許多問題早已跨
越國界。大陸新儒家重任在肩，必須維護「父母之國」的安全、利益和「球
籍」。只有這樣，才能構建人類命運共同體，實現「以天下為一家，以中國為
一人」的遠大理想。

　　在探討提高社會治理能力和促進國家治理體系現代化的過程中，大陸新儒
家能夠緊扣以改革開放為核心的時代精神，創造性地實現理論轉換。當然，這
中間有一個「政治地思考」的問題，也就是在現實權力與自身處境之間尋求結
合點，運用合乎時宜的言談方式表達自己的意見和建議，助力中華民族偉大
復興。

　　儒家能否主導中國改革？儒家的治理智慧能否服務於中國改革戰略？儒家價值能否繼續成為中國改革的源頭活水？儒家的倫理寬容能否為同性戀婚姻、女性主義等平權運動提供合理參照和有益借鑑？這些問題只能用實踐來回答。任何漫無邊際的解釋或空洞乏味的假說都無濟於事。

　　在中華優秀傳統文化中，「師」的涵義非常豐富。既可以指代眾人，又可以指代老師。眾人遵從正道，就能創造歷史契機；學生追隨良師，就能成就德業。反之，就會出現思想模糊、倫理失範和社會混亂。二〇一五年，復旦大學出現了學生群體要求「驅逐劉清平教授」的重大事件。此事一出，石破天驚。

　　從學生群體而言，他們厭惡劉清平教授「無口德，失師德」，經常在網絡平臺發布淫穢猥瑣的言論，嚴重敗壞了復旦大學的名譽；自劉清平教授而言，嬉笑怒罵，用髒話謾罵孔孟，這屬於自己的「言論自由」，別人無權干涉。原本是高校師生之間的分歧與衝突，後來逐漸演變為社會熱點。各界人士紛紛表達自己的看法，儒家同仁和孔子後裔表示強烈憤慨。

　　有些人以保障「言論自由」作為依據，支持劉清平教授出口成髒、謾罵孔孟。還有更多的專家學者從淨化網絡環境、界定網絡言論自由的角度對此展開討論。儘管復旦學生群體要求「驅逐劉清平教授」的事件不了了之，但是師德、淨化網絡環境、網絡言論自由等關鍵詞成為二〇一五年度儒家熱點之一。放眼歷史，劉清平教授微不足道，甚至連遺臭萬年的資格都沒有；心繫世道，「無口德，失師德」則是對國法良俗的挑釁，有必要加以關注。自古邪不壓正，公道自在人心。

　　儒家成就大業，不離百姓生活日用。儒學蘊含盛德，能夠日新又新。自古以來，許多賢能從儒學中找到了生命信仰、理想信念和治理技藝。世界在發生變化，儒家直面的問題也隨之變化。如何解決這些問題？儒家有著自己的答案。只有要實踐的機會，儒家就會義無反顧，全力以赴，做好自己的分內之事。

儒家網編輯部　劉百淞執筆

二〇一六年八月二日

儒家網出品，任重主編：《中國儒學年度熱點（2015）》，福州市：福建教育出版社，二〇一六年版。

《中國儒學年度熱點（2016）》序

吳　歡

　　「孔子二五六七年暨耶穌二〇一六年十二月三十日」，中國大陸儒家第一門戶網站「儒家網」評選發布了二〇一六年度儒家十大熱點，涉及建言諫議、公共政策、思想學術、文化事件等方面，反映了中國當代儒家的最新發展狀況。或許給讀者最直觀的感受就是，當代大陸儒家正在不斷因應時代變革，日益走向公共領域。

　　子曰：必也正名乎。「十大熱點」中，首當其衝的是對「大陸新儒家」不同角度和程度的還原與體認，以及對「大陸新儒教」不可言狀的批評。接踵而至的是被冠以「新康有為主義」，旨在重思近現代中國立國之道的「回到康有為」思潮。與之相關的還有關於是否應當「老實大量純讀經」的少兒讀經大爭論。以上三者，分別涉及是什麼、為什麼和怎麼做的問題，其實在大陸新儒家內部也不乏爭議，甚至帶有火藥味。但經過此番正名與判教，大陸新儒家或許能在本體論、價值論和方法論上進一步走向成熟。

　　「十大熱點」的第二組，包括倡設儒學一級學科，《孔子研究》創刊三十週年，復旦大學上海儒學院成立，全國書院高峰論壇宣言發布等，可以看做是大陸新儒家爭取和走向再建制化的表現。傳統儒學本身是建制化的，無論是作為立國之本的政治地位，還是作為修齊治平的治理資源，傳統儒學都有一系列可見可觸可傳承的制度化載體。但近代以來，儒學日漸「花果飄零」「孤魂野鬼」「博物館化」。時至今日，在文化自覺與自信的大背景下，無論是體制內的儒學刊物和機構，還是半民間半官方的書院，乃至過分商業化的文廟（孔廟），都將成為儒家研究和傳播的重要基礎，同時也是民族復興的堅實基礎。

　　「十大熱點」中涉及公共政策的是河北人大代表聯名建言恢復「文廟」建

制和儒學內外學者聯名呼籲保護傳統喪葬禮俗。如果說後者是處江湖之遠的學者的不計毀譽的文化焦慮，前者則經由法制化的管道將相似的文化焦慮轉化為公共議題帶入了廟堂之上。對於這兩者不以為然者可能大有人在，但在一個急遽變動的多元社會，各種觀點碰撞在所難免，即便試圖影響公共政策制定也無可厚非。尤其在當下中國，通過並啟動民意代表代表民意，哪怕是部分民意的努力，都是值得肯定的。至於走出書齋關注社會，本就是學者擔當。

從「十大熱點」中，可以進一步觀察出當代大陸新儒家走向公共領域的幾個關鍵詞或者說表徵。

首先是社會科學知識的引入。「大陸新儒家」不再圍繞著經典儒學命題藉以判教，而是廣泛吸納政治學、社會學、宗教學、法學、教育學等社科話語；學術刊物、研究機構、學科建制、學術活動等方面，也力圖融入現代社科體系。這固然是迫於現代性的強勢，但也體現了儒學本身的包容性，是對現時代不可避免且不可或缺的因應。

其次是中國問題意識的凸顯。沉舟側畔千帆過。以「回到康有為」為標誌，大陸新儒家關注的主要議題不再是經院哲學式的，而是直面近現代中國未竟的國家建構與國族建構問題。這一點很容易招致「左右夾擊」，但也正是大陸新儒家的旨趣所在。當然，在這些宏大敘事之外，大陸新儒家也關注重建斯文、再淳風俗的重要小事。

第三是建制與非建制的合力。自古以來，儒學就有廟堂儒學與山林儒學，「得君行道」與「覺民行道」等大致兩種和而不同的取向。時至今日，廟堂儒學不復存在，「得君行道」更容易引人詬病，但「使道行」與「使道尊」依然是大陸新儒家的基本追求。從學者諫議到代表建言，從學科建制到書院建設，莫不是歷史的合力。

還有一個重要的關鍵詞，是「十大熱點」中「中馬青年儒回交流峰會在山東曲阜開幕」所透露的。該熱點含義豐富，我更情願將其重點劃在「青年」。青年是未來，青年是力量，青年是希望。這不僅僅是對儒家而言，更是對民族而言。大陸新儒家近年舉辦青年儒學論壇，提出「青春儒學」口號，舉辦中外青年交流，其意深焉。

　　社科知識、中國問題、建制內外、青年寄望，是二〇一六年度儒家十大熱點的突出特點。上述觀察或許並不全面客觀，但期待能夠為日益走向公共領域的大陸新儒家提供一些外在視角，更希望借此推進公共領域對日益走來的大陸新儒家瞭解更多。公共領域本來就是眾人之事，當然需要眾人參與；眾人參與最終是為實現中道，正是在這一點上，傳統儒家和當代大陸新儒家可以資鑑治道。

儒家網編輯部

吳歡執筆

二〇一六年十二月三十一日

儒家網出品，任重主編：《中國儒學年度熱點（2016）》，福州市：福建教育出版社，二〇一七年版。

《中國必須再儒化——「大陸新儒家」新主張》讀後[*]

毛朝暉

　　今年五月，由儒家網主持出版的《中國必須再儒化——「大陸新儒家」新主張》一書，介紹了目前在中國大陸十分活躍的一個儒學群體——「大陸新儒家」，並選編其中五位代表性人物的一些重要儒學言論，集中展現了他們對於中國問題的基本看法及主張。該書除了正面提出五位代表性人物自己的主張以外，也從反面針對時下中國各種思想流派對儒家的批評質疑提出反擊與辯正，理論交鋒，思想爭鳴，精彩紛呈。

　　正如該書簡介所言，「本書是當代中國『大陸新儒家』五位代表性人物的思想文化論集，集中展現了當代儒家對中國問題的基本看法及主張，也可以說是儒家自『文革』以後，第一次集體發聲，吹響了復興儒學、回歸道統、儒化中國的集結號。」事實上，早在二○○四年，蔣慶、陳明、康曉光、盛洪在貴陽陽明精舍就舉行過一次儒學會講，這應該算是「大陸新儒家」的第一次集體發聲，然而，該書明確而系統地闡述了五位「大陸新儒家」代表人物的新主張，則的確是前所未有的。此書在「大陸新儒家」學術思想建構的歷程中具有里程碑式的意義，也全幅展現了當前中國最有現實感、最富生命力的一種學術主張，無論支持或者反對，都值得各派學者引起充分關注，參與討論，則是毫無疑問的。

　　從新加坡的視角來看，新加坡在一九八○年代就曾積極倡導儒家倫理和

---

*　本文原發表於「鳳凰國學」，二○一六年八月二日，原標題〈「大陸新儒家」主張中國再儒化，新加坡有啥可借鑑〉。系根據新加坡萃英讀書會七月三十日讀書活動討論內容整理而成，整理人毛朝暉，新加坡南洋理工大學新加坡華文教研中心副研究員。

「亞洲價值觀」，新加坡國父李光耀先生對此早有先見之明，並為此付諸實踐。由於種種原因，尤其是宗教問題的牽扯，新加坡轟轟烈烈的儒學運動最終沒能修成正果；但是，從整個儒家文化圈來看，則可以視為晚近華人社會「儒化」的第一次浪潮。換言之，華人社會的「儒化」並非「大陸新儒家」的空想，而是早有實例在先，臺灣儒家學者李明輝先生對於「大陸新儒家」政治儒學的烏托邦指控，顯然不能成立。

此外，李明輝先生認為「大陸新儒家」是一小撮人的自我標榜。毋庸諱言，近年來，「大陸新儒家」的確十分活躍，而且善於運用網絡、刊物、會議等各種手段進行宣傳，擴大自己的影響力。在這個意義上講，李先生用「標榜」一詞，大體也符合事實。問題在於，「標榜」是否一定就是錯的？相比於宗教組織挾持巨大財力極力進行傳教、西方國家憑藉話語霸權強勢大力傳播自由民主，相形之下，「大陸新儒家」的問題不在於標榜，乃在於標榜不力。這種情形，就好比孟子在其生活的時代，面對楊、墨的強勢競爭，不得不「好辯」一樣。我們認為，在言論自由的新世代，善用各種現代資源和手段，積極參與學術對話與競爭，不但無可非議，反而是儒學現代性與生命力的體現。

不過，李明輝先生認為，「大陸新儒家」主張的「儒化」方案，不應該與西方民主相對立，也未必優於西方民主政治的方案。這一批評可謂切中了問題的要害。在這一點上，我們導讀團隊大體同意李先生的意見。一方面，從新加坡的實踐來看，儒家價值與民主政治的確可以相容，二者並非截然對立、水火不容的關係。另一方面，「大陸新儒家」內部對於民主政治事實上也存在不同的聲音。例如，陳明、秋風兩位先生對民主雖然也有所批評，但顯然不如蔣慶、康曉光兩位先生那樣激烈，而在余東海先生的《中華憲政綱要》中，則明確將民主列為他所主張的仁本主義的基本原則之一。

其次，我們認為，「儒化」的概念並不清晰，而且各家的說法也並不一致。專就本書而言，陳明先生提出的「公民儒教」、康曉光先生提出的「根據儒家精神重建中國」、余東海先生提出的「仁本主義」、秋風先生提出的「復歸道統」，更多地只是一種「儒化」的理念；蔣慶先生在「三重合法性」的基礎上提出的「上行路線」與「下行路線」，則是政治、社會層面的兩套「儒化」

實踐方案。這樣看來,「儒化」既可以是指觀念層面,也可以是指政治、社會等實踐層面。這些層面是否都必須儒化?是否都必須同樣方式地儒化?這就又回到了李明輝先生提出的問題:政治實踐層面的儒化是否必然排斥民主化?以此類推,觀念層面的儒化是否必然排斥西方價值觀?社會層面儒化的歸宿究竟是蔣慶先生所說的作為國教的「儒教」,還是陳明先生所說的「公民儒教」,抑或是別有他途呢?新加坡八十年代的「儒化」只是在社會層面復興儒家倫理,而在政治層面則基本上採納西方的憲政民主,若不是由於宗教因素的牽扯,我們很難逆料李光耀先生的那一套「儒化」方案是否走得通。

　　總的來看,「大陸新儒家」作為一個儒學群體,還在形成之中;他們的學術思想還正處在建構的進程中。他們的「儒化」主張,不止在學術層面具有超前的創造性,而且在現實層面對於當代中國問題具有鮮明的針對性,對整個儒家文化圈都具有啟示意義;至於他們提出的實踐方案,則互有出入、值得商榷,在這一方面,新加坡八十年代的儒學運動或許能為「大陸新儒家」的儒化方案提供某種參照。

附錄

《中國必須再儒化──「大陸新儒家」新主張》

蔣慶、陳明、康曉光、余東海、秋風　著

新加坡:世界科技出版公司,二〇一六年。

本書簡介

　　本書是當代中國「大陸新儒家」五位代表性人物的思想文化論集,集中展現了當代儒家對中國問題的基本看法及主張,也可以說是儒家自「文革」以後,第一次集體發聲,吹響了復興儒學、回歸道統、儒化中國的集結號。

　　本書既有作者對當代中國面臨的種種問題之立論直言,也有對時下各種思想流派對儒家批評質疑的回擊辨正。立論若黃鐘大呂振聲發聵,回擊若短兵相

接刀鋒相見，無異於是一場精神大餐思想盛宴。

本書語言風格淺白易懂，極高明而道中庸，於無聲處見驚雷，極具可讀性。

本書由儒家網出品，任重主編，新加坡南洋孔教會資助。

本書背景

儒家塑造了中國。

無儒家，不中國。

儒家中國，緊密相連。

這既是歷史，也是未來方向。

近代以來，西化思潮侵襲中國：

打到孔家店、批林批孔、河殤……

物極必反，一陽來復。

今日，執政黨自命為：

中華優秀傳統文化的繼承者和傳播者。

百年劫難，儒家終於再次登場。

小康社會，以德治國，以人為本……

講仁愛、重民本、守誠信、崇正義、尚和合、求大同。

皆源自悠久而偉大的儒家思想。

現今中國最大的文化現像是儒家復興。

儒家復興，道統回歸，中國儒化，

必將促進中華民族的偉大復興。

中華民族的偉大復興，

必以儒家文化的復興為最高標誌。

本書作者

蔣　慶

西曆一九五三年生，祖籍江蘇徐州，出生、成長於貴州貴陽。陽明精舍山

長。著有《公羊學引論》《政治儒學──當代儒學的轉向、特質與發展》《生命信仰與王道政治──儒家文化的現代價值》《儒學的時代價值》《再論政治儒學》《儒教憲政秩序》《廣論政治儒學》等。主編《中華文化經典基礎教育誦本》。

陳　明

西曆一九六二年生，湖南長沙人。首都師範大學哲學系教授，首都師範大學儒教研究中心主任。創辦《原道》輯刊並主編「原道文叢」。著有《儒學的歷史文化功能──士族：特殊形態的知識分子研究》《儒者之維》《文化儒學：思辨與論辯》《儒教與公民社會》等。

康曉光

西曆一九六三年生，遼寧瀋陽人。中國人民大學公共管理學院教授、中國人民大學非營利組織研究所所長。著有《仁政──中國政治發展的第三條道路》《中國歸來──當代中國大陸文化民族主義運動研究》《陣地戰──關於中華文化復興的葛蘭西式分析》《君子社會──國家與社會關係研究》等。

余東海

本名余樟法，西曆一九六四年生，原籍浙江，現居廣西。民間獨立學者。著有《大良知學》《儒家文化實踐史（先秦部分）》《儒家大智慧》《仁本主義論集》等。

秋　風

本名姚中秋，西曆一九六六年生，陝西人，北京航空航天大學人文與社會科學高等研究院教授。著有《華夏治理秩序史》（卷一、卷二）《重新發現儒家》《國史綱目》《儒家憲政主義傳統》《嵌入文明：中國自由主義之省思》等。

「儒家中國」網站開通說明

我們是生活在當代的中國儒生。

天下為公，王道仁政，依然是我們的政治理想；
萬物一體，天人合一，依然是我們的文化信念；
均富安和，各得其所，依然是我們的社會追求；
仁愛孝親，敬天法祖，依然是我們的精神家園；
自強不息，樂天知命，依然是我們的人生態度；
禮義廉恥，致行良知，依然是我們的行為方式；
和而不同，中庸之道，依然是我們的處世原則。

人能弘道，非道弘人。我們將以先賢為榜樣，以蒼生為念，承續儒家文明，光大儒教事業，以天下為己任，為萬世開太平。

今天，我們追求的目標是：祖國更加繁榮強大，人民更加自由幸福。在這一目標實現的那一天，世界萬國將會更加協和，普天民眾將會更加和睦。我們堅信這一點。

我們開辦「儒家中國」網站，希冀給同道們提供一個交流資訊、相互砥礪的平臺，也給各界朋友們提供一個認識當代儒家的視窗。

有朋自遠方來，不亦樂乎？我們期待大家的參與、支持和批評。

網站地址：http://www.rujiazg.com
聯繫我們：rujiarz@126.com

二〇〇八年七月十六日

關於「儒家中國」更名為
「儒家網」的說明

　　根據政府有關互聯網管理規定，從即日起，「儒家中國」網站更名為「儒家網」，立場、宗旨、風格依舊不變，特此告知。感謝各界朋友的支持和信任，也希望以後繼續予以關心和支持。

儒家網主編任重敬告

二〇一四年五月二十三日

儒家網二〇一六年度工作報告

　　儒家網秉持儒家立場，以承續儒家文明、推動中華復興為己任，堅持思想性、公益性、獨立性，重點發布當代儒家的最新思想學術成果、社會熱點評論及民間社會實踐資訊，編輯出版圖書刊物，組織、支持開展各種思想文化活動，努力促進各界對儒家的全面瞭解，推動中國學術繁榮、文化發展、社會進步、民族復興。

一　基本情況

　　自西曆二〇一六年一月一日至十二月底，儒家網門戶網站共發布文章二六七五篇，總字數一七五三萬字，內容涉及思想學術、文化評論、實踐訊息等諸多方面，能夠第一時間反映儒家思想發展、儒學研究成果、儒門社會實踐的前沿動態，在同類網站中獨樹一幟。

　　儒家網二〇一六年的工作穩中有進，主要是我們繼續堅持「立場明、水準高、資訊新」的原則，注重切入當下最為重要的思想文化問題和社會熱點並推動相關話題的討論（如讀經爭論），在保持一貫風格的情況下繼續追求高端與精緻，注重與讀者的互動，並加強與相關媒體平臺的合作。

　　二〇一六年，我們依託儒家網門戶網站，繼續出版紙質圖書「儒生書系」和電子出版物《儒家郵報》，著力建設新媒體暨官方微博、微信公眾號，不斷延伸傳播領域，同時，組織年度十大熱點、十大好書評選，開設「儒家看法」、「獨家專訪」欄目，將傳統媒體與新媒體相輔，學術思想研究與大眾普及並重，線上活動與線下活動並行，初步形成了以網站建設為中心、以品牌欄目打造為重點、以圖書出版為特色、以年度十大評選為亮點、以新媒體平臺運營為著力點的工作格局，影響力不斷擴大。

二　主要工作

（一）組織編寫《中國大陸儒門年度大事記》並評選儒家十大熱點

為了記錄事件，提供資訊，促進認同，自二○一二年開始，儒家網組織編寫年度大事記，反響良好。二○一六年，我們在過去四年經驗基礎上繼續編寫，形成初稿後向社會徵集意見。在對大家意見綜合吸收的基礎上，形成定稿正式公布。同時，在《2015年中國大陸儒門大事記》的基礎上，推選出《2015年儒家十大熱點》，涉及諫議、公共政策、思想學術、文化事件等各個方面，反映了中國當代儒家最新發展狀況。

（二）組織評選儒家網年度十大好書

在儒家網甲午（2014）年度十大好書評選的活動基礎上，我們持續啟動了儒家網乙未年（2015）年度十大好書評選的活動，隨著儒學復興日益深入，相關著作不斷問世，甚為可觀。儒家網的義工通過網絡搜索和師友推薦，將該年度出版的一百多本儒學著作彙集起來，分為思想學術類和大眾通俗類，以供評選。經過為期一月的網絡投票和隨後的學者評議投票，評選出儒家網乙未年（2015）年度十大好書，向社會公布後，備受關注。

（三）出版圖書「儒生書系」

「儒生書系」包括《儒生》集刊、《儒生文叢》及《儒家中國年度系列叢書》，主要刊載中國大陸（內地）儒家的學術研究論文、思想文化評論以及社會活動方面的資訊，組編當代儒生的個人專著。儒生書系的作者，既包括自覺認同儒家的學術研究者，又包括主動弘揚儒學的社會實踐者，在內容上注重學術性與社會性相結合，並有擔當意識、價值關切和文化情懷，既收編學術研究專著，也收編各界同道的弘道文集。二○一六年，一共出版了以下七本圖書。

《中國必須再儒化──「大陸新儒家」新主張》，儒家網出品，新加坡世界科技出版公司二○一六年出版。本書是當代中國「大陸新儒家」蔣慶、陳

明、康曉光、余東海、秋風五位代表性人物的思想文化論集，集中展現了當代儒家對中國問題的基本看法及主張，也可以說是儒家自「文革」以後，第一次集體發聲，吹響了復興儒學、回歸道統、儒化中國的集結號。

《中國儒學年度熱點（2015）》（儒家中國年度系列叢書），儒家網出品，福建教育出版社二〇一六年出版。本書主要選輯二〇一五年度發生在儒學領域的重大思想文化熱點，既包括學術論文，也包括文化評論，集中反映了中國儒學最新進展情況和現狀，見證當代儒家重大事件，第一時間展示中國儒學的探索性思想成果。

《月窟居筆記》，范必萱著，儒生文叢（第三輯），儒家網出品，知識產權出版社二〇一六年出版。二十世紀九十年代，儒者蔣慶在貴州龍場古鎮、明代大儒王陽明「龍場悟道」的地方，建立了一所儒家書院——陽明精舍。這是自一九〇五年中國書院制消失後，中國大陸修建的第一所民間書院。作者在陽明精舍學習和服務多年，親歷了許多珍貴的學術場面。本書是作者對自己所見所聞和許多鮮為人知故事的真實記錄，也是研究當代儒家的珍貴資料，讀者可從中瞭解當代儒家書院的文化內涵和儒家文化的真精神。

《孔孟仁學論綱》，萬光軍著，儒生文叢（第三輯），儒家網出品，知識產權出版社二〇一六年出版。本書從仁學角度對孔子、孟子思想進行了較為系統的梳理，大體包括「仁之形上考察」「何為仁」「仁何為」「仁之全德與展開」四個方面，展示了孔子、孟子思想的相同與差異、形上與形下、內涵與外延、理論與現實、傳統與現在等諸多維度，有助於深入學習孔子、孟子自覺建構儒學，尤其是形上體系的諸多努力與重要建樹，為進一步瞭解儒學、理解儒學、推進儒學提供了一種可能。

《天下歸仁：方以智易學思想研究》，劉偉著，儒生文叢（第三輯），儒家網出品，知識產權出版社二〇一六年出版。本書以明末清初「天崩地陷」的社會大動盪作為時代背景，以方氏易學中的「憂患意識」作為切入點，探討方以智「貫通中西，炮鼎百家」的學術理路，著重分析方以智「寓義理於象數」，「質測」與「通幾」，「資格」，「自由」與「共由」等重要觀念，進而領悟這位「大傷心人」力主「坐集千古之智」以期「天下歸仁」的良苦用心。

《從祠廟到孔教》，陳彥軍著，儒生文叢（第三輯），儒家網出品，知識產權出版社二○一六年出版。本書既展示了作者本人體認儒學傳統的學思歷程，提供了一個當代儒學復興的鮮活案例，同時也是一部從儒教視野探討儒學實踐方式和中國人生活世界的古今變遷的學術論集。現代人文社會科學對中國傳統祠廟已做了諸多研討，本書則從朱子學發祥地泉州擇選蕭太傅信仰這樣一個民間信仰來考察宋明以來儒學實踐方式的變化，視角別具一格，並進而考察近代以來的孔教實踐，力求從祠廟到孔教的變遷中看到儒學實踐形式的現代改良。

《經世三論》，齊義虎著，儒生文叢（第三輯），儒家網出品，知識產權出版社二○一六年出版。什麼是好的生活？文明與野蠻的界限在哪裡？荀子真的主張君主專制嗎？西方真的文明嗎？歐美政治模式真的不可超越嗎？……本書作者以赤誠的情懷，憑藉古典智慧的啟迪，以究天人、通古今的氣魄和格局，帶給讀者不一樣的分析和回答。

（四）主持開辦「儒家看法」欄目

公道廢而後公論興，公論息則天理滅。為了更加主動明確表達當代儒家的觀點，自十一月開始，儒家網新闢「儒家看法」欄目，針對社會熱點和重大問題，以儒家網名義發表社論、社評和特約評論員文章，基於儒家立場發表儒家看法。一經推出，備受矚目，在當下思想界各家各派之中別具一格，亦使儒家網的功能更加完備。

（五）編發電子刊物《儒家郵報》

今年是《儒家郵報》創辦十週年，在智慧型手機上網時代，尤其是微博、微信等新媒體傳播形式的影響下，以電子郵件途徑發送的網刊，是否還應該繼續辦下去？經徵詢意見反覆研討，基於儒家郵報主要針對學者主動發送，考慮到學者習慣和老訂戶的需求，以及電子郵件發送的特殊優勢，我們決定繼續編發。二○一六年，《儒家郵報》訂閱人數持續增長，已達四千多人，訂戶及發送對象主要是學術思想界和儒學愛好者。

（六）主持運作「儒家網」官方微博

儒家網官方微博作為儒家網系列媒體平臺之一，保持每天都更新，發布的內容均來源於儒家網，所選文章類型主要是思想學術類、評論雜談類、新聞消息類、演講訪談類和讀書出版類。儒家網官方微博工作在二〇一五年的基礎上穩紮穩打，步步為營，在二〇一六年又有所進展，繼續吸引各方關注，對宣傳和推廣儒家思想文化，發揮了應有的作用，取得了相當的成績。

截至二〇一六年十二月十八日為止，已發微博數共計七一八九條，日均閱讀人次保持在九萬左右，目前關注者（「粉絲」）總數為九四三一三個，處於平穩增長狀態。

（七）主持運作「儒家網」微信公眾號

儒家網微信公眾號文章全部來源自儒家網，每天堅持編發，每次選編四到五篇文章，週末一般以單篇特稿的形式推送，以期即時全面反應當代儒家的動態，擴大儒家影響力。

截止二〇一六年十二月二十日，微信號總關注人數為一三五五八，比去年（二〇一五年十二月三十日數據）增加五五四六人，年增長率69.2%。其中，男士關注人數九一〇八，占67.18%；女士關注人數四三六九，占32.22%，男女比例與去年保持基本一致，還有八十一位關注者性別未知。在微信語言使用中，3.8%使用繁體中文，1.8%使用英文，不排除部分港臺同胞和海外華人關注的可能。以地域劃分，關注人數多少前五為：北京一八八九、廣東省一六一五、山東省一一八七、上海八二三、江蘇省七一〇，排序與去年一致。因而，這一年微信號在關注人數上穩定增長，受眾結構保持穩定。

（八）主持運作「青春儒學」微信公眾號

「青春儒學」微信號創號於二〇一五年六月五日，秉承「青春激揚傳統，儒學滋養生命」的宗旨，依託儒家網與各大儒學平臺，精心選編，為大家推送活潑潑的儒學資訊，以期為更多的青年人提供一個深入瞭解儒家的平臺，讓大家在快樂的閱讀中提升素養，從而擴大儒學在現代年輕人中的影響。

截至到二〇一六年十二月二十五日，「青春儒學」公眾號關注人數共四五三三人，較上年增加二五八七人。自二〇一五年十二月三十一日至二〇一六年十二月二十五日，青春儒學公眾號共發送微信共二八八條。其中發送有關高校社團活動微信共一百二十條，涉及高校約五十所。「青春號」於二〇一六年三月中旬對每期微信發送數量進行調整，將每期三條微信調整為兩條，第二條專門發送高校社團活動資訊，即每天都爭取發布一則高校國學社團的活動資訊。

（九）組織策劃獨家專訪

今年，我們先後對康曉光、陳昭瑛、王財貴三位儒家學者進行了專訪，康曉光專訪之《中國必須走向「儒家憲制」》，陳昭瑛專訪之《應以「一國良制、王道中國」來完成統一大業》，王財貴專訪之《讀經是多元的教育，以全盤化西為標準》，皆對當前中國學術、政治、文化、教育、法律、政策等重大問題一一作答，持論中正，廣大精微，見解獨到，及時回應了時下的重大命題和熱點問題，反響強烈。

（十）舉辦「儒學重光」學術研討會

五月二十六日，儒家網和敦和基金會聯合舉辦的「儒學重光」夏季沙龍在北京大學舉行。在京的儒家學者陳明、姚中秋、方朝暉、王瑞昌、彭永捷、慕朵生、姜志勇、田飛龍等人做了精彩發言。方朝暉《當今儒學最重要的工作之一是啟動》，姚中秋《現代儒學發展已進入下半場》，慕朵生《「大陸新儒家」及其批評者》，姜志勇《生民：當代大陸儒學「民」觀研究的新方向》，田飛龍《儒學在中國政治新發展和人類和平秩序中的意義與作為》等發言記錄公開發表後，引發關注。

三　收支情況

自二〇一六年一月一日至今，共收到各界人士資助現金人民幣一八四三六一點九二元，支出一九二八〇七點六七元，上期結餘七一六九八點二七元，累

計結餘六三二五二點五二元。具體收支，詳見儒家網功德公告（http://www.rujiazg.com/categ ory/type/20/）

四　來年展望

儒家網開辦八年以來，得到海內外各界的廣泛關注和支持，已經成為反映當今中國儒家思想文化活動的代表性網站，也是各界瞭解當代儒學發展動態的重要視窗。在過去的一年，儘管我們傾盡全力、兢兢業業，取得了微小成績，但與打造成全國乃至全球儒家思想研究與資訊交流最及時、最齊全、最權威網站的目標，還有不小距離。與推動實現儒家文明復興的偉大目標相比，還貢獻甚微。

在今天各種媒體平臺層出不窮的時代，又值此儒學全方位復興之時，如何充分發揮微博、微信平臺傳播優勢，如何進行高質量的有效傳播，在此基礎上進一步開拓再上新臺階，是我們在新的一年裡的努力方向。

感謝各界朋友的信任和厚愛，尤其要感謝敦和基金會的鼎力相助，也希望朋友們一如既往對我們支持和指正。

儒家網全體義工敬告

於孔子二五六七年暨耶穌二〇一六年十二月三十日

附錄：西曆二〇一六年度儒家網義工名單

總協調

任重，李泗榕

「儒生書系」

主編：任重

儒家網官方微博

梁金瑞

「儒家網」微信公眾號

慊思

「青春儒學」微信公眾號暨微博

王雅晴，彭幸，王子虛，唐霞

門戶網站暨《儒家郵報》編輯

姚近復，徐柳君

網站技術維護

唐成

美工

韓信休，故誠

財務

唐成，蘇醒，陳華茂

其他

胡子佩，濟楚，凡小亞，王鉞，何煥榮，羅德

同行者言

儒生任重：一人之行而儒門所望

陳彥軍

有幾根俠骨，禁得揉搓

　　在當下中國，儒學復興和「大陸新儒家」的崛起，是極為引人注目的思想事件和文化現象。這其中，最具有代表性的人物是有「南蔣北陳」之稱的蔣慶和陳明，前者是新中國以來大陸第一個儒家民間書院陽明精舍的山長，後者是民間儒學刊物《原道》主編。蔣、陳同宗孔子，但分歧不小，而穿梭於蔣、陳之間並同時對二人執弟子禮，且有儒學復興「幕後推手」之稱的，就是任重。

　　任重皈依儒門時，追隨陳明並協助其辦《原道》輯刊和儒學聯合論壇網站。陳明暢快敢言，是媒體關注的焦點，但《原道》社會活動的操盤手是任重，隱忍實幹，受到圈外人的持續猜測。近幾年，隨著陳明推動《原道》學術轉型而力求穩紮穩打築牢大陸新儒學的學術根基，任重則逐步淡出《原道》而專心開闢《儒家郵報》、儒家網（曾名「儒家中國」）、「儒生書系」。如果說十年前談「大陸新儒家」離不開蔣慶、陳明諸人，那麼今天，必定要再加上任重。

　　十年前，大陸新儒家還要積極為儒學和儒家辯解的話，今天，已經到了各家各派都要主動與儒家拉近關係的臨界點。有趣的是，蔣慶是五十年代生人，陳明是六十年代生人，而任重是七十年代生人，年齡剛好相差十年。

　　其實，在儒學圈，「讀書吹劍」比「任重」更為知名。在二○○六年底，他以本名編輯發布《儒家郵報》之前，除了少數幾個熟人，大家都只知道他叫「讀書吹劍」，他在正式發表文章時，常常掛的筆名就是「杜吹劍」。至今，蔣慶、陳明、康曉光、米灣、王達三諸儒門同仁，仍稱呼他「吹劍」。

　　「吹劍」一詞極富形象感，會讓人想到戰鬥，不管是戰前還是戰後，抬劍

橫吹的畫面，有著很大的聯想空間。「吹劍」典出《莊子・則陽》，莊子原意是要以吹劍發出的絲絲聲來諷刺蝸角之爭，但對魏惠王「惝然若有忘」而最終棄戰，還是深通性命之學的明儒王夫之在《莊子解》中解釋得入情入理：「人莫不有舊都舊國，唯吹人以和者，能使之暢然也。」

民間儒者余東海曾專門贈聯「讀書吹劍」並闡釋之：

> 偶得「斗室讀書香萬裡，中宵吹劍動群星」此聯，頗為自賞。意境寬大深沉，切合儒者身份。斗室讀書而能香飄萬裡，所讀之書必是真經，讀書之人必然非凡，其身居陋室而胸懷天下者乎。劍可象徵君子和豪情，君子中宵吹劍而能感動群星，其憂患深矣，非至誠不能。謹與「讀書吹劍」君共勉。

任重曾經以「拔劍欲高歌，有幾根俠骨，禁得揉搓」作為簽名檔，這段詩句的作者，是譚嗣同。

人能弘道，非道弘人

任重是甘肅靖遠人。靖遠位於甘肅省中部，自古是兵家必爭之地，民質樸剛健、有豪傑任俠之遺風。上世紀九十年代初，西北漢子任重高考至湖南嶽麓山下上大學。那時的湖南，芒果衛視的娛樂之風還沒颳起，仍有讀書做事、考慮大問題的氛圍，任重於其中可算如魚得水，一氣在嶽麓山下度過七年讀書生涯，碩士畢業後便投筆從戎，到東北某軍校教書。他曾自述這段歷程：「當年研究生畢業，投筆從戎，孰料亦是『學書不成，去學劍，又不成』。皈儒後，甚追慕古儒之文能安邦武能威敵，空嘆遺憾之際，自命網名曰『讀書吹劍』，自勵之餘，亦企望吹拂落在儒家身上的歷史灰塵，使利劍重生。」可見其抱負。

任重與儒家的緣分十分偶然。受到上世紀八十年代那場思想啟蒙運動餘波的衝擊，任重總不自覺地尋找與思想「補課」有關的報刊書籍。一天，當他照例在學校圖書館「逛書架」時，不經意間發現一本名曰《原道》的書，心裡一

動，順手就取來翻開，才發現原來是一本刊載學術論文的輯刊，八十年代思想界的領軍人物李澤厚的大名亦赫然在列，並驚異地發現一直鼓吹「西體中用」的李澤厚竟然自願被稱為「新儒家」。隨著閱讀的深入，儒學開始進入任重的內心。

一九九九年，任重經歷千磨百轉考到北京攻讀哲學博士，一個偶然的電話，得與《原道》主編陳明相會，精神的前緣成就了現實中的砥礪前行。從此，以原道為旗幟，任重擁著陳明，組建儒學聯合論壇，主編《儒家郵報》，匯才俊，傳儒音，硬是在世人對儒學知之甚少、誤解很深，而做事又沒有任何資源和外在條件的情況下，趟出了一條弘揚儒學的大道。人能弘道，非道弘人，任重默默而持重的行走，正是出於對儒家文化最深厚的理解和衷情，就像那幽邃而洞徹千古的吹聲。

堅毅弘忍，守死善道

在東北的軍營裡，任重與山東漢子王達三共處斗室，其時，任重尚好談西學，而王達三則專治官學，兩人常常往復辯難，爭得面紅耳赤，但都有「書生怒向不平處，磨損胸中萬古刀」之意，所以惺惺相惜，引為知己。未幾，任重赴北京讀博，第二年，獨學無友的王達三也尾隨而至，二人得以在中國人民大學的校園裡繼續酒酣興瀾、激揚文字。此時的任重，已經儼然以弘揚儒學自任，並積極去影響王達三，於是這一對諍友從「儒學聯合論壇」做起，一路相攜，伴隨「儒教復興論壇」、「中國儒教網」共同成長，進行了一系列縱橫捭闔的弘道行動。因此達三是最瞭解任重的同仁。在為任重文集所作小序中，達三重筆論述了任重投身儒學弘道事業十二年以來的貢獻：

> 十二年來，儒學僵而復甦、枯而復榮，儒門風生水起、引人側目，任兄榮有與焉，大有功焉。

其一曰協助陳明打造儒學聯合論壇，力助某創辦中國儒教網，獨自推出儒家網，系統展示儒家儒學儒教之學術進展與踐行動態，此在虛擬社會之情勢下創建儒門網絡道場之功也；

其二曰發起五十四位學者連署《以孔子誕辰為中國教師節建議書》、十博士生連署《我們對「聖誕節」問題看法》、眾多儒家社團連署《致電影〈孔子〉劇組人員公開函》、十位儒家學者連署《關於曲阜建造耶教大教堂意見書》、眾多儒家學者連署《停止「平墳運動」緊急呼籲書》等公開建言活動，漸次彰顯儒家之情懷立場與具體訴求，此在左右思潮裏挾天下輿論情勢下推動儒家進入公共領域之功也；

其三曰數年如一日苦心孤詣編發《儒家郵報》二百期送政學商媒各界人士，奔走求告三教九流籌措資金十數萬，主編出版《儒生》集刊、《儒生文叢》，集成儒家著作造成社會轟動之效應，此在儒家有學無人之情勢下大規模催生學者儒家身份認同和儒家群體出現之功也；

其四曰，舉凡儒家士人無不傾心交接，舉凡儒門後生無不獎掖提攜，舉凡儒學社團無不悉心指點，舉凡有學術品位與家國情懷之左中右、老中青學者無不溝通聯絡，此儒家無建制化組織情勢下發揮儒門聯絡中心與運轉樞紐之功也。

有四功者一，已蔚為非常之功矣，況任兄集四功於一身乎？又不止於此，至若發動同道參與讀經是非、國學功過等種種辯論，購買深衣、舉辦祭孔等種種活動，贊助基金、籌劃項目等種種行為，不一而足，無暇贅述而已。尤有可貴者，任兄既非專業研究人員，亦非專職弘道人員，而是積全部閒暇時間、盡全副身心精力從事於斯者，此誠無愧於今之名儒，且使假儒學而謀名利者羞矣！

故曰：堅毅弘忍，一人之力而萬人之功；守死善道，一人之行而儒門所望，是吾任兄也！

　　達三的論定，在儒門已成為共識。這幾年，流連學界，泛覽網絡，不時會看到不少前輩肯定任重之功，眾多後進仰敬任重之德。但在任重本人，對過往

的錦瑟華年，常常是「此情可待成追憶，只是當時已惘然」。在追憶奮鬥於儒
學聯合論壇及《原道》輯刊的歲月所作〈那些讀書吹劍的日子〉一文末尾，任
重戀戀於那段悵惘的青蔥歲月，摯情感人：

> 青青翠竹、水一方小舟、王達三、仁義和我，協助陳明辦《原道》輯刊
> 以及儒學聯合論壇網站，完全是志同道合，出於責任、興趣來做點力所
> 能及的義務之事。我們與陳明也是亦師亦友，從陳明處得到很多啟發，
> 學到很多東西。儘管彼此之間在思想觀點上有過面紅耳赤的討論，儘管
> 在具體事情上有過分歧尖銳的爭辯，但事後都歸於歡笑，內心毫無芥
> 蒂。現在回想起那些在小飯館酒酣耳熱之後吵吵嚷嚷的時光，恍如昨
> 日，美好異常。
>
> 在儒學聯合論壇的那段日子，我們幾個版主都向而立之年跨入，風華正
> 茂，意氣風發，對儒學復興的信心希望，如春天一樣。

春天，萬物萌發，氣息氳氳，正是那「惝然若忘」的吹聲絲絲入扣的季節。

心能儘性，網絡弘道

　　我與任重二〇〇五年於網絡結識，二〇〇六年在北京相見，二〇〇九年離
京暫別，然後一直網絡、電話聯繫，相交已近十年。我們同是一年生人，他在
西北漢子的爽朗之外保有儒雅書生的細膩，我則細膩不足，爽朗也無根底，很
多時候，在陳明老師和任重兄的弘道事業中，我都是一個多少有些被動的學習
者、參與者。但我絕對不是旁觀者，對於儒學，我有著自己的深沉。沒有在任
重兄離開儒學聯合論壇後代為經營好論壇，但我在所在的大學，六年如一日，
孜孜於引導一茬又一茬的孩子們走進經典、溫潤人生，為重建中國人的精神家
園盡綿薄之力。

　　承任重兄美意，我的一些舊文掇綴成集，忝列儒生文叢第三輯書目。在文
集的後記中，我回顧了自己回歸儒學家園的歷程，感喟任重兄「仁以為己任，

不亦重乎？死而後已，不亦遠乎？」儒學是中國人的精神，儒教是中國人的家園，但近一個世紀裡，中國人卻如迷途之羔羊，精神放佚，家園荒蕪，今天，是到了找回精神、重建家園的時候了。

　　任重兄「心能儘性」，網絡弘道，「酌古人之教法而備其美」，《儒生》事業，「創未有之功能而極其用」，達三兄之論定已贍，我就不再贅言，任重兄親撰的儒家網〈開通說明〉之「吹聲」同時也是我的心聲：

　　　　我們是生活在當代的中國儒生。

　　　　天下為公，王道仁政，依然是我們的政治理想；
　　　　萬物一體，天人合一，依然是我們的文化信念；
　　　　均富安和，各得其所，依然是我們的社會追求；
　　　　仁愛孝親，敬天法祖，依然是我們的精神家園；
　　　　自強不息，樂天知命，依然是我們的人生態度；
　　　　禮義廉恥，致行良知，依然是我們的行為方式；
　　　　和而不同，中庸之道，依然是我們的處世原則。

　　近一百多年來，中國被拉入世界範圍的大爭之中，一場場革命，拋卻自家無盡藏，只為在競爭中取勝。但蝸角之爭何足以言勝？不回歸中華文明的雄渾闊大，回歸儒家，回歸中國人的故都故國，爭翻了亦不過是爭個自我覆亡。如果說蔣慶、陳明的黃鐘大呂、暢快敢言是時代催迫下不得不為儒家仗義執言，那麼任重的隱忍實幹就是時代需要下那絲絲令人「惝然若忘」的吹聲。

　　此文原刊於《儒風大家》二〇一五年第一輯，青島出版社，二〇一五年版。

「大陸新儒家」及其批評者[*]

慕朵生

　　儒者以道聚，君子以義合。長期以來，儒家網團結和凝聚了一大批儒家、儒學、儒教圈的同仁。這個群體有三個特點：

　　一是他們不僅把儒學視為知識，更奉為信仰，是「活著的儒家」。

　　二是他們關注現實，主張通過重建儒學化解國人的生命焦慮和政治焦慮，是「行動的儒家」。

　　三是他們被冠以「大陸新儒家」「當代新儒家」「儒家原教旨主義」「中國文化保守主義者」，以及「康黨」等種種標籤。

　　這些標籤揭示了這個群體與其他思想流派的大體邊界，同時也掩蓋了這個群體內部的理念分歧和思想差異，比如蔣慶、康曉光與陳明、秋風的差異，以及陳明與秋風的差異，等等。實際上，在某種程度上，這個群體內部的差異，甚至要大於與外部的差異——這不是壞事，相反是儒學生命力的體現，所謂「儒門中人、氣象萬千」是也，表明儒學在多個維度的展開，以及應對各種問題資源和進路的豐富性。

　　無論如何，百十年了，儒家儒學儒教重現中國，意義重大。儒家提出思想方案，參與百家爭鳴，意義更是重大。正因為中國突然湧現出一批「活著的儒

---

*　儒家網編者按：西元二〇一六年五月二十六日上午，由北京大學文化傳承與發展中心、儒家網、敦和基金會聯合舉辦的「儒學重光」學術座談會在北京大學舉行，在京的儒家學者陳明、姚中秋、方朝暉、王瑞昌、彭永捷、慕朵生、姜志勇、田飛龍等人出席，並做了精彩發言。發言錄音整理出來後並經發言人訂正，現將中國儒教網主編慕朵生博士的發言公開發表，以饗讀者。

家」「行動的儒家」，所以引發廣泛關注，引起一些批評，任重兄希望我介紹些相關情況。我想在座的很多師友都是儒學復興運動的當事人，可能剛才已經做了介紹，談得更好。我個人看法，有批評是個好事情，符合《春秋》「責備賢者」的原則，同時也表明當代儒家不僅在書寫思想史，而且開始進入思想史──這是衡量一種思想價值和意義的重要指標。根據我觀察，目前批評「大陸新儒家」──姑且用下這個標籤──大體來自以下四個方面：

一是官方的批評。截至目前，還沒有看到以官方名義公開發布的批評，但類似不言而喻的批評，還是很多的，比如採取內部打招呼等方式限製出版一些「大陸新儒家」的著作，通過一些學者在官方報刊雜誌發表文章批評「大陸新儒家」的觀點，等等。這表明，官方一方面試圖推動儒學復興以彌補自身文化建設的缺憾，一方面對「大陸新儒家」抱以警惕和防範的心態。這是一種意識形態的本能，不是學術的批評。進而言之，官方只允許它主導下的儒學復興，想獨占對儒學的闡釋權，想把儒學「政治化」。這些，與「大陸新儒家」想通過儒學「化政治」的想法，還是有很大差異的。

我個人認為，「道統」高於「政統」，也就是「價值」優於「權術」，這是儒家之為儒家的根本所在。自堯舜禹湯文武周孔之後，中國再也沒有出現過「聖王合一」「君師合一」的局面，因為孔子作為聖人和素王，已經確立了修齊治平的大章大法，確立了最高人格的典範，後世所要做的就是實現孔子的主張，尊崇孔子的人格，任何試圖脫離孔子之道的修齊治平方案，都是一種歧出；任何試圖實現「聖王合一」「君師合一」的做法，都是一種僭越。

此外，自秦代以後，中國再也沒有出現過「以法為教，以吏為師」的局面，因為對社會的教化，始終是由儒家士大夫進行的，後世任何以法條和官吏作為教化源頭和人格榜樣的做法，都是不可能的──有則要麼是愚昧無知，要麼是狂妄自大。因此，官方對儒學復興，應做和能做的是為其創造環境和提供支援，而不是試圖獨占儒學的闡釋權，打造一種「官方儒學」──儒學不可能在「工程」和「項目」下復興，同樣也不會在「工程」和「項目」下衰亡。

同時，對於官方或明或暗的「批判的武器」和「武器的批判」，儒家應始終堅持「道統」高於「政統」的原則，堅持「學在民間，道在山林」的做法，

多做些紮實的思想探索和實踐養成，「守先待後」，比如秋風兄提到重建經學，這就很重要。「如有所譽，必有所試」，儒家最不怕的就是時間的打磨和歷史的考驗，這是儒家的一種自信。

二是左翼教條派的批評。這些批評者，雖非官方身份，但多在體制之內，如某些學術機構或大學院系的儒學研究者。他們也就那麼幾個人，糊里糊塗，不知所云，經常通過類似《中國社會科學報》之類官方的但非主流的報紙，激烈抨擊「大陸新儒家」。

這些人有兩個共同特點：一方面，他們也瞭解點儒學的皮毛，但是將儒學視為知識，甚至是視為「錯的知識」「壞的價值」——儒學之於他們，完全是一種飯碗，一種工具，一種話語權，此外沒有任何意義；另一方面，他們以意識形態正統的代言人或捍衛者自居，動輒指責「大陸新儒家」的觀點不符合某某主義、某某價值，一味扣帽子、打棍子，絲毫不講學術、不講道理。

我不知道這些人是在「受命背書」，還是出於「真誠信仰」，抑或是一種「自我審查、自我站隊、自我標榜」。無論如何，這些人頑固堅守某些教條，實際上對儒學傷害很小，相反對意識形態危害很大。因為，他們忘記了意識形態的實踐性特徵，忘記了意識形態的中國化任務，特別是忘記了官方也正在提倡文化自信和文化復興。就此而言，他們貌似在批評「大陸新儒家」，貌似在與「大陸新儒家」爭奪話語權，實際上他們是在批評意識形態的與時俱進，是在與意識形態爭奪話語權，可謂是官方提倡文化自信和文化復興的反對者。簡言之，他們是在幫官方的倒忙。因為他們只背誦某些教條，不講任何的學術和道理，所以對於他們，完全可以不去理會——要知道，儒學也有侷限性，就是如同其他任何學問一樣，無論如何都是喚不醒裝睡的人的。

三是自由主義者的批評。我常說，自由主義和儒學，百餘年來一直是「同路人」的關係，一直同為「在野者」。實際上，百餘年來，儒學對自由主義一直抱有溫情和敬意，一直努力吸收和借鑑自由主義的某些價值和思想資源，比如港臺新儒家的「內聖開出新外王」之說。就連目前批評自由主義最為激烈的蔣慶先生，也在其王道政治「議會三院制」之中，通過「庶人院」的形式，為自由和民主等價值預留下很大的空間。

　　相反，自由主義一直是儒學的顛覆者和解構者，必欲革掉儒學的命，至今仍將造成中國社會政治種種不如意的責任，推卸給儒家儒學儒教。我不知道這是在「指桑罵槐」還是在「荊軻刺孔」，但百餘年來儒學和自由主義均不是社會政治主流，自由主義者指責儒學，就像指責自身一樣，毫無道理。

　　不過，我注意到，基於大陸儒學的復興，經過深入的思想博弈，近年來自由主義逐漸意識到儒學潛在的價值和意義，因而對「大陸新儒家」的批評聲調有所降低，並開始注重挖掘本土的、傳統的、儒學的思想資源為己所用。這是一個值得歡迎的變化。同時需要說明的是，作為一種現代思想、西方思潮，自由主義通過本質性、整全化方案解決中國問題的衝動，是極其強烈的，也是極其自負的。如何化解自由主義的這種頑固和自負，不僅對儒學是一種挑戰，對自由主義本身也是一個問題，需要兩者進一步深入交流和互動。毫無疑問，自由主義要想紮根本土，必須儒家化，通過儒學解釋自己，適應中國，否則永遠是在天空跳舞，不能貼著地面行進。

　　四是港臺（海外）新儒家的批評。前面我提到，「大陸新儒家」內部存在很多進路和派別。若再考慮到「港臺（海外）新儒家」，那麼當下儒學展開的面向就更為豐富。就我個人看法，「海外（港臺）新儒家」的思想資源，對「大陸新儒家」的湧現是個很大的激發，很難說哪一個「大陸新儒家」，比如郭齊勇、陳來、蔣慶、陳明、康曉光、秋風等等，沒有受到過「港臺（海外）新儒家」的影響。

　　然而，如今的「大陸新儒家」，較之「港臺（海外）新儒家」將儒學去政治化、去宗教化、去實踐化等特徵，更注重儒學的再政治化、再宗教化、再實踐化，尤其是對自由和民主抱以警惕的態度，對「內聖開出新外王」持有不同的意見，更注重挖掘政治儒學的價值和意義，可以說問題意識更宏大、思維視野更開闊、解決方案更傳統。因為不同，所以兩者之間互有批評。

　　目前「港臺（海外）新儒家」對「大陸新儒家」的批評，主要表現為兩點：一個是，認為儒學只適用於培養公民良好的德性，即只適用於個人生活私域，不適用於社會政治公域，即儒學無法為現代政治提供制度性、根本性的思想資源支撐；另一個是，認為儒學需要堅守「內聖開出新外王」，即儒學重建

和復興的目的，就是要走自由、民主、憲政之路。我個人認為，前一個觀點是儒學的「投降派」，後一個觀點是儒學的「歧出派」，均是對儒學的一種自我矮化。

當然，我非常反對這樣一種說法，即因為「大陸新儒家」的崛起，導致了「港臺（海外）新儒家」有了失落，有了怨氣，所以才激烈批評「大陸新儒家」──這種說法是以小人之心度君子之腹，不值得理喻。我認為，「大陸新儒家」和「港臺（海外）新儒家」的歧見，是儒家內部的一種差異，源自各自面臨的問題大有不同，特別是「港臺（海外）新儒家」身處的社會政治秩序，已經相對良性和完善，而「大陸新儒家」身處的社會政治環境，還需要探索和重建。無論如何，我願意指出兩者目前面臨的一個共同處境，即兩岸三地，目前都面臨一種「新文革」的挑戰，或是極左思潮的「新文革」，或是自由主義的「新文革」──如民粹化和獨立化相結合的「文化臺獨」，都對儒學復興構成了挑戰。當此之際，儒家儒學儒教界人士，宜樹立共同的危機意識和道統觀念，擯棄門戶之見，共同化解「去中國化」的挑戰。

以上是我對「大陸新儒家」及其批評者的一種簡略分析。這種分析是浮光掠影的，不是基於學術、思想的系統分析。如果有說的不對的地方，請各位同仁批評指正。

附錄：感想和建議

我想，既然來到北大，我就從馮友蘭先生說起。馮先生說，人生有四種境界：自然境界、功利境界、道德境界、天地境界。我想借用馮先生這個分類，說企業有三種境界：市場利潤境界、社會責任境界、文化精神境界──後一境界，是企業的最高境界。

敦和基金會出資人的背景，我不太瞭解，但可以肯定地說，致力於資助文化公益事業，表明敦和背後的企業和出資人，已經超越了市場利潤、社會責任的境界，或者說超越了經濟人、道德人的境界，進入到了文化精神的境界，或者說進入到了文化人的境界。

　　敦和基金會側重於關注和支持中華文化，更是值得祝賀和歡迎。老祖宗千百年來關於人的生命生存生活的經驗和智慧，是我們的精神避難所，是從根源上解決我們是誰、從哪裡來、到哪裡去這一大問題的出發點，是我們每個人乃至整個民族的文化宿命——包括對那些持質疑和解構立場的人來說，中華文化也是一座繞不開的山，至少他們要用深厚的學理闡明中華文化為什麼不行。

　　敦和基金會有意向與儒家網合作，非常有眼光。我和儒家網主編任重兄已有二十年的交情，但我今天來不是為他個人站臺，而是因為他主辦的儒家網，以及由此拓展開來的系列出版物、新媒體等等，是當今全球最純正、最權威、最有影響力和號召力的儒家平臺。與儒家網合作，就找到了儒家的大本營，進入到了中華文化復興的主陣地。

　　前幾天，我注意到秋風兄的弘道書院，資助了儒家網三萬元錢，秋風兄自己還很不好意思地說這是「抱團取暖。」實際上，秋風兄已是多次資助儒家網，已經很財大氣粗了。我拿不出這麼多錢，給予儒家網更多的是道義上的支持！今天的很多人，陳明老師，米灣兄、秋風兄、永捷兄，都是在道義上支持儒家網。

　　我想強調的是，任重兄不是儒家文化的專職人員，而是義工，他帶領的團隊也都是義工。十幾年來，儒家網因缺乏資金支撐，各項活動舉步維艱。我們常說，國家強了，國庫滿了，國人富了，但像儒家網這樣真正堅守與弘揚中華文化的平臺，卻一直得不到任何的支持和資助——這是中國的一種恥辱！儘管如此，無論是誰，支持儒家網，支持中華文化復興，雖然是好事，且多多益善，但絕不能抱有施捨的心態。相反，我認為這是你的福分，是給你與聖賢同在的機會，使你融入到整個民族的文化生命，使你與整個民族的崇高精神一起脈動！

義工手記

不如此，道不行

──我與儒家網

姚近復

子在川上曰：「逝者如斯夫，不舍晝夜」。

前兩天，一位義工師弟在微信群裡分享了幾年前儒家網編輯 QQ 群的聊天記錄，內心十分感慨，不知不覺，竟已經過去了這麼久。

我與儒家網結緣，更多是源於巧合。

我從小就對傳統文化充滿了興趣，上了大學後去博物館做過義務講解員，宣揚絲路文化；也帶過漢服社團，弘揚民族文化，但內心始終覺得與真正需要的隔了一層紗，而自己卻又無法捅破。後來，在微博上無意中認識了儒家網主編任重老師，老師問我願不願意來儒家網做義工，那一刻，我猛然醒悟，我忽略了傳統文化裡的主體部分──儒家。

這種機會的來臨，讓我受寵若驚，便毅然決然答應了。沒想到這一做，就一直到了現在，恍然不覺已經四年。

多聞闕疑，慎言其餘

「儒」這個字，對於大部分國人來說，是一個非常矛盾的存在。因為流俗的觀念以及網絡言論，讓我們把中國諸多血淚史的源頭歸到其身上，如在前幾年非常流行的所謂「中國人的奴性」等言論，讓人對孔子非常的厭惡，對西方思想卻十分欣賞。但作為一個本土的國人，對於西方的思想和行為並不是十分相容，而且一旦讓我們去回憶一個對自身影響最大的歷史偉人，又必然或直接或間接的指向了儒家或孔子。這讓我也對儒家既愛又恨。

　　基於以上原因，剛來到儒家網的時候，本著學習的態度，多是聽著任重老師和師兄師姐們的安排，多聽少說。

　　那時候，儒家網的義工寥寥無幾，每個人都是身兼數職的多面手，當我看到儒家網成績的時候，不由得被震驚了：

　　一個沒有固定資助來源的公益群體，僅僅憑著大家的一腔熱血，在線上就能達到如此的高度！

　　尤其是任重老師，之前我一直以為他是全職做網站，後來才聽別人說，老師是有自己的工作，但為了弘揚儒學，「不務正業」把大部分精力投到了儒家網及衍生產品（儒家郵報、儒生文叢、中國儒學年度熱點書系等等），據傳在上下班的地鐵裡，都在爭分奪秒審稿，而且分文不取，讓我敬佩莫名。

　　尤其得知老師是我求學所在地的土著西北人，更是大幅度增強了我對他的好感，不知為什麼，那一刻腦子裡浮現出了「各國變法，無不從流血而成，今中國未聞有因變法而流血者，此國之所以不昌。有之，請自嗣同始」這句話，至今無法抹去。

　　隨著工作的深入，逐漸也看清楚了儒家網所做的事情，因為一開始的眼界問題，對於網站有諸多不瞭解，比如為何儒家網大部分刊登的都是學者的論文或者是學術類的文稿，而對於普及類的文章重視不夠，當時我按捺不住自己的疑惑，去問任重老師為什麼。

　　任重老師針對我的疑問，強調道「儒家網秉持的標準是『高清新』，即水準高、立場清、資訊新」，並進行了耐心解釋，並整理成微博，以回答與我有同樣疑問的同仁。這三條微博如下：

儒家網在做什麼（一）

有朋友不斷建議，儒家網（儒生文叢、儒家郵報）上的好多文章看不懂，應該更大眾化些。對這些朋友的建議非常理解，儒學的普及確實非常重要，但這不是儒家網的任務重點，我們要做高端思想的創造者，而非泛泛文化的傳播者，就是說，我們要做儒學生產者，而非儒學消費者。（2015年3月19日）

儒家網在做什麼（二）

就儒學傳播而言，能做、做得好的人和機構，眼下很多很多，但就高端思想的創造及推動，眼下想做、能做的人很少很少。就文化發展而言，既需要孔子，也需要于丹，這是很合理的分工和文化生態。我們要做孔子事，不做于丹事，也即：儒家網要做別人做不到的事，要影響有影響力的人。（2015年3月19日）

儒家網在做什麼（三）

有朋友剛才留言道：「感覺儒家網的微信越做越好了。是你自己在做？還是有專業團隊在打理？」我答曰：「我牽頭做的，但包括我在內的團隊全是義工，都是在業餘時間做，都不是專業人士，也沒有專職人員。儒家網及其衍生產品，沒人沒錢沒資源沒背景，我全憑一口氣在撐著。」（2015年3月19日）

還有，老師在《儒生文叢》第一輯之《儒學復興──繼絕與再生》書跋中所言：「因為，我們不是儒學研究者，而是被研究的對象。」

今日重溫老師的耐心解釋，內心仍然有幾多震動，不由得佩服老師的眼界──儘管在當時並不能完全吃透，但那時就告誡自己，多看多想總是沒錯的。

禮聞來學，不聞往教

隨著對儒家的瞭解加深和對儒家網工作的理解，我的思維也有了較大的改變。

自幼喜愛古代文化的我，一直想做一些力所能及的事情來宣傳傳統文化。在大學伊始，無意中接觸到了博物館的義務講解員這份工作，而後又偶然的接觸了剛剛起步的漢服文化，故而在一段時間內，堅定的認為文物和服飾、民俗才是傳統的精華所在，對於古代的思想不屑一顧，對於孔孟嗤之以鼻，甚至覺得如果我們有西方那樣的思想，中國會更加的絢爛多彩。

　　隨著在儒門的浸泡，漸漸的發現了這個思維的幼稚性，孔孟對於中國和世界的貢獻遠非常人所能理解的。這時候也明白失去了以儒家思想為主體的中國文化，就好像失去了靈魂的肉體，無論能憑藉怎樣的高科技續命，只要靈魂不回歸，就不能成為真正意義上的「人」。這點想通了之後對於中國歷史上各種可歌可泣的事情便有了更加深入的把握，也明白了什麼才叫真正的「中國人」，更加理解了儒家網發聲的前瞻性和可貴之處。

　　自從皈依儒家以後，有時候會為儒家抱不平。為什麼儒家對於華夏的意義極大，但面對不斷被人詬病甚至潑髒水卻少有人去辯駁？後來才明白，這恰恰是儒家的高明之處──百姓日用而不知。無論是誰，無論什麼信仰，只要生活在中國，必定被儒家影響頗深，古代是，今日亦是，由此也引發出來一個特別有趣的現象，在當下，罵孔子可以，罵孔子思想一定會被圍攻，因為儒家的思想已經滲透到國人的血液當中，如果不信，可以構想毀掉「五常」後帶來的社會影響，我是不太敢想像。

　　明白了這點之後就釋然了很多，尤其看到有很多拿著孔子思想反駁孔子的人，也就一笑了之了。

不言則已，言必有中

　　近些年，雖然興起了國學熱，民間也是各種「大師」橫行，但要麼為了利益兜售私貨，要麼為了名氣而曲解媚俗，給大眾帶來一些無關痛癢的變化，對於實質問題幾乎絕口不提。

　　儒家網並沒有隨波逐流，而是逆流而上，選擇了一條被大眾不理解甚至被謾罵的路，在諸多事情裡，我印象最深刻的就是關於慎對耶誕節的倡議，當然，並不說此事用力最猛，而是因為這是最早對我思想衝擊非常大的事件。

　　猶記得那是某一年的耶誕前夕，一位師弟截了一張儒家網微博的圖片給我，並問道：「師兄，你看網站最近這是怎麼了？」

　　我一看圖片，微博裡把「聖誕」的稱呼轉換成了「耶誕」，而且對於當下國人狂熱過耶誕之風予以批判，大有重新洗刷人們對耶誕認知的意圖。那一

刻，我也沒想通，只淡淡的回了一句「多看少說吧」，便陷入了深思。

因為在彼時，我與大眾的想法一樣，只覺得「聖誕節」圖一個樂呵，或者說找一個理由娛樂一下而已，遠不足以到達被批判的地步，但又覺得以網站以往的風格，絕對不會花這麼大力氣去做一件莫名其妙的小事，帶著這種矛盾的態度，我去看了當時反對耶誕的刊登文章，當我逐篇通讀完之後，大為驚訝，對於自己的無知感到羞愧，對於一件事情只浮於表面的想法而感到羞恥。

從那刻起，彷彿打開了我的思路，對於網站以前很多不理解的做法都得到了自己想要的答案，也讓我明白，網站的觀點雖然不一定是絕對正確的，但一定是最有參考價值之一的聲音。以致於後來對於各種社會熱點的犀利點評，雖然經常招來大面積的謾罵，但是對於我卻沒有多大影響。當然，並不還是每個人都能跟我有一樣的心路歷程。

儒家網發展至今，因為其鮮明的態度和立場，不僅招來了外界的非議，也有不少儒門同道頗有微詞。但我想說網站只是一個平臺，我們這些義工都是為儒門服務的，而不是一個門派。儒門至今依然式微，希望大家能放下爭議，牢記「不如此，道不行」的教誨，為了共同的目標齊心協力。

冕服華章曰華，大國曰夏

在不斷弘道的過程中，必然與各方勢力要產生一定糾葛，因為我早期帶過漢服類社團，組織過些許活動，故而在與漢服發生衝突後感慨頗深。

漢服圈與儒門不同，從其起源、理念和群體而言，都是偏向於民間大眾化的一種文化活動，故而造成了其內部人群的龐雜，派系叢生。

在各類派系裡，讓我十分不解的就是反儒派，這派人不占少數，但其實無論是代表性的右衽，還是各類活動的理論根基，均與儒家有著極大的關係，可以說反儒基本否定了絕大部分的漢服所承載的意義，有些人面對這個問題，選擇說「中華文化博大精深，對漢服有影響的不光儒家一家，我們就要通過其他的思想來認識中國」，這種想法倒也說得通，但我總有一種「正史擺在那都看不完，還非要通過野史來還原真相」一樣的即視感。

　　說到這我想起來一件往事。二○一五年的時候，任重老師發了一篇《祭孔禮服不宜稱「漢服」》的微博，且有較為詳細的論述，引來漢服愛好者大規模論戰。在這裡面，理性討論人員居少數，而謾罵和答非所問者的占據大多數。

　　此事發生後讓我大為驚奇，因為漢服圈反儒的勢力較大，此事更應該是擺出看笑話的態度，但居然能在第一時間因為祭孔的事宜而大動肝火，無論當時人如何考量，這更加說明了很多人是用著孔子來罵孔子的事實，沒有思想作支撐的漢服，就是一件衣服，僅此而已。

獨學而無友，則孤陋而寡聞

　　在網站做義工，並不是孤軍奮戰，而是有很多志同道合的同齡人或者前輩來一起戰鬥，在這場戰鬥中也收穫了友誼。

　　因為志同道合，所以平時除了上面的工作，還有很多的玩笑，快樂著一些生活中的趣事，除了任重老師外，還有如立達師兄和燦燦姐，在我剛加入網站的時候給了我莫大的幫助和支持，要不是他們，估計不太懂電腦技術的我很難堅持下去；溫柔的蘇醒姐姐，在我每次犯錯的時候都會主動來找我談心，讓我不要過多的自責；心思縝密的金瑞兄，對工作的細膩程度不斷的震撼我，對我的工作態度產生了極大的影響；蕙質蘭心的雅晴姐姐，對於我的疑惑總能有問必答；儒門肌肉男劉百淞老師，對於我的肉體和精神都有極大的改造；堅守純公益私塾的南通知止堂胡子佩老師，經常支持我的各項工作和想法；以及後來的深藏不露、腹中有肉的基友重陽和溫柔的柳君、裝可愛的子虛、一言不合就發紅包的明夷老師和有紅包必搶的達三老師等等，給了我太多太多的樂趣和回憶，彷彿這是一個歡樂大家庭。

　　除此之外，也認識了很多學術界的老師們，而且我發現儒門的老師很隨和，基本沒有高高在上的感覺，雖然我水準很差，但只要去請教，每位老師都會耐心教導，並給我鼓勵──不知這是不是儒門特有的現象？

不遷怒，不貳過

當然，在儒家網的工作並不是一帆風順，也不都是甜蜜的回憶，甜蜜總是伴隨著「痛苦」。

任重老師是一個急性子，也是一個態度極其嚴謹的人，對於工作要求極其嚴格。早期人員比較少，在我接手工作不久之後便委派了諸多任務，因為對流程的不熟悉和工作的不嚴謹，經常遭到任重老師的訓斥，以致於剛開始時候會特別無所適從，但有趣的是老師的訓斥並不會擴散，僅僅就針對問題的指責幾句，而後就會耐心的勸導「不貳過」。

這種做事風格對我影響頗深，但也讓我產生了一個印象：任重老師應該是一個不苟言笑的人，老師自己也評價自己說是「急躁暴戾」。

後來，我與明謙和張鳳篪老師因開會進京，與任重老師有了第一次面對面的接觸。未見面時因為刻板印象，有些緊張，等真見面了卻又覺得如沐春風，絲毫沒有工作時候的那種感覺，判若兩人。我想這就是對「不遷怒」最好的踐行。

不過，因為老師這種行事風格，對於不理解他的一些義工，或直接或間接的選擇了離開，有時候我會覺得可惜，但後來一想，弘道不是做生意，只有志同道合的才能走的更遠、更加堅定，所以雖然儒家網今日工作人員依然十分有限，但所做的事情卻越來越多而高效，影響力也越來越大。

以致於後來讀到《論語》裡的「不遷怒，不貳過」的時候，這些事情不斷地在我腦海裡顯現。當然，比較慚愧的是，「不貳過」到了今天都沒有做到，修行的事一刻不能偷懶。

知其不可而為之

今日，對儒家的認識和態度，上上下下的氣氛有了一定改觀，但從大體來看，儒門環境依然十分嚴峻。雖然如此，任重老師總會跟我們說：「我們所處的時代與孔子相比如何？孔子如果身逢此時，他會如何行事？」

　　此話對我影響頗大，此時雖然禮崩樂壞，雖然四維不張，但如果不去行事，不去對大眾發聲，那儒家復興永遠就是一句空話。

　　孔子說知其不可而為之，仔細想想「不可」指的是勢，而「為之」說的事理，我們當下的環境與孔子所言十分相符。

　　既如此，不該猶豫。

　　　　　　　　　　　　　　　　寫於西元二〇一八年四月十七日

　　　　　　　姚近復　儒家網義工，甘肅農業大學國學社社長，

　　　　　　　　　　　　　　　　　全國高校國學聯盟副主任委員

青春儒學：
我的青春和儒家網一起激揚

子　虛

　　剛上大學那年，機緣巧合之下我加入了安徽師範大學皖江學院的國學社，後來接觸到全國高校國學聯盟，遇到了當時相關的負責人孔立達師兄。

　　剛加入國學社時，因為對一位學長的佩服，我也立志要成為這樣的人，於是就很積極地參加各種活動和組織。看到立達師兄和近復師兄他們在一個叫做儒家網的組織裡做義工，記得那個時候是在 QQ 群，我加群後，看到很多厲害的老師擔任著主編、副主編、編輯等職務，於是我有了進一步探索的心。

一　是什麼力量聚集了這樣一群人？

　　有一次，我和立達師兄談心，談到儒家網，他給我詳細的介紹了一番，瞭解到這是做儒家文化的一個平臺，是一群老師和學生作為義工組成的團隊。師兄給我發了一份報名表，是儒家網青春儒學志願者招募令。我認真地填寫了報名表並投遞上去，很快就收到了回信，於是我成為儒家網義工團隊的一員，開始了我的小編輯生涯。

　　與我同一批的儒家網義工，是很多來自全國各地的大學生，其中也有幾個研究生的師兄師姐。剛加入進來時還沒有開「青春儒學」微信公眾號，所以我和幾位同仁一起被分配在網上各平臺宣傳儒家網的文章。

　　也許是新媒體的不斷發展，網絡 BBS 論壇也漸漸地沒落了。我們也因為一些困難，在論壇裡的宣傳做得逐漸少了。

　　有一個週末，任重主編提及要在微信公眾號做個活潑點的週末文章，以便

更好推廣，於是開了「青春儒學」微信公眾號，由立達師兄負責。我和柳君師姐也被編到「青春儒學」編輯團隊，開始了三年多的編輯之旅，與「青春儒學」一起成長。

儒家網的全體義工，都是來自五湖四海，都是各自有著學業和工作的壓力。大家抽出自己的空餘時間來做這件事情。至於為什麼去做，為什麼捨得花這麼多時間做，我一直記得主編說的「人能弘道，非道弘人」。我第一次聽到這句話是在儒家網，在隨後的見聞中深有體會。從那以後，無論是在儒家網，還是在全國高校國學聯盟、國學社，我都是以這個為準則去做事，我們全體義工也是靠這共同的志向在一起奮鬥、堅持。

在儒家網見證過很多事情，都是無法用語言來簡單描述的體驗。我最喜歡的就是大家不為名利，只為了同一個事業而相聚，一起專注做事，即便在某些觀點上會有衝突，但是依然不改我們堅守的初心。

二　不認真對待，寧可不做

這三年裡，我們在學業工作之餘隨時隨地都在收集以及編輯微信，看著粉絲從一個逐漸漲到現在的五千多個，發送了推文一兩千篇。每一篇文章都是經過我們的認真選材、編輯、美工，然後經過師兄師姐的初步審核，最後經過主編的審核，再發布。

後來立達師兄畢業了，也暫時退出審核工作了。於是內部的編輯人員做了變動，主號編輯的雅晴師姐調任到「青春儒學」擔任編輯審核主編，柳君師姐調任到主號編輯，彭幸也隨著調過來，和我共同擔任編輯。

剛開始編輯微信，經常出現很多問題。尤其是複製其他公眾號的文章重新編輯的，要麼出現某段文字的字體和其他段落的不符，某張圖片和註釋文字之間有問題，圖片選取的不盡人意以及標題過於隨意等。[1]

隨著編輯推文數量的增加，我也意識到做編輯是一份一絲不苟的工作。每

---

[1] 運營初期，由於轉載較多，一些文章未及時授權，因而多次發生格式覆蓋情況。所以將群名改成「覆蓋嗎！覆蓋嗎！！」以此提醒第一步看文章是否可發

一篇推文的選文、格式甚至是詞句的改動，都需要編輯的耐心和細心。由於不夠認真，我也沒少挨批評，也正是這些批評，讓我不斷地學會面對自己的缺點，去改進。

記得最忙的時候，我一個人要編輯幾個微信公眾號的微信，同時又擔任學校國學社社長，每個週五我都要去參加國學社的活動。也因此會有很多和雅晴師姐之間的衝突，那時候因為內心的不耐煩以及網上言語中自己誤認為師姐的「頤指氣使」，都會影響自己的編輯心情，也會越改越錯。對某個細節的注重，也會讓我們有很多次的爭吵。

那時候我覺得，那麼小的細節沒幾個人能看到，沒必要那麼較真，可是師姐通過一次次認真指導，以及之後在審核題目時主編對我們那意味深長的言語，不認真對待寧可不做，對我的觸動很大。雖然開始我並沒有那麼理解其中的嚴重性，礙於是受師姐的指導，雖然內心不理解為什麼，但我一直在認真聽話做，聽話改。

後來，在做社團活動的時候，開始也是沒有經驗，全靠自己摸索，每每在準備活動之前，指導老師都會說一句話：辦活動要麼不做，要做就要有模有樣，不要草率行事，斷了別人的慧命，後果深遠啊。我時刻回味著這句話，漸漸地，我明白了這個後果的重要性，我的心態也由此轉變。

這些事情原只有我們小群裡的幾個人知道，不足為外人道，之所以現在坦然說出，是因為從當時的幼稚不懂事到現在的認真對待每一篇文章，這是我的成長，也是儒家網團隊對我的影響。

去年暑假開始，雅晴師姐開始工作，彭幸也開始實習，那段時間真的是特別難熬，因為上面沒有師姐的指導了，我怕發到義工群裡會被批評，一直沒有多大的信心和勇氣證明自己編輯的文章很完美。但是我仍然在堅持著我的崗位，認真地編輯每一篇文章，認真地去做好師兄師姐對文章的要求，即使此時師姐沒有再過問多少文章編輯的樣式，但是我腦海裡仍然是師姐的諄諄教導，編輯後往往自己檢查多遍，看到哪裡的小格式沒改好，腦海裡就浮現當年師姐截圖讓我多次修改的點點滴滴。

記得在很多的深夜，也許很多人都休息了，但是我們卻還在義工群裡探

討，微信的題目如何選取更加吸引人，更加利於推廣，內容還要怎麼編排等等。每每這個時候，我心底都由衷敬佩，大概這也是我在國盟、在國學社一直堅守的原因吧。

三　共同的青春儒學，亦師亦友的你們

在儒家網裡，立達師兄可以說是我的引路人，他引導我加入了儒家網，對我的成長起了決定性的作用。

第二個感恩的就是雅晴師姐了，畢竟在她的指導下做了這麼多年，儘管曾因為一些小事情惹師姐生氣，她都很耐心的教導我，引導我，讓我變化很大。

還有近復師兄對我的關照和幫助也是十分難得。一直共事於儒家網和全國高校國學聯盟，所以與近復師兄接觸不少。儒家網團隊裡，我和兩位師兄見過面，一位便是近復師兄，和他見面是在安徽，當時我們在籌備安徽高校國學聯盟，邀請了近復師兄來參加成立大會。記得那天，瓢潑大雨，我去合肥站接他，這是我們線下第一次見面，頗為驚喜，喜的是我又收穫了一個摯友，一直以來他也熱心給了我不少幫助。

見過面的另外一位就是儒家網負責美工的師兄韓緩之，那一次作為社團代表去西安參加一個學習活動，學習活動結束後，便約上了緩之師兄。緩之師兄穿著地道的道家弟子裝束，慷慨的招待以及無話不談的真誠，讓我備受感動。

在儒家網我還有很多未曾見面的老師和師兄師姐，都對我的成長起了重要的作用。任重主編、梁老師、劉老師、胡老師、燦姐、唐成師兄、重陽師兄、柳君師姐等……

日常我們除了在義工群裡討論關於文章編輯和推廣的事情，我們也會在群裡談心。有時候某位師兄或師姐考上碩士啦、考上博士啦、談戀愛了、結婚了等等，我們都會一起恭喜或打趣主角，一起分享這開心的時刻。我們這群小的也會意外收到一些喜慶的小紅包，每每這個時候，我都感覺義工群像一個大家庭一樣，主編和幾位老師帶著我們一群「孩子」往前走，不時關心我們的學業，工作以及愛情等。

　　儒家網的義工，我覺得用亦師亦友來概括再合適不過。三人行必有我師焉，在團隊裡有著各大有名高校的老師，在現代新儒家中也享有很高聲譽。和他們一起學習知識，共事，是我們的緣分，也是機遇。我們平時的互相談笑，互相鼓勵，便是所謂「友」的成分了。每每看到大家在群裡談到生活的趣事，都感覺身上的壓力瞬間消失，常常會不自覺地跟著大家的喜悅而微笑。

四　但行好事，莫問前程

　　這是我在儒家網學到的第二句話，我想作為義工，是需要懷著這種心態去做事情的。如果為了某個目的去做事，我覺得會產生幾個惡果。一為堅持不下去，當你堅持了一段時間，發現並沒有達到目的，你就會失去動力；另一個則是你玷污了義工這兩個字，讓人悲嘆。

　　記得很多時候，我們也會缺乏主動，沒有那種把儒家網看成是自己的事業的責任心，於是在工作中便達不到主編的要求。剛開始我並沒有體會到多少主編維持儒家網不斷發展的不易。直到二〇一五年我自己在學校裡帶起了國學社，親身體會到在沒有利益驅使的情況下要帶動團體的積極性的艱難，才聯想到儒家網的不易，我在編輯文章的心態也在悄然轉變。這也是我學到的第三句話「己所不欲，勿施於人」，換位思考的重要性。

　　相信陪伴我成長的朋友們，可能都會發現我心態的轉變，以及處事的轉變。過去的自己遇到事都是先問別人，缺乏自己的獨立自主思考並解決的能力，而現在我會主動去解決，去規劃，去行動。這得益於這過去幾年師友的指導和教誨，得益於自己不忘初心的堅持。

　　在儒家網的這段日子，我感覺最開心的有三件事。

　　第一件，在全體團隊義工的幫助下，我們編輯出來多篇10萬＋的文章，每每看到下面落款責任編輯是自己的時候，內心是非常開心的，同時也有很多壓力，這時候就會去思考，為什麼這篇可以十萬＋，以後該怎樣的去編輯更多的這樣的文章。

　　第二件，自己認真編輯的文章得到主編和師兄師姐的肯定。當自己編輯的

文章發到群裡，老師師兄說編輯的很好的時候，內心有絲絲的小自豪。這說明自己在進步，有時候編輯一篇文章，我會坐在電腦前工作五六個小時，一直對著一篇文章進行編輯、美工，有些時候加格式很耽誤時間，因為特別容易出錯。記得剛開始我很喜歡加各種各樣的特效、圖片等，無形中也降低了工作效率。為了達到更好的傳播效果，我也學習了更多關於微信公眾號後臺的知識，搜索了不少資料、進行思考等。

第三件，贈送書籍，也是我們的福利。每次當收到好書，或者是由儒家網主編出的書籍，都會給義工們先贈書書籍，這時候大家都會把自己的地址發出來，由某位師兄或者師姐統一寄出。拿到書的那一刻我的內心都是感慨萬千的。

在儒家網學到的是我人生中最寶貴的財富。無論是在編輯、宣傳方面的知識，還是讀過那麼多老師文章所增加的文學素養知識，抑或是從中所體會到的做人的道理。這一切讓我相信自己的未來一定是豐富多彩的，越努力，越幸運。

一群平凡的義工組成的一個不平凡的團隊，運營著儒家網這麼多年，影響了那麼多學者，得到了那麼多的師友支持，推動著儒學的不斷發展，我知道自己在做一件有意義的事情。感動，感恩。

今年大四了，即將面臨畢業與找工作，也許在不久的將來我會退出編輯崗位，所以我時刻在珍惜著在做編輯的每一個日子，每一篇文章。

再次向三年來各位義工老師師兄師姐對我的指導和教誨表示感恩。對受益於「青春儒學」公眾號的粉絲們表示感恩，感恩大家的支持和幫助。

未來唯有感恩、懷念！

儒家網義工編輯末學子虛恭筆

二〇一八年四月十七日

後記

經過十年，儒家網已經成為當代中國思想界的知名網站，也成為當代儒家的代表性平臺，那麼，它是如何獲得這個地位的？它又是怎樣一路走來的？

為了回答大家這個問題，方促使我編輯這個文集。

陳明先生指出，作為中華文化主幹並深深楔入中華民族生命形態塑造的儒學，在經歷了近代的跌宕起伏後也隨著時代變遷恢復生機回歸社會。十幾年前，就有人指出儒學發展的重心已經由港臺轉移到了大陸。改革開放、全球化以及「文明衝突」等等使得中國社會需要從自己的立場自己的傳統出發表達自己的訴求和對世界的看法。如果說港臺新儒家的工作主要是在東西方文化論爭中為自己的傳統進行價值辯護和知識梳理，那麼，在最近的發展中，中國大陸儒學傳承者們則開始從儒家文化系統與吾土吾民的精神生活、與國家國族建構的內在關係出發來理解把握其意義，探索其當代功能及實現形式。因此，在問題意識、學術範式和經典譜系等方面都形成了具有自己時代特徵的成果，並引起方方面面的關注。

——儒家網，不僅是對這一成果集中展示的平臺，也是參與這一文化復興運動中的「思想先鋒」（田飛龍評語）「另類典型」（吳歡評語）和「微縮景觀」（羅德評語）。

本書根據第一手資料展現了儒家網的創辦歷程，詳細介紹了儒家網在當下中國思想文化運動中所處的位置和所起的作用，意在通過瞭解儒家網的發展歷程，推動傳統文化創造性轉化，促進儒家復興與中華民族復興的同頻共振，以對今後儒學的良性發展起到推動作用。這就是在下編輯出版此書的意圖所在。

感謝孔眾先生的慷慨解囊，感謝萬卷樓出版社的支持，感謝呂玉姍責任編輯的辛勤工作，更要感謝十年來對儒家網熱心襄助的朋友們。

下個十年，讓我們繼續一路同行。

任重

孔子二五七〇年暨耶穌二〇一九年十二月五日寫於北京

文化生活叢書 1300002

儒生歸來——儒家網十年錄

主　　編	任重	
責任編輯	呂玉姍	
特約校對	龔家祺	

發 行 人	林慶彰
總 經 理	梁錦興
總 編 輯	張晏瑞
編 輯 所	萬卷樓圖書股份有限公司
排　　版	林曉敏
印　　刷	博創印藝文化事業有限公司
封面設計	菩薩蠻數位文化有限公司

發　　行	萬卷樓圖書股份有限公司
	地址 臺北市羅斯福路二段 41 號 6
	樓之 3
	電話 (02)23216565
	傳真 (02)23218698
	電郵 SERVICE@WANJUAN.COM.TW
香港經銷	香港聯合書刊物流有限公司
	電話 (852)21502100
	傳真 (852)23560735

ISBN 978-986-478-355-7

2020 年 9 月初版

定價：新臺幣 980 元

如何購買本書：

1. 劃撥購書，請透過以下郵政劃撥帳號：
   帳號：15624015
   戶名：萬卷樓圖書股份有限公司

2. 轉帳購書，請透過以下帳戶
   合作金庫銀行 古亭分行
   戶名：萬卷樓圖書股份有限公司
   帳號：0877717092596

3. 網路購書，請透過萬卷樓網站
   網址 WWW.WANJUAN.COM.TW

大量購書，請直接聯繫我們，將有專人為您服務。客服：(02)23216565 分機 610

如有缺頁、破損或裝訂錯誤，請寄回更換

版權所有·翻印必究

Copyright©2020by WanJuanLou Books CO., Ltd.

All Right Reserved　　　　　　**Printed in Taiwan**

國家圖書館出版品預行編目資料

儒生歸來 ： 儒家網十年錄 / 任重主編.-- 初版.-- 臺北市 ： 萬卷樓, 2020.09

　　面；　　公分.--(文化生活叢書；1300002)

ISBN 978-986-478-355-7(平裝)

1.儒學 2.網站

121.2029　　　　　　　　　　109004436